ナチ・ドイツの精神構造

ナチ・ドイツの精神構造

宮 田 光 雄 著

岩 波 書 店

まえがき

いわゆる《ヒトラー・ブーム》の波は、戦後、幾度か、折りにふれてくり返されてきた。しかし、一九八〇年代に入ってから、ドイツの内外で——ヨーロッパのみでなく、わが国でも——ナチ・ドイツ関係の出版物は、おびただしい数に上っている。これは、ヒトラー政権の成立いらい、ちょうど五〇年目に当たる一九八三年前後から目立つようになった。それ以後も、毎年のようにナチ時代の重要事件の五〇周年がつづくところから、それに関する研究書や資料集が、つぎつぎに公刊されることにもよるのであろう。いずれにせよ、こうした事実は、ナチズムにたいする国際的な関心が、今もなお依然として衰えていないことを示すものといってよい。

むろん、《ファシズム》の思想と運動は、ドイツに限られたものではないし、それらの多様な現象形態や、また類似したイデオロギーおよび政治的機能の共通性について、比較ファシズムの研究も盛んである。しかし、ナチ・ドイツは、その大衆的な支持基盤の広さ、プロパガンダとテロリズムの徹底性と組織性、さらに現代史にたいするその政治的影響力の大きさなどの点で、類似した他のいずれの体制からも抜きん出ていた。その限りでは、《ファシズム支配の典型》としてのナチ・ドイツ研究は、政治学的にも思想史的にも逸することのできない重要な分野を占めていることは否定できない。それは、すでに第二次大戦における五〇〇〇万人という犠牲者や一〇〇〇万人という強制収容所での大量虐殺の数字のもつ重さからしても当然であろう。じっさい、ナチ・ドイツの問題は、現代ドイツの政治文化を解く鍵を意味するのみでなく、人間性の——そして非人間性の——可能性と極限性とを示すものとして人類の歴史を照射する、いわばマイナスの《原点》ともなるものだからである。

むろん、ナチ・ドイツの解釈をめぐっては、その成立の由来＝前史から戦後の民衆意識に刻まれた影響史にいたるまで、考えられるあらゆる論点について論議がつづいている。とくに、その内政におけるほとんどアナーキーに近い《多元的》構造や、戦争開始にいたる外交政策や人種的殺戮の推進力など、ナチ支配の《独自性》をめぐっても、解釈は多岐に分かれているのが現状である。

本書においては、従来、わが国のナチ研究において比較的注目されることが少なかった局面に光を当てようとした。第Ⅰ部では、主として第二次大戦勃発にいたるまでのナチ・ドイツの支配体制を政治史的過程を踏まえながら、政治学的な構造分析に重点をおいて概観した。なお、それ以後の歴史的過程に関連して、ナチズムの戦略構想や占領政策などについても短い展望をあたえ、最後に、ナチ政治支配の特質を構造的＝イデオロギー的非合理性に即して総括している。以上の概観を前提として、第Ⅱ部、第Ⅲ部は、本書の主たる課題であるナチ政治文化を扱っている。第Ⅱ部「政治的言語と政治的祭儀」では、広汎な民衆統合のためのイデオロギーとそのプロパガンダの問題を、これまであまり取り上げられなかった《ナチ言語》に特徴的な語り口、語彙、文体などに即して分析し、さらに、こうした言語をもふくむ多彩な視聴覚的象徴を組み合わせた《ナチ祭儀》の果たした機能について究明した。その際、支配体制の正当化のために多用された擬似宗教的な言語の特質や、政治的な祭儀と神話との結びつきなどの問題にも光を当てた。第Ⅲ部「教育政策と政治教育」は、ナチ支配体制において未来の担い手として重視された若い世代にたいする政治教育と思想教化の問題をテーマとしている。ここでは、《社会化》のため学校教育の果たす統合化＝正当化、適性化、選別化という三つの基本的機能に即して、ナチ教育のはらむ内在的矛盾を、青少年政治組織＝ヒトラー青少年団との対立と相剋の中で追跡した。これまでの研究が主としてイデオロギー教化の角度からのみとらえてきたのにたいして、本書では、ナチ体制の安定＝維持＝確保のためには基礎的学力の涵養という《教育》的機能が依然として不可欠であり、そのため総力戦体制の中で教育政策の重大な転換がなされた事実を明らかにしている。

本書において用いた《精神構造》という概念は、前著『西ドイツの精神構造』(岩波書店、一九六八年)と基本的にほぼ同じ含意をもっている。ただ、ナチ・ドイツ社会では、今日のような形での意識調査などは存在しなかった。それに代わる基礎的資料として膨大なSS保安情報部の秘密報告書をはじめ、ナチ地方機関の報告書などのほか、近来、盛んになった日常史研究の一環として発掘される地方史や当時の日記、回想記、さらに個人史などの公刊資料にも接することができるようになった。前者は、たしかに、独裁的統治＝監視機構からする一定のバイアスをともなっている。しかし、そうした偏差に注意して利用されるかぎり、当時の民衆意識の動向を反映する基礎的データといってよいであろう。後者もまた、モノグラフ法調査の記録に準ずる素材として有益である。これらの資料における態度表明や自己分析に示される政治意識を客観的な意味連関に即して批判的に再構成し、一定の論理的構造を析出することは、けっして不可能ではない。本書では、とくに第II部において、《ヒトラー神話》に焦点を合わせて民衆意識の構造を明らかにすることにつとめた。それは、この《ヒトラー崇拝》こそ、ナチ支配体制にとって当初から最終段階まで正当性根拠となった、もっとも強力な社会的＝大衆的基盤を形づくるものだったからである。むろん、敗北の色が濃くなる戦争末期には、民衆意識において《ヒトラー神話》は、しだいに色あせてこざるをえなかった。そうした中でも、ナチ的思想教化を叩きこまれた青少年世代のあいだでは、なお、この《神話》は生きつづけていた。第III部では、こうした若い世代の心理構造に即して、いわば純粋な形で培養されたナチ意識の特質を分析した。

アメリカの政治学者シドニー・ヴァーバは、政治文化の国際的比較を試みて、「ナチ体験の重要性は、ナチズムを自分の体で体験した世代が死んでいったあとでも、なお長くドイツの政治文化の中に痕跡をとどめつづけることであろう」と言い、それをフランス革命やアメリカ南北戦争がそれぞれの国の政治文化で占める役割に比定している。この比較の当否はともかくとして、一二年間のナチ支配が現代ドイツにとって、過去のドイツ史における他のいずれの時期にも優る決定的な重要性をもっていることは否定できない。東西ドイツの分割は戦後史そのものの象徴であったし、一九九〇年秋——ようやく敗戦後四五年を経て——実現したドイツの統一も、ドイツ国民がナチズム克服のため——建前としてであれ、あるいは真実なものであれ——取り組んできた努力なしには国際的是認を得ることは困難であったろう。

フランスの著名なドイツ研究者＝政治学者グロセールは、フランスの読者のために編んだ『ナチズムに関する一〇の教訓』を公刊しているが、彼は、こうしたナチ研究が、同時に、ナチ占領下のフランス(一九四〇年—四四年)の現実をふり返り、それとの比較を通して、フランス自身の過去を批判的に克服するための啓蒙の仕事だ、と語っている。同じことは、わが国のナチ研究にも妥当するはずであろう。ナチ・ドイツとの軍事同盟下に、第二次大戦に加担したわが国も、当時、《天皇神話》が国民精神を動員するために強制された身近な歴史をもっている。じじつ、戦争末期には、《天皇崇拝》こそは、《ヒトラー神話》のための理想的モデルとされていたのである。さらにまた、徹底した思想教化につとめたナチ体制においてさえ、教育固有の法則性にもとづく《教育の自由》に余地をあけざるをえなかった。この事実は、今日、国家的な管理化が進む中で、なお教育の可能性を考えるに当たって、まことに示唆的ではなかろうか。いな、そもそも、ヒトラー政権は、ヴァイマル・デモクラシーにたいするドイツ国民の《自己同一化の欠落》する中で登場した。そのことは、ナチ支配体制の成立後ではなく、それ以前に、デモクラシーの制度と価値とにたいして国民一人びとりが如何に関わるべきかを問いかけている。これこそ、われわれがナチズムから引き出しうる最大の《教訓》であろう。

目　次

略　記　号

BDM	Bund Deutscher Mädel
DAF	Deutsche Arbeitsfront
DNVP	Deutschnationale Volkspartei
HJ	Hitlerjugend
KPD	Kommunistische Partei Deutschlands
KZ	Konzentrationslager
NS(-)	Nationalsozialismus (nationalsozialistisch)
NSDAP	Nationalsozialistische Deutsche Arbeiterpartei
RAD	Reichsarbeitsdienst
SA	Sturmabteilung
SD	Sicherheitsdienst des Reichsführer SS
SPD	Sozialdemokratische Partei Deutschlands
SS	Schutzstaffel

Dt. R.	Deutsches Recht
Dt. W. E. Vb.	Deutsche Wissenschaft, Erziehung und Volksbildung
G. u. G.	Geschichte und Gesellschaft
G. W. u. U.	Geschichte in Wissenschaft und Unterricht
H. Z.	Historische Zeitschrift
M. K.	Mein Kampf
N. P. L.	Neue Politische Literatur
NS-B. W.	Nationalsozialistisches Bildungswesen
NS-M. H.	Nationalsozialistische Monatshefte
P. St.	Politische Studien
P. V. S.	Politische Vierteljahresschrift
V. B.	Völkischer Beobachter
V. f. Z.	Vierteljahreshefte für Zeitgeschichte
Z. f. P.	Zeitschrift für Politik
Z. f. Päd.	Zeitschrift für Pädagogik

I

《第三帝国》の政治構造

一　はじめに

――分析の視角と課題――

ナチズムないしナチ・ドイツ＝《第三帝国》に関する歴史的研究は、すでにドイツの内外を通じて枚挙にいとまないほどである[1]。たとえばこれまでの西ドイツ(ドイツ連邦共和国)の場合に限ってみても、各種の記録・史料やおびただしい研究文献が公刊されているが、そこには、いくつかの段階をはっきり区別できよう。

戦後初期には、恐るべきナチ体験のあとで、その追憶と反省を通して直接に歴史の経験から学ぼうとする批判的・主体的態度がいちじるしかった[2]。その後、一九五〇年代に入ると、ようやく各種の史料、なかんずく公文書への接近がしだいに可能となり、本格的な研究が進められ、《現代史》(Zeitgeschichte)が正当な学問分野として定着するにいたった。現代文学や回想記の類を別とすれば、全体として、体験に代わって認識が、信仰告白に代わって即事性が支配的となり、ナチ時代の歴史学的対象化の動向が認められる。そこでは、なかんずくナチズムの権力獲得、外交政策、第二次世界大戦前史、迫害や抵抗の問題が究明されてきたが、それらの研究は一応の集大成化をみて、標準的な歴史叙述として完結されたといえよう[3]。とくに一九六〇年代後半に入ると、西ドイツのみでなく東ドイツ(ドイツ民主共和国)や西欧の歴史家をも交えた《ファシズム論》をめぐる論争が注目される。それは、六〇年代末をピークとする戦後社会体制にたいする《学生反乱》の風潮を背景とするものだった[4]。

むろん、それ以後も新しい研究が新旧の対象について試みられているが、ナチズムにたいする時間的・内面的距離の拡大とともに、とくに戦後世代の研究者によって、厳密な方法論や史料批判、さらに活発な問題意識に立つ研に教育制度さらに官僚制や《第三帝国》の中でも、官僚制や教育制度さらに教会闘争などの研究、さらにナチズム台頭期の社会的・政治的諸条件を明らかにし、またナチ運動の地域的分布、その党内構造、各種組織の歴史的展開を追究するものなど、ナチ研究は、ますます細別化され拡大してきたと言ってよい。とくにナチ党の権力掌握後五〇周年を迎えた一九八三年以後、ナチ研究文献や関係資料の公刊は一段と促進され、いまでは、全体の状況をほとんど見通し難いほどの盛況を呈しつつある。(6)

以下においては、こうした最近のナチ研究の成果を踏まえて、主として一九三三年の権力掌握から三九年の大戦勃発にいたるまでの時期に焦点を当てて、《第三帝国》の政治構造の特質を、その歴史的動態の基本的なモティーフや未来目標をも含めて可能なかぎり明らかにしたい。その場合、むろん、《体系的》分析が性急な概念的一般化によって、歴史的客観性の認識を歪めることがあってはならないであろう。

これまでナチズムは、ヨーロッパの類似した一連の政治運動とともに、《ファシズム》として総括されることが普通だった。しかし、ファシズム概念には、今日にいたるまで、アンビヴァレントな二重性がつきまとってきた。すなわち、一方では、特定の時代の独裁政治にたいする分析的概念であるとともに、他方では、政治的敵対者に向けられた否定的な論争的概念としても用いられてきたからである。分析的に用いられる場合であっても、先にあげた六〇年代の《ファシズム論争》が示すように、その本質的メルクマールについて意見は多岐に分かれている。多くのファシズム運動＝支配のあいだの構造的類似性がどこにあるのか、ファシズムにおいて本質的なのは政治形態なのか社会機能なのか、といった問いが、くり返し提起されてきた。(7)こうした中で代表的なものとして、たとえばディミトロフの有名な規定いらい、戦後もなお東欧圏や東ドイツ(ドイツ民主共和国)の現代史研究において基本的に維持されてきた《ファシズム》概念をあげることができよう。それは、ファシズムの本質を端的に《もっとも反動的・

好戦的で帝国主義的な独占資本の暴力的支配形態》に求め、金融資本の直接的な《代理人》とみようとするものである。(8)

しかし、一般にナチズムの政治過程——とくに権力掌握にいたる時期——の問題をみるためには、こうした階級的性格という究極的《本質》に焦点を合わせたとらえ方よりも、むしろナチズムの運動が実際にいかなる社会階層と意識状況に見合って展開したか、また成立した支配体制がいかなる大衆操作にもとづいて維持されたかを明らかにすることが重要ではなかろうか。いわば《経済的実体化》の観点からは、《第三帝国》における独特の政治的非合理性や権力の《優位》の政治的機能の側面を充分に照らし出すことはできないであろう。むろん、そこでは、大資本ないし経済の演じた役割の重要性は否定しえない。しかし、たんに客観的な資本的利害の反映という事実にとどまらず、政治と経済の《癒着》の独自性——協力と矛盾という緊張関係が具体的に明らかにされるべきであろう。(9)

こうした中で《政治の自立化》の契機に注目するとき、ナチ解釈の性急な概念的一般化にともなう、いま一つの危険な可能性について指摘しておかねばならない。それは、これまで主として西欧におけるナチズム研究、とくに政治学的研究の中でしばしば用いられてきた《全体主義》の概念である。これは、一九三〇年代いらい、リベラル・デモクラシーにたいする論争的概念として構成され、いわばこの《対抗モデル》のもとにファシズムとスターリニズムの政治体制を一括して同一の観点から断罪してきた。それ以後、この概念を社会科学的に明確化する試みがなされてきたが、にもかかわらず、第二次大戦後の東西冷戦の状況下に、西欧のイデオロギー的宣伝の用具として機能してきたことも否定できない。たとえば、一九五〇年代初めに《全体主義》の起源を論じたH・アーレントは、現代の全体主義が人間の自由の制限にとどまらず、その完全な廃棄を目指すゆえに、これまでのあらゆる権威主義的独裁と異なることを強調した。イデオロギーとテロルこそ現代全体主義国家を形づくる主要なメルクマールであり、その支配構造に明確な刻印をあたえてきた。イタリア・ファシズムがたんに権威主義的レベルにとどまっていたのにたいし、ソ連とナチ・ドイツの体制は、こうした意味で全体主義的性格を示している、という(10)。

アーレントがその全体主義理論をなお歴史的に叙述する形で示したのと異なり、C・J・フリードリヒとZ・ブレジンスキーは、全体主義の《理念型》的モデルを構築しようと試みてきた。そこでは、《全体主義》のメルクマールとして、体制変革のイデオロギー、一党制、テロと秘密警察、情報および武装独占、中央集権的計画経済などがあげられている。こうしたメルクマールは、歴史的に知られたいずれの権威主義的支配体制にも共有されてこなかったものである。一連の危機的状況を克服する過程の中で、これらの諸契機は互いに関連し合い、全体主義的独裁制という特別の形態を形づくってきた。したがって、個々の契機を切り離して扱うことは、現実の連関を破壊することになるであろう、という(11)。

しかし、こうした《全体主義》概念の静態的・図式的規定からは、社会体制・政治過程・政策目標の歴史的に固有な結合や展開を把握することは困難であろう。たとえば、すでに《第三帝国》における経済の現実の機能からしても、《全体主義的統制経済》というコンテキストで《経済の独裁制》について一義的に語ることはできない。一般に、この概念のもとに想定されるファシズムのイメージは一元的な権力体系としてのそれであり、こうしたいわば《政治的実体化》による偏見から距離をおいた視点の確立が必要であろう。確かに、一九六〇年代末から七〇年代にかけて、西欧とくに西ドイツ(ドイツ連邦共和国)において、こうした全体主義概念にたいして批判的な懐疑が投げかけられるようになった(12)。それは、明らかに、東欧圏における非スターリン主義化にともなう冷戦の退潮と並行していたといってよい。しかし、それ以後も一九八〇年代にかけて、なお全体主義概念をめぐる論争は終結してはいない(13)。

こうしたグローバルな全体主義概念にたいする修正は、ナチ研究そのものからも促されることになった。すなわち、ナチ・ドイツの政治体制は、フリードリヒ＝ブレジンスキー的な《全体主義》モデルが前提するような、一枚岩的＝全体的な支配構造をもってはいなかった。そればかりか、むしろ、先にみた政治と経済との複雑なからみ合いに加えて、官僚制、国防軍、さらに党内諸勢力による不断の権力＝権限の葛藤状況を呈していたことが、明らかになった。(14) それは、おのずから、これまで自明視されてきた指導者ヒトラーの人格と役割とにたいする問いにもつながっていかざるをえない。ナチ支配内部の抗争と軋轢からは、《ポリクラティ》(P・ヒュッテンベルガー)ないしアナーキーという《第三帝国》の構造規定が生まれ、それには決断力の乏しい《弱い独裁者》(H・モムゼン)というヒトラーの性格づけが対応する。(15) こうした極端な定式化には、当然、ますます激しい反批判が呼び起こされることにならざるをえなかった。そしてこうした論議は、当初から、ナチズムにたいして一般的な《ファシズム》概念を適用することの是非をめぐる論争とも結びついていたことを見逃してはならない。(16)

いずれにせよ、権力行使の非統一性・非体系性を浮き彫りしている《第三帝国》の政治構造は、《体系的》分析とともに支配の《現象学》をふくめて明らかにされねばならないであろう。近来盛んになった民衆の《日常史》(Alltagsgeschichte)の研究は、こうした観点からも評価されるであろう。(17) それは、いわばミクロの生活領域や個人の運命を対象とすることによって、日常生活が政治と経済のみでなく、伝統や文化、学校や教会などによっても規定されていることを明らかにする。日常史は、《第三帝国》における民衆意識の解明を通して、たとえばナチ権力が日常的に機能することを可能にした基本的《コンセンサス》の存在とともに、また社会底辺に瀰漫する《不平・不満》に現われる体制内的な矛盾をも明らかにすることができる。それは、地方史＝地域史研究と結びついて、ナチ体制にたいする《日常的抵抗》の発掘にも貢献するであろう。(18) とはいえ、こうした《日常史ブーム》には、民衆にたいする共感から日常性を美化する《擬似現実主義》(H・U・ヴェーラー)が生まれやすい。それは、しばしば安易な《自己正当化的歴史像》（P・シュタインバッハ）に導く保守的傾向と結びつく危険性があることも見逃してはならない。そうした誘惑から免れるには、日常性の中でも働きかける権力の構造的契機、たとえば政治や経済の活動によって日常生活が規定され、また民衆の認知＝評価の枠組みまで影響をうけているという構造連関が明らかにされねばならないであろう。日常史は「物語られるのみではなく、分析と理論化とによって研究されなければならない[19]」から。

（1） すでに戦前・戦中の代表的なナチ研究のうち、たとえば保守的立場のものについては、vgl. W. Ender, *Konservative und rechtsliberale Deuter des NS 1930-1945*, 1984. この中で代表的なH. Rauschning, *Die Revolution des Nihilismus. Kulisse und Wirklichkeit im Dritten Reich*, 1938（『ニヒリズムの革命』菊盛・三島共訳、筑摩書房）は、ヒトラーを無原則的なマキァヴェリストとしてとらえ、その自己破壊的ニヒリズムの危険性を警告した。そのほか、社会的・経済的さらに法学的・政治学的観点から《第三帝国》の権力構造を分析したものとして、cf. E. Lederer, *State of the Masses. The Threat of the Classless Society*, 1940（『大衆の国家』青井・岩城共訳、創元新社）; E. Fraenkel, *The Dual State. A Contribution to the Theory of Dictatorship*, 1941; S. Neumann, *Permanent Revolution. The Total State in a World at War*, 1942, 2. ed. 1965（『大衆国家と独裁』岩永・岡・高木共訳、みすず書房）; F. Neumann, *Behemoth. The Structure and Practice of NS 1933-1944*, 2nd rev. ed. 1944, Harper Pb. ed. 1966（『ビヒモス』岡本・小野・加藤共訳、みすず書房）など。なお、アメリカに亡命したフランクフルト学派の分析は、Horkheimer/Pollock/Neumann/Kirchheimer/Gurland/Marcuse, *Wirtschaft, Recht und Staat im NS. Analysen des Instituts für Sozialforschung 1939-1942*, hrsg. v. H. Dubiel u. A. Söllner, 1981 に収録されている。なお、vgl. M. Wilson, *Das Institut für Sozialforschung und seine Faschismusanalysen*, 1982.

（2） この時期の代表的なナチ研究としては、ナチ・ドイツから疎外・亡命を余儀なくされ、批判的な距離をとりえた人びとのものが多い。たとえば、A. Abusch, *Der Irrueg einer Nation. Ein Beitrag zum Verständnis deutscher Geschichte*, 1946, 8. A. 1960（『ドイツ一歴史の反省』道家・成瀬共訳、筑摩書房）; Fr. Meinecke, *Deutsche Katastrophe*, 1946（『ドイツの悲劇』矢田俊隆訳、中央公論社）。E. Kogon, *SS-Staat*, 1946; E. Kordt, *Wahn und Wirklichkeit*, 1948; H. Rothfels, *Deutsche Opposition gegen Hitler*, 1949, Neuausg. 1958（『第三帝国への抵抗』片岡・平井共訳、弘文堂）。なお、この時期の代表的な国際的共同研究として、cf. *The Third Reich*, with Introduction by J. Rueff, London 1955.

（3） この時期の標準的な歴史叙述としては、W. Hofer, *Die Diktatur Hitlers bis zum Beginn des Zweiten Weltkrieges. Handbuch der Deutschen Geschichte*, Bd. 4/4, 1960 ; K. D. Erdmann, *Die Zeit der Weltkriege. Handbuch der Deutschen Geschichte*, Bd. 4, 1959, 3. A. 1963 ; K. D. Bracher, W. Sauer u. G. Schulz, *Die NS-Machtergreifung. Studien zur Errichtung des totalitären Herrschaftssystems in Deutschland 1933/34*, 1960, 2. A. 1962 参照。手頃な入門書としては、vgl. H. Mau u. H. Krausnick, *Deutsche Geschichte der jüngsten Vergangenheit 1933–1945*, 1959(『ナチスの時代』内山敏訳、岩波新書) ; H. Grebing, *Der NS. Ursprung und Wesen*, 1959 ; H. Glaser, *Das Dritte Reich. Anspruch und Wirklichkeit*, 1961(『ヒトラーとナチス』関楠生訳、教養文庫)など、参照。

(4) 一九六〇年代半ばの《ファシズム論争》については、たとえば、vgl. R. Kühnl (hrsg.), *Texte zur Faschismusdiskussion 1. Positionen und Kontroversen*, 1974 ; ders., *Faschismustheorien. Texte zur Faschismusdiskussion 2. Ein Leitfaden*, 1979, aktualisierte Aufl. 1990. 邦語文献では、山口定『現代ファシズム論の諸潮流』(有斐閣、一九七六年)が、すぐれた展望を与えている。そのほか、一般に、vgl. W. Wippermann, *Faschismustheorien. Zum Stand der gegenwärtigen Diskussion*, 1972. なお、『アーグメント』誌上で行なわれた代表的な論争(T. Mason, Der Primat der Politik. Politik und Wirtschaft im NS, in : *Das Argument*, H. 41, 1966, S. 473–494 ; E. Czichon, Der Primat der Industrie im Kartell der NS-Macht ; T. Mason, Primat der Industrie? Eine Erwiderung, in : *Das Argument*, H. 47, 1968, S. 168–192, 193–209)、そのほか、*Das Argument*, H. 58, 1970 u. H. 87, 1974 所収のW・アーベントロート、R・キューンル、R・オーピッツなどの関連論文をも参照。

(5) 《第三帝国》を全体として扱った一九六〇年代の代表的研究書としては、ナチズムをイタリア・ファシズムやアクシオン・フランセーズなどヨーロッパ的反動としての国際的共通性の中で精神史的に位置づけたE. Nolte, *Der Faschismus in seiner Epoche*, 1963、ナチズムを歴史的・政治的過程の多原因的性格のものとして多面的視角から綜合的に分析したK. D. Bracher, *Die deutsche Diktatur. Entstehung, Struktur, Folgen des NS*, 1969, 6. A. 1980(『ドイツの独裁』山口・高橋共訳、岩波書店)、さらにナチズムの内政過程を社会的利害と政治抗争との構造的連関の中で明らかにしたM. Broszat, *Der Staat Hitlers. Grundlegung und Entwicklung seiner inneren Verfassung*, 1969 参照。最新のものでは、構造史と政治史および伝記的研究を集大成したH.-U. Thamer, *Verführung und Gewalt. Deutschland 1933–1945*, 1986. 手頃なものでは、W. Benz, *Herrschaft und Gesellschaft im NS-Staat*, Fischer Tb. 1990 参照。

(6) 全般的な研究動向を与えるものとしては、ナチ支配の多様な局面を分担執筆して現段階の研究を総括したK. D. Bracher/M. Funke/H.-A. Jacobsen (hrsg.), *NS-Diktatur 1933–1945. Eine Bilanz*, 1983 ; M. Broszat u. H. Möller (hrsg.), *Das Dritte Reich. Herrschaftsstruktur und Geschichte*, 1983 ; M. Broszat u. N. Frei (hrsg.), *Das Dritte Reich. Ursprünge, Ereignisse, Wirkungen*,

1983. そのほか，国際的共同研究として，U. Büttner (hrsg.), *Das Unrechtsregime. Internationale Forschung über den NS*, 2 Bde. 1986. 通史と研究動向ないし文献案内をかねた K. Hildebrand, *Das Dritte Reich*, 3. A. 1987(『ヒトラーと第三帝国』中井・義井共訳，南窓社)も有益であり，同じく前掲のエルトマンのハンドブックも新版(Erdmann, *Die Zeit der Weltkriege*, 9. A. 1978)のほか，入手しやすいペーパーバック版(*Gebhard Handbuch der deutschen Geschichte*, dtv-Tb., Bd. 20, 6. A. 1987; Bd. 21, 5. A. 1987)も出版されている。そのほか，I. Kershaw, *The Nazi Dictatorship. Problems and Perspectives of Interpretation*, 1985, 2. ed. 1989 もナチ解釈をめぐる重要な論争点について要領よい展望を与えてくれる。ナチ研究文献解題としては，P. Hüttenberger, *Bibliographie zum NS*, 1980; H. Kehr and J. Langmaid (ed.), *The Nazi Era 1919-1945. A select Bibliography of published Works from the early Roots to 1980*, 1982; L. L. Snyder (ed.), *The Third Reich, 1933-1945. A Bibliographical Guide to German NS*, 1987. 邦語では西川正雄編『ドイツ史研究入門』(東大出版会，一九八四年)，参照。

なお，入手しやすい史料集としては，J. Hohlfeld (hrsg.), *Dokumente der Deutschen Politik und Geschichte*, Bde. III-V, 1951-1956; W. Hofer (hrsg.), *Der NS. Dokumente*, 1957(『ナチス・ドキュメント』救仁郷繁訳，論争社)。H.-A. Jacobsen u. W. Jochmann (hrsg.), *Ausgewählte Dokumente zur Geschichte des NS*, 1961; R. Kühnl, *Der deutsche Faschismus in Quellen und Dokumenten*, 1975; W. Michalka (hrsg.), *Das Dritte Reich*, 2 Bde, dtv-Tb., 1985. 英文のものでは，L. L. Snyder (ed.), *Hitler's Third Reich. A Documentary History*, 1981. 入手しやすいナチ法令集としては，I. v. Münch u. U. Brodersen (hrsg.), *Gesetze NS-Staates. Dokumente eines Unrechtssystems*, 2. A. 1982. 法解釈と判決をふくむ資料集として，M. Hirsch, D. Majer u. J. Meinck (hrsg. u. erläut.), *Recht, Verwaltung und Justiz im NS*, 1984. ヒトラーの演説集としては，A. Hitler, *Reden und Proklamationen 1932-1945*, 2 Bde., hrsg. v. M. Domarus, 1965 が政治過程の注釈を加えて便利である。ただし，そのヒトラー解釈には《デーモン化》の傾向がうかがわれる。入手しやすいものでは，*Reden des Führers. Politik und Propaganda Adolf Hitlers 1922-1945*, hrsg. v. E. Klöss, dtv-Tb 1967. 最後に，ナチ時代に関する人名・事項事典としては，vgl. R. Wistrich, *Wer war wer im Dritten Reich. Anhänger, Mitläufer, Gegner aus Politik, Wirtschaft, Militär, Kunst und Wissenschaft*, 1983; Ch. Zentner u. Fr. Bedürftig (hrsg.), *Das große Lexikon des Dritten Reiches*, 1985.

(7) ファシズム理論の概観については，前掲の《論争》文献のほか，たとえば，vgl. E. Nolte (hrsg.), *Theorien über den Faschismus*, 1967; R. Saage, *Faschismustheorien. Eine Einführung*, 1976, 3. A. 1981. とくに W. Wippermann, *Faschismustheorien*, 5. A. 1989 が最近までの議論を要約している。なお，比較ファシズム論としては，E. Weber, *Varieties of Fascism*, 1964(『ファシズムの思想と行動』平井・富岡共訳，福村出版); E. Nolte, *Die faschistischen Bewegungen*, 1966(『ファシズムの時代』ドイツ現代史研究会

訳、福村出版）; S. J. Wolf (ed.), *European Fascism*, 1968（『ヨーロッパのファシズム』斉藤孝監訳、福村出版）; H. Michel, *Les fascismes*, 1977（『ファシズム』長谷川公昭訳、白水社）; W. Wippermann, *Europäischer Faschismus im Vergleich 1922-1982*, 1983. 邦語文献としては、浅沼・河原・柴田共編『比較ファシズム研究』成文堂、一九八二年、などを参照。

(8) ディミトロフ『反ファシズム統一戦線』勝部元訳、国民文庫、一九五五年、九ページ、参照。なお、vgl. L. Luks, *Entstehung der kommunistischen Faschismustheorie. Die Auseinandersetzung der Komintern mit Faschismus und NS 1921-1935*, 1984. 一九六〇年代以後においても、たとえば東ドイツの歴史家によれば、《第三帝国》は、《国家独占資本主義》から生み出されたものであり、資本主義のこの発展段階においては国家は質的に新しい役割をもつ。すなわち、国家は社会生活のいっさいの領域に、したがってまた経済領域にも介入するにいたるが、金融資本の支配そのものは不変のままだった。なぜなら、こうした国家的介入は金融的寡頭制の権力と利益とを拡大するために行なわれたのであり、そこに進行する独占＝集中化の結果、ナチ・ドイツでは《金融＝産業複合体》が寡占的指導集団として安定化したからだ、という（vgl. Czichon, *a. a. O.*; D. Eichholtz/K. Gossweiler, Noch einmal. Politik und Wirtschaft 1933-1945, in: *a. a. O.*, S. 210-227. なお、vgl. K. Gossweiler, *Aufsätze zum Faschismus*, 2. A. 1988）。西ドイツでほぼ同じ立場を代表するものとして、vgl. R. Opitz, *Faschismus und Neofaschismus*, Bd. 1: Der deutsche Faschismus bis 1945, 1988.

(9) こうした東欧圏の《公式的》ファシズム概念にたいしては、つとに多くの批判がある（たとえば、vgl. I. Fetscher, Zur Kritik des sowjetmarxistischen Faschismusbegriffs, in: ders., *Karl Marx und der Marxismus*, 1967, S. 218 ff.）。《ファシズム》体制下の政治と経済の《癒着》と独自性との関係を《同盟》の中での政治の相対的《自立化》の問題として捉えるものに、たとえば、vgl. R. Kühnl, *Der Faschismus. Ursachen, Herrschaftsstruktur, Aktualität. Eine Einführung*, 1983, 2. A. 1988, S. 46 ff.

(10) Cf. H. Arendt, *The Origins of Totalitarianism*, 1951, new ed. 1967（『全体主義の起源』大久保和郎訳、みすず書房）。なお、《全体主義》概念の発展については、たとえば、vgl. B. Seidel u. S. Jenkner (hrsg.), *Wege der Totalitarismusforschung*, 1968; M. Greiffenhagen, R. Kühnl, J. B. Müller, *Totalitarismus. Zur Problematik eines politischen Begriffs*, 1972; W. Schlangen, *Die Totalitarismus-Theorie. Entwicklung und Probleme*, 1976. なお、cf. L. Schapiro, *Totalitarianism*, 1972（『全体主義』河合秀和訳、福村出版）。この概念の批判については、宮田光雄『西ドイツの精神構造』（岩波書店、一九六八年）、五三二ページ以下、参照。

(11) Cf. C. J. Friedrich and Z. K. Brzezinski, *Totalitarian Dictatorship and Autocracy*, 1957, 2. ed. 1965. フリードリヒ＝ブレジンスキーは、この改訂版においては、六つの基本的メルクマールを維持しながらも、その《全体主義》モデルを一部変更している。たとえば、(イ)ファシズム政権とコミュニズム政権には不断の発展があり、(ロ)《第三帝国》とソ連とは完全に同じではない。前者がコミュニズムの脅威からの中間層の救世主として登場したのにたいし、後者は専制政治から民衆を解放した。(ハ)両者は歴史的な諸前提を異にし、(ニ)ソ連では選択の自由はないが参加の自由は認められている。しかし、国内で思想を異にするものに公然たる暴力が用いられているかぎり、全体主義的独裁と呼びうるであろう、と(cf. *op. cit.*, p. 15 ff.)。なお、cf. C. J. Friedrich/M. Curtis/B. R. Barber, *Totalitarianism in Perspective. Three Views*, 1969.

(12) たとえば、P・C・ルッツによれば、スターリニズム後の東欧諸国は、現代産業社会の条件のもとで、たんなる権威主義的政権にまで引き戻されたという(vgl. P. Ch. Ludz, Entwurf einer soziologischen Theorie totalitär verfaßter Gesellschaften, in: ders. (hrsg.), *Soziologie der DDR. Studien und Materialien zur Soziologie der DDR*, 1964)。すでにA・グールラントは、同じ連関においてコミュニズムの経験記述的研究のためには《全体主義》理論の演繹的適用を断念すべきことを指摘していた(vgl. A. R. L. Gurland, Einleitung zu: M. G. Lange, *Totalitäre Erziehung*, 1954, S. VIII-XXXVI)。

(13) たとえば、vgl. K. D. Bracher, *Zeitgeschichtliche Kontroversen. Um Faschismus, Totalitarismus, Demokratie*, 1976. ブラッハーの場合には、戦後デモクラシーを左右のラディカリズムから守る批判的観点が強い。そのほか、vgl. U. Backes u. E. Jesse, *Totalitarismus, Extremismus, Terrorismus. Ein Literaturführer und Wegweiser im Lichte deutscher Erfahrung*, 1984; K. Löw (hrsg.), Totalitarismus, 1988. この後者は、一九八五年および八七年にバイロイトで開催された《全体主義》研究の会議報告であり、《全体主義的脅威》にたいして《闘う民主主義》のための《対極像》としての全体主義理論のアクチュアリティが強調されている。そこには、変動要因から区別された《全体主義》の不変的本質として《長期にわたる無制約的な権力行使》というメルクマールがあげられている(vgl. S. Mampel, Versuch eines Ansatzes für eine Theorie des Totalitarismus, in: *a. a. O.*, S. 13-15)。

(14) この連関で、すでに上掲のフレンケル『二重国家』は、ナチ支配体制が全体主義支配の宣伝にもかかわらず、《規範国家》と《措置国家》という形で国家と党の二元的対立をもつことを鋭く洞察したものだった。同じくノイマンの『ビヒモス』も、この全体主義的政治体制が党、国防軍、官僚制、資本という四つの独立する権力ブロックの競合と癒着の上に成立し、とくに人種政策においては党がもっとも非合理な目的を貫徹したことを分析した。とくにノイマン理論のアクチュアリティについては、vgl. G. Schäfer, Franz Neumanns "Behemoth" und die heutige Faschismusdiskussion, in: Neumann, *Behemoth* (deut. Ausg.), 1977, S. 665-776.

(15) とくに、vgl. T. Mason, Intention and Explanation. A Current Controversy about the Interpretation of NS; H. Mommsen, Hitlers Stellung im NS-Herrschaftssystem; K. Hildebrand, Monokratie oder Polykratie? Hitlers Herrschaft und das Dritte Reich, in: G. Hirschfeld u. L. Kettenacker (hrsg.), *Der Führerstaat: Mythos und Realität. Studien zur Struktur und Politik des Dritten Reiches*, 1981, S. 23 ff., 43 ff. u. 73 ff. もっとも、一方の側で「《第三帝国》のイデオロギー的、テロ支配的、したがって

全体的性格」がポリクラティ的特徴によっても基本的に変えられないことが了解され、他方、批判者の側でも、その「モノクラティ的およびポリクラティ的構造のアンビヴァレンツ」が、それぞれ容認されるかぎり、双方の立場は「接近」しうるであろう(vgl. W. Wippermann, *Der konsequente Wahn. Ideologie und Politik Adolf Hitlers*, 1989, S. 94)。なお、ヒトラー解釈の研究史については、とくに、vgl. G. Schreiber, *Hitler. Interpretationen 1923–1983*, 1984.

(16) Vgl. *Totalitarismus und Faschismus. Eine wissenschaftliche und politische Begriffskontroverse. Kolloquium im Institut für Zeitgeschichte*, 1980. この論争については、なお、cf. Kershaw, *op. cit.*, pp. 30–41.

(17) 日常史研究で注目されるD・ポイケルトによれば、日常史研究が目指すのは「伝統的な歴史学の外部に新しい対象領域を開くことではなく、《たんに》新しいパースペクティヴを開く」ことだという(D. Peukert, Alltag unterm NS, in: U. Hermann (hrsg.), *“Die Formung des Volksgenossen”. Der “Erziehungsstaat” des Dritten Reiches*, 1985, S. 42)。《第三帝国》の日常史については、すでに多数の研究が出ているが、たとえば、vgl. H. Focke u. U. Reimer, *Alltag unterm Hakenkreuz*, 1979(『ヒトラー政権下の日常生活』山本・鈴木共訳、社会思想社); J. Beck u. a. (hrsg.), *Terror und Hoffnung in Deutschland 1933–1945. Leben im Faschismus*, 1980; D. Peukert u. J. Reulecke (hrsg.), *Die Reihen fast geschlossen. Beiträge zur Geschichte des Alltags unterm NS*, 1981; Ch. Schüddekopf (hrsg.), *Der alltägliche Faschismus. Frauen im Dritten Reich*, 1982(『ナチズム下の女たち』香川・秦・石井共訳、未来社); L. Steinbach, *Ein Volk, ein Reich, ein Glaube? Ehemalige Nationalsozialisten und Zeitzeugen berichten über ihr Leben im Dritten Reich*, 1983; M. Broszat u. a. (hrsg.), *Bayern in der NS-Zeit*, 6 Bde., 1977–1983(この一部をまとめた Ders. u. E. Fröhlich, *Alltag und Widerstand. Bayern im NS*, 1987 は、入手しやすいペーパーバック版である)。そのほか、cf. R. Grunberger, *A Social History of the Third Reich*, 1971; R. Bessel (ed.), *Life in the Third Reich*, 1987(『ナチ統治下の民衆』柴田敬二訳、刀水書房)。邦語の研究書として村瀬興雄『ナチス統治下の民衆生活』東大出版会、一九八三年がある。なお、G. L. Mosse, *Der NS-Alltag. So lebte man unter Hitler* (Aus dem Amerik.), 1978 は、タイトルとは異なり、日常史研究というよりはナチ政治文化の資料集である。多くの写真・図版をふくむものでは、vgl. Fr. Grube u. G. Richter (hrsg.), *Alltag im Dritten Reich. So lebten die Deutschen 1933–1945*, 1982. なお、vgl. V. Ulrich, Alltagsgeschichte. Über einen neuen Geschichtstrend in der Bundesrepublik, in: *N. P. L.*, 1984, S. 50–71.

(18) 日常史は、従来の抵抗運動史の枠を拡大し、地方や地域における民衆のノンコンフォーミズム的行動を発掘した。もっとも、その結果、あらゆる日常的な反ナチ言動を《抵抗》概念にふくめようとする水増し傾向が生まれた。これにたいしてブロシャートは警告している。すなわち、「抵抗概念のインフレ的平価切り下げ」に手を貸す代わりに、「抵抗の表現形態の広汎なレベル」とともに「反対行動のための多様な動機と条件的枠組み」とを明らかにしなければならない。こうして適応の態度からノンコンフォーミズム的行動を経て狭義の抵抗にいたる《理念型》的行動様式に即して，民衆の一般的な行動史を叙述することも可能となろう(vgl. M. Broszat, Resistenz und Widerstand. Eine Zwischenbilanz des Forschungsprojekts, in : Ders. u. a.(hrsg.), *Bayern in der NS-Zeit,* Bd. IV, 1981, S. 691-709)。

(19) P. Steinbach, Geschichte des Alltags—Alltagsgeschichte. Erkenntnisinteresse, Möglichkeiten und Grenzen eines “neuen” Zugangs zur Geschichte, in : *N. P. L.,* 1986, S. 266. なお，vgl. *Alltagsgeschichte der NS-Zeit. Neue Perspektive oder Trivialisierung. Kolloquium des Institut für Zeitgeschichte,* 1984 ; A. Lüdtke(hrsg.), *Alltagsgeschichte. Zur Rekonstruktion historischer Erfahrungen und Lebensweisen,* 1989. 構造分析を組み合わせたすぐれた日常史研究の例として，vgl. D. Peukert, *Volksgenossen und Gemeinschaftsfremde. Anpassung, Ausmerze und Aufbegehren unter dem NS,* 1982.

二　《ナチ革命》の政治過程

1　《合法的革命》の戦略

ナチズムによる政治権力の獲得は、しばしば《ナチ革命》の名で呼ばれてきた。それは、大統領内閣による執行権の強力な拡大、さらに一党制による法治国家の破壊、ついに全体的な指導者独裁の確立という段階的な展開を遂げてきた。(1)このナチズムによる権力掌握の過程と性格とを特徴づけるのは、何よりもまず、《合法的革命》という逆説的な概念である。一九三三年一月のヒトラー政権の登場は、ナチ・リーダーやナチ系公法学者たちによれば、あらゆる既存秩序を転換する《国民革命》の開始であり、同時にまた、あくまでも憲法構造の枠内において進行する《合法的》過程を意味していた。

いうまでもなく、この《合法的革命》の戦略には長いナチ運動の前史が立っている。一九二三年の失敗したプッチュは、既存体制にたいする暴力的攻撃の無効性をヒトラーに認識させた。軍事力との直接的な対決を回避することが《合法》路線の中心命題をなしていたが、さらに左翼政党から労働組合にいたる民主的対抗力の存在も、なお無視しえない要素であった。しかし、もっとも重要な要因は、伝来の支配層と官僚制における右翼保守主義の伝統そのものに求められねばならない。共和国に反対する勢力や運動は、直接・間接にこの階層によって支持と共感とをあたえられた。とはいえ、なおドイツにおける官憲国家意識は、安寧と秩序を嚮導理念とする《合法性》の遵守を要求した。さらにまた、一八四八年の市民革命の挫折体験いらい、ドイツ民衆の深層心理にひそむ公然たる革命への不信と嫌悪をも数えねばならなかったであろう。ランズベルクからの出獄後、ヒトラーによって再建されたナチ党路線は、基本的には、こうした状況判断にもとづいていた。すでに『わが闘争』(初版、一九二五―二七年)は、はっきりこの《合法革命》の戦略をかかげている。とくに一九三〇年のライプツィヒ国防軍裁判におけるヒトラーの《合法性の宣誓》証言は、合法的手続きによる憲法破壊の意図を誤解の余地なく明示している。(2) じっさい、この《宣誓》は、その価値中立性のゆえに形式的合法性を介して独裁に転化していった、ヴァイマル共和国の体制的弱点を的確に見抜いていた。

しかし、この一見矛盾した《合法的革命》を現実化する突破口となったのは、憲法四八条の非常大権にもとづく《大統領内閣》の途であった。これは、元来、戦後の急進主義的変革企図にたいする共和国防衛のために制定されながら、いまや異なった権力状況のもとで、まったく逆の政治的機能を帯びるものとして登場した。一九二〇年代末からの世界恐慌は、階級対立を激化させて共和国の脆弱な基礎をゆさぶった。それは、相対的安定期における民主的コンセンサスの余地を奪い、議会制民主主義を不断の構造的危機にさらさせるにいたった。(3) 安易な大統領内閣への逃げ道は、議会制民主主義の活動と責任を麻痺させ、民衆の思考を独裁的解決に傾斜させることによって、世論の急進主義化に大きく貢献した。こうしたなかで、権威主義的な《委任独裁》(C・シュミット)の正当化は、擬似合法的な憲法秩序の変革をねらうナチズムの戦略に恰好の武器を提供したであろう。

じじつ、経済危機のもたらした小企業の崩壊と急激に増大する失業の巨大な大波は、最高時ではドイツ家庭の半数を呑みこんだ。敗戦後のインフレーションの恐るべき記憶が呼び起こされ、小市民層や農民層のあいだにパニック的な心理状態が生まれた。それは、社会的にはプロレタリアートに転落することへの恐怖として、イデオロギー的にはコミュニズムの増大することへの不安として、広がっていった。こうした政治状況こそ、ナチズムにとって、そのデマゴギー的政治指導を発揮しうる絶好のチャンスを意味していた[4]。ナチズムの権力掌握の技術は、それが、他のナショナルな右翼の群小政党に抜きん出て、近代的な大衆伝達のための手段を徹底的に駆使し、とくに強制と説得、テロとプロパガンダを巧妙に併用したところにある。こうしてナチズムの政治宣伝においては、心理学的には、民衆とくに中間層のあいだに広がっている政治的・社会的ルサンティマンが大きな役割を演じた。なかんずく、亢進したナショナリズムは、いっさいの理性と判断力を圧倒し、現状不満を共和国とデモクラシーとに敵対させた。ナチズムを大衆運動にまでもたらした政治宣伝の特徴は、この否定の論理の徹底化にあった。「ナチズムは、現に存在するもののまさに正反対のものである」(G・シュトラッサー[5])。

これに反して、旧い体制の代わりに宣伝される《第三帝国》の新しい秩序の具体像は、曖昧なデマゴギーのヴェールにつつまれたままであった。この社会的変革を訴えかける茫漠とした政治的スローガンは、明らかにナチ運動の大衆的基盤を形づくる中間層の社会的志向を反映していた。そこには、第一次大戦後に広がったナショナルな路線にもとづく《保守的革命》の時代思潮と基本的に一致していたことが認められる。しかし、ナチズムが社会的・政治的状態の合理的分析を欠き、その政治的プログラムが明確さと一義性をもたなかったことは、けっしてマイナスを意味しない。それは、むしろ逆に、多数の民衆にとって弾力性と開放性として受け取られ、特定の階層や集団がナチズムの運動をまさに自己の意図する方向に操縦しうるという期待をもたせることに役立った。ナチ運動は、社会上層にとってはリアルに感じられた左からの革命の脅威にたいする防壁として、中間層からは社会的・経済的なプロテストの集合政党として、青年層からはよりよき未来を約束する新しい政治運動として、受け取られた。ナチ党は、一種の《否定的国民政党》(H・モムゼン)の相貌をもっていた。[6] そこには、ナチズム支持層の多様性と異質的構成にもかかわらず、まさに現状否定の心理において、完全な同質性が支配していたということもできよう。

しかも注目すべきことは、幅広い異質的モメントを混合させたナチズムの党綱領や政治宣伝が党組織の多様な社会構成をつなぎ合わせただけではない。そこからは、党の指導部にたいして、ほとんど無制約的な行動の自由があたえられ、党基盤からの自立化が促された。たしかに、ナチ党内部には指導部の政策と一致しない行動をとる集団も並存してはいた。しかしナチ運動は、権力闘争期を通じて——局部的にはともかく——現実に有効な党内反対派の結成や深刻な分裂を生まなかった。こうしたイデオロギーおよび政治的利害にもとづく分派形成の不能は、結局、ナチ運動がヒトラーを中核とする特有の《指導者崇拝》に支えられて展開してきた事実に負うものであろう。その抽象的で曖昧なナチ世界観は、ヒトラーという媒体を通してはじめて現実化され、この指導者の人格を離れては党の統合力をも喪失したであろう。そして、じっさい、権力奪取の宣伝と合法主義路線との断絶を止揚しえたものこそ、指導者ヒトラーにたいする《忠誠》と服従であった。[7] ヒトラーによって自覚的に統制された合法性と適応の戦略こそ、早期における禁止と迫害の危険を回避し、広汎な民衆的支持を獲得するもっとも確実な途であった。民衆の望んだものは、不安定なヴァイマル体制に代わる統一と規律と能率とをもつ強力な政権であり、《人民投票的》基盤に立った権威ある官憲国家であった。ここに《合法的革命》の矛盾を支える社会心理的前提があった。

たしかに、ヒトラーが、この大衆運動の波に乗ることによって権力に接近していったことは否定できない。にもかかわらず、彼は、ヴァイマル体制において、議会多数派に基礎をおく連立政権のリーダーとして権力に到達したのではない。ナチ党は一九三二年秋の選挙で最初の衰退の徴候をみせ、同年六月の国会選挙と比較すれば得票率を一四・六パーセント減少させた。グレゴール・シュトラッサーをめぐる指導部の危機をようやく克服したとはいえ、党財政は逼迫し組織の弱体化に直面していた。こうしたナチ運動の浮沈の描くカーブと経済発展の描くカーブとのあいだには、明らかに逆対応的な平行関係が認められる。すなわち、一九三二年夏にはどん底に達した経済危機は、それ以後ようやく回復し始め、逆にナチズムの躍進には重大な転機が訪れていた。まさにこうした時点で、――党指導部自身も驚愕したほど(8)――突如、ヒトラーは、ライヒ首相の座にすべり込むことに成功した。それは、大資本の一部と大統領ヒンデンブルク周辺のユンカー勢力との裏口での政治取り引きによるものであった。それは、ヒトラー政権がヴァイマル体制の致命的な権威主義的破壊口を通して成立したことを見逃してはならない。それは、公然たる闘争を通じる《権力の獲得》(Machtergreifung)というよりは、むしろ《権力の委譲》(Machtübertragung)と呼ぶのがふさわしいであろう(9)。ヒトラーが政治取り引きにおいてあくまでも固執して譲らなかったのは、独裁的条項の非常大権を行使しうる大統領内閣首相としての地位であった。こうして三三年一月三〇日に、いわゆる《合法的》路線の上に政権に辿りついたヒトラーとナチズムとにとって、この時点から、ようやく本来の意味での《権力獲得》が始まる。いまや《合法性》の戦術を本来の《反革命》の戦略と結合し、政治的・社会的・思想的な対抗勢力を短期間に出し抜き一掃する、独自の権力掌握の技術が編み出されねばならない。ここに登場した、敵をも同盟者をも欺瞞する第二の合い言葉が、《国民革命》の観念であった。

(1)　ナチ支配体制の確立過程に関するもっとも包括的な研究は、vgl. Bracher, Sauer u. Schulz, *Die NS-Machtergreifung*. 新しい研究として、W. Michalka (hrsg.), *Die NS-Machtergreifung*, 1984 所収の諸論文、参照。この時期に関する資料集として、とくに、vgl. J. u. R. Becker (hrsg.), *Hitlers Machtergreifung. Dokumente vom Machtantritt Hitlers 30. Januar bis zur Besiegelung des Einparteienstaates 14. Juli 1933*, 1983. なお、とくに、vgl. M. Broszat u. a. (hrsg.), *Deutschlands Weg in die Diktatur. Internationale Konferenz zur NS-Machtübernahme. Referate und Diskussionen. Ein Protokoll*, 1983.

(2)　ヒトラーはライプツィヒでの《合法性の宣誓》でいう。「憲法は闘争の基盤についてのみ記し、その目的については記していない。われわれは立法機関に入り、このようにして、わが党を決定的なファクターたらしめるであろう。むろん、そのとき、われわれは合憲的権利を所有している以上、われわれが正当とみなす形態へ国家をつくり変えるであろう」(W. Conze, *Der NS. Hitlers Kampf gegen den demokratischen Staat 1919-1934*, 1959, S. 36)。なお、vgl. A. Hitler, *Mein Kampf*, Bd. I, 1925, S. 366(『わが闘争』平野・将積共訳、角川文庫)。

(3) 一般に、vgl. K. D. Bracher, *Die Auflösung der Weimarer Republik*, 4. A. 1964. とくに、vgl. K. Revermann, *Die stufenweise Durchbrechung des Verfassungssystems der Weimarer Republik 1930 bis 1933*, 1959. なお、宮田光雄編『ヴァイマル共和国の政治思想』(創文社)、一九八八年、参照。

(4) ただし、経済恐慌を民主政否定の不可避的要因とみることはできない。たとえばアメリカと比較した場合、「危機は、アメリカのほとんどあらゆる分野で、ドイツにおけるよりも強烈で、苛酷で継続的であった」。さらにまた、ナチの大衆運動としての成功を直接的に経済的窮迫に帰すこともできない。「なぜなら、それはドイツでは産業労働者層がもっともひどかったが、しかし、ナチ党への加入は、危機の歳月においても、主として農民および小市民層から成り立っていたからである」(W. Fischer, *Deutsche Wirtschaftspolitik 1918-1945*, 3. A. 1968, S. 45 u. 57『ヴァイマルからナチズムへ』加藤栄一訳、みすず書房)。つまり、経済的窮迫は直接的に政治的ラディカリズムに転換されるのではなく、しばしば心理学的迂路をとるのである。なお、経済恐慌にたいする西欧諸国の対応の比較については、vgl. H. Grebing, *Der "deutsche Sonderweg" in Europa 1806-1945*, 1986, S. 170 ff.

(5) ナチ政権成立当初、六〇〇名のナチ党員について試みたモノグラフ法調査の分析によれば、多様な入党動機の中でほぼ共通するのは、ナチ党による体制変革とナショナリズムとの結びつきであったという(セオドル・アベル『ヒトラーとその運動』小池四郎訳、実業之日本社、一九四〇年)。アベルの収集した資料について、のちにマークルは詳細な統計的分析を試みた(cf. P. H. Merkl, *Political Violence under the Swastika. 581 Early Nazis*, 1975)。ここでも、党員の社会構成、入党動機のいちじるしい多様性が確認されるほか、とくに三分の二にも達する反マルクス主義的動機の高さが注目を引く(これに反して反ユダヤ主義を「もっとも切実な関心」とするものは八分の一にすぎない)。もっとも、僅か数百のサンプルにもとづくマークルの数量的分析の結果の数値そのものには一定の留保が必要であろう(なお、vgl. R. Mann (hrsg.), *Die Nationalsozialisten. Analysen faschistischer Bewegungen*, 1980)。ナチ運動の展開にたいして、これまでの通説以上に、ナチ・イデオロギーの果たした役割を重要視する研究として中村幹雄『ナチ党の思想と運動』(名古屋大学出版会)、一九九〇年、がある。

(6) 最近の研究によれば、ナチ運動を《中間層急進主義》としてとらえる従来の定説的な見方は、大きな修正を必要としている。むろん、小市民層・中間層の占める比率は相対的に高かったとはいえ、その《階級的政党》としてみることはできない。一九三〇年から三三年のあいだ、ナチ党は、党員構成においても選挙の支持層のレベルでも、労働者をふくめて「すべての社会階層」を網羅し、社会構成的に《中間層を基盤とする国民政党》の性格を示すにいたった(vgl. J. W. Falter, Die Wähler der NSDAP 1928-1933. Sozialstruktur und parteipolitische Herkunft, in Michalka (hrsg.), *a. a. O.*, S. 47-59)。なお、一般に、cf. M. H. Kater, *The Nazi Party. A Social Profile of Members and Leaders, 1919-1945*, 1983.

(7)　ナチ党内における《指導者イデオロギー》の形成と展開については、vgl. H. Horn, *Führerideologie und Parteiorganisation in der NSDAP 1919-1933*, 1972. ナチ党の機関紙『フェルキッシャー・ベオバハター』は、党のイデオロギーや政治宣伝の学習のために熱心な党員によって購読されていた(一九二〇年代末から三〇年代初めにかけて一六万五〇〇〇部発行され、当時の日刊紙としては比較的に高い販売部数だった)が、ここでは、ヒトラー支持者の熱狂的な崇拝を引き起こすような指導者の《理想像》=偶像化が示されている。V・B紙によれば、「彼の思想の論理的必然性」とその「内から溢れ出る力」には何ぴとも「抵抗」しえない、という(E. Pfeifer, *Das Hitlerbild im Spiegel einiger rechtsgerichteter Tageszeitungen in den Jahren 1929-1933*, 1968, S. 5 ff.)。

(8)　一月三〇日付の日記にすら、なおゲッベルスは信じがたい「偉大な奇跡」(J. Goebbels, *Vom Kaiserhof zur Reichskanzlei. Eine historische Darstellung in Tagebuchblättern (Vom 1. Januar 1932 bis zum 1. Mai 1933)*, 1934, 15. A. 1937, S. 252)について記している。この日ナチ党の広報局長O・ディートリヒは「ヒトラーの信念が山をも動かした」と記した。なお、たとえば作家J・クレッパーは、翌一月三一日付の日記に「ドイツ最大の危険=貴族と暴徒の同盟」と記し、ミュンヘン一揆のかつての盟友ルーデンドルフは、大統領ヒンデンブルクにたいし「貴下はヒトラーを首相に任命することによって、わが聖なる祖国ドイツを古今を通じて最大のデマゴーグに引き渡したのである。……将来の人びとは貴下のこの行為のゆえに墓場においても呪詛するであろう」という書簡を送りつけた(vgl. E. Deuerlein (hrsg.), *Der Aufstieg der NSDAP in Augenzeugenberichten*, dtv-Ausg. 1974, S. 418)。

(9)　Vgl. G. Jasper, *Die gescheiterte Zähmung. Wege zur Machtergreifung Hitlers 1930-1934*, 1986, S. 115 ff. 首相任命をめぐる産業界とナチ党との重要な連関について、たとえばW. F. Hallgarten, *Hitler, Reichswehr u. Industrie 1918-1933*, 1955(『ヒトラー・国防軍・産業界』富永幸生訳、未来社)は、いまでは古典的である。ハルガルテンも、ナチ運動が一九二九年にいたるまで主として党費と個人的献金によっていたことを指摘していた。その後、大企業の関与について否定的なアメリカの歴史家ターナーの実証的な研究(vgl. H. A. Turner, *Faschismus und Kapitalismus in Deutschland. Studien zum Verhältnis zwischen NS und Wirtschaft*, 1972, 2. unverändert. A. 1980)をめぐり論議がつづいている。しかし、たとえばネーベによれば、ヴァイマル末期の危機に際して重工業界の一部がパーペンを中心とするヒトラー首相任命工作に加担したことは否めない。それは、シュライヒャーのいわゆる《対角線路線》(すなわち、一部の労働界ないしナチ党左派との連携をはかる《左傾化》した権威主義政策)を阻止するためだった、とされる(たとえば、R. Neebe, Großindustrie und die Machtergreifung, in: Michalka (hrsg.), *a. a. O.*, S. 111 ff. の要約、参照)。邦語文献では、とくに栗原優『ナチズム体制の成立』(ミネルヴァ書房)、一九八一年、参照。

2 《国民革命》の政権

新たに成立したヒトラー政権は、三三年三月の授権法における権力的基礎の確立まで、最初の数週間、《国民革命》ないし《国民的高揚》のスローガンのもとに行動した。それは、《超党派的》な《国民的政府》の扮装によって、ナチズムの権力要求をもっとも巧妙に《合法革命》的に具体化する憲法政治的ルートを意味していた。ヒトラーは、ナチ政権の首相としてではなく、《国民革命》の連立政権首相として演技してみせ、他方、副首相パーペンは、この政権においてヒトラーがじっさい彼の《虜囚》にすぎないことを確言して倦まなかった。(1) こうした保守派の致命的な錯覚に対応して、ナチ党は、当初、ヒトラーを含めて三人の閣僚を送り込み、閣内少数派として出発した。ナチ党と右翼保守派との連立は、左翼民主主義勢力を排除する意図において、互いに利害を共通にしていたことはいうまでもない。こうしてヴァイマル体制をたんなる中間劇とみてきたドイツのナショナルな全勢力が、ついに結集することに成功したかにみえた。国民的高揚の祝祭気分の中で支配的な象徴となったのは、ヒトラーではなく、ナショナルな伝統を具現する大統領ヒンデンブルクであった。それは、なかんずく、《ポツダムの日》(三三年三月二一日)の国家的式典に可視的な表現をあたえられた。この日、後述するように国会議事堂炎上のあとをうけてポツダムのガルニゾーン教会で開かれた国会において、元帥服をまとった老大統領の前に、ヒトラーは無帽のまま頭を下げ、「旧き偉大さと若き力の婚姻」を宣言した。このゲッベルスによって周到に演出された宣伝的式典は、ヒトラー政権をドイツ帝国の《光栄》ある時代につながり、《最善》の伝統を継承するものとして、もっとも効果的に印象づけた。(2) しかし、保守派の幻想と錯覚にもかかわらず、この共演者のいずれが現実の権力を握っていたかは、すでに一月三〇日の時点で明らかであった。

首相の就任宣誓後数時間を出ぬうちに、ヒトラーは国会の即時解散を要求し、ドイツ国家人民党(DNVP)党首フーゲンベルク(経済相)の抵抗を排して、それを貫徹した。ヒトラーの計画は、当初から、いまや掌中に握った国家権力の全手段を投入して新選挙を実施することにあった。さらには国会解散中に、議会のチェックなしに権力強化のための既成事実を作り出すことも意図していた。国会解散を阻止しえなかったことは、連立政権における非ナチ勢力の戦線の挫折を意味していた。それは、閣議のたびにくり返され、このレヴェルでの抵抗はまったく生じなかった。じっさい、ナチ党員の閣僚はようやく後になって閣内で多数派を占めることになったとはいえ、アンバランスな権力の配分は、当初から連立政権の内外において明瞭であった。首相ヒトラーのほか、フリック(内相)、ゲーリング(無任所相、兼プロイセン州内相)の地位は、事実上、他の閣僚の承認なしに《国民革命》を迅速にナチズムの権力掌握に転換することを可能にした。しかし、大統領ヒンデンブルクの後ろだてをもつ多数派の保守派閣僚に《包囲》される中からヒトラーを超出させたのは、なかんずく大統領内閣首相の行使しえた独裁的権力にほかならない。ヒトラーは、決定的なこの数週間のあいだ、議会を排除したまま緊急命令によって支配し、この擬似合法的基礎の上に二月初頭、新聞・言論の自由をきびしく制限し、プロイセンを《均制化》した。さらに同月末、国会炎上事件(3)を契機として憲法の規定する七条に及ぶ基本権(人身の自由、居住の自由、信書の秘密、言論・集会・結社の自由、財産権の保証)を停止するにいたった。《国民と国家の防衛のための緊急命令》は、ナチ政権に政治的敵対者にたいするテロと迫害の合法的手段を提供した。国会炎上後数時間にして公布され、ただちに全国的に施行されたこの命令の迅速性は、いまなお驚嘆に価する。それは、《当分のあいだ》という制限規定にもかかわらず、その後一二年間ドイツ降服の日まで存続し、《第三帝国》を支えるもっとも重要な合法性根拠を形づくっていた。

三月五日の国会選挙は、明らかにこの《非常事態》の徴しのもとに立っていた。選挙闘争の最中、政府の弾圧と干渉のもとに左翼政党は必要な広報手段を奪われ、世論は閉塞させられた。他方では、ナチ党は組織的な宣伝戦を展開し、ラジオはじめマス・メディアをほとんど無制限に動員した。(4) にもかかわらず、投票の結果は、事実上、選挙民の政治的意見の分布状況を、ある程度まで正確に反映している。ナチ党(四三・九パーセント)の単独支配は支持されず、ようやくDNVP(八パーセント)との宿命的な同盟のもとに多数派を構成しえたにすぎない。中道諸派は、なお前回の得票(一八パーセント)を維持し、左翼もまた多数の候補者の迫害や逮捕にかかわらず、三〇パーセント以上の支持を獲得した。しかし、選挙の結果を通して示されたナチ党の強力さは、議会制デモクラシーを最終的に破壊する権力過程を促進させることになった。じじつ、ヴァイマル時代のいずれの選挙をも凌駕する記録的な投票率(八八パーセント)の高さが示され、三二年秋の国会選挙(八〇パーセント)に参加しなかった三五〇万余の人びとが動員された。しかも、五五〇万余の新しいヒトラー支持票の少なくとも半数が、この従来の棄権者から成り立っているものと推定されている。(5) ここには、首相兼《指導者》(総統)としてのヒトラーの人格的魅力にたいする《人民投票的》正当化をみることも困難ではなかろう。しかも、KPD代議士を逮捕しながら、なお正式の結党禁止措置を避けて、KPDの選挙リストを容認したことは、後述の《授権法》を予想する老獪な戦術であった。そしてヒトラーの同盟者たちは、左翼の暴力的弾圧が右翼・中道政党にたいするナチ党の圧倒的優位をもたらし、結果的には自己の敗北を用意するものであることを誤算していたといわねばならない。《ポツダムの日》の国民的高揚は、まさに三月二三日の授権法通過にたいする心理的地ならしにほかならなかった。

《授権法》は首相ヒトラーの当初からの目標であった。新選挙の後、連立政権が多数派を基盤とするにいたった以上、行政権に完全な行動の自由をあたえる《授権法》を要請することは、議会的状況から出たものとはいえないであろう。ここには、すでに合法的可能性を憲法そのものの空洞化のために逆用しようとするヒトラーの意図が示されている。この法案の通過は、憲法改正を含むゆえに国会の三分の二の賛成を必要としていた。そのため、すでに少なからぬ反対議員の逮捕が行なわれていたが、なお投票には議員総数三分の二の出席が要件となっていた。国会議長ゲーリングは、《理由なき欠席》議員を出席とみなす解釈を国会に承認させ、さらにKPD議員を法的定足数に算入しないという憲法違反をあえて躊躇しなかった。こうした戦術的な準備の上に三月二三日、《授権法》、すなわち、《国民と国家の艱難を除去する法律》は、SPDを除く圧倒的多数(四四九票対九四票)で可決された。(6) リベラルな諸政党から中央党にいたる市民政党の賛成は、《国民的》アピールの影響と、政治的既成事実の圧力、さらに議場クロルオーパーを制圧するナチ突撃隊(SA)や親衛隊(SS)のテロのもとに、重い心をもって投ぜられたものであった。なかんずく、この賛成のモティーフには、緊急命令による政府のラディカルな行動に合法的立法の枠づけをあたえようとする期待が働いていた。

《授権法》は、ヒトラー政権に今後四カ年にわたって議会の協働なしに、しかも「憲法と異なった」立法をもなしうる権限をあたえた。(7) そこに認められた国会の制度的保障など僅かな制限規定も、数カ月後に一党制の機構と化するにいたって、《授権法》の期限延長にとってなんらの困難を意味しなかった。しかも《授権法》の結果、大統領の非常大権は不要となり、それに応じて大統領の支持に依存する非ナチ系閣僚の比重は弱体化した。こうして政策決定の合議体原則はしだいに空洞化され、閣議の召集そのものもその頻度が低下するに応じて《指導者原理》が貫徹するにいたった。[8] 《授権法》は、最終的には総統布告(一九四三年五月)によって延長され、《第三帝国》の全期間を通じて妥当し、事実上、先の《国会炎上緊急命令》とともに《ナチ憲法》を構成した。しかし、その具体的権能以上に重大なのは政治的意義と機能である。市民政党の致命的誤算にもとづいてあたえられた《授権法》の《擬似合法的》成立と性格こそ、《均制化》の過程の中で反対勢力の弾圧と官僚制の協力を容易にする、絶好の合法的基礎を提供しえたからである。

(1) 保守派内の批判者の一人は、当時を回想してパーペンの言明を伝えている。「私にはヒンデンブルクの信頼がある。二カ月すれば、われわれはヒトラーを片隅に追いつめ、悲鳴をあげさせるのだ」(E. v. Kleist-Schmenzin, Die letzte Möglichkeit, in: *P. St.*, H. 10, 1959, S. 92)。右翼保守派のナチズムにたいする誤算は、ドイツ国家人民党に近い保守系日刊紙におけるナチ評価の分析からも一般的に推定される(vgl. Pfeifer, *Das Hitlerbild im Spiegel*, S. 176 ff.)。

(2) ポツダムはホーエンツォレルンの王宮所在地であり、式場のガルニゾーン教会はフリードリヒ大王の墓所であり、当日はビスマルク帝国議会の開会六二周年記念の日に当たっていた。皇帝のための空席の椅子を囲んでヒンデンブルクと前皇太子が列席するという入念な演出による《ポツダムの感傷喜劇》(マイネッケ)は、ナショナルな右翼保守派から帝政主義者をも錯覚させた。式上、大統領の国民への訴えに答えて、ヒトラーは「この〔歴史に〕類のない高揚の中で、国民は僅か数週間のうちに国家的名誉を回復しました。元帥よ、あなたのお計らいの下に、古き偉大さのシンボルと若き力のシンボルとの婚姻が結ばれたのです」と宣言した(Hitler, *Reden und Proklamationen*, Bd. I/1, S. 227)。

(3) 国会炎上事件は、従来、ナチ側からはコミュニスト放火説が主張され、これにたいして、一般には、むしろナチ党による計画的陰謀が定説となっていた(代表的な文献として、vgl. *Braunbuch über Reichstagsbrand und Hitlerterror*, mit Vorwort v. Lord Morley, Basel 1933, Faksimile-Nachdruck 1978)。戦後ふたたび新資料にもとづく論争が行なわれ、当時逮捕・処刑されたファン・デル・ルッベの単独犯行とするトビアス説が、歴史学的のみならず社会的な大きな反響をまき起こした(F. Tobias, *Der Reichstagsbrand. Legende und Wirklichkeit*, 1962. なお、vgl. H. Mommsen, Der Reichstagsbrand und seine politischen Folgen, in: *V. f. Z.*, 1964, S. 352 ff.)。しかし、たとえばE・コーゴン、K・D・ブラッハー、W・ホーファーなど著名な現代史家を含む《第二次世界大戦の原因と影響を究明するヨーロッパ委員会》は、ナチ犯行を立証するための資料と調査報告とを公刊した(*Der Reichstagsbrand. Eine wissenschaftliche Dokumentation*, 2 Bde., hrsg. v. W. Hofer, Ed. Calic u. a., 1972/1978; *Der Reichstagsbrand.*

Die Provokation des 20. Jahrhunderts. Forschungsergebnis, hrsg. vom Internationalen Komitee zur wissenschaftlichen Erforschung der Ursachen und Folgen des Zweiten Weltkrieges, Luxemburg 1978)。これへの反論として、トビアスやモムゼンは、批判的な研究者たちと共同して、Backes/Jansen/Jesse/Köhler/Mommsen/Tobias, *Reichstagsbrand. Aufklärung einer historischer Legende*, 1986を公刊している。なお、この論争を総括したU. v. Hehl, Die Kontroverse um den Reichstagsbrand, in: *V. f. Z.*, 1988 H. 2, S. 259 ff. をも参照。結論的には、ファン・デア・ルッベの単独犯行説の蓋然性が「(きわめて)高い」とはいえ、ナチ党別働班による放火説も「漠然たる(想像的)可能性」の余地も残るという(vgl. *a. a. O.*, S. 278)。いずれにせよ、放火犯人の犯罪学的確定の問題と、この放火事件がナチ指導層によって直ちに権力掌握――テロ支配の合法化に転轍された歴史的役割の重要性の問題とをとり違えてはならない。なお、邦語文献では、四宮恭二『国会炎上』(日本放送出版協会、一九八四年)は力作である。

(4)「今度は闘うのはたやすい。われわれは、あらゆる国家的手段をみずから要求できるからだ。ラジオも新聞も、われわれは思いのままに使用できる。われわれはアジテーションの傑作を御覧にいれよう。金もまた、今度は、むろん不足していない」とゲッベルスは日記(一九三三年二月二日記)に記している(Goebbels, *a. a. O.*, S. 256)。

(5) Vgl. J. Hohlfeld (hrsg.), *Dokumente der Deutshen Politik und Geschichte*, Bd. V, S. 542 f. 三三年三月国会選挙の詳細なデータ分析は、vgl. Bracher, Sauer u. Schulz, *Die NS-Machtergreifung*, S. 93 ff.

(6) 授権法およびその審議過程は、vgl. *Recht, Verwaltung und Justiz im NS*, S. 92 ff. 議場で法案採択にただひとり反対演説したSPD党首ヴェルスの「われわれから自由と生命とを奪いとることはできよう。しかし名誉を奪い去ることはできない(SPD議員からの激しい拍手)」という議事録の条りには悲愴な緊迫感がただよっている。重い心を抱いて賛成した中央党のカース演説にも、躊躇と留保とが印象的である。なお、こうした中央党の判断については、vgl. E. Matthias, Die Sitzung der Reichstagsfraktion des Zentrums am 23. März 1933. Dokumentation, in: V. f. Z., 1956, S. 302 ff.

(7) カール・シュミットは、《授権法》というコトバが「法律学的には不正確な言い方」であり、「真実には新しいドイツの暫定的憲法」である、と断じた。ちなみに、シュミットによれば、これに先立つ三月五日の国会選挙は「法律学的にみれば、じっさい、ドイツ国民がナチ運動の指導者アドルフ・ヒトラーをドイツ国民の政治的指導者として承認した人民投票であった」と規定している(vgl. C. Schmitt, *Staat, Bewegung, Volk*, 1933, S. 7 f.『国家・運動・民族』初宿正典訳『ナチスとシュミット』木鐸社、所収)。なお、vgl. H. Schneider, *Das Ermächtigungsgesetz vom 24. März 1933*, 2. A. 1961; H. Schorn, *Die Gesetzgebung des NS als Mittel der Machtpolitik*, 1963, S. 32 ff.

(8)「内閣では、いまや総統《ヒューラー》の権威が完全に貫徹している。総統が決定している」(Goebbels, *a. a. O.*, S. 302)とゲッベルスは四月二二日に記している。じじつ、一九三三年二―三月にはほとんど隔日に行なわれた閣議(計三二)は、四、五月にはすでに半減し(計一六)、さらにつづく一〇ヵ月には三分の一に減じている。因みに一九三五年(一二)、三六年(四)と低減し、三八年二月五日以降、閣議は開かれていない(M. Broszat, *Der Staat Hitlers*, S. 350)。新しい首相官邸(一九三九年)の設計者シュペーアの皮肉な回想によれば、この中の「内閣々議室は、ヒトラーの気に入っていたが、それが本来の目的のためヒトラーによって使用されたことはなかった。閣僚の多くは、〔閣議のための〕《自分の》部屋を見るだけでよいからヒトラーに取りついでくれないか、と私に言ってきた。ヒトラーがそれを承諾したので、ときたま閣僚たちが、一度も座ることなく終わった自分の座席の前に数分間黙ったまま佇む姿が見られた」(A. Speer, *Erinnerungen*, Ullstein Buch-Ausg. 1976, S. 128『ナチス狂気の内幕』品田豊治訳、読売新聞社)。

3 《均制化》の社会過程

《均制化》(Gleichschaltung)は、ヒトラー政権の外に立つ統治単位の州《ラント》や地方自治体の破壊に始まり、政治・経済生活における自律的組織、非ナチ政党や労働組合の解体、ついにはナチ運動内部における党内反対派の弾圧にいたる一連の社会過程を総称する。この目標を追求するに当たって、中央政府の緊急命令という《上から》の《合法的》弾圧の形態とともに、ナチ党ないしその闘争組織による《下から》の非合法な権力簒奪とテロが、ほぼ完璧に補完し合った事実を見逃してはならない。独裁的な国家権力と《人民投票的》大衆運動との結合こそ、《均制化》のもつ独特の全体主義的動態を特徴づけているのである。

たしかに理論的には、連邦制こそ国会に並んでナチ独裁にたいして《第二の対抗力》たりえたかにみえる。しかし、すでに《授権法》通過に先立って、三月九日にはヒトラーおよびナチ指導部は、《国会炎上緊急命令》にもとづいて、これまでナチ政権のための議会多数派が確保されていなかった州にたいして、中央政府との《統一的な政治路線》を強制する《均制化》を躊躇しなかった。そこでは、たとえばバイエルンの典型的な例が示すように、ＳＡによる地方的プッチュ的手段に訴えて州政府機関の占拠を行なわせ、同時にベルリンからの電報指令によって、そうした圧力行動に合法的保証をあたえようとした。むろん、《緊急命令》（第二項）の「公共の安全と秩序の回復」が不能であるという認定は内相フリックの恣意的解釈に委ねられた。当該の州にたいする行政措置は、大統領の反対意向をも無視して強行された。こうして州政府の退陣および中央政府から派遣された《国家管理官》(Reichskommissar)への権限の委譲が行なわれ、とくに軍と並んでもっとも重要な警察力が、いたるところでＳＡないしＳＳの手によって掌握された。[1] こうしたクーデタ方式は、ヴュルテンベルク、バーデン州などの政治過程でもくり返された。すでにナチ党が選挙を通じて政権を握っていたプロイセン、テューリンゲンなどの諸州とともに、重要な一八州が、その直接的な支配下に立つことになった。

三三年三月末の《州《ラント》を国家《ライヒ》と一体化するための法律》は、この既成事実を事後的に合法化し、政治団体としての州は事実上解体した。いまや《授権法》による議会決定によらない立法権限がナチ党の支配する州政権に委譲され、さらに州議会も解散させられ、三月五日の国会選挙の結果に比例する議席の再編成が行なわれた。ついで四月初めの第二の《州《ラント》を国家《ライヒ》と一体化するための法律》は、新しい《国家代官》(Reichsstatthalter)の制度を導入し、これに州政権の構成や議会の解散、官僚の任免など包括的な権限をあたえて、州の主権をさらに弱体化させようとした。しかし、見逃してはならないのは、この法律によって《国家《ライヒ》代官》が同時に州政府の首相や閣僚を兼ねることが禁止され、しかも「ライヒ首相の定める政治指針」を州において遵守することを義務づけられていたことである。それは、《均制化》のために必要としたＳＡはじめ党下部の変革的エネルギーをふたたび閉塞させようとする、ヒトラーおよびナチ指導部の要請と関わっていた。[2] 翌一九三四年はじめには州議会は最終的に廃止され、引きつづいてライヒ参議院も解散させられた。ビスマルクの帝国建設いらい存続してきた連邦国家的構造に代わって、中央集権的な体制が生み出された。じじつ、これらの措置は、州を完全に行政単位化する転換過程を用意するものであったが、他方では、いまや《国家代官《ライヒ》》となったナチ地方管区指導者《ガウライター》たちの権力増大をも生まざるをえなかった。こうしてナチ的徴表をもつ地方割拠が再現され、とくに内相フリックは、これら《管区諸侯》との不断の確執に悩むこととなった。さらにナチ政権は、地方自治体レベルの行政の分野にも指導者原理の導入をはかった。市町村長、助役、地方議会議員などは国家ないし党によって任命され、市町村会からは自治体の意志形成に参加する権利が奪い取られた。一九三五年一月の地方自治体法は、地方行政レベルでの自治に終止符を打つものだった。いまやナチ政権の代表者は全国各レベルにおいて絶対多数を占めるにいたった。(3)

《均制化》の政策は、さらに非国家的な諸団体の強制的解体ないし編入を要求した。それは、なかんずくナチ党が三三年以前に地歩を占めえなかった労働組合に妥当するであろう。(4) ここでは、ナチ指導部は合法性をまったく断念して、周到な準備の上に公然たる実力行使に出た。労働組合にたいする暴力的攻撃は、メーデーを大統領布告のもとに《国民的労働の日》と改称して、その国際性のイデオロギーを剝奪した直後の五月二日に始まった。SPD系の自由労働組合の事務所・編集部などが、SAやSS補助警察、ナチ企業細胞組織(NS-Betriebszellenorganisation＝NSBO)メンバーなどにより占拠された。それらの全財産は非合法に没収され、労働組合幹部など指導的メンバーも保護検束されるにいたった。こうした権力的誇示のもとに、数日後には他の非社会主義的労働組合もその圧力に屈服し、ローベルト・ライの政治指導のもとに、巨大なドイツ労働戦線(DAF)の組織に統合された。五月一〇日には、すでにDAFの第一回大会が開催された。《引き継》がれ、また《均制化》された労働組合は、《労働者および従業員団体》に新しく再編・統合された。(5) やがてDAFは、二五〇〇万という人口の半ばをメンバーに数え、ヴァイマル時代に実現されなかった統一労働組合の夢想を実現したかのように訴えかけた。

しかし、実際には、DAFはナチ党に従属する強制加入の組織にすぎず、三三年後半を通じて、その脱労組化傾向がしだいに顕著になっていった。《労働者》の概念は、《民族共同体》イデオロギーに忠実に、その階級社会的現実性を剝奪され、完全に形骸化された。労働者と経営者とが、ともに単一の巨大衛星組織の中に包括され、経営の内部構造そのものにも、指導者原理のもとに、党の擬似軍事的階層秩序に模した《指導者‐従属者》関係が導入されるにいたった。《国民的労働秩序法》(三四年一月)およびDAFのナチ党への公的編入(三五年三月)によって、DAFは、あらゆる《労働戦士》の独占組織とされ、ただナチ党の《指導意志》にのみ従属することを宣言した。(6) いまや、この労働者の新しい組織は、ナチ治下の他の大衆組織と同じく、権威主義的統制と全体主義的動員のための機構へと完全に変質した。それは、宣伝と教化とを通じて党と指導者の意志を大衆に伝達する機能をもつにすぎなくなった。

すでに基本権の停止につづく迫害と弾圧、国会の事実上の解体と独裁権力の合法化は、多党制デモクラシーの基礎を破壊していた。しかし、三三年四―五月の議会外における均制化過程は、競争する政党の存在そのものを抹殺するにいたった。(7) この過程において特徴的なのは、時間的段階と暴力行使の相違である。左翼政党の終焉が、もっとも迅速かつ苛酷に行なわれたのはいうまでもない。すでに当初からKPDの新聞発行禁止、大量逮捕、党財産の剝奪が開始され、公式の結党禁止措置は戦術的考慮から三月五日の選挙後にようやく実施された。この党の即時解散を主張したフーゲンベルクとは異なり、ナチ指導部は左翼勢力の分断を計り、またじっさい、それが、決定的な当初の数週間に有効な抵抗を阻止したのであった。SPDの自覚的な合法路線も、KPDの没落後、数カ月間もちこたえたにすぎなかった。《授権法》にたいする党首ヴェルスの勇敢な国会演説に代表されるように、SPDはナチズムにたいする《合法的反対》(F・シュタンプファー)を止めなかった。しかし、そこには、ナチ政権の真の性格にたいする洞察よりも、ビスマルク下の社会主義者鎮圧法の試練をくぐり抜けた体験の回想が支配的であった。彼らは、独裁の《幕間劇》を耐え抜く組織防衛のため、公然たる闘争を断念した。ここには、ヒトラーの合法戦術の影響が影を落としていたことは否定できない。SPDの国家的忠誠の強調は、ついに五月一七日の国会におけるヒトラーの外交政策演説に、他の諸政党とともにあえて賛成さえするにいたった。しかし、プラーハに亡命したSPD新指導部の批判的行動にたいして残留SPDもまた責任を問われ、党の《国家反逆的性格》のゆえに六月二二日には議員権の剝奪と党活動の禁止、党財産の没収が行なわれた。(8) 他の市民政党は、それほどドラスティックな形をとらなかったが、ほとんど旬日を出ることなく、続々と自己解散の途をとることを余儀なくされた。DNVPや鉄兜団のように当初からのナチ党のパートナーも、若干の譲歩が計られたとはいえ、同じ運命から免れなかった。彼らの本来保守的・君主主義的理念とナチ党とのあいだには根本的な対立があり、それは、協力を公然と必要としなくなる時点まで、たんにヒトラーの巧妙な策略によってカヴァーされてきたにすぎなかった。

いまや、唯一の政党組織として残ったのはナチ党であり、国会は、もはや形式的にも議会的代表を意味しえなくなった。七月一四日の《新政党組織禁止法》は、ナチ党以外の党活動に重刑を課し、さらに《党と国家との一体性の確保に関する法律》(一二月一日)は、端的にナチ党による一党制国家を布告して、政治的均制化に終止符を打った。無制限の権力掌握の過程は、イタリア・ファシズムの場合ほぼ七年を必要としたのに較べれば、ドイツでは僅か一〇カ月をもって完了した。この驚くべき迅速さと摩擦の欠如は、その過程が体制変革的というよりは、むしろ、しばしば状況適応的であったことを意味するであろう。そこからまた、《ナチ革命の完成》をめぐって、新しい党内抗争の要因が生まれることになった。

(1) 《均制化》の過程については、J. Hohlfeld (hrsg.), *Dokumente der Deutschen Politik und Geschichte*, Bd. V, S. 20 ff. とくにバ

イエルンおよびヴュルテンベルクの例については、それぞれ、vgl. K. Schwend, *Bayern zwischen Monarchie u. Diktatur*, 1954, S. 506 ff.; W. Besson, *Württemberg und die deutsche Staatskrise 1928–1933*, 1959, S. 344 ff.

（2） Vgl. M. Broszat, *Der Staat Hitlers*, S. 143 ff.《国家代官法》はヒトラーの着想になり、公法学者Ｃ・シュミットによって起草されたといわれる。シュミット自身による注釈 C. Schmitt, *Das Reichsstatthaltergesetz*, 1933 参照。なお管区指導者の行動様式については、vgl. P. Hüttenberger, *Die Gauleiter. Studien zum Wandel des Machtgefüges in der NSDAP*, 1969, S. 75 ff.

（3） 地方自治体における《均制化》過程については、たとえば、W. S. Allen, *The Nazi Seizure of Power. The Experience of a Single German Town 1930–1935*, 1965（『ヒトラーが町にやってきた』西義之訳、番町書房）が具体的なイメージを伝えている。そのほか、バイエルンの包括的な調査をふまえたE. Fröhlich, Die Partei auf lokaler Ebene. Zwischen gesellschaftlicher Assimilation und Veränderungsdynamik, in: Hirschfeld u. Kettenacker (hrsg.), *Der Führerstaat*, S. 255 ff. 参照。

（4） とくに、vgl. H.G. Schumann, *NS und Gewerkschaftsbewegung. Die Vernichtung der deutschen Gewerkschaften und der Aufbau der "Deutschen Arbeitsfront"*, 1958; K. Bludau, *NS und Genossenschaften*, 1968.

（5） ヒュッテンベルガーは、《均制化》概念のもとに包括される、さまざまのレベルないし形態を区別している。(イ)後述の結党禁止の例のような団体の解散と壊滅、(ロ)ＤＡＦにみられるようなナチ党による団体の再組織化、といった多少ともドラスティックな形だけでなく、そのほかにも、(ハ)ナチ的な全国組織に編入されながら団体の目的を維持していく、(ニ)団体の規約を自発的にナチズムに適応させつつ、その後は妨害されないで団体生活をつづける、といった形のものもふくまれるという。こうしてヒュッテンベルガーによれば、《均制化》以後においても、ナチ以前からの利害の葛藤は存続した。また《均制化》された諸団体が、一方ではナチ党の統制手段ないし政策伝達の媒体になるとともに、他方ではナチ党指導部をまきこむロビイストとして機能した。対象領域によっては、《均制化》は、事実上、こうした圧力行動によってくつがえされていた、とさえいう (vgl. P. Hüttenberger, Interessenvertretung und Lobbyismus im Dritten Reich, in: Hirschfeld u. Kettenacker (hrsg.), *a. a. O.*, S. 429 ff. u. bes. S. 454 f.)。

（6） R. Ley, *Deutschland ist schöner geworden*, 1936, S. 175. ＤＡＦの統合に関連して、ＮＳＢＯ（ナチ企業細胞組織）のラディカルな分派化と統制問題を見ておく必要があろう。元来、ＮＳＢＯは経営内におけるナチ運動の闘争組織であり、またＤＡＦ成立後における組合および官職の基幹要員と自負してきたが、Ｇ・シュトラッサーの後継者としてＮＳＢＯの指導を引き継いだライは、ヒトラーとともに、それが経営内部における反ナチ運動の機関たりうることを懸念した。三三年三月の経営評議会選挙におけるこの《左派委員》の増大とも関連して、四月には評議会選挙の半年停止を決定し、また三四年夏以後、特別の会費徴収を禁じて、その政治的意義の削減につとめ、三八年にいたってその課題をＤＡＦに完全に吸収させた。しかし、こうしたＤＡＦの脱労組化と組織改造過程には、NSBOの左派《旧闘士》の抵抗が強く、ライ自身「永遠の内部闘争」(Schumann, *a. a. O.*, S. 101)を指摘している。新しい研究として、vgl. V. Kratzenberg, *Arbeiter auf dem Weg zu Hitler? Die NS-Betriebszellen-Organisation. Ihre Entstehung, ihre Programmatik, ihr Scheitern 1927-1934*, 1987.

(7) 政党の《均制化》については、一般に、Matthias-Morsey (hrsg.), *Das Ende der Parteien*, 1960 の包括的研究、参照。

(8) SPDについては、一般に、E. Matthias, *Sozialdemokratie und Nation. Zur Ideengeschichte der sozialdemokratischen Emigration 1933-38*, 1952; L. J. Edinger, *Sozialdemokratie und NS*, 1960.

4 《第二革命》の終焉

ナチ党指導部がトップ・レヴェルにおいて大資本から軍にいたる旧支配層と妥協しつつあるあいだに、下部の小市民的党員層やなかんずくSAメンバーは、その社会的劣等感と《反資本主義的渇望》(G・シュトラッサー)を一向に充足されなかった。とくにSAは、権力闘争の歳月を通して党のダイナミズムの担い手として行動しただけに、《権力獲得》の祝福に参与する権利があることを確信してきた。しかし、彼らは、ナチ運動の他のいずれの部分よりも以上に、国家の支配機構内部へ編入・同化されることが困難であった。いっさいの敵対集団が一掃されてSAの活動する余地がなくなった時点で、そこに生ずる軋轢と不満のエネルギーは、暴発する危険を蔵していた。いまやナチ運動の本来的目的を反動に抗して貫徹するため、《第二革命》の不可避性が語られはじめた。[1] こうした状況の中で、ヒトラーみずから《革命》の終結を宣言し、社会的変革を意図しないことを明確にしたことは、緊張を一段と強めることになった。彼は、三三年七月初め、《国家《ライヒ》代官》会議において「《革命》はなんら永久的状態ではなく」、いまや解放された革命の激流を、「より安定した漸進的進化の河床」に導き入れるべきことを説いた。[2]

たしかに、三三年後半を通じて、ヒトラーの権威と二義的態度は、SAを一定の限界内におしとどめてきたが、党とSAとの対立は地下においてくすぶりつづけた。しかし、この対立は、基本的にはなんら新しいものではなく、二〇年代の初めいらい存在する党組織とSAとの二元主義の継続にほかならなかった。ナチ運動は、当初から党と軍事団体という、まったく異なる社会構造をもつ組織の複合体として成立していたからである。それゆえ、この時点においてとくに批判の焦点となったのが、未来のドイツ国軍の問題であったことは偶然ではない。SAの指導者レームは、その憎悪する国防軍指導層を排除して、SAとともに国防軍をナチ国民軍＝《褐色軍》に統合することを強く望んでいた。こうした発想は、レームの中核的政治観を形づくり、その実現こそナチズムの勝利の完成とみなしていた。たしかに、伝統的な《団体精神》で結束した国防軍は、ナチ党の影響圏外にある《国家の中の国家》として、党のダイナミズムにたいする抑制的対抗力を構成し、それ以後も、しばしば《国内亡命》の恰好の舞台を提供した。したがってまた、《権力掌握》以後、SAの軍事訓練の強化と国防軍を凌駕するSAの数的増強は、両者の不信と対立を増大させずにはいなかった。

ヒトラーは、この軋轢のなかに、裁定者としての役割を通じて、その権威を確実にするチャンスをただちに洞察した。彼が国防軍をSAに引き渡すことを容認しなかったのは、強大化するSAおよびその指導者レームの地位に、危険な競争者を認めた権力者的本能によるものであろう。さらにはまた、来たるべき侵略戦争における国防軍指導部の協力を不可欠とする判断があった。むろん、党と国防軍との関係については、後の発展が示すように、レームの着想そのものとヒトラーの軍事政策の究極的志向とは、一致していたといえるであろう。しかし、この時点では、ヒトラーは、ほとんど躊躇するところなく国防軍を支持した。

彼は、慎重にSAとの公然たる対立を回避しながら、党と政権内部において、組織的にSAの孤立化を押し進めていった。こうした決定を容易にしたのは、レームと競争関係にあった党の指導者たちが、SA権力の粉砕に強い利害関心を共通にしていたことであった。この場合、SAの特殊部隊から独立したSS指導者ヒムラーが、独自の組織的利害からレームを失墜させるために、ゲーリングの影にあって共働した。三四年五月から六月にかけて、党・SA・軍の対立を越えてドイツ全土は無気味な緊張に包まれていた。こうした状況の中で、六月一七日の副首相パーペンのマールブルク演説は、保守的支配層を代弁して、ヒトラー政権の《全体主義的要求》《個人崇拝》を公然と批判し、《下からの永久的反乱》にたいする国家権力の《決着》を要求した。(3) ヒトラーは、ただちに危険信号を認め、ラディカルな先制の一撃によって、SAの《第二革命》と同時に保守的《反革命》の可能性を封殺した。

六月三〇日の薄明、それは国防軍の間接的援助のもとにSSの手によって実行された。《ヒトラーのバルテルミー》の犠牲者には、レームはじめSA幹部のほか、SAの計画となんらの関係なしに、政治的に好ましくないという理由だけの多数の人びとも含まれていた。たとえば、古くからのヒトラーの政敵だった前首相シュライヒャーや、バイエルンの政治家リッター・フォン・カールをはじめとして、ナチ党左派の領袖グレゴール・シュトラッサーはその《反逆》のゆえに、エドガー・ユングはパーペンのマールブルク演説への協力者たることのゆえに、暗殺された。犠牲者総数は公式には七〇名余と発表されたが、実数は不明であり、おそらくその二、三倍に達するものと推定されている。

しかし、もっとも重大なのは、この血の粛清事件をめぐる原理と帰結の問題である。この国家権力によって組織化された赤裸々な暴力の噴出は、事後的立法によって反逆鎮圧のため《国家的正当防衛》として合法化され、ヒトラーは国会にたいして自己に最高の裁判権を要求した。ナチ桂冠法学者となったカール・シュミットは、『総統が法を守る』と題する論文で、この事件全体をただちに公法学的に正当化した。(4) すでに《授権法》によって行政権と立法権との区別が一掃されていたとすれば、いまや、あらゆる法律的保証の廃棄とともに、権力分立の原理そのものが否定されざるをえない。法の観念は指導者の恣意と一体化され、暴力と同義語となることによって、個人的・政治的自由を守るための法治国家秩序の基礎そのものが解体した。

国防軍は、そのもっとも危険な対抗勢力が打倒され、国家における唯一の武装力たることを保証されて、一見、勝利者たりえたかのように錯覚した。しかし、いまや独立したSSが新たな、より危険な永続的競争者として台頭するにいたった事実を認識せざるをえなくなるであろう。とくに国防軍指導部は、シュライヒャー、ブレドフ両将軍の非業の死にもかかわらず、《服従と責任》(H・クラウスニック)のあいだの決断を回避し、事実上、卑劣な暗殺の共犯者になった。このことは、従来なお団結を保っていた将校団の社会的・倫理的一体性にも亀裂を生み出す要因ともなった。後にみられるようなヒトラー独裁にたいする国防軍の全面的な屈従は、おそらくこの六月三〇日事件なしには理解しえないであろう。(5)

したがって、真の勝利者として現われたのはヒトラーであった。彼は、左右の敵を一挙に屠り、レームの死後、党内において彼を脅かしうる競争者を見出さなかった。保守的反対派のリーダーたろうとしたパーペンもまた閣内より追放され、ナチ単独支配のために設定された機構的制約は霧消した。この右翼国家主義者による《国民革命》の幻想を支え、《ポツダムの日》いらい、ひたすらヒトラー政権を粉飾する象徴と化してきた大統領ヒンデンブルク自身、すでに八六歳の死の床に横たわっていた。なおその死の直前、八月一日に、ヒトラーは大統領と首相の官職を併合する法改正を行ない国家の最高権限を集中した。ヒトラーがその一身に兼ね合わせた新しい職名(指導者兼首相)によって、いまや《指導者》(総統)の概念が官庁的文書に公式に導入されることになった。こうして、ヒンデンブルクが——今日なお真偽性を争われる——政治的遺言に託した君主制復活の期待は、最終的に消滅した。(6)いずれにせよ、ここでは新大統領の選出まで最高裁長官による代行を規定した憲法条文は完全に無視され、この《合法的》行為は実質的なクーデターにほかならなかった。同じ事態は、すでに八月二日、国防軍によって行なわれた《指導者兼最高司令官》にたいする宣誓にも妥当するであろう。それは、緊急性のゆえに法律にもとづくことなく、しかも元来の権限には属さない国防相の命令によって行なわれたからである。しかし、のちに事後的に正当化されたこの形式的違法性よりも重大なのは、宣誓の内容の含む問題性であろう。それは、憲法ないし祖国に代わってヒトラー個人に向けられた人格的忠誠の関係を求めるものであり、しかも、この《神にかけ》た《聖なる誓約》は、従来のいずれの宣誓とも異なって《無条件の服従》義務と結合していた。(7) それは、まさに《最高の傭兵隊長《コンドティエーレ》》にたいする戦士的誓約(E・ノルテ)としてのみ理解しうる定式化ということもできよう。こうして、ヒトラーは国防軍をも完全に制縛し、その一身にすべての国家権力を統合して、《指導者国家》をうち立てることに成功した。

三四年九月のナチ党大会において、ヒトラーは、再度、変革的過程としての《ナチ革命》の終結を宣言し、さらに来たるべき《第三帝国》の千年支配を夢みつつ、「今後一〇〇〇年間、ドイツには、もはや革命は起こらない」ことを断言した。(8) これ以後、恣意的な暴力行動は、けっして絶無とはならなかったとしても、暫時、公共生活の表面から影をひそめ、法的安定性の外観が復活しはじめた。ほぼ一九三六―三七年にいたる歳月、《第三帝国》は、ナチ運動のダイナミズムとともに、少なくとも同じ程度において、保守的な国家思想や官僚層によって担われることになった。

(1) レームは、すでに一九三三年六月に、「われわれは、われわれの闘争を続行しよう。ついに彼らが問題の所在を理解するならば、彼らとともに！ 彼らが欲しなければ彼らなしに！ やむをえなければ、彼らに抗して！」と《革命の裏切り》を激烈に批判している(E. Röhm, SA und deutsche Revolution, in: *NS-M. H.*, H. 39, 1933, S. 254)が、こうした声は、翌三四年一月にも、「四〇

○名近いSAおよびSS隊員は中途半端なもののために死んだのではない。……闘争は彼らの方法であり、ナチ革命が彼らの目標だった。この目標には、まだ到達してはいない」(E. Röhm, Die braunen Bataillone der deutschen Revolution, *a. a. O.*, H. 46, 1934, S. 9)と、くり返している。第二革命については、vgl. Bracher, Sauer u. Schulz, *Die NS-Machtergreifung*, S. 829 ff. なお、vgl. Ch. Bloch, *Die SA und die Krise des NS-Regimes 1934*, 1970. その後の研究では、《レーム事件》にいたるSA内部の社会構成的な差異を踏まえた利害＝路線の対立にも注目されている(vgl. M. H. Kater, Ansätze zu einer Soziologie der SA bis zur Röhm-Krise, in: V. Engelhardt, V. Sellin u. H. Stuke(hrsg.), *Soziale Bewegung und politische Verfassung*, 1976, S. 798-831)。

(2) Hitler, *Reden und Proklamationen*, Bd. I/1, SS. 286 u. 288. 一般にSAの歴史、とくに初期からの党組織との対立については、たとえば、vgl. H. Bennecke, *Hitler und die SA*, 1962, S. 116 ff. なお、前掲のナチ党機関誌は、レームにつづいてSS指導者H・ヒムラーの「SSの任務」という短い論説を掲載していた。そこでは、SSが「全SA総体の不可分の肢」とされてはいるが、その「特別の任務」が「特別の献身」を要求し、「総統とナチ運動の公然・陰然たる敵……を殲滅する」ためには「自己の血を流すことも他者の血を流すことも恐れない」と断言しているのは暗示的である(vgl. H. Himmler, Die Aufgabe des S. S., in: *NS-M. H.*, H. 46, S. 10)。

(3) パーペン演説の全文は、*International Military Tribunal*, Vol. XL, 1949, p. 543-558. パーペンの求める、政治的闘争やデマゴーグ、経済的・身分的利害の軋轢などから「決定的に超越した」(*ibid.*, p. 549)国家元首をもつ清潔な統治形態とは、明らかに君主制を意味していたであろう。

(4) 「総統こそ、敵‐味方を区別する唯一の権利をもっている。……総統が危機の瞬間に最高裁判官としての総統の力で直接に法を創造するならば、最悪の乱用から法を守るのである」(vgl. C. Schmitt, Der Führer schützt das Recht. Zur Reichstagsrede Adolf Hitlers von 13. Juli, 1934, in: *Deutsche Juristen-Zeitung*, 1934, Sp. 945-950)。しかも、合法化措置は、同時に「最近の行動と関連のあるいっさいの公文書」(O. Meißner, *Staatssekretär unter Ebert-Hindenburg-Hitler*, 1950, S. 370)の焼却命令によって終結した。ここには、国会放火裁判の失敗をくり返さぬために、あらゆる痕跡を抹殺しようとする意図が現われている。

(5) Vgl. H. Mau, Die Zweite Revolution—Der 30. Juni 1934, in: *V. f. Z.*, 1953, S. 136 f.《レーム事件》をめぐるヒトラーと軍との関係については、なお、cf. J. W. Wheeler-Bennett, *The Nemesis of Power. The German Army in Politics, 1918-1945*, 1954, p. 305 ff.(『国防軍とヒトラー』山口定訳、みすず書房)。

(6) パーペンによれば、公表されたヒンデンブルクの遺言のほかに、なおヒトラー宛ての添書があり、パーペンの起草になる君主制復興の願いが記されていたという。第二次世界大戦後、公表されたこの書簡抜粋には、国家元首と首相とを一身に兼任することに反対するヒンデンブルクの警告が含まれているが、従来、この真正性は確認されていない(vgl. J. Hohlfeld (hrsg.), *Dokumente der Deutschen Politik und Geschichte*, Bd. IV, S. 179 A. u. 182 A.)。

(7) 宣誓本文は、vgl. *Recht, Verwaltung und Justiz im NS*, S. 143. なお、vgl. B. Schwertfeger, Hindenburgs Tod und der Eid auf den Führer, in: *Wandlung*, 1948, S. 563 ff.; K. O. v. Aretin, Der Eid auf Hitler. Eine Studie zum moralischen Verfall des Offizierskorps der Reichswehr, in: *P. St.*, 1956, S. 1 ff.

(8) Hitler, *a. a. O.*, S. 447 f. 上掲のナチ党機関誌(一九三四年九月号)は、《レーム事件》を「無責任な指導者の忠誠の欠如」「総統への裏切り」に帰した上で、「過去の闘争は終わった。……国防軍はその名誉を守り、内部の敵は地に投げ倒された」といい、SAには、いまや「ナチズムの政治的兵士」としてナチ世界観のため国民を教育し「ドイツ革命の良心」となるという新しい《精神化》された任務を指定している(vgl. G. d'Alquen, Die Aufgabe der SA, in: *NS-M. H.*, H. 54, Sept. 1934, S. 14-16)。

三　《第三帝国》の支配構造

1　党と国家

この《指導者国家》の構造において、指導者と国民とのあいだの結合を具現することこそ、ナチ党の公的機能にほかならない。たとえば、一九三五年の党大会で、ヒトラーは、この独裁的単一政党の課題として、新しいエリートの育成、大衆の教化と統制、社会と国家の結合、なかんずく党およびその多様な組織の遍在的活動による新しい権力構造の拡大を、くり返し強調している。水平的な関係では、党の組織編成は、あらゆる年齢とあらゆる職業階層の人びとを包括し、垂直的な関係では、党の階層構造は、組織頂点から民衆と接触するブロック・リーダーにいたるまで、命令伝達を保証する。こうした組織装置を通して、指導者は、つねに自己の意のままに国民全体を操作し誘導することが可能であろう(1)。

こうした地位と課題とを指定されたナチ党は、三三年から三四年にかけて大きな転換過程を経験した。対立する競争政党への勝利、国家政党化にともなう公的機能の拡大、付属組織や党員数の激増などは、一九二〇年代末につづく第二の大衆政党化をもたらした。二八年(一〇〇万)から三二年にかけて一倍半に急増した党員数は、三三年一月の権力掌握から三四年末までには、さらに新たに倍増した。こうした新《党員同志》の大量流入は、非妥協的な《古参闘士》の党としてのナチ党の構造に重大な変化をもたらさずにはいなかった。その場合、ほとんどあらゆる職業集団からの入党者の波は、全体としての党の社会構成をほとんど変えなかった。わずかに中間層的基調を強めたにすぎない。ただ特徴的なのは、官吏および教員の比重の急激な増大である。(2) そこには、この階層の人びとが、三三年初頭、党からの激しい圧力に直接さらされていたことを示している。しかし、こうした入党による官吏身分の保全は、ナチ党の国家への同調傾向を間接的に促進した。他方では、彼らは、官吏としての服務規律と競合して、政党的忠誠の関係を官僚機構の中にもち込み、政党と国家の並立＝拮抗の問題の新しい争点となった。

政治権力の独占化ののち、党と国家との関係をいかに決定するか——戦間期の他のヨーロッパ独裁制にみられるように、党を権威主義的国家を補完するための補助的組織に格下げするか、それともソヴィエト連邦の例のように明確な党の政治的優位を保証するか——これは、《第三帝国》にとって当初からの基本的問題の一つであった。そこには、原則的に二つの対立した傾向が認められる。(3)

とくに内相フリックやナチ官吏連盟に代表される傾向は、専門官僚制を積極的に評価し、党による上からの厳格な統制と結合して官僚制の指導的役割を強化させようとつとめた。ここには、専門官僚制のもつ有能性を確保することによって、《ナチ革命》を制度化しようとする戦術的考慮が働いていた。すでに三三年四月の《職業官吏階級の再建のための法律》は、一方では、たしかに戦後における《官僚制の共和国化》傾向を逆転させ、ユダヤ系さらに左翼系官吏を追放することによって、行政におけるナチズムの権力掌握の本来的前提をなしていた。しかし、同時に、それは、当時の政治状況の文脈の中では、国家行政にたいする党からの革命的干渉を制限し、ヒトラー政権の保守的同盟者たちの不安を鎮静させる重要な手段であったことも見逃してはならない。(4) じっさい、ノミナルな《均制化》のもとに協力を強制された旧来の専門官僚指導層は、ナチ・プログラムの欠落を実際的政策で埋め、ナチ・イデオロギーの茫漠とした志向を実施可能な《成果》にまで転換していった。官憲国家的伝統に立つ彼らの忠実な義務遂行なしには、《第三帝国》初期における相対的に高い国内の安定性はありえなかったであろう。

官僚政策のいま一つの方向は、ナチ党の《古参闘士》や党役員に支配的な、官僚制にたいする原則的不信の態度である。それは、官僚制の特権、伝統的に強固な団結、共通の出身や教育にもとづく同質性、その保守的価値意識などの中に、むしろナチズムの指導要求にたいする《国家の中の国家》を認めた。したがって、政治的な粛清、信頼しうるナチ党員による官僚機構への滲透、官吏任命における党の発言権の強化などを通して不断の圧力を行使し、官僚統制の体系をうち立てようとした。しかし、このナチ的訓育と統制の志向にもかかわらず、ナチ世界観そのものの非合理的性格とナチ党の指導者原理の決断主義的特質からして、一貫した国家官僚制をつくり出すことができなかった。むしろ、ナチ党の圧力は、行政の伝統的な義務法典や官僚主義的・合法的処理手続きにたいして、解体的に作用せざるをえなかったといえよう。

党と国家官僚制とのあいだの対立は、不断に継続され、とくに《第三帝国》が行政と立法とを包括する《全体国家》として行政権の巨大な拡大をともなったことから、二元主義的相剋を深刻化した。たえず増大する行政機構や装置のあいだの紛糾を生む生存競争は、まさしく《制度のダーウィン主義》(D・シェーンボーム)と呼ぶにふさわしいであろう。(5) その典型的な例は、ナチ外交の推進をめぐる、外務省(ノイラート外相)と《非公式な》リッベントロープ機関、さらに党外交部(ローゼンベルク)との併立に認められる。そのほか、教育分野の管轄をめぐっては、文相ルスト、宣伝相ゲッベルス、ヒトラー青少年団(HJ)指導者シーラッハ、ナチ世界観指導者ローゼンベルクの対立があり、歴代の経済相シュミット、シャハト、フンクは、いずれも、ゲーリング、ライその他、新設経済機関の権限受任者の干渉について慨嘆をくり返している。

たしかに、《党と国家との一体性を確保する法律》(三三年一二月)は、《ナチ革命》の勝利後、ナチ党が「ドイツ国家思想の担当者」であり、「国家と不可分に結合」することを規定した。これは、一見、《行政》にまで縮小された《国家》にたいする《運動》体としての党の優位を保証したかにみえる。しかし、それは、漠然とした観念的・思想的優性であって、けっして制度的・憲法的な明確化ではない。この《党と国家との融合》は、むしろ当時の状況では、国家指導にたいする実質的な党の従属性を意味するものであり、《下からの》党のダイナミズムに代えて、党を絶対的な指導者権力に服従する大衆組織へ転換することにほかならなかった。じっさい、官僚機構の中に配置された《信頼しうる》古参党員は、かならずしも顕著な役割を演じえなかった。しかも指導的ポストのために専門能力をもった後継者を、党は、ほとんどもち合わせていなかった。こうして《第三帝国》においては、伝統的要素と変革的要素とが部分的には融合し、部分的には競合しながら存続した。党の優位は、事実上、特殊な個別例について確保されたにすぎない。しかも、しばしば党と国家とではなく、まさに党の内部構成の雑多性からして、党の要求自体が組織ごとに分立し、それにたいして《国家》もまた、きわめて多様な権力装置に分裂した。むろん、ヒトラーによって不決断のままに放任されたこの権限と権力の乱立と競争は、破壊的にのみ作用したわけではない。競争する機関やメンバー、対立する政策や観念は、互いに掣肘しあい、相互の妥協と接近とを促し、全体としての支配体制の安定化をも生んだからである。

官僚側の弾力的自己防衛と内相フリックの努力は、形式的な法規範への拘束なしには権力行使の統一性・連続性・効率性を保証しえないという確信から、《ドイツ官吏法》(一九三七年一月)の制定に成功した。(6) しかし、それ以後も党幹部のルードルフ・ヘス(副党首)やマルティン・ボルマン(党官房長)などの官僚政策批判は止まず、三七―三八年以降、国家官僚制の威信の喪失と重要性の低下がしだいに目立つようになった。それは、ヒトラーから直接指令された特別部門の全権委任者の続出、少数の強力な党幹部の手中における権限の集中、党ないし私企業と結託した新しい中央機関の設立などによって促進された。ついには、政府そのものが指導的機能を失い、一九三八年以降、もはや閣議は召集されなくなった。(7)

こうしてみれば、《第三帝国》確立期における党と国家との二元主義は、まず専門官僚の獲得によって、たんなる党支配以上に、その有能性と擬似合法性とを調達しようとする支配技術に由来していたことが明らかであろう。しかし、究極的には、それは、権限と命令の混乱から指導者ヒトラーを超出させる、体制の基本的メカニズムとも連動していたことを見逃してはならない。権力闘争期を通じて、党にたいするヒトラーの無制約的な指導要求は、党内抗争に加担することから彼自身ができるかぎり遠く立つことによって実現された。それは、こうした抗争がヒトラーの個人的介入を必要としない限度にとどまるかぎり、党の政治的＝組織的統合力としての彼の地位をいよいよ強化するであろう。いまや、こうした支配技術をヒトラーは、国家権力のレヴェルにおいて全面的に展開しなければならない。むろん、そこには、官僚制的機構のもつ機能的合理性の要求にたいして、ヒトラーの気質から由来する非合理的な行動様式が親和性をもちえなかったという事情も働いていたかもしれない。しかし、打算からにせよ、あるいはその他の理由からにせよ、権限の混乱と葛藤の放任から、ヒトラーが自己の支配にとって好都合な可能性を引き出すすべを心得ていたことも否定できないであろう。じっさい、ここでは、ヒトラーこそ、党と国家機構との曖昧な競合関係に最終的な解決をあたえうる唯一の統合者にほかならなかったから。(8)

(1) ナチ党の組織構造については、一般に、vgl. W. Schäfer, *NSDAP—Entwicklung und Struktur der Staatspartei des Dritten Reiches*, 1957; H. H. Gerth, The Nazi Party. Its Leadership and Composition, in: R. K. Merton et al.(ed.), *Reader in Bureaucracy*, 1952, p. 100 ff. なお、cf. D. Orlow, *The History of the Nazi Party*, 2 Vols., 1969-1973.

(2) Schäfer, *a.a.O.*, S. 12 ff.; D. Schoenbaum, *Hitler's Social Revolution. Class and Status in Nazi Germany, 1933-39*, 1967, p. 71 ff.(『ヒトラーの社会革命』大島道義・かおり共訳、而立書房)。三四年末の党員構成では《旧闘士》一にたいし《新党員》二の関係になっており、三三年三月の党下部の実力行動の圧力を契機とする大量入党者は、シニカルに《三月転向者》と呼ばれているほどである。とくに官吏および教員の党員が権力掌握の時点(それぞれ四万四〇〇〇、一万三〇〇〇)から数カ月間に急増し(それぞれ一七万九〇〇〇、七万一〇〇〇)、三五年一月の公式の党統計によれば、それぞれ官吏および教員全体のほぼ二〇パーセントおよび三〇パーセントを占めるにいたっている。たとえば、vgl. B. Wunder, *Geschichte der Bürokratie in Deutschland*, 1986, S. 138 ff. 教育組織については、とくに H. Küppers, Zum Gleichschaltungsprozeß der öffentlich organisierten Erziehung in den Jahren 1933/34, in: M. Heinemann (hrsg.), *Erziehung und Schulung im Dritten Reich*, Teil 2, 1986, S. 232 ff. 参照。

(3) 《第三帝国》における党と国家官僚との対立については、つとにドイツの内外でナチ支配の特徴として指摘されてきたものである(たとえばフレンケルの《二重国家論》や前掲シュミットの「国家・運動・民族」における《三重国家論》など)。戦後の研究では、とくに、vgl. M. Broszat, *Der Staat Hitlers*, S. 244 ff. 一般に、vgl. H. Mommsen, *Beamtentum im Dritten Reich*, 1966. モムゼンもまた、《第三帝国》を「一枚岩的構造をもった統一的な政治意志に貫徹された支配体制」(*a. a. O.*, S. 18)とみることに否定的である。とくに州ないし地方自治体レヴェルで同じ問題を実証的に究明した P. Diehl-Thiele, *Partei und Staat im Dritten Reich. Untersuchungen zum Verhältnis von NSDAP und allgemeiner innerer Staatsverwaltung 1933-1945*, 1969 参照。なお、vgl. Hüttenberger, *Die Gauleiter*.

(4) 法案起草者は、「あまりに過度にわたる官吏階級の粛清が逆効果を生じうる」(Mommsen, *a. a. O.*, S. 45)憂慮をもち、《新しい国家》にたいする官僚の無条件的忠誠を確信しえなかった。一五〇万の官僚のうち、この官吏法にもとづき政治的・人種的理由で退官したものは一ないし二パーセントにすぎない。もっとも、政治的に重要な上級ポストは下級官庁より多くなっているが、プロイセン内務省の例でも一二%にとどまっている(Mommsen, *a. a. O.*, S. 56)。なお、vgl. W. Frick, Partei und Staat, in: *Deutsche Verwaltung*, 1934, S. 289 f.

(5) Schoenbaum, *op. cit.*, p. 206. こうしたナチ支配構造には、近来、《ポリクラティ》(多頭制)という規定をあたえる研究もある(vgl. P. Hüttenberger, "NS-Polykratie", in: *G. u. G.*, 1976 H. 4, S. 417 ff.)。《ポリクラティ》概念をめぐる論争については、本書、七ページ、参照。《指導者国家》内の《指導的カオス》の分析として、たとえば、vgl. R. Bollmus, *Das Amt Rosenberg und seine Gegner. Studien zum Machtkampf im NS-Herrschaftssystem*, 1970. なお、ナチ・リーダーのプロフィールについては、vgl. J. C. Fest, *Das Gesicht des Dritten Reiches. Profile einer totalitären Herrschaft*, 1963; R. Smelser u. R. Zitelmann (hrsg.), *Die braune*

Elite. 22 Biographische Skizzen, 1989.

(6)　内相の手になる新官吏法草案は三四年に起草されていたが、ヒトラーおよびヘスの反対で三七年まで陽の目をみなかった。たとえば、草案における《官吏の権利》のカタログは、すでに党側からは《官僚国家》観から由来するものとして反対され、《官吏の法的地位の保障》(第五章)とする妥協がなされた(Mommsen, *a. a. O.*, S. 93)。そのほか長く係争点となったのは、《党》指導者代理ヘスから要求された、党員官吏が党を損なう勤務事項を知った場合に自己の上長のみならず指導者代理にも報告するという義務規定であった。これには、ゲーリング、ゲッベルスを含む全専管大臣が官吏の「職務規律を危険にさらす」(シャハト)ものとして反対し、ヒトラーもそれに譲歩して、直接、彼自身に報告することに決定した(vgl. *a. a. O.*, S. 215 f.)。なお、vgl. Wunder, *a. a. O.*, S. 142 ff.

(7)　たとえば、vgl. D. Rebentisch, Die Staatssekretäre im Reichsministerium des Innern 1933-1945. Anmerkungen zu Struktur und Wandel der Ministerialbürokratie, in: W. Michalka (hrsg.), *Der Zweite Weltkrieg. Analysen, Grundzüge, Forschungsbilanz*, 1989, S. 260 ff. 本省官僚機構の中では、自発的な適応から機会主義的立身出世主義、テクノクラート的無関心など、ナチ政権にたいするさまざまの政治的反応が存在したが、「一般には《半ば反対、半ば追従》の形でナチズムに奉仕した」(*a. a. O.*, S. 272)。

(8)　こうしたナチ支配構造は、たとえばハフナーによれば、「制縛された混沌」においてのみ実現される「絶対支配」のためヒトラーが意図的につくり出した(vgl. S. Haffner, *Anmerkungen zu Hitler*, 1978, S. 57 ff.『ヒトラーとは何か』赤羽龍夫訳、草思社)という。ボルムスは、それを意図的な作為によるというより、むしろヒトラーの非合理な心的気質に帰している(vgl. Bollmus, *a. a. O.*, S. 246)。なお、そのほか、vgl. Bracher, *Zeitgeschichtliche Kontroversen*, S. 47 f. u. 64 f.

2　指導者原理

《第三帝国》における、こうした政治的リーダーシップの在り方を特徴づけるものが《指導者原理》である。《指導者原理》という概念には幾つかの意味がふくまれている。それは、第一に、集団メンバーの集団指導者にたいする関係を意味する。そこでは、集団指導は、討論の代わりに上からの命令を原則とする。集団の指導者は選挙によるのではなく、上から任命され、その活動は個別的な委任にもとづいて行なわれる。第二に、《指導者原理》は、《民族同胞》ないしナチ党員の指導者＝総統ヒトラーにたいする関係を意味する。とくにこの関係は、いっそう正確には、《総統》にたいする《忠誠》というナチ的観念とも結びつく。さらに、これら二つの用法の前提として、狭義の《指導者原理》は、一種の公法学的表現としても理解された。すなわち、ヒトラーの意志は最高の法として妥当し、《総統命令》は、あらゆる法原則に優先するという意味をもつ。

この《指導者原理》は、すでにヒトラー自身によって『わが闘争』において展開されていた思想である。しかし、注目すべきことは、この《無条件の指導者の権威》の原理こそ、この書物が版を重ねる過程の中で、当初の《ゲルマン的デモクラシー》の理念に代わって重大な修正を経験した唯一の変更であったことであろう。(1) やがて『わが闘争』に表明されたヒトラーの政治的イデオロギーが、ナチ党の政治的ドグマを規定しはじめる。一九二六年いらい確立された《ヒトラー式敬礼》は、日常的に党員をヒトラー崇拝へと義務づける。こうして、つとに一九三三年以前から、指導者原理は、ナチ党内部においてヒトラーの権力的地位の本来的基礎をなしてきた。党機構は、ことごとくヒトラーの人格的権威に結合され、多数決原理の廃棄とともに、真の党内分派の形成や民主的解決は、その表明と貫徹のいっさいのチャンスを失っていった。指導者は、運動における、また運動を超える絶対的な結晶核をなし、その行動と思想とに方向をあたえる唯一の権威として、ウェーバー的意味での《カリスマ的》指導者となる。(2)

むろん、この《カリスマ的》権威の源泉を、ヒトラーの個人的《伝記》の背景にさぐり、また歴史的使命に《予定》された超人的《天分》に帰することは無意味であろう。《ヒトラー神話》は、ナチ党内において、時間的経過とともにはじめて確立されたものであり、その間に指導‐服従関係が政治的事件によってまったく動揺しなかったわけではない。(3) それは、ナチ党の急激な大衆政党化と平行して、ヒトラーが党をはるかに超える大衆的喝采の的となるにつれて全面的に展開した。つまり、《指導者神話》は、指導者の権威が歴史的に特定の危機的状況と集団心理の流動の中でのみ発展しえたことを立証している。ヒトラーは、彼みずからをも深くとらえたドイツ・ナショナリズムの病理学を、自己の全存在をあげて表現し、行動化しようとした。その異常な情熱こそ、彼を大衆の絶対的《指導者》たらしめた秘密であった。まさにヴァイマル・ドイツの危機は、この狂信的デクラッセが、もっとも優れたデマゴーグとして登場することを可能にした。その意味ではヒトラーは、なんら新しい福音を伝える政治的予言者ではない。むしろ、一人びとりの民衆の政治的ノイローゼを集団的ノイローゼに転化させ、不断に緊張と不安を亢進させると同時に、こうして拡大された民衆的興奮を自己の人格を通して政治行動に解放する、一種の《触媒》的存在であったというべきであろう(4)。しかし、他方では、安定と帰属感を欠いた日常性から脚光を浴びる国民的指導者へ急激な飛躍を遂げたことは、ヒトラー自身に巨大な自己意識と使命感とをもたらした。それは、ヒトラーにたいして、みずからの《世界観》の正当性を確信させた。こうして指導者がその政治《理念》に――不動の信念として――偏執的に固着すればするほど、かえって懐疑と絶望の状況に生きる民衆のあいだに彼の《カリスマ》にたいする帰依と期待とをますます強めることになるであろう。

こうした民衆の《人民投票的》信仰は、ただちにナチ党自体に逆影響を及ぼし、党メンバーから超絶したヒトラーの光輪をさらに強めずにはいなかった。この指導者原理においては、むろん、服従が不可欠の要素をなしていた。しかし、官僚制や軍隊内の服従が、つねに職務規律や命令にザッハリヒに拘束された《義務》遂行を問うのにたいして、ナチ党においては、――指導者への《忠誠》の観念に対応して――人格的・盲目的服従を意味した。いまや、無条件的規律と厳格な上下の命令構造の中で、《カリスマ的》指導者の神秘的《直観》が方向定位をあたえるにいたる。

こうした指導者絶対主義の党から国家への転移は、さらに広汎な統合的機能を発揮するであろう。

一九三三年以後、《ヒトラー神話》は、あらゆる国家的手段＝プロパガンダとテロリズムを総動員することによって巨大な規模にまで拡大される。それには、失業の一掃をはじめとする内政さらに外交政策の《成果》がヒトラーの威信を高めることになるであろう。ヒトラーがたんに党指導者たることをやめるにつれて――《党》指導者代理の設置はそうした期待を強化した――、指導者にたいする《カリスマ的》信仰は、古い官憲国家と《指導者国家》とを架橋する契機として働きうる。こうして党にたいし、さらにまもなく国家にたいし、さらにのちに軍にたいして絶対的な権威を主張するにいたった《指導者》像は、その権力を制度の側面からでなく、心理的・イデオロギー的にとらえるかぎり、終始、同一にとどまったといえるであろう。

ここでは、権力が指導者にたいする人格的結合に由来する以上、服従者のあいだに平等はありえない。指導者は、みずからの信頼するサブ・リーダーに権力を配分することによって、彼らを彼を補佐する大衆統治のための協力者に仕立て上げる。こうして《カリスマ的》政治指導は、階層制的構造による《ポリクラティ的》支配をつくり出すことになるであろう。[5] イタリア・ファシズムが指導者《ドゥーチェ》の一党政権に並んで君主制を存続させ、それがのち(一九四三年)にムッソリーニ追放の権力的背景を構成していたのにたいして、ドイツの場合には、全能的な指導者権力による全面的《均制化》が実現していた。[6] まさにそれゆえにこそ、《第三帝国》は、その内部構造の混乱と権限体系の錯綜によって、強制的統制と恣意的支配を不可避にしたとはいえ、敗戦による全面的崩壊まで持続しえたのである。

じっさい、全将兵から閣僚をも含む全官僚が、憲法への宣誓の代わりに《ドイツ国《ライヒ》および国民の指導者》ヒトラーにたいして人格的《忠誠誓約》を行なった事実は、《人格的》誓約という一点において、いわば君主制の権威の局部的復古とも評しうるであろう。しかし、ヒトラーの指導者権力は、法的・倫理的拘束をもつ君主のそれをはるかに凌駕していた。なぜなら、ここでは《君主神授権説》に代わって、指導者は《摂理》による全能の救世主として登場しているからである。すでに宣誓の定式自体、明らかに最高の政治指導の権力が、法令による制度とか委託された権限ではなく、ヒトラーの人格において叙任された権力であることを、端的に示すものであろう。この原理の正当性は、まさに《カリスマ的》であり、それは指導者が特別の《超人的》資質を所有していることにもとづいている。じっさい、ナチ党最高幹部自身がヒトラーをドイツ民族救済のために《神より遣わされた救世主》(ゲーリング)と喧伝しただけでなく、代表的なナチ公法学者もまた《指導者国家》の正当性を神の《恩寵の行為》(O・ケルロイター)として基礎づけた。(7) 大衆からみれば、この《民族共同体》を可視的に具現し、その歴史的使命感を象徴化する政治指導は、絶対的な奉仕・服従・献身の妥当すべき新しい生の意味の啓示者となる。指導者の《カリスマ的》能弁は、大衆が秘かに感じ願うところを的確に表現し、その不確かな憧憬と偏見とを強化し、それによって自己確認の深い充足感と新しい真理に参与する実感を提供しえたからである。指導者の演説の中に擬似宗教的啓示を認め、その人格への神秘的一体感を味わった多数のドイツ女性のヒトラー体験は、その典型的な例であろう。(8)

その《カリスマ的》権威がたんなる幻影でなかったことは、じっさい《第三帝国》の国民投票に実証されている。これは、いわば《指導者原理》のナチ国家構造への具体的適用とみることもできる。つまり、基幹要員や一般の指導者は、ことごとく上から任命されるとはいえ、最高指導者自身については、必要な時点で、その政策にたいする《人民投票的》正当化を制度化したわけである。じっさい、三三年七月の《国民投票法》の制定は、ヒトラーが、ひとたび権力を独占し《均制化》を貫徹しうるならば、国民の圧倒的支持をつねに確保しうるものと信じていたことを示している。三三年から三八年まで、こうした確実な成功を予見した国民投票が五回にわたって行なわれた。(9) それは、ほとんど完全に一つの情熱——自己実現と自己確認の情熱に支配された大衆の一体性を象徴的に表現した。しかし、こうした現代の《カリスマ的》政治指導は、それがまさに真正なカリスマを欠如するがゆえにこそ、その権力を維持し、強化するために、なかんずくプロパガンダとテロリズムによる意識的策略として機能せざるをえないであろう。

(1) 《ゲルマン的デモクラシー》の原則は、たとえば初期には、地区から全国レヴェルまで、「つねに最高幹部は選挙され、それによって絶対の全権と権威とを賦与される」(Hitler, *Mein Kampf*, Bd. I, S, 365)とされていたものが、一九三〇年版いらい、「指導者は、つねに上から任命され、同時に絶対の全権と権威とを賦与される。ただ、党全体の指導者のみは、結社法にもとづき(!)全党員大会において選挙される。彼は運動の独占的指導者である」(*M. K.*, Volksausgabe, 7. A. 1931, S. 378)と改訂されている。マーザーによれば、これは唯一の包括的な、じっさい本質的な変更であり、疑いもなくヒトラー自身の手になる訂正(一九二八年)である(W. Maser, *Hitlers Mein Kampf. Entstehung, Aufbau, Stil, Änderungen, Quellen, Quellenwert, Kommentierte Auszüge*, 2. A. 1966, S. 60)。

(2) ヒトラーの政治指導における《カリスマ的》支配類型をとくに指摘するのは、たとえば、F. Neumann, *Behemoth*, p. 73 ff. 元来、宗教学から由来する《カリスマ》概念を用いることにたいして批判的な見解(たとえばC・J・フリードリヒ)もないわけではない。しかし、ウェーバー自身、本来の宗教的カリスマから出発しながらも、それを支配の《理念型》のため《社会学的》範疇として再構成しており、ノイマンも、「純粋に宗教的な現象」としてのカリスマから区別して、「それに対応する政治的表現」を現代指導者の権力的機能の中に見出しているのである(cf. *op. cit.* p. 96)。

(3) Vgl. Horn, *Führerideologie*, bes. S. 231 ff. u. 330 ff. ホルンによれば、権力闘争期のナチ党は、その《世界観》を《指導者》ヒトラーが具現した《カリスマ的》運動であり、ヒトラーなしには、いっさいの統合力を失っていたであろう(なお、cf. Nyomarky, *Charisma and Factionalism in the Nazi Party*, 1967; R. Nisbet, Leadership and Crisis, in: Gouldner (ed.), *Studies in Leadership*, 1950, p. 715 f.)。

(4) Vgl. M. Broszat, Soziale Motivation und Führer-Bindung des NS, in: *V. f. Z.*, 1970, S. 393 ff. ここでは、《ヒトラー問題》は、その個人としての《人格》でなく、むしろ歴史的＝社会的《構造》(I・ケルショー)の中での《ヒトラー要因》(M・ブロシャート)として位置づけられねばならない。歴史心理学ないし精神分析学の立場からの分析でも、こうした歴史的連関は、けっして見逃されていない。たとえば、ビニョンの場合、そのヒトラーの症例分析の当否はともかくとして、次のような指摘は示唆的であろう。「ドイツ人にたいするヒトラーの不気味な人格的力は、彼が自分の私的な精神外傷《トラウマ》的狂信を国民的なトラウマ的欲求と一致させたことにもとづいていた」(R. Binion, *Hitler among Germans*, 1976, p. 127)。ビニョンによれば、そこには、《歴史的偶然》の組み合わせが必要だった。すなわち、ヒトラー自身、ドイツ人のトラウマ的欲求の中で生まれたのみでなく、自分の挫折をドイツの国民的挫折と同時代的に体験し、さらに彼のトラウマ的企図もドイツの国家的トラウマを補完するものとして機能した。ユングやバルブーにおける同じ指摘については、C. G. Jung, *Aufsätze zur Zeitgeschichte*, 1946, S. 92 f.; Z. Barbu, *Democracy and Dictatorship. Their Psychology and Patterns of Life*, 1956, p. 153 f. など、参照。一九三三年以後の《ヒトラー神話》の展開については、本書二四四ページ以下、参照。

(5)　こうしてパーソナルな《指導者》思想がナチ国家構造の《上から下まで、その存在の末端にいたるまで》(C・シュミット)貫徹され、国家行政と党構造とのあらゆるレベルで《ポリクラティ的》作用を引き起こすことになった。たしかに、こうした国家行政の多元的分裂は、計画的な政策的合理性の一貫性を阻害するものであろう。しかし、より正確にみれば、かならずしもヒトラーの個人的支配にたいして論理的に矛盾するものではなかった。彼自身は、この権威主義的＝変革的な要素を織りこんだ権限のアナーキーの中で《最高の裁定者》たりつづけたから(vgl. D. Rebentisch, *Führerstaat und Verwaltung im Zweiten Weltkrieg. Verfassungsentwicklung und Verwaltungspolitik 1939-1945*, 1989, S. 552)。

(6)　ヒトラーの君主制にたいする立場は、彼が権力掌握後、民衆的支持を確信するにつれて当初の政治利用の態度から全面的に転換した。ディートリヒによれば、ヒトラーは、「ムッソリーニがファシズムにとって潜在的な危険であるサヴォイ王家を片づける勇気をもたなかった」ことに批判的だった(Dietrich, *Zwölf Jahre mit Hitler*, S. 256)。

(7)　Vgl. H. Göring, Dank an den Führer, 1938, in: *Reden und Aufsätze*, 1938, S. 326 f.(ゲーリング『永遠の民族』高野瀏訳、青磁社、所収); O. Koellreutter, *Grundriß der Allgemeinen Staatslehre*, 1933, S. 66-67. 同じく、公法学者クリューガーによれば、「総統は、いと高きところ〔＝神〕より民族に贈られた」ものであり、その「一回性と独一性」を特徴とする《指導者と指導》の本質は「感情に代えるに知性によって、また体験に代えるに教説によって」は把握しえないと言う(vgl. H. Krüger, *Führer und Führung*, 1934, S. 23 f.)。

(8)　《演説家》ヒトラーの民衆煽動的効果については、たとえば、vgl. W. v. Bayer-Katte, *Das Zerstörende in der Politik. Eine Psychologie der politischen Grundeinstellung*, 1958, S. 122 ff. なお、ヒトラー演説のレトリックないし文体については、本書一四〇ページ以下、参照。ナチズムの前近代的な女性観と、にもかかわらずドイツ女性の示したヒトラーへの献身については、H. Kessler, *"Die deutsche Frau", NS-Propaganda im "V. B."*, 1981, bes. S. 104 ff. ヒトラーには、たえず女性の崇拝者からたくさんの手紙が届けられた。その多くは既婚者から、彼の子どもをつくりたいという嘆願だった。中には陣痛の苦しみを耐えるため《ハイル・ヒトラー》を叫ぶ女性もあったという(Grunberger, *A Social History of the Third Reich*, p. 85)。

(9)　国民投票の実際については、vgl. Bracher, Sauer u. Schulz, *Die NS-Machtergreifung*, S. 350 ff. 国民投票は、ナチ政権の背後に結集した国民的一致を対外的に誇示し、また少数派を孤立させるための大規模な民衆動員と操作以外のものではなかった。

3 宣伝と教育

プロパガンダとテロは、《第三帝国》の固有の精神的・政治的風土を形づくっていた。まさにテロは、大衆報道手段の独占をはじめて可能にするがゆえに、この基本的枠組みの中でのみナチズムの政治宣伝は機能しうるであろう。(1) 国家権力によるマス・コミュニケーションのほとんど完璧に近い支配こそ、従前のいずれの政治体制とも区別される基本的特徴にほかならない。こうした報道手段の統制を通して、事実上、報道内容全体にたいする統制が可能となるであろう。したがって、ここでは、マス・メディアは、もはや自由な世論形成の道具ではなく、権力強化と政治指導のための機関と化していた。すでに一九三三年三月、ヒトラー政権成立直後に新設された国民啓蒙宣伝省は、ゲッベルスの指導のもとに、ヒトラー支持に動員された大衆の政治的熱狂を持続し、その心理的弛緩を防止することを目指していた。(2) この《全体主義的宣伝》(ゲッベルス)の影響の外に立ちうる、いかなる公共生活も存在しなかった。何よりもまずラジオ、さらに新聞が厳重な国家統制のもとにおかれる。ただ有力紙に関しては、ドイツの内外に有している威信を政府が利用するために、非ナチ系新聞社も存続させられた。しかし、その寛容の幅は、政治的にきわめて限定されたものであった。そこでは、編集部の均制化、宣伝省の毎日の新聞会議、定期的な《言語規制》を通して、その遵守を厳しく監視した。こうして良心的な報道や批判に代わって、しばしば、あらかじめ《公定》された指示や解説が登場し、ナチ宣伝機構の一環に組み入れられていった。(3)

三三年九月には《帝国《ライヒ》文化院》が設立され、いっさいの《精神的創造者》を対象とするこの検閲組織によって、文化生活すべての《徹底的組織化》—画一化の権限を宣伝相の手に委ねた。この文化院には、文学・芸術・音楽・演劇・

新聞・ラジオ・映画などの各部門が包摂され、厖大な法令を積み重ねて、官僚主義的な徹底性をもって統制した。その構成員たることから除名されれば、事実上、失職する恐れがあり、従来の専制的手段である検閲や発禁は、こうした近代的操作と誘導の方法によって無用となった。トーマス・マン兄弟に代表される批判的知識人が、大量に自発的または強制的に海外亡命を余儀なくされたことは、ドイツ文化の実体的喪失を意味していた。しかし、ドイツに残り、ナチ文化とその価値観に同調していったものは、公法学者から歴史家・哲学者・自然科学者・芸術家・文学者にいたるまで、広汎にわたっている。むろん、僅か数カ月間にドイツの精神生活が辿ったこの《自己均制化》の過程には、操作・強制・機会主義など、さまざまのモティーフが混入していたであろう。しかし、そこには、より深刻な歴史的背景をもつ関連が働いていたことを見逃してはならない。それは、たとえナチズムの人種理論そのものへの共感ではないまでも、亢進した擬似宗教的な民族主義と《帝国《ライヒ》》の使命感の魅力であった。《文学的亡命》を批判し、《新しい国家》の規律と秩序を讃美したゴットフリート・ベンは、——のちに国防軍のなかに《国内亡命》の途を求めたとしても——当時における知識人の《自己解体》の典型を示していた。(4)

こうした監視や弾圧、市民権剝奪や追放の措置では、《ドイツ文化の革新》はまだ充分とはみなされない。現に存在し流布している文学や芸術作品にたいしても、不断にブラック・リストが拡大され、文学史はくり返し偽造されねばならない。あらゆる方法で《正統》思想を守ろうとする《世界観の保護貿易主義》(A・リュストウ)のもとでは、《異端》思想の危険にたいして中世的な宗教審問《インクヴイジツイオーン》にも似た断罪の宣告が行なわれる。すなわち、宣伝省の発意を受けて、三三年五月一〇日の夜、ドイツの首都と多くの大学町では、熱狂的なナチ学生と党員たちの手によって公然と焚書が行なわれた。その対象となった《非ドイツ的》な書物には、《左翼》系のものから民主的・人道主義的さらにユダヤ系の著者たちが含まれていた。それは、かつてハインリヒ・ハイネが予言したように、「本を焼くところでは、ついには人をも焼く」にいたるナチ体制のバーバリズムを予兆する行為にほかならなかったであろう[5]。やがて三八年五月には《頽廃芸術作品の没収に関する法律》が制定され、造形美術の面でも《非北方的》作品は没収・抹殺された。ついには民衆の日常的趣味の問題にいたるまで、いっさいの生活領域において、文化の《人種的制約性》が権力の後見のもとに立たざるをえない。

こうした権力の全体的統制は、当然、教育にも拡大されるであろう。若い世代の獲得と掌握こそ、未来の使命意識に生きるナチ政治指導にとって最大の課題にほかならない。そこでは、全学校制度は、国民学校《フォルクスシューレ》から大学まで、思想教化の体系として大衆宣伝の一環をなしていた。じじつ、教員たちはナチ教員組織に所属させられ、またその多くは党員となることによって、しだいに教育と宣伝の区別は払拭させられていった。それは、とくに政治的関連性の強い歴史や公民教育の教科について妥当するであろう。たとえば、世界史は《人種的基礎》のもとにとりあげられ、古い時代はナチズムの前史として、《第三帝国》はドイツ史の完成として解釈された。そのほか、さらに人種論、民族学、人口政策や植民政策などの教科が導入されたが、いずれも《血と土》の神話を教化する政治的手段に変質した。じっさい、ナチ・イデオロギーに一致しない場合、相対性原理をも《ユダヤ的》虚構とする《政治的大学》の理念の下においては、《ドイツ的数学》から《アーリア的物理学》にいたるドイツ大学の精神的破壊を生まずにはいなかった[6]。

こうした政治教育の目指すものは、ナチ的意味における志操の涵養と、なかんずく肉体の訓練であった。この軍事的アクセントを帯びたナチ体育は《国防練成》の前段階をなすものであり、すでにナチズムの全教育体系が来たるべき戦争に仕えるものとして、位置づけられていたことを示している。

党と指導者にたいする無条件の服従と忠誠の教育は、ついには、ヒトラーに具現される国家意志の不可謬性への信仰告白を道義的規範にまで高めるにいたる。《新しい人間》の創造は、普通学校を越えて、なかんずく党と国家の未来の指導層を育成する教育施設、たとえば《民族政策的教育施設》や《オルデンスブルク》、さらにのちの《アドルフ・ヒトラー学校》など、ナチ・エリート教育の目的とするところであった。HJの指導者シーラッハによれば、「未来の青年指導者と教育者とはナチ的信仰の祭司であり、ナチ的奉仕の将校である」(7)。

こうしたナチ教育および宣伝の中核に立っていたのは、いうまでもなく人種の神話であった。それは、その裏返しである反ユダヤ主義とともに《第三帝国》を支える《政治的宗教》を形づくり、いわば肯定的および否定的なトーテム的象徴を意味するものであった。その社会的背景には、世俗化された世界の中で疎外された大衆の信仰的必要性、その政治的願望と怨恨とが横たわっていた。強烈な民族主義的アピールは、国民的指導者への無限の献身と一体化を呼び起こし、国家的シンボルの大量操作は、階級的矛盾を心理的に補償し、忘却させる。とくに反ユダヤ主義は、現実の支配体制から由来するいっさいの政治的害悪と大衆的不満を無力な少数者に転化させ、社会的緊張を解放することに役立った。ここから産み出される病理的な興奮と倒錯した自発性は、擬似宗教的性格をさえとりうるにいたる(8)。したがって、大衆暗示のもつ魔術的効果こそ、ナチ政治宣伝の最大の関心事であり、いっさいの思考や個性を殺す巨大な大衆集会や大衆行進は、明らかに人間を画一化する魔術的儀式にほかならない。毎年九月、ニュルンベルクを《魔法にかけた町》(フランソワ－ポンセ)に化するナチ党大会は、近代的な視聴覚的象徴と修辞的宣伝手段を大量に集中した政治的祭典であった。じっさい、《第三帝国》のカレンダーは、一連の党と国家の祝祭日を通して魔術的宣伝の静まるひまをあたえなかった。その意味では、キリスト教会にたいするナチズムの執拗な弾圧と迫害は、まさに聖なるものの象徴の支配権を一手に収める企図と解することもできよう。それは、いわば体制分裂の究極的源泉を遮断し、その政治的同質性と安定性とを強化・確保することを狙うものであった(9)。

(1)　宣伝省の理論家の一人E・ハダモウスキーは、すでに一九三三年の時点で、公然と「プロパガンダと段階を追う暴力行使」とが「とくに巧妙な仕方で組み合わされて協力する」と言明している。「二つのものは、けっして絶対的な対立関係にあるのではなく、暴力行使はプロパガンダの一部となりうる。その間に、個人や大衆にたいして有効に影響力を与えるさまざまの仕方がある……電光石火の早業で注意を集中させることから、個人にたいする友好的な説得や太鼓を連打するような大衆プロパガンダ……ついには戒厳令下に軍事力を用いて服従と紀律を強制することにいたるまで」と(Zit. nach K. Schmeer, *Die Regie des öffentlichen Lebens im Dritten Reich*, 1956, S. 9)。

(2) 宣伝相ゲッベルスおよび《第三帝国》の政治宣伝一般については、vgl. R. Manvell u. H. Fraenkel, *Goebbels. Eine Biographie*, 1960(『第三帝国と宣伝』樽井・佐原共訳、東京創元社);C. Riess, *Joseph Goebbels. Eine Biographie*, 1949(『ゲッベルス』西城信訳、図書出版社)。さらに、cf. Z. A. B. Zeman, *Nazi Propaganda*, 1964; E. K. Bramsted, *Goebbels and NS-Propaganda 1925-1945*, 1965.

(3) 一般にナチの新聞政策、とくに統制技術については、vgl. K. D. Abel, *Presselenkung im NS-Staat*, 1968, S. 27 ff. たとえば『フランクフルト新聞』を中心とする実態については、F. Sänger, *Politik der Täuschung. Mißbrauch der Presse im Dritten Reich. Weisungen, Informationen und Notizen*, 1982 が詳しい。なお、資料集として、vgl. J. Wulf (hrsg.), *Presse und Funk im Dritten Reich*, 1964.

(4) Vgl. F. Schonauer, *Deutsche Literatur im Dritten Reich*, 1961, S. 38 ff.(『第三帝国のドイツ文学』小川・植松共訳、福村出版)。なお一般に、vgl. D. Strothmann, *NS-Literaturpolitik. Ein Beitrag zur Publizistik im Dritten Reich*, 1960. 資料集としては、J. Wulf (hrsg.), *Literatur und Dichtung im Dritten Reich*, 1963. とくに亡命の問題については、たとえば、vgl. M. Wegner, *Exil und Literatur. Deutsche Schriftsteller im Ausland 1933-1945*, 1967; A. Stephan, *Die deutsche Exilliteratur 1933-1945*, 1979. なお、vgl. H. E. Tutas, *NS und Exil. Die Politik des Dritten Reiches gegenüber der deutschen politischen Emigration 1933-1939*, 1975.

(5) Vgl. U. Walberer (hrsg.), *10. Mai 1933. Bücherverbrennung in Deutschland und die Folgen*, 1983; K. Schöffling (hrsg.), *Dort wo man Bücher verbrennt. Stimmen der Betroffenen*, 1983. とくに、vgl. A. Rüstow, *Ortbestimmung der Gegenwart*, Bd. III: Herrschaft oder Freiheit?, 1957, S. 479 ff.

(6) ナチ教育政策については、本書二九五ページ以下、参照。ナチ治下のドイツの大学の精神状況については、vgl. A. Flitner (hrsg.), *Deutsches Geistesleben und NS. Eine Vortragsreihe der Univ. Tübingen*, 1965. その後、ミュンヘン大学やベルリン自由大学などでも、こうした形での連続講演が出版されている。さらに近来、個別大学ごとにナチ治下の大学史の研究も刊行されはじめている。たとえば、vgl. U. D. Adam, *Hochschule und NS. Die Universität Tübingen im Dritten Reich*, 1977. なお、vgl. R. Kühnl, Wissenschaft und Hochschule im deutschen Faschismus, in: *N. P. L.*, 1988, S. 417 ff.

(7) B. v. Schirach, *Revolution der Erziehung*, 1938, S. 125(『青年の旗のまへに』日本青年外交協会研究部訳、同出版部)。

(8) 《第三帝国》の正統思想としての人種神話については、たとえば、vgl. I. Zollschau, *Das Rassenwahnsinn als Staatsphilosophie*, 1949; K. Saller, *Die Rassenlehre des NS in Wissenschaft und Propaganda*, 1961.

(9) ナチ政治祭儀については、本書、一九四ページ以下、参照。

4 テロリズム

《第三帝国》においては、イデオロギー的宣伝の全体性要求は、コンフォーミズムと不寛容への圧力を高め、たえず増大する強制の体系を不可避のものとするであろう。国内における大衆の擬似宗教的熱狂が人為的なものであればあるだけ、それを妨害する外部からの対抗宣伝や異質な精神的接触は、全体的なテロリズムによって周到に遮断され追放されねばならないからである。ナチズムの社会像は、基本的に、その政治支配の論理と同じく、《敵‐味方》の対立図式によって規定されていた。《第三帝国》における《民族の敵》として宣告されたものは、直接的には、政治的敵対者たる左翼政党に始まり、知識人・大学・教会など、イデオロギー上の抵抗拠点や勢力にまで及んでいた。しかし、ナチズムは、なかんずく特異な人種論から《非アーリア人》、とくにユダヤ人を不倶戴天の《宿敵》とみなしていた。

《第三帝国》の反ユダヤ主義政策は、段階を追って発展させられ強化されていった(1)。当初の緊急命令および授権法にもとづく個別措置が特定の職業活動からのユダヤ人追放に向けられていたとすれば、一九三五年九月の党大会で公布された《ニュルンベルク法》は第二の画期をなしている。とくにその一つ《ドイツ的血液および名誉を保護するための法律》は、政治的な反ユダヤ主義の段階から生物学的なそれに転換し、その終局には人種的殲滅の政策が立つことになった。しかも厳密な《人種》概念が欠如し、しばしば《精神的ユダヤ化》(ゲッベルス)と《内面からみた人種》(ローゼンベルク)が強調されたことは、《人種神話》が大衆操作のための恰好の支配手段として、《敵》の妥当範囲を恣意的に拡大しえたことを暗示している。(2)

こうした《民族の敵》にたいする闘いは、当然に包括的な恐怖の装置を必要としていた。《第三帝国》の歴史は、この装置がしだいに拡大され完成されていったことを実証している。ナチズムの権力掌握にいたるまで、テロの担い手となったのはSAであった。その課題は、直接的な白色テロと暴力行使によって敵を畏怖させ、官僚機構から譲歩を強制することにあった。しかし、《第三帝国》の基礎が確立するにつれて、《革命の終焉》のスローガンのもとに、SAの組織と運動とは抑制され弱体化された。それは、党下部から自然発生的に生ずる無秩序なテロ行為を、いまや計画的な迫害へと組織化し、また合理化し直す過程であった。SSがSAにとって代わり、その指導者ヒムラーのもとに政治警察と結合したことは、その典型的な一例であろう。(3)これは、ナチズムの運動が官憲国家的組織と一体化することによって、いまや行政技術的な能率と正確さとをもってテロリズムが非情なまでに徹底化されることを意味していた。

政治警察の純粋な原型は、《秘密国家警察》(Geheime Staatspolizei＝Gestapo)にみることができる。これは、すでに三三年四月にプロイセン内務省に従属する国家機関として設立されたが、事実上、ヒムラーの指導下に立っていた。たとえば、三六年二月の《プロイセン秘密国家警察法》は、その課題を「国家領域全土におけるいっさいの国家を脅かす運動を探索し、それと闘争すること」に認め、さらに秘密警察の行動において「行政裁判所による再審」

から解放されていることを明記していた。(4) こうした発展は、同年七月、ヒムラーがドイツ警察長官を兼任することによって完成した。それは、従来なお州に属していた全警察機構の中央集権化と同時に、それを国家行政からSS指導部の手に全面的に移管させることを意味していた。こうして、SSは、いまやナチズムのテロ支配の象徴的存在となった。その活動を特徴づける《保護拘禁》の手段は、語の本来の意義を逆転したシニカルな呼称であり、人身の保護ではなく、むしろ国家の安寧・秩序の名において人身の自由を剝奪するために適用された。それは、すでに《第三帝国》の当初から、《国会炎上緊急命令》にもとづく基本権の停止を根拠として、大量の政治的拘禁のために乱用され、事実上、強制収容所にたいする無期限の収監の前段階として機能した。その場合、ヒトラーは、一貫してこの政治警察を国家官僚制から独立させ、行政勤務規定に縛りつけることを望まなかった。それは、疑いもなく、この権力にとって不可欠な支配手段を、忠誠な部下を通して直接に自己に結びつけようとする独裁的指導者の基本的意図に一致している。ここには、他のどの分野におけるよりも明瞭に、《第三帝国》がナチ運動を通して形成された指導－服従関係を国家機構として構造化した《指導者国家》たる所以を示しているといえよう。

同じくヒトラーを《最高裁判官かつ立法者》とする法体系の倒錯と操作とは、《第三帝国》における司法と裁判すらも、ナチ・イデオロギーに従属する暴力の執行者に変質させるにいたる。すでに三三年三月には、《国会放火》事件の追及のための事後的な刑罰立法によって、罪刑法定主義の原則が侵害されていた。こうした方向は、三五年の《刑法改正法》にもはっきり認められよう。《健全な人種感情》という、明確な法律的内容を欠如した一般条項の導入は、事実上、政治指導の恣意にたいして全面的な自由裁量の余地をあたえるものにほかならない。(5) こうした《実質的》な政治的刑法の強化と同時に、訴訟法的にも組織的にも別個の特別裁判所が政治的司法追及の機構として設けられたのは偶然ではない。とくに一九三四年に新設された民族裁判所は、国事犯を対象として《民族の名において》判決を下す任務をあたえられた。裁判長と一名の陪席判事のみ専門の法律家であり、他の名誉職の判事の地位は通常はSAおよびSS指導者によって占められていた。その後、関連法規の改定を経て政治的性格をいっそう強めていった。すなわち、通常の刑事訴訟手続に比較して簡素化されていたのみならず、裁判長の《指導者》的地位がいちじるしく強化された。弁護活動そのものも党による拘束をうけ、訴訟資料の閲覧も完全には保証されない中で、その業務を正しく果たすことはきわめて困難だった。そこでは、《反逆罪》の概念そのものが変質し、いまや暴力的な体制変革の事実の立証なしに、その疑惑だけで充分とされ、あらゆる敵対的態度が国事犯の烙印を捺されうることとなった。(6)この裁判官はヒトラー自身の任命するところであり、その判決にはなんら上訴の法的手段が認められない。こうした《第三帝国》に特徴的な裁判手続の欺瞞は、しばしば認められる検事局と秘密警察との協働とともに、司法機能の全面的な政治化を帰結した。民族裁判所がのちに抵抗運動の人びとに下した判決は、恐るべき政治的司法の本質を端的に示したものであろう。(7)

しかし、《第三帝国》のテロリズムは、なかんずく、いっさいの――ナチ司法すらの――保護から完全に隔離された強制収容所において、もっとも恐るべき現実となった。権力掌握後まもなく、ミュンヘン郊外のダハウに最初の収容所が建設され、すでに一九三三年夏には、ドイツ各地に数十カ所を数えるにいたっていた。それは、政治的な敵の隔離、刑事犯や《劣等者》の収容のための国家的機構として運営された。当初はSAの監督下におかれていたが、三四年以後、ヒムラーによる警察力の掌握とともにSSの完全な権力範囲に入り、非組織的なテロは中央から指導された官僚主義的形態によって強化されていった。《民族の敵》にたいする保護拘禁の組織は、やがてユダヤ人はじめ《劣等》な人びとの大量の強制労働のための収容所から、ついには生物学的・医学的実験および大量虐殺を行なう絶滅収容所にまで発展した。そこで行なわれた嗜虐的犯罪は、犠牲者の巨大な数とともに通常の想像力をはるかに超えるものであった[8]。ここには、すでに平和時においても、国内の敵にたいする永続的闘争という権力闘争期のナチズムの運動原理が生きつづけていたといわねばならない。じっさい、狂信的なSS指導者にとって、強制収容所はナチ・エリート淘汰のための特別の非情教育と訓練の場を意味していた。SSは、ヒトラーの《親衛隊》というだけではなく、ナチ人種政策を遂行するためのイデオロギー的前衛でもあったから。権力掌握後の党の大衆化の中で、SSは指導者にたいする熱狂的な忠誠と信従を誓う《第三帝国》の本来の担い手として登場した。SS隊員の携帯した短剣は、まさにこの《エリート》の象徴にほかならない[9]。

戦後の研究は、強制収容所において行なわれていた事態にたいする恐怖が、広汎に民衆心理に広がっていたことを実証している。収容所を秘密のヴェールに包み、テロの噂を断片的に流布させるナチズムの手口が、いっそう戦慄すべき未知なるものにたいする一般的不安を亢進させた。こうして現実の敵が一掃されたのち、いまや《潜在的》敵にたいする追跡が開始され、テロは社会全体に向けられた大衆テロに発展する。コンフォーミズムにたいする自覚的な逸脱や偏向のみでなく、むしろ同調の行動と表示にたいする熱意の低さそのものが忠誠欠如の疑惑を生まざるをえない。いたるところにテロの雰囲気が広がり、全体的不安が全生活を支配するにいたる。いっさいを貫徹し永続するテロは、批判的知性をも無力感と孤立感に陥れる。それは、集団全体の匿名性の中へ自己を埋没させようとする逃避性向を強めずにはいない。ここに生まれる強制的同調性もまた、客観的にはナチ体制を強めることに貢献した。

（1）反ユダヤ主義政策については、一般に、vgl. L. Poliakov u. J. Wulf, *Das Dritte Reich und die Juden. Dokumente und Aufsätze*, 1955; H. Krausnick, Judenverfolgung, in: *Anatomie des SS-Staates*, Bd. 2, 1967, S. 253 ff.; U. D. Adam, *Judenpolitik im Dritten Reich*, 1972. そのほか、L. Dawidowicz, *The War against the Jew 1933–1945*, 1975（『ユダヤ人はなぜ殺されたか』

大谷堅志郎訳、サイマル出版会)。ただし、大量殺戮にいたるナチのユダヤ人政策の一貫性をめぐっては、論議が分かれている(なお本書、九四ページ注(10)、参照)。

(2) すでに戦争勃発にいたるまでに、二五〇以上の反ユダヤ主義法令が公布されていた。なお、ナチズムにおける《人種》概念の恣意的な規定については、とくに、cf. H. Arendt, *The Origins of Totalitarianism*, p. 423 ff. こうした《人種》の主観主義的規定は、《第三帝国》における《客観的敵》の発想にも通じている。それは、みずからの意志と行動いかんにかかわらず、国家にとって危険な存在となりうる客観的可能性のゆえに、権力の認定ないし政策決定そのものによって《敵》とされるものである。

(3) SSについては、vgl. H. Buchheim, Die SS—das Herrschaftsinstrument, in: *Anatomie des SS-Staates*, Bd. 1, 1967, S. 15 ff.; H. Höhne, *Der Orden unter dem Totenkopf. Die Geschichte der SS*, 1967(『髑髏の結社＝SSの歴史』森亮一訳、フジ出版社)。

(4) Vgl. *Recht, Verwaltung und Justiz im NS*, S. 330 f. たとえば、秘密国家警察の課題は、異なった意見を《除去》し、「国家の敵を探索し、監視し、適時に片づける」ことにあり、そのため「いっさいの拘束から独立して、あらゆる適当な手段を使用する」ことができ、それは「もっぱら新しい国家観からのみ引き出され、なんら法律的正当化を必要としない」権能にもとづくという(vgl. W. Best, Die geheime Staatspolizei, in: *Dt. R.*, 1936, S. 125 ff.)。なお、cf. E. Crankshaw, *Gestapo. Instrument of Tyranny*, 1956; J. Delarue, *Histoire de la Gestapo*, 1962(『ゲシュタポ・狂気の歴史』片岡啓治訳、サイマル出版会)。

(5) Vgl. *Recht, Verwaltung und Justiz im NS*, S. 455 f. たとえば《帝国《ライヒ》司法指導者》H・フランクによれば、ナチ刑法は「ドイツ的世界観、ドイツ的法感情、まさにドイツ的民族良心の直接的表現である。このドイツ的民族良心は、今日ではナチ的なそれであり、したがって法秩序を乱して民族共同体を傷つけることを許さないのである」(Geleitwort, in: *NS-Leitsätze für ein neues deutsches Strafrecht*, hrsg. v. H. Frank, 1936, S. 6)。なお、vgl. H.-L. Schreiber, Die Strafgesetzgebung im "Dritten Reich", in: R. Dreier u. W. Sellert (hrsg.), *Recht und Justiz im "Dritten Reich"*, 1989, S. 151 ff. 一般に、vgl. H. Schorn, *Der Richter im Dritten Reich. Geschichte und Dokumente*, 1959.

(6) この点について、たとえば、民族裁判所の副所長K・エンゲルトは、その課題を規定していう。「民族の運命に影響しうるいっさいのものは、語の本来のまた最善の意味において政治として評価されねばならない。それゆえ、われわれが当裁判所の全裁判官から、さらにすべての起訴官庁の代表者から要請しなければならないのは、彼らが第一に政治家であり、しかるのち司法官なのであり、けっしてその逆ではないということである」。このような意味で、民族裁判所の裁判官は「政治的官吏」として「政治的思考」をもつことを要求され、「ボルシェヴィズム、ユダヤ主義、さらにフリーメーソン」などの脅威にたいして「国家秘密警察と連携して、国家の存立を対内的に守る義務」をもつという(K. Engert, Stellung und Aufgaben des Volksgerichtshofes, in: *Dt. R.*, 1939, S. 485)。

(7) Vgl. H. Hillermeier (hrsg.), *"Im Namen des Deutschen Volkes": Todesurteile des Volksgerichtshofs*, 1980. 民族裁判所の下した判決の統計によれば、起訴件数は戦争の遂行とともに激増し(たとえば一九三七年の六一八件から一九四〇年の一〇九一件、さらに一九四四年では四三七九件)、それにともなって死刑判決も戦争半ばから激増する(たとえば一九三七年の三二件から一九四二年の一一九二件、一九四四年では二〇九七件)(vgl. *a. a. O.*, S. 35)。なお、新しい研究として、vgl. H. W. Koch, *Volksgerichtshof. Politische Justiz im Dritten Reich*, 1988.

(8) とくに強制収容所の組織と行動の分析としては、vgl. M. Broszat, NS-Konzentrationslager 1933-1945, in: *Anatomie des SS-Staates*, Bd. 2, S. 11 ff. 代表的なKZに関係する個別研究として、vgl. H. Timphe u. a., *Studien zur Geschichte der Konzentrationslager*, 1970. 最近の研究については、vgl. H. Kuss, Aussonderung, Konzentration, Vernichtung des europäischen Judentums, in: *N. P. L.*, 1989, H. 3, S. 375 ff.

(9) コーゴンに代表されるような《SS国家》という概念(E. Kogon, *Der SS-Staat*, 5. A. 1959)から、SSをあたかもそれ自体として統一的な課題を担った同質的な組織のようにとらえるのは誤りである。内外にたいする保安情報活動を担ったほか、人種政策を積極的に推進するナチ・エリート組織でもあった。たとえばSSの訓育＝研究組織としての《ドイツ民族の伝来的遺産》協会は、さまざまの部門をもち、とくに《北方的＝ゲルマン的》な先史時代の研究を政治的に重要視していた(vgl. R. Kater, *Das "Ahnenerbe" der SS 1935-1945. Ein Beitrag zur Kulturpolitik des Dritten Reiches*, 1974)。

5　経済と社会

しかし、《第三帝国》をテロリズムとさらに宣伝にのみもとづく政治支配と考えるのは一面的であろう。政治宣伝のもたらす統合力は、なお基本的には情緒的であり、広い社会層に訴ええたとしても、けっして個々の人格の内面的深みにまでは達しなかった。高揚感に充たされた祝祭日の傍らには、長くつづく灰色の日常的現実が立っていた。

耐えがたいほどのテロをもなお甘受させ、権力が体制として安定性を確立するには、社会生活においてミニマムであれ利益と価値の配分を保障していなければならなかった。

ヒトラー政権が登場したとき、ほぼ六〇〇万の失業者数が記録されていた。《自由主義的・民主主義的》体制を克服する新政権の有能性と実行力は、まさにこの経済危機克服の努力においてこそ立証されねばならなかった。ヒトラー自身、大衆の物質的窮境の目にみえる改善によって、個人的威信を高めうることを認識していた。(1) この焦眉の課題の解決のために、新しく《失業軽減のための》法律(三三年六月)や《失業者救済》の政令(三三年九月)がつぎつぎと法制化された。それは、道路・水道・公共施設などの公共投資や、郊外住宅の建設、工場設備の補修にたいする財政補助のほか、国内生産機器調達への減税など多岐にわたり、疑いもなく失業対策の積極的な決意を印象づけた。しかし、これらの計画の中には、たとえば婦人労働者を家庭に呼び戻すための結婚資金貸付の制度など、イデオロギー的モティーフによる規定もあり、また生産力の合理的な振興というより、労働時間の短縮や機械使用に代わる手工労働の優先など、失業者数の名目的減少を意図する政策的措置も含まれていた。とくにアウトバーンの建設は、関連の自動車産業を刺戟し、労働力の調達とともに、なかんずく軍事的・戦略的目的に仕えるものであったことを見逃してはならない。(2)

しかしながら、いま一つの要因として、経済恐慌がすでに三二年夏にその底をつき、他の諸国においても、失業者の数字は——そうした徹底した国家的干渉なしにも——いちじるしく減少していた。ヒトラー政権は、このしだいに上昇に転じた景気変動の波をみずからの成果として有効に利用しうる地位に立った。いずれにせよ、こうした党による強力な宣伝は、広汎な民衆のあいだに国民的連帯感と新政権の政治指導力への信頼を生み出すことに成功した。さらにこうした民衆意識の存在そのものも、たとえ操作されたものであれ、当然、経済を刺戟する方向に作用したといえるであろう。それは、ヒトラー政権が、この物質的窮境打開と失業克服のため全エネルギーを投入しつつあったまさに同じ時点で、労働者の経済的自律性や社会的自由を剝奪しつつあった過程を心理的に補償し、また隠蔽する機能を演じた。しかし、完全雇用の達成によって強化された体制の《人民投票的》基盤は、基本的には手をつけられなかった社会構造とのあいだの矛盾を再生産せざるをえないであろう。

ナチズムと大資本ないし産業界との関係は、《第三帝国》の経済政策における、もっとも陰影に富む局面を形づくっている。(3) ヒトラーの権力掌握の前史において大資本の演じた役割はなお個人的であり、またナチズムにたいする評価において対立していたとしても、いまや有力な企業や大資本は、急速に全面的支持へ傾斜していった。こうして経済法にたいする指導者原理の適用と、経営者との協定のもとに任命される《労働管理官》の導入は、徹底的に脱労働組合化の方向で機能した。産業部門は、《第三帝国》におけるどの分野よりも、党による干渉や強制から相対的な自律性を保証されていた。公的に宣言されたその《均制化》は、財界指導者の参与と受益と影響力とを増大させることになったとさえいえるであろう。すでに三三年七月末、フーゲンベルクの後任として財界から経済相シュミットが任命されたことは、大資本にたいする大幅な譲歩を意味していた。それにともなうゴットフリート・フェーダーの次官就任は党の要求を鎮静するジェスチャーにとどまり、このナチ党最古参の経済理論家の影響力は、ほとんど皆無であった。

たしかに、三三年七月の《強制カルテル設立法》は、経済相の手に市場規制の強制カルテル導入権をあたえ、経済官僚に価格統制のための監視と許可を委ねることによって、国家権力による経済統制の方向を明らかにした。しかし、それは既存のカルテルの利害に一致し、その影響力を非カルテル部門にも拡大するものとして、ナチ政権と大資本との利害の調和を典型的に示していた。官僚統制はなお《第三帝国》初期の数年間は比較的ゆるやかに行なわれ、しばしば形式にとどまっていた。(4) やがて経済相シュミットおよび重工業が望むより以上に、国家統制にたいする圧力が、党側からのみでなく、とくに国防軍からも加わった。じっさい、三四年七月のシュミットからシャハトへの交替には、国防省の圧力が少なくなかったといわれている。三四年初めいらいシャハトの完全な支持のもとに直接的・間接的な再軍備政策が急速に進行しはじめたとき、経済における国家的統制は一段と強化された。そのもっとも重要な手段は、国立銀行から振り出されるメフォ手形の形式による国家クレジットであり、一九三八年までには総額一二〇億ライヒスマルクに達した。(5) 軍事費の占める比重は、すでに一九三五年の段階でも、国家財政支出の約四〇パーセント(一九三三年では八・三パーセント)、国民所得の九・二パーセント(一九三三年で一・六パーセント)に増大するにいたった。しかし、こうしたしだいに強められた経済の国家統制機構への結びつきは、すでに一九三四年の時点において、経済的自律性をO・シュパンの身分制的国家観に求めようとしたテュッセンの構想とは相容れないものとなっていた。三五年には、ヒトラーは党において《身分制的国家》の論議を禁止した。秘密国家警察による《シュパン主義者》の追及・逮捕が行なわれる中で、数年後にはテュッセンみずからアメリカへの亡命を余儀なくされた。(6)

こうして《第三帝国》において国家は、ますます指導的に工業生産の分野に介入し、同時に産業団体の組織にも統制・干渉の権限を確保していった。《ドイツ経済の有機的構成を準備するための法律》(三四年二月)は、経済相にたいし、全経済団体を個々の経済部門ごとに新しく統一的に編成する権限をあたえ、指導者原理の導入を法制化した。三四年夏以降、監督・審査当局の活動によって経済統制が強化され、資材の配分、価格の指定、購買・販売の規制、生産の順位や数量にいたるまで、ほぼ完全に規制されるにいたった。たとえば工業の部門では、《帝国連盟《ライヒ》》が新たに《帝国群《ライヒ》》に改編され、《連盟指導者》クルップも解任された。しかし、なお大資本、とくに重工業部門は、巧妙な適応を通して、代表的な企業や幹部をさらに温存しつづけることができた。こうして《第三帝国》においては、資本制的経済の原則には手を触れなかったが、生産の方向性にたいする強力な圧力によって、企業の自由な決定はいちじるしく制限された。しかし他方では、産業の特定の利害関係者たちは、一定の指定された基本線に縛られ統制されながら、この枠内においては、なお計画と生産のイニシアティヴをとり、合目的的な措置を決定し、その限りで個々の大企業にとって官庁的承認と優先順位とを得ることができた。(7)つまり、ナチ経済統制の特徴は、相対的に低くおさえられた直接的な官僚的統制・監督・計画に並んで、国家依存度を増した経済団体と、さらに促進され拡大した独占とカルテルの組織をも、いわば補完的な管理・統制機関として用いえたところにある。たしかに、資本的利潤の増大そのものがナチ経済政策の狙いではなかったし、《第三帝国》においてとくに利潤を高めえた企業や産業部門もまた、それをしだいに強化される不自由な条件への屈服のもとに購わねばならなかった。したがって、ナチ支配体制を単純に独占資本の所産ないし代理とする解釈は、重要な側面を見損なうことになるであろう。

経済と社会に関するより深刻な変化は、むしろ別の次元――民衆心理と社会意識に存在していた。《第三帝国》においては、ほとんどあらゆる階層の人びとが不断の《病的快感》のうちにあった。労働者も農民も、婦人も青年も、いずれの階層も、秩序ある国家への満足と政治指導の未来への新しい期待とに充ちていたようにみえた。(8)たしかに、労働者の物質的利益に代わって保障されたものは《社会的名誉裁判権》の名誉感にすぎなかったし、DAFの下部組織《歓喜による力》の提供する週末休暇や海外旅行も社会的自由権の剝奪の代償にほかならなかった。むしろ現実には、閑暇にいたるまで休みなく宣伝と教育を行なう、私生活全体の政治的組織化以外のものではなかったであろう。生産現場には、依然として経営者と労働者との対立が残り、一九三四年いらい急速に増大する社会的総生産の配分にたいする労働者の関与は、大企業に比較すればはるかに僅少であった。にもかかわらず、ナチ政権が社会的満足の印象を喚起することに成功したことを、たんにイデオロギー的宣伝に帰することはできない。《第三帝国》の労働者や民衆の基礎体験は、経済危機の数年ののちに、いまやふたたび職場が保障されたという安定感にほかならない。ヒトラーの手段と目標が何であれ、すでに一九三五年において失業をほぼ一掃し、数百万の労働者の基本的な生存の危険を追放しえたことは、《第三帝国》の社会政策の成功した根本的前提であった。(9)

さらにいま一つ、あらゆる階層が——たとえ段階的な差異はあれ——国家的統制下におかれたことは、心理的な平等意識を生み、とくに下層の民衆において身分的距離感をしだいに減少させた。《労働奉仕》においては若い労働者と学生とが肩を並べ、将校も官僚も《民族同胞》には礼儀正しく応答せねばならない。これと関連して、党の果した社会的機能をも見逃しえない。膨大なナチ党の大衆組織は、数百万の労働者や小市民層の人びとに政治的経歴の途を提供し、その職業的・社会的出自の枠を踏み越え、また通常の社会的上昇の長い過程を経ないで、旧来の社会上層に匹敵する高い威信や地位を享受させることになった。こうして《第三帝国》は、旧い階級的制約を弛緩させ、地域的な人口移動も加わり、垂直的・水平的に、いちじるしい社会的動態を促進するにいたった。じっさい、ナチズムが権力闘争期に中間層を動員するために反対した社会過程、つまり、大資本の集中過程はいっそう促進され、また農民に約束した《血と土》による脱都市化に代わって強力な工業化が必然となった。時代錯誤的な政治目標をかかげた《第三帝国》において、このような形で近代産業社会の要求が貫徹されたのは、まことに逆説的であった。それは、明らかにナチズムの本来的意図には反するものであろう。(10)

(1) Vgl. M. Broszat, Zur Struktur der NS-Massenbewegung, in: *V. f. Z.*, 1983, H. 1, S. 72 f. なお、こうした観点からナチ社会政策を追跡した分析として、vgl. T. W. Mason, *Sozialpolitik im Dritten Reich. Arbeiterklasse und Volksgemeinschaft*, 1977.

(2) Vgl. P. Kluke, Hitler u. das Volkswagenprojekt, in: *V. f. Z.*, 1960, S. 347 ff. アウトバーンの建設は、ヒトラーの《天才的着

想》に由来するものではなく、すでに一九二六年来あったハンザ都市―バーゼル間自動車道路建設計画が実施されたにすぎない。しかも軍事的考慮から、ヒトラーは、まず東西線の建設を強行した(vgl. H. J. Winkler, *Legenden um Hitler*, 1961)。なお、vgl. Fischer, *Deutsche Wirtschaftspolitik*, S. 60 ff.; F. Blaich, *Wirtschaft und Rüstung im "Dritten Reich"*, 1987, S. 15 ff.

(3) たとえば、戦時中の研究では、P・ドラッカーは、大資本がファシズムを促進したのでもなく、ファシズムから利益を受けたのでもなく、あらゆる階級の中で、軍事的統制経済によって、もっとも被害を受けたことを強調した(P. Drucker, *The End of Economic Man*, London, 1943『経済人の終わり』岩根忠訳、東洋経済新報社)。ここには、当時、ヒトラーとビジネスができるというアメリカ孤立主義の風潮の中で、ナチ政権の反資本主義的性格を強調しようとするドイツ亡命者の問題意識が反映している。しかし、大資本は、《第三帝国》において、もっとも損失を受けなかった階級であり、共通の忠誠の欠如と深いアンタゴニズムにもかかわらず、なおナチ政権の成立と体制存続とにたいして死活の利害を共通にして、《癒着》していた。戦時中の代表的文献としては、cf. F. Neumann, *Behemoth*. 戦後の研究では、たとえば、A. Schweitzer, *Big Business in the Third Reich*, 1964は、少なくとも一九三六年までの対等の同盟＝《権力の双務的構造》(*ibid*., p. 42 f.)を強調する。これにたいしてA・バルカイは、《第三帝国》初期から一貫する《政治の優位》の見地から、政治的・イデオロギー的に規定されたナチ経済体制の独自性を強調する(A. Barkai, *Das Wirtschaftssystem des NS. Ideologie, Theorie, Politik 1933–1945*, erw. Neuausgs. 1988. なお、《同盟》理論については、本書一一ページ注(9)、参照。

(4) Cf. A. Schweitzer, Organisierter Kapitalismus und Parteidiktatur 1933-1936, in: *Schmollers Jahrbuch für Gesetzgebung, Verwaltung und Volkswirtschaft*, H. 1, 1959, S. 57 ff. なお、Schweitzer, *Big Business*, p. 122 ff. 参照。

(5) Cf. Schweitzer, *Big Business*, p. 304 ff. メフォ手形による財政支出は、たとえば一九三六年まで再軍備費として必要としていた資金の約半ばに当たり、第二次大戦勃発まで支出された総軍事費の五分の一をカバーしている(vgl. Fischer, *a. a. O.*, SS. 67 f. u. 102: Tab. 4)。ちなみに一九三八年では軍事費は国民所得の二〇パーセントに達し、当時、ドイツと同じく軍拡を進めていたイギリス(一二パーセント)、フランス(一七パーセント)を凌駕している。

(6) とくに初期経済政策における《身分制国家》イデオロギーの役割については、vgl. R. Rämisch, Der Berufsständische Gedanke als Episode in der NS-Politik, in: *Z. f. P.*, 1957, S. 263 ff.

(7) Vgl. Broszat, *Der Staat Hitlers*, S. 227 ff.; Bracher, Sauer u. Schulz, *Die NS-Machtergreifung*, S. 651 ff.

(8) 当時のドイツの観察者は、その「もっとも驚くべきことは、国中を活気づけていた新しい精神であった。新しい希望、新しい自信と誇り、新しいエネルギーと決意とが国民を満たしていた」(T. L. Jarman, *The Rise and Fall of Nazi Germany*, 1955, p.

185)と報じている。たとえば一九三三年秋、DAF傘下の一部局《労働の美》で労働現場の環境を美的・衛生的に整備する改革にタッチしたシュペーアの回想によれば、彼は、このプロジェクトのため、かつての労働組合の役員たちから積極的な協力を得た。「彼らはみな、一人残らず、この任務に没頭し、少しでも生活条件を改善し、階級なき民族共同体というスローガンを実現することを決心したのだった」(Speer, *Erinnerungen*, S. 70)。

(9) Vgl. A. Kranig, *Lockung und Zwang. Zur Arbeitsverfassung im Dritten Reich*, 1983, bes. S. 243 f. この研究は、ナチ・ドイツ下の労働法の変化を中心にして労働管理や判例の分析を通して労働者の生活と意識の実態を明らかにしている。これは、前掲のメイソンの分析が労働者の《不平・不満》を直結的に反体制的な政治意識のあらわれとして解釈しすぎがちなことにたいして、批判と修正とを含んでいる。

(10) 社会学者ダーレンドルフは、つとにナチ政権が、その意に反して、さまざまの分野で《近代化》政策を推進した意義を指摘した(vgl. R. Dahrendorf, *Gesellschaft und Demokratie in Deutschland*, 1965, S. 431 ff.)。このテーゼをアメリカの社会史家シェーンボームは社会政策の分野で追跡し、《第三帝国》において、伝統的な階級構造が崩壊し、大幅な社会的均衡がつくり出されたことを結論している(cf. D. Schoenbaum, *Hitler's Social Revolution*, pp. 295 & 298 ff.)。しかし、シェーンボームのように《ヒトラーの社会革命》というのは、明らかに言いすぎであり、またダーレンドルフの場合にも、《近代性への衝撃》を強調するあまり、ナチズムにたいするドイツ民衆の抵抗の不在と全面的承認を、この事実上の社会的解放に求めるのは(*a. a. O.*, S. 445)、当たらない。むしろ逆に、現実の工業化過程から生まれる社会・経済構造への不安と権威主義的支配へ逃避しようとする伝統的な価値意識が、より大きかったとみなければならない。いずれにせよ、《第三帝国》は、その《近代化》的様相と《反動的》な特徴というアンビヴァレントな性格に即して分析されねばならないであろう(とくに、vgl. Thamer, *Verführung und Gewalt*, S. 467 ff. なお、同じ指摘は、vgl. K. D. Bracher, Tradition und Revolution im NS, in: ders., *Zeitgeschichtliche Kontroversen*, S. 66)。《近代化》の問題は、比較ファシズム論においても、さまざまの分析方法にもとづいて採り上げられている。こうした中で、とくに、cf. B. Moore, *Social Origins of Dictatorship and Democracy. Lord and Peasant in the Making of the modern World*, 1966(『独裁と民主政治の社会的起源』宮崎・森山・高橋共訳、岩波書店)。

四　侵略戦争への道

1　初期外交の政治様式

《第三帝国》の支配体制は、外交政策と内政過程との不可分の構造的連関を特徴とする。社会のトータルな《均制化》と支配は、究極的には、限界を知らぬ国外にたいする支配領域の拡大に対応していた。ニュルンベルク党大会に象徴される《民族共同体》としての一体化＝画一化＝軍事化は、基本的には、こうした侵略行動のための組織的・軍事的・心理的前提条件をつくり出すことを目指していたとさえ言ってよいであろう。

ナチ外交政策――とくに東欧における――の目標とその推進力ないし担い手をめぐって、これまでドイツ内外において活発な論議が行なわれてきた(1)。その際、当初から、ナチ外交政策がナチズムの世界観と目標設定によって規定されていたか否かが、重要な争点を形づくってきたのは当然であろう。

この点に関して、ヒトラーが『わが闘争』に示したのは、たんにビスマルク帝国の回復にとどまらず、「一方における民族の人口とその増大、他方における土地の面積とその資源」の二つのあいだに「健全で生存可能な関係」を打ち立てる民族国家を実現するということであった。こうしたヒトラーの外交政策的目標には、明らかに《プログラム》としての具体的細目が欠けてはいた。しかし、それ自体としては、ヒトラーの《世界観》の本来的内容ないしはそこから引き出される結論は、きわめて明確でかつ一貫していたことも否定できない。この《世界観》の基本原則は、《ゲルマン人種の純粋性》を保持することと、そのコロラリーとして《ユダヤ民族の排除》を目指すものだった。この目標の達成には、ヒトラーによれば、ドイツは《生存圏《レーベンスラウム》》を必要としており、それは、ただ東方において、つまりソヴィエト・ロシアの犠牲においてのみ獲得されうる。この国は《ユダヤ的＝ボルシェヴィズム的》支配のゆえに、きわめて危険であるばかりか、同時に「崩壊の機が熟して」いる、という。なぜなら、そこでは、人種的に《劣等な》ユダヤ人が支配し、同じく人種的に《劣等な》スラヴ人たちの居住する地域だから。[2] ここには、西欧および南欧に向かう「永遠のゲルマン民族移動に終止符をうち、東方に向かう」帝国主義的志向が明らかである。こうした目標設定は、当時、戦術的理由から公刊されなかったヒトラーの『第二の書』(一九二八年)には、より明確に打ち出されていた。その本質は、ネオ・ロマン主義的な帝国《ライヒ》思想と擬似科学的社会ダーウィン主義であり、それにもとづくゲルマン人種のヘゲモニー要求の中に、民族主義と帝国主義の両原理を融合させたものということができよう。そこでは、広大な《生存圏政策》への転換と、それを可能にする強大な軍事力の創造が、誤解の余地なく要求されていた。

こうした思考における基本的な循環論ないし非現実性を指摘することは容易である。しかし、重要なのは、ヒトラー自身がそこに実現可能な《プログラム》を見出していたことであった。むろん、実際に外交政策を遂行するに当たって、ヒトラーは、予期に反する国際政治的な状況の変化を活用するすべを心得ていたし、またその当初の《プログラム》にも重要な点――たとえば対イギリス同盟や二正面作戦の回避など――での変更を余儀なくされた。しかし、戦争を通して東欧に《生存圏》を獲得するという目標そのものは不変だった。それは、ヒトラーにとって、今後、何世紀にもわたって《ゲルマン人種の運命》を決する《民族＝人種戦争》になるはずだったから。

しかし、ドイツの内政過程において、ナチズムの権力掌握と指導者国家の確立がつねに《合法性》の仮面のもとに遂行されたように、ナチズムの外交政策も、当初においては、つねにドイツの平和意図のアピールをともなっていた。(3) その際、二重の戦術の組み合わせが特徴的である。一方では、平和的交渉の用意を表明して国際的不安を鎮静させ、その承認を獲得しつつ、同時に、突然の一撃と威嚇によって条約侵犯の既成事実を突きつける戦術である。それは、ちょうど、三三年前後のSAのテロ行動を彷彿させるものであった。この二つの方法を組み合わせることによって、ナチ外交政策は、その初期の脆弱な立場を切り抜けることに成功した。そこには、ちょうどヴァイマル共和国の内政過程において保守派の抱いた馴致幻想と同じく、ナチズムのダイナミズムを平和的に防止しうるという西欧側諸国の致命的な盲信が作用していたといわねばならない。じっさい、『わが闘争』の著者がドイツの内外において恐怖されながら、時宜にかなって真剣に受け取られることのきわめて少なかったことこそ、ナチズムの内政・外交が成功を収めた最大要因の一つであった。そこでは、イデオロギーと政策、究極目標と現実的可能性とは分離しうると錯覚され、内政と外交、独裁と侵略との密接な連関は見落とされた。(4) 逆にヒトラーは、執拗かつ弾力的にその政策を追求しつつ、一歩一歩、行動の自由を拡大していった。こうして一九三五年いらい、対内的には権力の基礎を固め、しだいに増大する軍事力と経済力をもとに強力な対外政策に転換した。それは、ヴェルサイユ体制の全面的解体から、ついにヨーロッパの征服と支配への途に通じていた。

ヒトラーは、当初の段階では、外交政策的軋轢をできるだけ回避し、民衆的に支持される至近目標を提示し、その遠隔目標を後景に退かせた。ノイラート外相の入閣はヴァイマル外交政策の連続性の幻想を生み、それは、三三年五月の国会演説におけるヒトラーの平和決意の表明とともに、ヴェルサイユ条約の合理的修正の保証に信憑性をあたえた。(5) しかし、ヒトラーは、外交政策こそ自己のもっとも固有の活動分野とみなし、外務省にたいして、国防軍将校団にたいしてと同じく、深い不信を抱いていた。彼は一貫して集団安全保障体制の敵対者であり、ジュネーヴ軍縮交渉の失敗を口実に三三年一〇月には国際連盟を脱退し、こうして国際的統制と拘束なしに再軍備を進める端緒を摑むにいたった。さらに翌年一月のポーランドとの不可侵友好条約は、新しい東方外交を示し、ラッパロ条約にもとづく従来のドイツの対ソ政策を根本的に転換した。逆にそれは、フランスの積極的な東欧外交を呼び起こし、その指導下の《小協商》やバルカン協商などの成立を招いた。それは、ドルフス暗殺をめぐるオーストリア・ナチの一揆の失敗とともに、ドイツの深刻な国際的孤立に通じていた。三四年九月のソ連の国際連盟加入と翌年五月の対仏・対チェコ相互援助条約の締結によって、ドイツ《包囲》は決定的となったかにみえた。しかし、他方では、たとえばポーランドとの条約が、当時の状況では、対独予防戦争計画をもつもっとも危険な隣人にたいする有効な対応措置でありえたとすれば、その孤立の価いは、けっして高過ぎはしなかったといえよう。さらにまた、それが国際連盟を双務的同盟の戦略に転換させ、数年を出ずして集団保障の体系を破壊し、《第三帝国》の敵対者を孤立させるにいたったことも見逃してはならない(6)。

こうした中で、三五年一月の国民投票によるザールのドイツへの復帰は、いちじるしく国際的威信を高めた。ザール民衆の圧倒的支持(九一パーセント)と国民的高揚を背景として、ヒトラーは、同年三月、公然と徴兵制復活を宣言し、このヴェルサイユ条約の非武装規定侵犯を国家的安全保障の必要性によって正当化した。それは連盟諸国の抗議を呼び起こし、イギリス、フランス、イタリアの対独ストレーザ協定によるドイツ孤立化を深めたかにみえた。しかし、実際には、こうした抗議の背後にひそんでいたのは、ドイツに真剣に対抗する決意が欠如していたことであった。三カ月後の対独海軍協定におけるイギリスの譲歩は、ストレーザ戦線の解体を告知し、ヒトラーの大きな外交的成功を意味していた。それは、実際の内容そのものよりも、徴候的意義においてより重大である。なぜなら、この海軍協定は、一定の譲歩によってヒトラーを拘束しうるという原則に立つ、いわゆる《宥和政策《アピーズメント》》の第一歩にほかならなかったから。しかし、それは、ヒトラーの《最初の外交的クー》(M・パワー)となった政教条約締結《コンコルダート》においてヴァティカンが犯した同じ錯誤と幻想に立っていたといわねばならない。[7] なぜなら、譲歩はつねに弱さの現われとして解釈され、宥和政策は、ヒトラーにたいして、つねに逆効果しかもたらさなかったから。彼は、既成事実の政策によって西欧の躊躇や不決断から、より大きな成果を引き出しうるという確信を強めた。三六年三月に強行されたラインラント非武装地帯へのドイツ軍の進駐は、そうした意図を裏書きしていた。独裁的指導者の迅速な行動力と決断力は、軍部や外交官の合理的判断と警告とを圧倒する成果を収めたかにみえた。[8] ヒトラーは、仏ソ同盟条約の締結がロカルノ条約侵犯であるとして自己の行動を正当化し、同時に多角的な非戦条約とドイツの国際連盟復帰を含む平和提案を公表した。これこそ、一九三九年まで、条約侵犯のたびごとに、つねに新しく平和の約束と《不変》の決意をくり返す常套戦術の原型であった。こうした中で一九三六年のベルリン・オリンピックは、巨大な《民族の祭典》においてヨーロッパの緊張を忘却させ、《第三帝国》の威容を印象づけることに貢献した。[9]

いまやヒトラーは、国際政治の新たな展開を逆用して、積極的に政治的孤立から脱却するチャンスを摑むことに成功した。すでに中国東北部の侵略を始めていた日本とのあいだに一九三六年には防共協定を締結し、コミンテルンの政治宣伝に対して共同措置をとることを約定した。またその前年にエチオピアに侵入して国際連盟の経済制裁にさらされたイタリアにたいして、ただちに援助の手を伸べ、さらに三六年に始まるスペイン内乱には共同干渉して、フランコ反乱軍に強力な支援を送った。とくにドイツ国防軍は、ここではじめて来たるべき戦争における実戦的訓練を体験した(コンドル軍団によるゲルニカ爆撃!)。こうして《第三帝国》の双務的・個別的な条約改定および同盟の戦術は、西欧デモクラシーの多辺的秩序原理をいたるところで分断し廃棄していった。ヴェルサイユ体制は、いまや一個のフィクションと化し、明らかに既成事実の政策に屈服した集団保障にたいする懐疑の中で、国際権力関係も、各国の国家利害が錯綜するなかで、流動化しはじめるにいたった。二人の独裁者は、新しい外交様式の《巨匠》として、いまやその内外における威信は、ほとんど際限がないようにみえた。三六年一一月に結成された《ベルリン＝ローマ枢軸》は、まさにそれを中心として他の国々が回転するヨーロッパ新秩序の担い手として、二つのファシズム国家を登場させるものであった。(10) じっさい、二年後には、その政治行動の法則が、ヨーロッパ全体にたいして強制されることになるであろう。

(1) すでにこの点について、東欧圏のマルクス主義史家とそれ以外の立場とのあいだに大きな対立がある。たとえば東ドイツの歴史家の場合——さまざまの細かい違いを別とすれば——《独占資本》の利害が究極的にはナチ外交政策の目標設定にたいして決定的だったという(たとえば、vgl. D. Eichholtz u. K. Pätzold (hrsg.), *Der Weg in den Krieg. Studien zur Geschichte der Vorkriegsjahre (1935/36 bis 1939)*, 1989)。これにたいして西欧側の歴史家のあいだでは、一九六〇年代はじめ、ヒトラーの『わが闘争』いらいの東方に向かう侵略企図の一貫性を主張するトレヴァー－ローパー(H. E. Trevor-Roper, Hitlers Kriegsziele, in: *V. f. Z.*, 1960, S. 120 ff.)と、逆に、ヒトラーが有利な状況を利用しただけの機会主義とみるテイラー(A. P. Taylor, *The Origins of the Second World War*, 1961『第二次大戦の起源』吉田輝夫訳、中央公論社)との見解が対立していた。しかし、それ以後、この対立は、たとえば一方におけるA・ヒルグルーバーやK・ヒルデブラントらと他方におけるT・メイソンやH・モムゼンらの《修正派》とのあいだで、いっそう精密化されたレベルでくり返されている。そこでは、ナチ支配の《ポリクラティ》的構造に対応する外交政策の二重性が指摘され、基本的な構想の一貫性を認めるときにも、内外の政治状況の変化に対応する外交政策の修正にも注目されるようになっている。この論争については、M. Funke (hrsg.), *Hitler, Deutschland und die Mächte. Materialien zur Außenpolitik des Dritten Reiches*, 1976; W. Michalka (hrsg.), *NS-Außenpolitik*, 1978 所収の関連論文、参照。なお、cf. G. Martel (ed.), *The Origins of the Second World War. Reconsidered. The A. J. P. Taylor debate after twenty-five Years*, 1986.「国際的な研究においては(《修正派》の批判を度外視すれば)、広く次の点で一致している。すなわち、ヒトラーは、外交政策の領域において《個人的支配》(W・J・モムゼン)を貫徹したこと、彼の外交政策は……主として内政的統合ではなく対外的膨張と人種的支配を目指していたこと、またそれは、けっして〔ナチ・ドイツ〕社会のダイナミズムの所産ではなく、ナチ政権のダイナミズムから引き出された相対的に高度の自律性をもっていたこと」(K. Hildebrand, *Das Dritte Reich*, 3. A. 1987, S. 200)という結論は妥当であろう。従来、《修正派》に数えられていたブロシャートも、新しい研究では、最近になって公刊されたゲッベルスの日記の分析を踏まえて、「ヒトラーという個人的要因は、構造史的にもマルクス主義的＝弁証法的にも、単純に解消されない」ことを明確に結論している(M. Broszat, Der Zweite Weltkrieg. Ein Krieg der "alten" Eliten, der Nationalsozialisten oder der Krieg Hitlers?, in: ders. u. K. Schwabe(hrsg.), *Die deutschen Eliten und der Weg in den Zweiten Weltkrieg*, 1989, S. 67)。

(2) Vgl. A. Hitler, *Mein Kampf*, Bd. II, 1927, S. 302 f., 316 u. 317; *Hitlers zweites Buch. Ein Dokument aus dem Jahre 1928*, hrsg. v. G. L. Weinberg, 1961, S. 113 f. u. 163. 《第二の書》については、なお、vgl. M. Broszat, Betrachtungen zu Hitlers zweites Buch, in: *V. f. Z.*, 1961, S. 417 ff.

(3) ナチズムの初期外交における《合法性》路線との類似を指摘するものとしては、とくに、vgl. Bracher, Sauer u. Schulz, *Die NS-Machtergreifung*, S. 230 ff. 初期外交についての包括的研究としては、vgl. H.-A. Jacobsen, *NS-Außenpolitik 1933-1938*, 1968. とくに、vgl. P. Kluke, Politische Form und Außenpolitik des NS, in: *Geschichte und Gegenwartsbewußtsein. Festschrift für H. Rothfels zum 70. Geburtstag*, 1963, S. 435 ff.

(4) ナチ運動の綱領の書としての『わが闘争』が一九二〇年代から三〇年代にかけて、ドイツの内外で、いかに注目されることが少なかったかに関する研究として、vgl. K. Lange, *Hitlers unbeachtete Maximen. "Mein Kampf" und die Öffentlichkeit*, 1968. なお、『わが闘争』の英訳出版をめぐっては、cf. J. J. Barnes, and P. P. Barnes, *Hitler's Mein Kampf in Britain and America. A publishing History 1930-39*, 1980.

(5) Vgl. Jacobsen, *a. a. O.*, S. 328 ff. 国会の平和演説とほぼ同時点で(三三年二月)、ヒトラーは国防軍幹部を前にして、ナチ政治権力の《使用》目的について「おそらくは新しい輸出の可能性をかちとるため、おそらくは――さらによいのは――東方における新しい生存圏の獲得とその徹底的なゲルマン化のため」(Neue Dokumente zur Geschichte der Reichswehr 1930-1933, hrsg. v. Th. Vogelsang, in: *V. f. Z.*, 1954, S. 434 f.)と語ることをはばからなかった。

(6) 戦間期の国際政治関係を、関連諸国の内政構造との関連のなかで分析したE. Forndran, F. Golczewski u. D. Riesenberger (hrsg.), *Innen- und Außenpolitik unter NS-Bedrohung. Determinanten internationaler Beziehungen in historischen Fallstudien*, 1977 参照。なお、一般に、斉藤孝『戦間期国際政治史』(岩波全書)、一九七八年、参照。

(7) 当時の海外からの評価の一例をあげれば、政教条約の締結は「ヒトラーの最初の外交的クーであった。それは、彼を世界の人びとの眼前に尊敬に値するものにした。他の諸国が彼の権力掌握を外交的には承認しえない革命家の勝利とみていた中で、彼は、この世界最大の精神的権力と和解をもたらした自分の最初の行為を、引き合いに出すことができた」(M. Power, *Religion in the Reich*, 1939, London, pp. 27-28)。むろん、この《外交的成果》が内政面に与える政治的影響は見逃しえない重要性をもっていたであろう。この点については、vgl. K. D. Bracher, *NS-Machtergreifung und Reichskonkordat*, 1956; G. Grünthal, Konkordatspolitik, 1933, in: *N. P. L.*, 1972 H. 4, S. 501 ff.《第三帝国》を生きのびるために《コンコルダートの砦》が果たしえた役割についてカトリック系の歴史家たちから示される評価にもかかわらず、それが教会敵視的なナチズムにたいして戦う用意をしていた多くの勢力を孤立させ、それによって弱体化させたことも見逃しえないであろう(vgl. K. Scholder, *Die Kirchen und das Dritte Reich*, Bd. 1, 1977, S. 310 ff. u. 482 ff.)。のちにナチ治下に展開されたカトリック教会による個別の抵抗は、コンコルダートの条項を支えとしたというよりも、苦難をも恐れない信仰とキリストへの服従とによるところがいっそう大きかったように見える。たとえば、ナチの条約侵犯と教会弾圧に関連して、コンコルダートの《政治条項》の教会法的解釈をめぐる当時の議論(たとえば、W. Weber, *Die politische Klausel in den Konkordaten. Staat und Bischofsamt*, 1939, Neud. 1966. これにたいする Rezension v. H. Liermann, in: *Archiv des öffentlichen Rechts*, 1940, S. 177-179)、参照。ここでは、ナチ的《政治》概念の全体性要求からナチ教会政策の《合法性》を引き出そうとする論理が暗示されている。なお、批判的な新しい文献では、vgl. K. Deschner, *Mit Gott und dem Führer. Die Politik der Papste zur Zeit des NS*, 1988, S. 46 ff.

(8) Vgl. E. Robertson, Zur Wiederbesetzung des Rheinlandes 1936, in: *V. f. Z.*, 1962, S. 178 ff. たとえば、ゲッベルスの『日記』は、ラインラント進駐を前にしてヒトラーを中心に行なわれた集中討議の中で、多くの警告(の衣装をまとった反対)が提出されたにもかかわらず、それを冒してヒトラーの決断が貫徹された事実を生々しく伝えている。重大な外交政策決定に際して、ヒトラーは、党の意向を重要視していないし、閣議そのものをほとんど無視していたことが分かる(vgl. *Die Tagebücher von Joseph Goebbels. Sämtliche Fragmente*, hrsg. v. E. Frölich, Teil I: 1924-1941, Bd. 2, S. 577 ff.)。ケルショーによれば、ヒトラーが《摂理の導き》という《総統神話》をみずからも確信しはじめたのは、おそらくラインラント進駐の成功を起点としていただろうという(cf. Kershaw, *The "Hitler Myth"*, p. 82)。

(9) ベルリン・オリンピックは「その華麗な演出、大衆行進や大衆的熱狂の秘儀によって世界の人びとに褐色ドイツの威大さを吹き込んだ。……しかし、一九三六年のスタディアムや競技場で熱狂した群集の中には、彼らが五〇〇〇万人の死の準備にたいして歓呼していると考えたものは、ほとんどいなかったことであろう」(G. Zwerenz, Nachwort, in: *Die Olympischen Spiele 1936 in Berlin*, Bd. 1, 1936, Fotomechanischer Nachdruck 1972)。

(10) ただし、独伊関係は、かならずしも通説のごとく一義的ではなく、たとえばエチオピア戦争の長期化をめぐる両者の利害の対立は、ただちにここから《枢軸》の成立を基礎づけさせない(vgl. M. Funke, *Sanktionen und Kanonen. Hitler, Mussolini und der internationale Abessinienkonflikt 1934-36*, 1970)。同じく《枢軸》のいま一つの軸をなす日独関係が《同床異夢》の不一致と不信義に充ちていたことも、いまではすでによく知られている(vgl. Th. Sommer, *Deutschland und Japan zwischen den Mächten 1935–1940. Vom Antikominternpakt zum Dreimächtenpakt*, 1964(『ナチスドイツと軍国日本』金森誠也訳、時事通信社))。なお、三宅正樹『日独伊三国同盟の研究』(南窓社)、一九七五年、参照。

2　《四カ年計画》の経済構造

こうした外交政策は、当然、軍事力の充実と戦争準備の経済によって支えられていた。すでに戦後の経済復興は再軍備を重要な起動力としてきたが、シャハトの大胆な財政政策をもってしても、その目標にたいして現実には、なおかなりの距離があった。たしかに、一九三六年には完全雇用が達成されていた。しかし、しだいに拡大する再軍備は、原料不足を尖鋭化させ、同時に外貨不足による経済的な対外依存度をいっそう強めることになった。こうした状況の中で、シャハトは輸出の拡大と少なくとも暫定的な軍拡の抑制とを提案した。しかし、ヒトラーは、軍事費の縮小に反対し、軍拡の道を選択した。それは、必要とする資源や原料をできるかぎり輸入に頼ることを止め、生産コストを無視してドイツ国内でみずから開発することを求めるものであった。この《アウタルキー》政策は、経済全体を戦争準備のために組み入れることであり、同時にまた、国家がますます経済生活に介入することを意味していた(1)。

こうした経済的発展は、三六年夏のヒトラーの《四カ年計画覚書》において明確な方向づけをあたえられた。ヒトラーによれば、経済は「民族と帝国《ライヒ》の生存要求を実現する」ことを唯一の目標とし、その未来における「究極的解決」は「生存圏ないしわが民族の原料・食料資源の拡大」にある。したがって、軍拡が第一の要請であり、その規模とテンポは、いかに巨大で迅速であってもありすぎることはない。この課題のために、他のあらゆる願望は「無条件に従属させ」られ、さらに、国民の食糧供給や生活水準の向上のための外貨の使用も拒否されねばならない。覚書は、最後にヒトラーの設定する課題を要約する。「(1)四年以内にドイツ国防軍は動員可能となり、(2)ドイツ経済は戦争可能となっていなければならない(2)」。「平時において戦争を準備し」、まさに「戦争と同じ決意をもって」この課題を遂行する責任は、《四カ年計画受任者》ゲーリングに委託された。彼は、この《計画》の本質を端的にこう言い切っている。「われわれの直面する抗争は、巨大な規模の生産力を必要としている。軍備に際限はない。ここで決定的なのは、勝利か、それとも滅亡かである。われわれが勝利するならば、経済は充分に償われうるであろう。ここでは帳簿上の利潤計算ではなく、政治の必要性に応じて判断されうる。コストはなんら計算の対象とはならない。……軍備のための発注以上に、もうかるものはあるまい(3)」。

いまや《第三帝国》の権力確立に絶大な貢献を果たしたシャハトもまた、こうした生産費や経済の長期的成否を無視する政策と衝突して経済相を辞任せざるをえなかった。さらに三年後には、国家の保証したメフォ手形の支払いが、金融的不能のためでなく、財政余力を軍備にふり向けるため停止されるにいたったとき、ついに国立銀行総裁の地位からも退かねばならなかった(4)。シャハトの後任として二つの地位を兼任したのはヴァルター・フンクであり、彼のもとに国立銀行も指導者原理にもとづいて改編され、事実上、ヒトラーの望むままの信用を国家に提供する義務を課せられるにいたった。こうして《四カ年計画》を契機として――アウタルキーか世界貿易か、あるいは軍拡の強化か緩和かをめぐって――顕在化したヒトラー＝ゲーリングおよびさまざまの大企業グループ間相互の対立は、経済分野にたいする党の影響力を増大させた。先の覚書でヒトラーは強調した。「民族は……経済のために」生きるのではなく、「経済と経済指導者は……もっぱらわが民族が自己を主張する闘争のために仕え」ねばならない、と。《四カ年計画》においては、これまで強力だった重工業の重要な勢力の希望に反して《政治の優位》(5)が貫徹されたことを見逃してはならない。大企業は、明らかに直接的な政治的政策決定過程から排除され、軍事的有効性が、この過程と方向を規定した。資本制的競争は市場をめぐる闘争から原料と労働力をめぐるそれに置き換えられ、経済の個別利益は、政治への従属と協働においてのみ成功のチャンスを保証された。これは、まったく一方的な資本と独裁の同盟といわねばならない(6)。

しかし、《四カ年計画》の軍事的自給自足経済の要請する国家的計画と指導は、完全な計画経済への転換ではなかった。それは、私的資本と市場経済の基本的構造を維持したまま、たんに特定の重点的分野、とくに絶対的優先を保障された経済領域に国家的な生産計画を設定するものであった。《四カ年計画》指導の受任者ゲーリングは、経済・労働配置政策の全分野における官職を集中して一種の《超閣僚》となった。彼は、経済関係各省次官を《四カ年計画一般審議会《ゲネラル・ラート》》の構成員とすることによって、ほとんど欲するままに関連各省に干渉した。こうして、《四カ年計画》の組織は、しだいに各省の経済権限から重要な政策決定権を奪い、その個人的な特別受任官の手に委譲するにいたった。ゲーリングの職務執行やまた下部機関の官職の占有の仕方には、《四カ年計画》組織のパースナルな構造がよく現われている。それは、一方では、明確に規制された官僚制的管轄権を消失させたが、他方では、大きな弾力性の利点をももっていたことを見逃してはならない。

その最適例は、代表的な化学工業I・G・ファルベン幹部の地位から化学部門の《総括受任官》に任命されたK・クラウフにみることができよう(7)。彼は、I・G・ファルベンおよび他の化学工業部門との結びつきを通して、《四カ年計画》庁にいわば無料で企業の経営力と専門知識とを提供した。この私企業的経済指導と国家的経済指導とのパースナルな結びつきは、《第三帝国》の経済構造にとって、以後ますます特徴的な形態となっていった。優先順位の決定、生産計画の策定、原料や労働力の配分などの最高政策の決定がゲーリングおよび《四カ年計画一般審議会》の手に握られていたが、この決定は、しだいに関連産業部門の大企業の代弁者からなる《総括受任官》の提案ないし要求の形で先取りされることになった。こうして半ば国家的、半ば私企業的な性格を帯びた統制的・計画的機関の中で、伝統的な国家官僚制に融合された指導者国家原理と大企業の指導的官僚装置は、ほとんど見分けがたく一体化した。[8] とくにナチ指導部は、彼らが緊急と考える措置を行政や法規の拘束なしに強力に貫徹するに当たって、しばしば、その特有の指導者構造や機能をもった党の特別組織を、公共的課題のために新設していった。それだけまた、短期的な生産効率という観点から、慎重な考慮なしに、国家官僚制による統一的行政を犠牲にして、大企業の私的官僚装置を利用する誘惑に陥りがちであった。

こうした四カ年計画いらい発展した経済指導の構造は、国家官僚制の行政的カテゴリーで定義することは困難であろう。名目的な機能や編成は重要な意味をもちえなかった。政策決定の現実的形態は、その時々の人間関係や権力配置の流動性と、ゲーリングからシュペーアにいたる中心人物の――究極的にはヒトラーに依存する――権威、その受任者の個人的忠誠や野心の変動に応じて規定され、変化していったからである。《四カ年計画》にもかかわらず、《第三帝国》においては、中央集権的な計画経済はなんら存在しなかった。この《計画》の名称自体、すでに数年後には、その背後に一連の互いになんら関係のない特別の計画や機構が隠された、たんなる建前と化していた。じじつ、大量の国家資金を投入して一九三七年に建設されたヘルマン・ゲーリング帝国工業所自体、鉱業・機械工業を越えて内陸水運業にまで手を広げた一大コンツェルンに発展し、《四カ年計画》の本来的目標とほとんど関わりないものになっていった。[9]

しかし、こうして《第三帝国》の組織的ジャングルが拡大するにつれて、全体制的に合理的な統一的政策決定の可能性は、ますます少なくならざるをえない。にもかかわらず、国家と経済がなお機能し、しかもじっさい、よく機能しえたことは驚くべきであろう。こうした《指導者国家》における権限の競合する中で、産業界は、かえって直接的・間接的なルートを通して、自己の利害を貫徹することができた。保護と奨励の獲得をめぐる苛烈な競争に、大企業の私経済的形態は、もっともよく適応することができた。じっさい、企画の実現のための無条件的な優先性、組織形態の最大限の弾力性、指導的受任者の自由行動の保証などは、党みずから私企業と共通にした要求であった。こうして大企業はますます巨大化し、これまでカルテルの外に立っていた中小企業の経済分野も、これに編みこまれていった。カルテルは国家的な監視と統制の下におかれていたとしても、結果的には大企業にとって有利であり、その巨額受注から上る利潤も増大した。再軍備は総体としてドイツ経済の集中化を促進したのであり、局部的な企業的理性をも包摂して営まれる戦争経済の最大限の生産性を保証した。

(1)　とくに、vgl. D. Petzina, *Autarkiepolitik im Dritten Reich. Der NS-Vierjahresplan*, 1968; B. A. Carroll, *Design for Total War*, 1968, p. 122 ff.
(2)　W. Treue, Hitlers Denkschrift zum Vierjahresplan 1936, in: *V. f. Z.*, 1955, S. 204 ff.
(3)　Zit. nach: W. Treue, Das Dritte Reich und die Westmächte auf dem Balkan, in: *V. f. Z.*, 1953, S. 53 A. 16.
(4)　Vgl. H. Schacht, *76 Jahre meines Lebens*, 1953, S. 465 ff. u. 458 ff.(『我が生涯』下巻、氷川秀男訳、経済批判社)。もっとも、シャハトの戦後文献には、正当化のモティーフがいちじるしい。シャハトの占めたポストは、再軍備との関わりで、《第三帝国》においてもっとも重要であるとともに重大な葛藤の源泉でもあった。それには、ヒトラーやナチ・リーダーのみでなく、国防軍や有力な産業界の利害が関わっていたから(vgl. P. Hüttenberger, NS-Polykratie, *a. a. O.*, S. 433-435)。シャハト交替劇の背景には、これまで彼に代表されてきた重工業勢力に代わって、アウタルキー政策から最大の利潤を得ようとする強力な産業界(たとえば電気=化学工業)の台頭を指摘しなければならない。もっとも、重工業は永続的な打撃を受けたわけではないし、この紛争が大資本の政治的地位の分裂をもたらしたわけでもないことに注意すべきであろう(vgl. *a. a. O.*, S. 434)。
(5)　イギリスのマルクス主義史家メイソンによれば一九三六年以後、ナチ政治指導は「経済的支配層から独立し、彼らの利害とは本質的な点で矛盾する」ようになり、こうした「経済と社会における重大な構造転換は……ナチ国家機構の自立化＝《政治の優位》を可能にした」とする(vgl. T. Mason, Der Primat der Politik, *a. a. O.*, S. 473-474)。メイソンの一九三六年画期説は、後述のシュヴァイツァーの分析に負うているが、たとえばバルカイは、すでに一九三六年以前の段階から至近目標としての失業の克服や再軍備の政策に《政治の優位》を認めている(vgl. Barkai, Das Wirtschaftssystem des NS, S. 21 u. 209)。もっとも、メイソン自身は、後の研究では、一面的な《政治の優位》説を一部修正していることに注意すべきであろう(vgl. Mason, *Sozialpolitik im Dritten Reich*, S. 299, 310 u. a.)。

(6) このことは、たとえばシュヴァイツァーのように、《四カ年計画》とともに党の全体主義的権力への道が開かれたとする二画期説を意味するものではない。そこでは、《第三帝国》初期にナチ党を《部分的ファシズム》に抑制した大企業と軍の同盟が崩壊し、たとえば三七年のシャハト解任とゲーリング工業所の創設によって、《第三帝国》の経済構造に根本的変化が生まれ、経済的助言者からまったく解放されて《完全なファシズム》が実現したと解する(cf. A. Schweitzer, *Big Business in the Third Reich*, p. 542 ff.)。もっとも、彼自身の研究は三六年までの発展に限定し、《第三帝国》後期の解釈については完全に差し控えている。これにたいして、このいわゆる《第二期》の始めから戦争期の前半を対象とするペッツィナの研究は、こうした資本の弁証的モデルを批判して《政治と経済の機能的連関》を分析している。なるほど、彼も《四カ年計画》によって《国家資本主義》が「多足類的に、ドイツ経済生活の広汎な分野を掌握していった」としながらも、この経済における国家統制の強化は、なんら「私企業にたいする態度の根本的転換」を意味せず、「多くの場合、私企業にとって経済的危険が過大な分野に」限定されていたと解する。したがって《第三帝国》においては、「私的経済団体にとって、国家的経済政策を自己の利益に即して共同に策定するチャンス」は増大しさえしたのである(Petzina, *a. a. O.*, S. 106, 174, u. 122)。ただし、この関係を「国家機構にたいするドイツ大企業の自律性」(Petzina, Hitler und die deutsche Industrie, in: G. W. *u.* U., 1966, H. 8, S. 487)というのは、明らかに誤解しやすい表現であろう。しかし、またこれを「自律的経済基盤の上にナチ的軍拡を促進するという明白な目的をもった寡占体における権力移動」(E. Czichon, Der Primat der Industrie, *a. a. O.*, S. 185)というのでは不充分であろう。

(7) Vgl. M. Broszat, *Der Staat Hitlers*, S. 372 ff. クラウフの機能の中に、たんに保護を受けた《I・G・ファルベンの勝利》(Schoenbaum, *Hitler's Social Revolution*, p. 157)と特殊利益をみるのでなく、むしろ「工業の自由なイニシアティヴの代弁者」(Petzina, *Autarkiepolitik im Dritten Reich*, S. 120)をみなければならない。なお、特殊研究として、vgl. J. Borkin, *"Die unheilige Allianz" der IG Farben. Eine Interessengemeinschaft im Dritten Reich* (Aus dem Amerik.), 1979.

(8) キューンルの《同盟》理論も、《四カ年計画》庁にその典型的な具体例を見出している(vgl. Kühnl, *Der Faschismus*, S. 52 f.)。

その際、彼は、たとえば《政治の優位》か《経済の優位》かという論議の中で、メイソン的立場のヴァリエーションとしてナチ権力の《相対的自律性》を説くにもかかわらず、「支配階級、とくに大資本の主要な利害はファシズムにおいて貫徹された」(vgl. *a. a. O.*, S. 95 u. 92) とする。

(9) ゲーリング工業所については、cf. Neumann, *Behemoth*, p. 244 ff. が詳しい。ただ、ノイマンが「社会的地位をあたえる経済的基盤」のみが、ギャングに社交界への道を開くといい、「ゲーリング工業所は、党支配の経済的基盤をつくろうとする党の試みである」というのは、このコンツェルンの過大評価であり、これが四二年五月に解散されていたことを亡命の著者は知っていなかった (vgl. Petzina, *Autarkiepolitik im Dritten Reich*, S. 104-108)。

3　侵略戦争への道

すでに三五年二月には、すべての労働者にたいし《労働手帖》の交付が法制化され、労働力の包括的な統制と編成のための技術的前提が作られていた。それは、再軍備と戦争準備の枠内において労働者を兵士と同列視するものにほかならない。これと並んで、同年六月には、元来、青年失業者の吸収を意図した自発的な労働奉仕が義務化され、国家的な労働力統制と前軍事的訓練とを結合させた新しい国家組織に発展した。じっさい、この労働奉仕と国防軍こそ、《階級なき民族》の学校として外にたいする軍事力の担い手となり、同時に内においては《民族共同体》の動員のモデルを提供した。二つの目的は、ここでは再軍備の過程において結合され、すでに平和時において組織的にも心理的にも戦争共同体が鋳造された。DAFの指導者ライは、こう断言した。「ドイツにおいては、もはや私的事項は存在しない。君が眠っているなら、それは君の私的事項だ。しかし、君が目覚めるやいなや、君はアドルフ・ヒトラーの兵士であり、彼の命ずるままに生活し、訓練しなければならない。……われわれは、もはや私的人格をもたない」[1]と。こうして、いまや巨大な《兵営国家》(H・ラスウェル)としての特徴が、《第三帝国》の全社会構造を規定するにいたるであろう。

ナチズムの政治的な侵略性と急進性が加速化されるとともに、《第三帝国》の《保守主義的》制限と安定の最後の歯どめも脱落せざるをえない。伝統的なナショナリズムとナチズムの目標と方法とのあいだの妥協の基盤をヒトラーがはっきり放棄するにつれて、内政過程における権力構造の転換、なかんずく旧来の保守的勢力の権力喪失が進行する。一九三七年一一月に、ヒトラーは国防軍および外務省の幹部を前にして、その年来の戦争企図とラディカルな目標を公然と暴露し、新しい尖鋭な政治路線にたいする挑発を試みた。いわゆる《ホスバッハ覚書》によれば、ヒトラーは「ドイツ問題の解決にとって権力の途のみ存在し、それは必然的に危険をともないうるであろう」と冷徹に語り、ドイツの再軍備が「ほぼ完了し、その装備は近代化し、さらに待機するとき、その老朽化の危険があろう」として、《生存圏》問題を解決すべき時点を遅くも四三―四五年に設定した[2]。

ヒトラーが万一の場合の二正面作戦さえ決意しているのにたいし、国防相ブロンベルクおよび国防軍最高司令官フリッチュは激しく警告し、またチェコスロヴァキアにたいするヒトラーの《電撃的》侵略の企図をも断念させようと努めた。ここに顕在化した国防軍指導部とヒトラーとの対立と緊張は、前者が再軍備を原則的に肯定しながらも、ヒトラーの命ずるテンポに反対し、その性急に建設された国防軍を時機尚早な侵略戦争の危険負担から守ろうとした点にあった。三八年二月には、ヒトラーは、彼ら二人を私的なスキャンダル事件あるいは誹謗的事件の捏造によって排除し、彼みずから国防軍にたいする直接的な命令権を掌握した[3]。すなわち、国防省は政府の独立部門たる地位を失い、ヒトラーに直属する国防軍司令部へ改組された。こうして高級将校団の指導力と責任感は破壊され、ヒトラーの愛顧によって速やかに昇進した従順な将官たちは、彼の軍事指導にひたすら服従するにすぎなくなった。

それは、とくに戦時中、責任ある司令官や参謀部の頭越しに、ヒトラーが恣意的に行使した統帥権において、その軍事的非合理性を暴露するにいたるであろう。ブロンベルク解任の同じ二月、ヒトラーは、もはや不要となった《ヴァイマルから連続する》慎重で合理的な外交政策の象徴ノイラート外相を引退させ、リッベントロープと交替させた。彼の職務遂行の至高原則は、いずれの外交官も無条件的に指導者ヒトラーの不可謬性を信ずることにほかならなかった。海外からの外交情報は、もはや国際状況の冷静な分析と客観的判断のための材料としてではなく、むしろ指導者の直観的決断を正当化するものとなるであろう。こうして外交もまた、合理的な政策決定過程であることを停止した。(4)

すでにみた《四カ年計画》機構の建設によってシャハトが経済政策の責任から追放された事実とともに、一九三八年は、《第三帝国》における内政過程の重要な画期を印しづけているといわねばならない。三つのケースは、いずれも、それぞれの分野における専門的エキスパートとしての権威を享受し、従来、多少とも党の圧力の防波堤となった一連の指導者の追放であり、ナチズムの保守的抑制の終焉を意味する。これらの人びとの解任は、たんにヒトラー周辺の有力な助言者の人的構成が変化しただけにとどまらない。ゲーリングのほか、なかんずくヒムラー、ボルマンらの党指導者が進出したことは、同時に、従来、追放された人びとによって率いられてきた、なお相対的に統一的な国家機構や専門的所管の深刻な分裂に通じていた。いまや、指導者原理の運動法則に従って、隣接部門の権限を蚕食し自立化し始めた新しい行動単位への分解傾向が、しだいに拡大しはじめる。それは、《第三帝国》の国家的性格の解体過程に拍車をかけることになるであろう。従来は、さまざまの部門間の全体的連関と最小限度の相互的協力と妥協とが存在した限りにおいて、重要な政策決定における一定の合理性が保証されていた。しかし、いまや、こうした自己規制の機能も脱落し、逆に、政治指導と目標設定における非合理性とリアリズムの喪失とが強まることにならざるをえない。

それは、内政においては、ナチ国家に反対する事実上あるいは想像上の《敵》にたいして向けられた公然たる国家警察的テロリズムとなって現われた。たとえば、三八年一一月の《帝国《ライヒ》クリスタルガラスの夜事件》に代表されるユダヤ人迫害の新しい高まりは、その典型的なケースであろう。迫害は、いまや既存の法令では処罰しえない、いわゆる《民族破壊的》分子にまで拡大されるにいたった。公共生活のどの分野においても、いずれの社会集団も、いわば強迫性の不安症候群から免れえなくなった。じっさい、裁判による刑期の終了後、あるいは――有名なマルティン・ニーメラーの裁判が示すように――事実上の無罪判決後にも、《予防的》に強制収容所に拘禁された。(5)こうして三七―三八年以後、強制収容所政策の新しい段階が始まり、被拘禁者は急増しはじめた。それは、《第三帝国》の巨大なピラミッド建設のための強制労働の組織化であり、すでに平和時におけるSS権力の増大の中に、奴隷労働に基礎をおく《SS国家》(E・コーゴン)の未来を暗示していた。

三八年は、さらに対外的な積極的膨張政策への画期でもあった。国際環境が流動化する中で、ヒトラーは当初抱いていたオーストリアとの緩やかな同盟構想から、完全な国家的統合を決意し、《大ドイツ》的歓呼のうちに《合邦《アンシュルス》》を達成した。ヒトラーは、これまでも一九三三年の国際連盟脱退、三六年のラインラント再武装のように、ナショナルな国民感情に訴えやすい外交事件のたびごとに国民投票による支持を動員した。このオーストリア《合邦》の国民投票における賛成は、じつに九九パーセント以上に達した。大多数のドイツ民衆をヒトラーの背後に結集したのは、《平和的》な一撃によって達成された外交的《成果》への支持と賛嘆にほかならなかった。(6)しかし、民衆の目にドイツ史の完成と映ったところは、ヒトラーにとって、その本来的目標に着手するための出発点にすぎなかった。じじつ、それ以後、ほどなくチェコ問題がヨーロッパ国際政治における焦眉の課題として登場した。しかしヒトラーにとって、ズデーテン地方の帰属はなんら決定的な問題ではなく、チェコの解体こそ、その本来的に意図するところであった。ヒトラーの要求をイギリス、フランス、イタリア政府が認めた三八年九月のミュンヘン協定は、チェコ政府自身の関与なしに、その没落の運命を決した。すでに翌三九年三月には、ドイツ軍はプラーハを占領して《ベーメン・メーレン保護領》を創設し、ようやく軍事的冒険の政策を公然化するにいたった。(7)

こうした経過からすれば、ヒトラーが、その外交政策の成功によって、はじめて対外的侵略と戦争の計画に誘導されたとみることはできない。ドイツをヨーロッパ国際社会の同権のメンバーとして復帰させることは、ヴァイマル時代のシュトレーゼマン外交いらい、執拗な努力によって準備され、原則的にはすでに軌道に乗せられていた。たしかに、ヒトラーの政治的決断は、こうした国家主権の回復を、それまで予想されていたよりも速やかに、また華々しく成し遂げたようにみえる。しかし、たとえばシュトレーゼマンの修正主義をヒトラーと比較すれば、すでにその外交の基本的態度、政治様式、なかんずくイデオロギーにおける相違は明白であろう。オーストリア合邦あるいはズデーテン併合を転機とみて、その外交政策を平和と侵略、正当と不法とする二分論は当たらない。確かに、既成事実の方法による予期以上の当初の成功が、しだいに西欧の無為を計算し、戦争を賭する恫喝の戦術によって、より大きな冒険をあえてする彼の決意を強化したであろう。ヒトラーの外交政策は、ムッソリーニよりはるかに終始一貫して、この政治的洞察にもとづいて展開した。まさにこれこそ、驚嘆の的となった彼の《天才的直観》の中核をなすものであった。じじつ、西欧はあえて戦意なく、一歩一歩後退し、それは、さらにドーナウ流域の諸小国を動揺させ、ナチズムの圧迫と誘導の二重戦術に陥りやすくした。

しかし、ヒトラーは、この点において、たんにマキャヴェリスティックな戦術家であっただけではない。その背後には、彼のドグマティックな確信、つまり、西欧デモクラシーを政治的・人種的に退廃的であり、没落に運命づけられているとみる信念が横たわっていた。たしかに、初期外交の一連の成果は、表見的には、その政策とイデオロギーの一致を確証するかにみえた。三八年にいたる西欧側の宥和政策は、ヒトラーの正しさを裏書きした。しかし、プラーハ以後、彼の世界観的ドグマは、明らかに国際的現実にたいして目を閉ざすものであった。一九三九年九月一日に、ヒトラーはドイツ軍にたいして、ポーランド攻撃を命令した。このとき、予期しなかった西欧諸国のポーランド防衛の決意とともに、個別的な侵略目標の《平和的》獲得の戦略は終わりを告げた。前大戦の終結いらい二〇年にして、ふたたびヨーロッパの天地を包んだ第二次大戦の始まりである。[8] しかし、この一九三九年の開戦は、ヒトラーからみれば、遅れて着手された彼の《構想》の具体化だった。

じっさい、ヒトラーの外交政策が、その具体的近接目標に関して、シニカルにまで現実主義的な打算にもとづいていたかにみえるにせよ、その究極目標そのものは、まことに非合理な人種神話にもとづく《生存圏》のユートピアにほかならなかった。この《ヒトラー要因》(M・ブロシャート)を無視して、大戦の開始を国際政治状況による《誘発》ないし《促進》(A・P・テイラー)、あるいはドイツの国内体制的矛盾からの《跳躍》ないし《前方への脱出》(T・メイソン)とみることは困難であろう。[9] したがってまた、一九四一年六月の対ソ攻撃も、一九三九年九月に始まる政治過程の必然的帰結とみなければならない。この東方に向かう《生存圏》のための戦いは、しかし、いま一つのヒトラーの年来の《人種ドグマ》を大規模なホロコーストの形で実現する戦いをも意味していた。もはやいっさいの政治的《計算》から切断された《妄想》への固執は、しかし、《第三帝国》の崩壊に通じていた。[10]

(1) R. Ley, *Soldaten der Arbeit*, 1938, S. 71. なお、軍拡にともなう民衆の心理的動員については、vgl. J. Sywottek, *Mobilmachung für den totalen Krieg. Die propagandistische Vorbereitung der deutschen Bevölkerung auf den Zweiten Weltkrieg*, 1976; W. Wette, Zur psychologischen Mobilmachung der deutschen Bevölkerung 1933-1939, in: Michalka (hrsg.), *Der Zweite*

Weltkrieg, S. 205-223.

（2）ヒトラー副官として国防軍との連絡にあたったホスバッハ大佐の《覚書》(*International Military Tribunal*, Vol. XXV, 386-PS, p. 403 ff.)の信憑性については、たとえば、vgl. W. Bussmann, Zur Entstehung und Überlieferung der "Hossbach-Niederschrift", in: *V. f. Z.*, 1968 H. 4, S. 373 ff. 新資料として、vgl. B. S. Smith, Die Überlieferung der Hossbach-Niederschrift im Lichte neuer Quellen, in: *V. f. Z.*, 1990 H. 2, S. 329 ff.

（3）Vgl. H. Foertsch, *Schuld und Verhängnis. Die Fritschkrise im Frühjahr 1938 als Wendepunkt in der Geschichte der NS-Zeit*, 1951; Wheeler-Benneth, *The Nemesis of Power*, p. 363 ff. とくに国防軍のナチ化政策に焦点を当てたものとしては、vgl. M. Messerschmidt, *Die Wehrmacht im NS-Staat. Zeit der Indoktrination*, 1969. 伝統的な兵士像から《世界観的闘士》の理想への変貌については、Messerschmidt, *a. a. O.*, S. 218 ff. 参照。

（4）ヤーコプセンは一九三八年までの《平和な時期》における《第三帝国》の対外政策を、それに関与したさまざまの政府機関や党組織などの競合関係の《構造》の中でとらえている。しかし、最終的にヒトラーの「基本路線」が貫徹されたことには、「疑念の余地がない」(vgl. H.-A. Jacobsen, *NS-Außenpolitik 1933-1938*, S. 312 ff. なお、vgl. S. 598 f.)とする。なお、たとえばミヒャルカは、ナチ外交政策をヒトラーの対英協調にもとづく東方政策と、それにたいするオルタナティヴとして、むしろ三国同盟にソ連を加えた四国同盟によるイギリス帝国分割というリッベントロープ路線との二重性においてとらえようと試みている(vgl. W. Michalka, Vom Antikominternpakt zum euro-asiatischen Kontinentalblock. Ribbentrops Alternativkonzeption zu Hitlers außenpolitischem "Programm", in: ders. (hrsg.), *NS-Außenpolitik*, 1978, S. 471-492)。ヒトラーが一時期この路線の上で《独ソ不可侵条約》(一九三九年八月)を結んだのは、明らかに状況適応的な機会主義によるものだった(たとえば、vgl. G. R. Ueberschär, "Der Pakt mit dem Satan, um den Teufel auszutreiben". Der deutsch-sowjetische Nichtangriffsvertrag und Hitlers Kriegsabsicht gegen die UdSSR, in: W. Michalka (hrsg.), *Der Zweite Weltkrieg*, S. 568-585)。なお、ナチ時代における外務省の政治的位置と役割については、Michalka, "Vom Motor zum Getriebe". Das Auswärtige Amt und die Degradierung einer traditionsreichen Behörde 1933 bis 1945, in: ders. (hrsg.), *a. a. O.*, S. 249 ff.

（5）たとえば、《帝国クリスタルガラスの夜事件》については、もっとも新しい研究として、vgl. H.-J. Doscher, *Reichskristallnacht*, 1988(『水晶の夜』小岸昭訳、人文書院)。ニーメラー裁判については、W. Niemöller, *Macht geht vor Recht. Der Prozess Martin Niemöllers*, 1952が、彼の逮捕から判決にいたる全経過の資料と証言を包括するものとして、いまなお有益である。邦語による専門的研究として、富樫貞夫「ドイツ教会闘争と裁判――マルティン・ニーメラー事件」(宮田光雄編『ドイツ教会闘争の研究』創文社、一九八六年、一六九―二一三ページ)、参照。

(6) Vgl. B.-J. Wendt, *Großdeutschland. Außenpolitik und Kriegsvorbereitung des Hitler-Regimes*, 1987, S. 142 ff.《合邦》は民族自決権によって粉飾されたが、実際には、チェコ侵略のための軍事基地やバルカンへの経済支配基地の確保、オーストリアの資産、原料、軍事力の接収など、戦略的・国防経済的な意図によるものだった。なお、vgl. N. Schausberger, Österreich und die NS-Anschlußpolitik, in: M. Funke (hrsg.), *Hitler, Deutschland und die Mächte*, S. 728-756.

(7) ミュンヘン協定については、vgl. K. Schmid, *Das Münchner Abkommen. Thesen, Argumente, rechtliche Konsequenzen*, 1973. なお、ナチ・ドイツのチェコ政策については、vgl. D. Brandes, Die Politik des Dritten Reiches gegenüber Tschechoslowakei, in: Funke (hrsg.), *a. a. O.*, S. 508 ff.

(8) 第二次大戦の開始と展開に関する文献は多数に上るが、たとえば、上掲のフンケやミヒャルカ編集の論文集のほか、A. Hillgruber (hrsg.), *Probleme des Zweiten Weltkrieges*, 1967 所収の関連論文など、参照。なお、新しい研究文献については、vgl. G. Schreiber, Der Zweite Weltkrieg. Probleme und Ergebnisse der Forschung (I) u. (II), in: *N. P. L.*, 1984, S. 453-482; 1985, S. 421-439. なお、vgl. J. Dülffer, Politik zum Kriege. Das Deutsche Reich und die Mächte auf dem Weg in den Zweiten Weltkrieg, in: *N. P. L.*, 1981, S. 42-58.

(9) メイソンによれば、戦争開始の時点にとって決定的だったのは、ナチ・ドイツの内政的危機であり、そこに《政治の優位》が貫徹されねばならなかった。すなわち、急速な軍拡にともなう労働力不足や賃金格差から労働者の不満が蓄積され、一九一九年の悪夢に呪縛されたナチ指導部は、国民生活へのしわ寄せを回避するため、侵略戦争に《跳躍》したという(vgl. T. Mason, Zur Funktion des Angriffskrieges 1939, in: G. Ziebura (hrsg.), *Grundfragen der deutschen Aussenpolitik seit 1871*, 1975, S. 376 ff.)。こうした国際政治的文脈を無視する一面的分析にたいする批判としては、たとえば、vgl. J. Dülffer, Der Beginn des Krieges 1939. Hitler, die innere Krise und das Mächtesystem, in: *G. u. G.*, 1976 H. 4, S. 443-470. 最近の研究では、ブロシャートがゲッベルスの『日記』によりながら、《世界大戦》への拡大にたいして「究極的に支配的だったヒトラーの役割」ないし「ヒトラー個人に集中する決定過程」の要因を力説しているのは注目される(vgl. Broszat, Der Zweite Weltkrieg, *a. a. O.*, S. 59 ff.)。

(10) 《修正派》による最近の研究(たとえば、vgl. Adam, *Judenpolitik im Dritten Reich*)によれば、ナチのユダヤ人政策は、けっして統一的・計画的ではなく、競合する諸機関が反ユダヤ主義的措置の立案と実行とに影響をあたえ、最終段階で官僚主義的に遂行された《ユダヤ人の最終解決》=大量殺戮も、同じく東欧占領地に生じた権限の競合やカオスの結果であり、ヒトラーの意志にのみ帰することはできない、とする。しかし、少なくとも後からふり返ってみれば、段階を追って強められたナチのユダヤ人迫害が、きわめて効果的＝計画的に進んだことは否定できない。最終段階での強制輸送と大量殺戮は、民衆統合といった権力政治的計算からではなく、ナチの人種主義的ドグマにもとづくものだった(vgl. Wippermann, *Der konsequente Wahn*, S. 96 f. u. 106 ff.)。なお、最近の議論を総括した記録として、vgl. E. Jäckel u. J. Rohwer (hrsg.), *Der Mord an den Juden im Zweiten Weltkrieg. Entschlußbildung und Verwirklichung*, 1985 が有益である。

4　占領と抵抗――ポーランドの場合

ナチの占領地支配構想は、最終的にはヨーロッパ《新秩序》の樹立を目指していた。それは、占領した諸国にたいする一時的な軍事的支配と経済的搾取にとどまらず、将来にわたるドイツのヘゲモニーを可能にする政治的な秩序を打ち立てることであった。そのため、支配地域を異にするにつれて、占領の態様も違った特徴を帯びていたことに注意しなければならない(1)。たとえば《大ゲルマン帝国《ライヒ》》への編入を予定された北欧《ゲルマン》民族の諸国にたいしては、相対的にみて、占領政策は、いっそう寛大であり、これにたいしてドイツの《生存圏》として予定された《劣等人種》の東欧諸民族の国々にたいしては、明らかにいっそう苛酷だった。

以下においては、第二次大戦の過程で――それ以前にすでに保護領とされていたチェコにつづいて――最初に占領されたポーランドをとりあげてみよう。とくにナチ・ドイツの占領政策の《もっとも純粋な》(W・ヤーコプマイアー)モデルとされるいわゆる《総督管区》(Generalgouvernement)を中心に眺めてみることにしよう(2)。

国家としてのポーランドの消滅というナチの追求した目的は、事実として少しも新しいことではない。すでに一八世紀には、数度にわたるポーランド分割と消滅の歴史が存在したのだから。しかし、用いられた方法そのものは、過去の場合とまったく異なっていた。過去の方法、すなわち、妥協や同化、ポーランド人のドイツ化の代わりに、いまやポーランド人の一掃とドイツ人の移住とによるポーランド国土そのものの《ゲルマン化》が目指されていたのだから。旧ポーランド領のうち、ただちにドイツの領土に編入された地域(たとえばヴァルテラント)は、もっとも迅速かつ完全にゲルマン化を実施することになっていた。第一次大戦前のドイツ領だった一部の地域では、ポーランド語の使用さえ禁止された。[3]

《総督管区》は、クラクフを行政の中心としてポーランド東南部地域を含み、《ゲルマン化》に適さない民衆の移住先とされていた。ここでの占領政策は、いくつかの画期を区別することができる。

まず占領直後から総督ハンス・フランクのもとに、しだいにナチ占領政策が具体的に策定されていく約一カ年半の時期。その主たる目的は、この地域を、すでにできるかぎりドイツ本国の必要に適応させ、同時に将来の植民地とするための準備を整えることだった。一九四〇年春、フランスが敗北する直前に《総督管区》でいわゆる《AB作戦》(特別平定作戦)が行なわれた。これは多数のポーランド人指導者と知識人とを物理的に根絶しようとする政策であった。フランクはナチ・イデオロギーに忠実に、「ポーランド民衆が二度とレジスタンスを起こさないようにする課題」を果たすべきことを冷徹に命じている。もともと、フランクは《総督管区》がポーランド人の《郷土地区《ハイムシュテッテ》》であり、ここでは《ゲルマン化》がありえないと幕僚に指示していた。ポーランド人の民族生活の固有性に配慮することなしには「彼らはドイツの保護に入ることを喜ぶだろうか」[4]と。しかし、AB作戦の直後にはアウシュヴィッツに強制収容所の建設が始められたことも見逃してはならない。一九四〇年半ばからは《総督管区》は《ネーベンラント》と改称された。それは、この地域もまた、将来、ドイツ帝国《ライヒ》の一部になることを予告するものであった。

一九四一年春から始まる第二期は、フランクがその行政幹部やSSとともにヒトラーの特別命令を実行しはじめた時期である。たとえば、ボルマンが一九四〇年一〇月に記したヒトラー談話のメモは、ヒトラーの考える《総督管区》の基本的性格をよく示している。「《総督管区》は、それが必要とする工業製品を全部であれ一部であれ、自分の手で生産する一個の独立した経済領域であってはならない。むしろ《総督管区》は、下等な労働(たとえば煉瓦造り、道路建設など)のための、われわれの労働予備軍であるべきである。……総督管区はポーランド人保留地であり、大きなポーランド人労働キャンプなのだ。われわれは、それ以上高い地位に彼らを向上させてはならない」(5)。

しかし、やがてフランクの政策は、SS《帝国指導者《ライヒ》》ヒムラーとその幕僚たちがその人種政策をほとんど無軌道に実施しはじめるにいたったとき、これと衝突した。一九四二年半ばから《総督管区》におけるフランクの地位は弱体化しはじめた(6)。フランクは、その支配下にある非ドイツ系民衆のために配慮する《国父》としての役回りを演じようとした。しかし、フランクの政策さえ《穏健》にみせたことは、逆に、ドイツ占領政策全体のもつ苛酷さを、よく浮き彫りするものといえよう。いまや、《総督管区》の行政と管理は、SSや国防軍も加わり《指導者国家》を特徴づけた権限のアナーキーを露呈した。この間にポーランド民衆の抵抗は、しだいに大きく成長し、占領軍の暴力には対抗暴力をもって抵抗するまでになっていた。

ポーランドの民衆にとって、ドイツ軍の占領とその行政機関は、明らかに外国の権力と支配要求を象徴するものだった。占領はあくまでも一時的なものであり、ともかく、永久に継続する状態として認めることはできなかった。民衆の連帯感はナショナルな国民感情から生み出され、抵抗運動に加わることは国家と国民とにたいする忠誠を証しするものとなった。抵抗運動は、ドイツ側の弾圧と追及にもかかわらず――むしろ、その苛酷さのゆえに――ますます拡大していった。抵抗の拠点は、占領されたポーランド各地に散在していたのみでなく、さらに強制労働のため連行されていったドイツ本国の労働キャンプから、ポーランド国内に建設された強制収容所の中にさえ広がっていった。むろん、そこでの抵抗は、公然たる反対行動というよりも、むしろ人間としてまた民族として自己のアイデンティティーを守る、もっとも根源的な闘いを意味していたであろう(7)。

いまやポーランド占領地域の支配は、しだいに危機的様相を呈しはじめる。重大な困難に直面して、フランクは、いっそう《柔軟な》路線への転換をはからざるをえなかった。こうした占領政策の転換過程は、とくに教育政策にも、よく反映していた。

クレスマンによれば、占領下ポーランドの教育政策は、ヒトラーの『わが闘争』における《生存圏》思想がいかに実現されるかを示す《具体例の一つ》だったという(8)。同じ東欧占領地域であっても、ソ連の場合には、基本的に軍事的な戦闘地域としての性格をもちつづけた。これと違って、ポーランドの状況は、いわば戦線の背後にあって、ナチ的《新秩序》における人種＝文化＝経済政策の《実験場》となりえたということもできよう。

その基本的政策は——ヒトラーによっても激賞された——ヒムラーの一九四〇年五月の意見書(「東欧における異民族の取り扱い方についての所見」)の中に、もっともよく示されている。「これら諸問題すべてを解決する際の原則的問題は学校問題であり、それとともに青少年のふるいわけと選別の問題である。東欧の非ドイツ的民衆にたいしては、四年制国民学校以上の高等教育をあたえてはならない。この国民学校の目的とするところは端的に次の点にある。すなわち、単純な計算は最高五〇〇まで数えること、自分の名前を書けること、さらにドイツ人にたいして服従し、正直で、勤勉で、誠実であることを、神の戒めとして教えること。文字が読めるようになることは必要だとは思わない(9)」。

こうした目標に応じて、ポーランドの大学は教授陣を奪われて閉鎖され、ギムナジウムの存続も認められなかった。一九三九年に再開された国民学校や職業学校の教科プランでは、一連の教科、たとえば歴史、地理、ポーランド文学は入っていなかった。算術の加減乗除の四則の計算のほか、読み書きの能力をつけることは認められていた。さきのヒムラーの指示に反して、読む力はナチ占領当局の命令を理解できるようにするためであった。子どもたちは、教員の指導の下に、薬草の収集や果実の収穫、植樹など実際労働に従事しなければならなかった。学校予算も大幅に削減され、地域によっては閉鎖される学校も出た。その後、一九四〇年三月に《総督管区》の学校行政の基本について、ナチ当局の指令が出され、一般的な教科プランも明示された。それはむろん、都市部や農村部など地区ごとの必要に応じてモディファイされたが、全般的にみて、ドイツ軍占領下のポーランドの教育は、人的・物的な条件とともに、いちじるしく劣悪な状態におかれていた。学校の数、授業の時間数など、いずれも戦前より縮小され、子どもたちは最低限の知識しか授けられなかったといってよい。

こうした不充分きわまる教育課程にたいして、子どもたちの成長のため、別途の教育の方法が考えられなければならなかった。抵抗運動がこの課題をとりあげたのは当然である。それは、地下の《秘密授業》の形をとって、ポーランドの次代の若ものたちに民族の文化的伝統を伝えようとした。これは、非暴力市民抵抗の研究者のあいだで《小さな抵抗《マイクロ・レジスタンス》》(A・ナエス)と呼ばれる闘争形態の代表的な例といってよい[10]。授業は戦前の教科プランに従って行なわれ、基礎学校の上級クラスにおける青少年教育では、ほとんどなんらの中断も認められなかった。ドイツ軍占領下の秘密授業は、多くの民衆の自発的な協力による連帯性と愛国心に支えられて、はじめて成功した。それは、ポーランド民衆の地下抵抗運動の輝かしい証言の一つということができる。一九四四年までの統計では、《総督管区》全体で非合法授業によって一五〇万の子どもが基礎学校の完全な教育課程をあたえられ、一〇万人の若ものが中学課程の学習を修め、さらに約一万人の若ものたちが大学で勉学していたという。

こうした秘密の教員組織に指導される地下教育の存在は、占領当局側も、当然、気づいていた。捜索が行なわれ、逮捕の波がつづいた。にもかかわらず、非合法授業は、さらにつづけられた。やがて東部戦線での戦局がドイツ側に不利に進む中で、一九四四年五月にはフランクはポーランド民衆の歓心を買うため、秋からのギムナジウムの再開を公約するにいたった。じっさい、この頃には、文化面で柔軟路線が目立ってきた。クラクフでのポーランド劇場の再開やショパン展の開催などが地下運動の人びとを驚かせた。フランクは行政へのポーランド人の参加さえ公約した。しかし、ギムナジウムは、ついに再開されなかった。この年の夏、ポーランド民衆の断固たる抵抗意志は、ワルシャワ一斉蜂起となって噴出した。ドイツ軍による残酷をきわめたその鎮圧＝破壊作戦のあとでは、フランクも、彼の《新しいポーランド政策》が挫折を運命づけられているのを認めざるをえなかった。

（1） Vgl. H. Umbreit, Die deutsche Besatzungsverwaltung. Konzept und Typisierung, in : Michalka (hrsg.), *Der Zweite Weltkrieg*, S. 710-727. とくに《帝国管理官》による占領行政方式をとった北欧諸国の例として、E. Thomsen, *Deutsche Besatzungspolitik in Dänemark 1940-1945*, 1971 ; K. Kwiet, *Reichskommissariat Niederlande. Versuch und Scheitern nationalsozialistischer Neuordnung*, 1968 など、参照。

（2） ポーランドにたいするナチ占領政策については、ポーランド側からの研究が、多く独訳されている。その中で C. Madajczyk, *Die Okkupationspolitik Nazideutschlands in Polen 1939-1945*, 1988 がもっとも包括的である。これに先立って、すでに同じ著者による簡潔な叙述も公刊されている（vgl. ders., *Die deutsche Besatzungspolitik in Polen 1939-45*, 1967）。そのほか、F. Golczewski, Deutsche Besatzungspolitik in Polen im Zweiten Weltkrieg, in : P. Meyer u. D. Riesenberger (hrsg.), *Der NS in der historisch-politischen Bildung*, 1979 S. 164-184 ; W. Dlugoborski, Die deutsche Besatzungspolitik gegenüber Polen, in : Bracher/Funke/Jacobsen (hrsg.), *NS-Diktatur*, S. 572-590. ドイツ側の研究では、たとえば、vgl. M. Broszat, *NS-Polenpolitik 1939-1945*, 1961 ; E. Kuby, *Als Polen deutsch war, 1939-1945*, 1986 など。なお、占領関係の資料集として、vgl. *Europa unterm Hakenkreuz. Dokumentenedition : Polen*, hrsg. v. W. Röhr, 1989. 占領下の日常史としては、たとえば、Th. Szarota, *Warschau unter dem Hakenkreuz 1939-1944* (Aus dem Poln.), 1985. 邦語文献では、松本照男『戦争と占領——あるポーランド家族の体験』(岩波ブックレット)、一九八九年など、参照。

（3） 「すべての国民の歴史は、勝利を収めた剣には、征服した土地を最終的に所有する鋤が従わねばならぬことを教えている。……

ナチ思想は、この認識をふたたび国家指導の不退転の原則にまで高めたのだ」(H. Körner, *Zwischen Warthegau und UDSSR*, 1941, S. 9)。同じく文化政策の面でも、ドイツのヘゲモニー要求にたいしてもつ「父祖いらいの言語的遺産の特別の高い価値」を強調し、それが「ドイツ語圏における〔被支配諸民族の〕小さな言語や擬似言語(…)」と対比されさえする(vgl. G. Schmidt-Rohr, Die deutsche Sprache als politische Aufgabe, in ; *Z. f. P.*, 1940, S. 421)。

(4) Vgl. *Deutsche Politik in Polen 1939-1945. Aus dem Diensttagebuch von Hans Frank. Generalgouverneur in Polen*, hrsg. v. I. Geiss u. W. Jacobmeyer, 1980, S. 47 f.(Dokumente 8 : 8. März 1940)。同じくAB作戦への言及は、vgl. *a. a. O.*, S. 71. このフランクの『勤務日記』は、ナチ占領政策を具体的に示すもっとも重要な資料の一つである。なお、ナチ党機関誌では、一九四一年初頭においても《総督管区》を《郷土地区》として《ゲルマン化》はしない、と主張しつづけている(vgl. H. Drescher, Aufbau im Generalgouvernement, in : *NS-M.H.*, H. 130, Januar 1941, S. 69 f.)。なお、H・フランクの政治的経歴については、vgl. Ch. Klessmann, Der Generalgouverneur Hans Frank, in : *V. f. Z.*, 1971 H. 3, S. 245-260.

(5) Aus der Niederschrift von M. Bormann v. 2. Okt. 1940 : Dok. 78, in : *Europa unterm Hakenkreuz*, S. 191.

(6) Vgl. *Aus dem Diensttagebuch v. H. Frank*, S. 130 ff.(Dok. 40). なお、東欧とくにポーランド占領地域における行政権限の紛糾、テロとナチ司法政策などの問題については、vgl. G. U. Schminck-Gustavus, NS-Justiz und Besatzungsterror. Zur NS-Rechtspolitik im besetzten Polen 1939-1945, in : N. Paech u. G. Stuby(hrsg.), *Wider die "herrschende Meinung"*, 1982, S. 13-50 ; D. Majer, Führerunmittelbare Sondergewalten in den Ostgebieten, in : D. Rebentisch u. K. Teppe(hrsg.), *Verwaltung contra Menschenführung im Staat Hitlers. Studien zum politisch-administrativen System*, 1986, S. 374-395.

(7) ポーランドの反ナチ抵抗については、W. Jacobmeyer, Die polnische Widerstandsbewegung im Generalguovernement und ihre Beurteilung durch deutsche Dienststellen, in : *V. f. Z.*, 1977, S. 658-681 が、市民的・軍事的抵抗の概観をあたえてくれる。S. Okęcki(ed.), *Polish Resistance Movement in Poland and Abroad 1939-1945*, Warszawa 1987 は、ポーランド内外における抵抗を包括している。ヨーロッパにおける抵抗運動の比較として、vgl. G. Roon, *Europäischer Widerstand im Vergleich. Die Internationalen Konferenzen Amsterdam*, 1985.

(8) Vgl. Ch. Kleßmann, Die Zerstörung des Schulwesens als Bestandteil deutscher Okkupationspolitik im Osten am Beispiel Polens, in : M. Heinemann(hrsg.), *Erziehung und Schulung im Dritten Reich*, Teil 1, 1980, S. 176 ff. なお、vgl. Madajczyk, *Die Okkupationspolitik*, S. 343 ff. とくに東欧占領地の教育政策に関する資料集として、vgl. H.-J. Gamm, *Führung und Verführung. Pädagogik des NS*, 1964, S. 439-462 も便利である。

(9) H. Himmler, Einige Gedanken über die Behandlung der Fremdvölkischen im Osten, in: *V. f. Z.*, 1957, S. 196-198. なお、これに付けられたヒムラー自身の前書、*a. a. O.*, S. 195 f. も参照。ナチ党の人種政策局の依託のもとにまとめられた将来のポーランド学校計画に関する論文には、つぎのような教育指針が示されていた。「基礎学校だけが認められる。しかし、この学校は読み書き計算という基本的知識だけを教えるべきである。地理、歴史、文学史など、ナショナルな問題と関わる教科の授業やスポーツは行なってはならない。学校は、むしろ農業や林業、さらに単純な工業や手工業などの職業に役立つよう準備すべきである」(Denkschrift v. Hecht/Wetzel: "Die Frage der Behandlung der ehemaligen polnischen Gebiete nach rassenpolitischen Gesichtspunkten" v. 25. Nov. 1939, in: *Europa unterm Hakenkreuz*, S. 143 ff.: Dok. 34＝Gamm, *a. a. O.*, S. 450 f.: Dok. 94)。なお、ヒムラーの《ふるいわけと選別》によるポーランドの子どもの《ゲルマン化》政策や強制労働などの言語に絶する苦難の体験については、ポーランド側の調査研究として、K. Sosnowski, *The Tragedy of Children under Nazi Rule*, Warszawa 1962; R. Hrabar/Z. Tokarz/J. E. Wilczur, *Kriegsschicksal polnischer Kinder*, Warszawa 1981.

(10) 《地下授業》については、とくに vgl. Ch. Kleßmann, *Die Selbstbehauptung einer Nation. NS-Kulturpolitik und polnische Widerstandsbewegung*, 1971, S. 119 ff. が詳しい。なお、vgl. Madajczyk, *a. a. O.*, S. 352 ff.《マイクロ・レジスタンス》については、アルネ・ナエス「戦力なき防衛」(ドイッチュ＝エバン＝ライト共編『第三次世界大戦の防止』鹿島守之助訳、鹿島研究所出版会、一九六五年、所収)、一五八ページ、参照。

むすび
――ナチ支配の政治的特質――

一九三三年一月三〇日の前史は、ヴァイマル共和国末期の深刻な政治的＝社会的危機の条件下においては、単純に旧い型の権威主義的官憲国家に復帰することが不可能だったことを示している。そこでは、《人民投票的》運動による社会的統合の契機を欠きえなかったが、他方では、国家機構と経済における保守主義的支柱なしにはナチ党単独の権力掌握もまた不可能だった。たしかに、それ以後の発展は、この異質な契機をもつパートナー間の《同盟》にともなう対立をあらわにした。しかし、なお保守的・権威主義的勢力とナチズムの動態的エネルギーとの《均衡》は、事実上、一九三八年までは存続し、それが《第三帝国》を安定化させた要因であった。こうした社会的基盤の上に確立されたナチ権力は、やがて急速に《自立化》を強めていく。むしろ、互いに競合する大資本や産業界の利害にたいして、ときには《仲裁者》として政治的に統合する機能さえ演ずるにいたった。

こうしてみれば、《第三帝国》におけるナチ支配の非合理性を、《独占資本の暴力的支配》からするそれと単純に同一化することはできないであろう。《政治の優位》は、なかんずく社会政策＝外交政策における決定過程にはっきりあらわれている。たとえば、大衆にたいしていかなる社会的譲歩を行なうか、どのようなテンポで軍拡を進めるか、どのような状況で戦争を開始するか、さらにそれをどのようなストラテジーで遂行するか、といった政策決定にたいして、ナチ指導部、とくにヒトラーの単独意志による行動の自由が大きかったことを、見逃すことはできない。

むろん、一九三九年以降においても、対外的侵略は、大企業や官僚や軍部にたいし、ますます増大する新しい威信と利潤を共通に分かち合う運命的一体化をもたらした。ここに《第三帝国》の支配を維持する特殊な前提があった。しかし、ナチ支配体制の展開は、自己解体的傾向を内包せざるをえなかった。なぜなら、長期的な経済政策の展望を欠き、社会的再生産の要求に基礎をおかない侵略戦争の政策は、ついには全経済システムを破壊し尽くすことさえ恐れなくなったから。

すでに、ナチ・ドイツ社会という狭隘な基盤から東西両面にたいする世界的戦争を遂行することは、きわめて困難であろう。《電撃戦》(1)は、限られたドイツの経済力＝軍事力を一国に集中することによって、それを速やかに打ち倒し、新しい力を集積したのち、さらに新しい侵略を再開するというストラテジーだった。ヒトラーは、一九四一年までには、大西洋からルーマニアに達する広大な領域と軍事拠点を確保することに成功した。いまや《世界支配》(2)のための戦争も、けっして幻想ではないようにさえ見えた。しかし、一九四一年末にドイツ軍の攻勢がモスクワ前面で打ち破られたとき、この電撃戦のストラテジーは最終的に破綻した。さらに日米開戦によって戦争が太平洋にまたがる全世界的規模にまで拡大していらい、ナチ・ドイツおよび枢軸国側の勝利の見通しは、年を追って少なくなった。

連合国側の軍拡のテンポや蓄積された資源が圧倒的な優位を示す中で、《第三帝国》は、ようやく一九四二年になってはじめて、軍需生産を《全体戦争》に向けて再編することに着手した。新しい軍需相となったシュペーアの手に広汎な権限があたえられ、巨大な戦争被害にもかかわらず、最大限の生産力＝《軍備の奇跡》を達成することに成功した(3)。しかし、労働力不足の隘路を克服するために、なかんずく強制的に徴集された外国人労働力が大量に投入されねばならなかった。とくに捕虜やKZ囚人たちは、あたかも奴隷労働のように肉体的に破滅するまで酷使されつづけた。こうした占領地における収奪や搾取、さらには大量殺戮にたいして、ドイツの産業界も加担するのをためらわなかった。

敗戦の色が濃くなるにつれて、国防軍内部や一部の保守主義的支配層のグループのあいだでは、ナチ政権にたいする当初の《同盟》から、しだいに離れて反感を強め、ついに一九四四年七月二〇日のヒトラー暗殺未遂事件にいたる動きさえ現われた。(4) しかし、この抵抗運動グループの中にドイツ産業界のリーダーの名前は、ついに見出されなかった。戦争の最終的局面にいたって、ドイツを東西から挟撃しはじめた連合軍にたいして、ヒトラーは使用にたえる何ものをも残さないために《焦土抗戦》命令を発した。それは、ナチズムが、大資本の利害のみならず、ついにはドイツ国民の基本的生存条件さえ破壊することを恐れないラディカルなニヒリズムだったことを暴露した。(5)

じっさい、《第三帝国》の構造的非合理性は、ナチ・イデオロギーの特有の非合理性にもとづくものであった。すでに、たとえば自然科学にすら血の制約を求める文化統制は、近代的技術の発展とのあいだの断絶をしだいに深め、長期的には、軍事力の基礎そのものを脅かすにいたるであろう。たしかに、シュペーアのような技術者もナチ権力機構内部で枢要の地位に登りえたように、ナチ党指導部のテクノクラートにたいする関わりは、けっしてつねに消極的だったわけではない。しかし、《第三帝国》においては、全体として反知性主義的風土が支配的だった。それが技術の分野に落とした暗い影は、たとえば技術的な特許申請数のいちじるしい減少にも現われている。(6) ナチ政権は、軍事的な技術革新の面でも基礎研究に必要な投資を怠り、長期的な発展を促すことができなかった。航空機やレーダー技術などの開発をはじめ、原子核研究に代表される産業と科学における立ち遅れは、第二次大戦を通じて致命的だった。

しかも、ヒトラーおよびSSにおける人種的ユートピアの狂信は、決定的な問題において戦時体制の焦眉の物質的必要をすら犠牲にした。たとえば大戦の分岐点となったスターリングラードの戦いでは、いっさいの労働力や輸送力をこの目標のために集中することが求められていたであろう。しかし、まさにこの当時、「ほとんど時刻表通りの規則正しさで」(E・イェッケル)ユダヤ人の大量輸送が行なわれ、たえまなく人種的絶滅政策がつづけられた。[7] あるいはまた、ますます顕著になった労働力不足にもかかわらず、女性労働力を軍需産業に総動員することは、ナチ《世界観》にもとづくイデオロギー的留保のゆえに、ついに一定規模以上に達することはなかった。[8] これは、同じころに民主制下のイギリスで、戦時における女性の《労働義務》が法制化され、徹底的に動員されていたのと好対照をなしていた。こうした事例は、すでに、この時点において、人種イデオロギーがナチ体制の支柱として客観的意味をもちえなかったことを端的に示している。

むしろ、ナチズムの《支配人種》の神話は、戦争遂行とヨーロッパ《新秩序》にとって、根本的な阻害要因になった。それは、直接的な軍事的占領による以外に、ドイツのヘゲモニーにたいする他民族の服従への合意を調達することを不可能にしたばかりではない。むしろ、人種イデオロギーに規定されたSSの抑圧と根絶の政策は、侵略によって獲得された広大な物質的潜在力そのものを破壊していった。コミュニズムから《解放》された民衆は、短い幻想ののち抵抗運動とパルチザン闘争に身を投じていった。先に指摘した《第三帝国》における《政治の優位》をもっともよく示す存在が、まさにSSだったといってよい。戦争経済に正面から矛盾するにもかかわらず、ナチ・イデオロギーの具体化を現実に可能にしたのは、彼らを通してだったから。[9] しかも、このように既存の法制の枠組みを越えて行動する彼らのラディカリズムに、《ナチ・エリート》としての正当性と後ろ楯をあたえたのは、いうまでもなくヒトラーの不可謬性という《指導者神話》であった。

政治＝軍事指導を貫くナチ支配の非合理性は、ここに究極の要因をもっていた。すでにみたように、戦争初期の成功からヒトラーがなお固執した戦略は、まったく異なった対ソ戦の条件下において敗北の途に通じていた。ここでは、いっさいの慎重な協議を排除し、戦争努力の周到な計画と責任体制を欠如した《指導者原理》の負の側面が顕在化せざるをえない。[10] 指導者にたいする権力の集中は、その強さではなく、その弱さの標識にほかならない。指導者の《天才的直観》が絶対化されるとき、それに矛盾する情報や助言は、いっさい禁圧されねばならなかった。いな、指導者が聞くことを欲しない事実を伝達して彼の怒りを誘発しまいとすれば、あらゆる信頼しうる情報は必然に枯渇していくであろう。それは、全能の独裁権力をもってしても埋めえず、むしろ、まさにそのゆえに生まれる権力の《空洞》(C・J・フリードリヒ)というべきであろう。[11]

しかし、この《空洞》は一種の癌様組織のように《第三帝国》の体制全体に広がり、致命的な動脈硬化をもたらすことになるであろう。なぜなら、そこでは、テロルとプロパガンダによって、健全な社会関係の基礎にある相互的信頼と了解のための紐帯が切断されていったから。こうした条件下では、長期的な政治的安定にとって欠きえない社会基盤からする合意の組織化は、ついに不可能となるであろう。体制内コミュニケーションの閉塞によって自発性を失い、無関心の瀰漫する体制は、全体として国民的エネルギーを喪失せざるをえない。じじつ、戦時下におけるナチ秘密警察の膨大な報告書自体、ナチ政治宣伝を無効にしていった民衆心理の《空洞》の拡大過程を実証している。[12]

ヒトラーの外交＝戦争政策は、《世界権力か、それとも没落か》という社会ダーウィン主義的ドグマによって規定されていた。すなわち、ドイツが権力政治的には世界の指導的列強にまでのし上がり、人種政策的には従来のナショナルな境界を越えた《新秩序》を作り出すことに成功するか。それとも、この野心的な目標に失敗するときには《英雄的》に没落するか。この二者択一しか、そこには残されていなかった。ヒトラーの《ネロ命令》は、《第三帝国》の運命をドイツ国民のそれと一体化させることによって、みずからの滅亡を悲劇的に高めようとする試みであるかのようにさえみえる。[13] こうして、実在とのいっさいの関わりを喪失した政治指導は、幻想と狂信の世界に空転して、体制全体の非合理化のうちに没落することを運命づけられていた。

(1) ミルウォードによれば、ナチ・ドイツは《縦深の軍備》でなく《横幅の軍備》を意図して、戦略的には電撃戦に頼らざるをえなかった(vgl. A. S. Milward, Hitlers Konzept des Blitzkriegs, in: Hillgruber (hrsg.), *Probleme des Zweiten Weltkrieges*, S. 19-40; ders., Der Einfluß ökonomischer und nicht-ökonomischer Faktoren auf die Strategie des Blitzkrieges, in: Michalka (hrsg.), *NS-Außenpolitik*, S. 455-470)。それには、戦時下の民心確保のため、当初、経済資源を総動員しえなかったナチ指導部の《社会政策》的選択があり、したがってまたドイツ本土の必要に合わせて占領地から食料・資源を苛酷に収奪する政策が結びついていた。

(2) ヒトラーの《世界支配》構想については、ヨーロッパ大陸の支配から、さらにアフリカ植民地を回復して世界的列強となり、最終段階ではアメリカと世界支配を争う一種の《段階計画》(A・ヒルグルーバー)さえ想定する見解もある。こうした問題意識に立つ一連の研究として、vgl. K. Hildebrand, *Vom Reich zum Weltreich. Hitler, NSDAP und koloniale Frage 1919-1945*, 1969; J. Thies, *Architekt der Weltherrschaft. Die "Endziele" Hitlers*, 1976. こうした《世界支配》は、ヒトラーの将来的ユートピア構想にとどまり、おそらく《段階計画》という明確な政治的プログラムの形で存在したとはいえないであろう。しかし、それは、けっして《白昼夢》(A・P・テイラー)というにとどまらず、たとえば《SS国家》の中に未来をすでに先どりして実現しようとするヒムラーの試みには、人種ドグマにもとづくヒトラーの《新秩序》構想が、新しい質を帯びて出現していたともいえよう。

(3) たとえば、vgl. L. Herbst, *Der totale Krieg und die Ordnung der Wirtschaft. Die Kriegswirtschaft im Spannungsfeld von Politik, Ideologie und Propaganda 1939-1945*, 1982.

(4) ドイツ抵抗運動の文献は多数に上るが、ここでは、さしあたり Bundeszentrale für Heimatdienst (hrsg.), *20. Juli 1944*, 4. A. 1961 参照。なお、vgl. D. Ehlers, *Technik und Moral einer Verschwörung. 20. Juli 1944*, 1964.

(5) ヒトラーの《ネロ命令》は、vgl. Hitlers Zerstörungsbefehl vom 20. März 1945, in: Hohlfeld (hrsg.), *Dokumente der Deutschen Politik und Geschichte*, Bd. V, S. 524. これをボイコットするシュペーアのラジオ放送による訓辞は、vgl. Rundfunkansprache des Reichsminister Speer gegen die Zerstörung der Lebensgrundlagen des deutschen Volkes, in: *a. a. O.*, S. 530. この訓辞の草稿は、すでに一九四五年四月半ばに書かれ、四月二一日にハンブルク放送局で録音され、五月三日に放送されたという。

(6) Vgl. K.-H. Ludwig, *Technik und Ingenieure im Dritten Reich*, 1974, S. 226. なお、A・D・バイエルヘン『ヒトラー政権と科学者たち』(常石敬一訳、岩波書店)、一九八〇年、参照。

(7) 「長い鉄道貨車が西欧ユダヤ人を載せて、ヨーロッパを横断しながら東欧の絶滅収容所を目指して進んでいた。そこでは、これらの犠牲者たちは、東欧の同じ苦難の道連れたちとともに、まさに前線が一人の軍需労働者も、また一台の鉄道貨車をも切実に求めていた同じ瞬間に殺害されていた」(E. Jäckel, *Hitlers Weltanschauung. Entwurf einer Herrschaft*, Erweit. Neuausg. 1981, S. 73-74)。

(8) ドイツの女性はナチ政権成立後、労働市場から家庭に押し返され、その後三〇年代末から労働力不足の中で《民族的な義務》の名のもとに、ふたたび就労を訴えかけられるようになった。しかし、一般的な女性労働義務の法制化は、ナチ・イデオロギー、とくにヒトラー自身によるナチ的女性観のゆえに、軍需生産のテクノクラートや国防軍などの側からの要求にもかかわらず、ついに実施されなかったという(vgl. D. Winkler, *Frauenarbeit im Dritten Reich*, 1977, S. 187 f.)。

(9) Vgl. Mason, Der Primat der Politik, *a. a. O.*, S. 492.

(10) 「ドイツの軍備の優位が失われることを恐れるあまり、また、自分の人生の短さにたいする憂慮にも規定されて、ヒトラーは、ますます短いインターバルで、いよいよ多くのことを、同時に意のままにしようと欲した。こうして、ヒトラーがつねに自負する《氷のように冷徹な》理性は、ドグマ化された《自己最後通告》(R・コゼレック)の前に挫折した」(M. Funke, Hitler—starker oder schwacher Diktator?, in: Michalka (hrsg.), *Die NS-Machtergreifung*, S. 379)。

(11) たとえば広報局長O・ディートリヒは、一九三〇年代の半ばいらい、ヒトラーが「彼の認識にたいする異論や、その無謬性にたいする疑いをさしはさまれることを憎む」ようになり、「彼は語ろうとはしても、他人の意見に耳を傾けようとはしなかった」ことを回想している(Dietrich, *Zwölf Jahre mit Hitler*, S. 44 f.)。逆に、ヒトラー側近者たちは、たえず甘い賞賛と賛同とを繰り返すことにならざるをえない。たとえばシーラッハの回想によれば、「こうした限度のない、ほとんど宗教的な賛美——これにはゲッベルスやゲーリング、ヘス、ライそのほか無数の人びとと同様に私も加わったのだが——それはヒトラー自身のうちに、自分が神の摂理につながっているという信念を固めさせた」(B. v. Schirach, *Ich glaubte an Hitler*, 1967, S. 60)。なお、独裁権力の《空洞》については、cf. Friedrich and Brzezinski, *Totalitarian Dictatorship and Autocracy*, p. 136.

(12) たとえば、vgl. *Meldungen aus dem Reich. Die geheimen Lageberichte des Sicherheitsdienstes der SS 1938 bis 1945*, 17 Bde., hrsg. v. H. Boberach, 1984. この三九年一〇月から四四年六月までほぼ隔週に出された報告書は、戦時下の社会生活全体の具体的イメージを提供し、信憑性も高い。ただ、ヒトラー演説がつねに報告の伝えるような強力な印象効果をあたえたか否か疑問であろう。もっとも、一九四三年夏以降には、敗色の中で《ヒトラー神話》も、しだいに解体しはじめる(本書二七六ページ、以下)。

(13) ヒトラーは一九四二年の初頭、東部戦線の総統本営における『卓上語録』の中で、こう語っていた。「私は、この点でも、氷のように冷徹だ。もしドイツ民族が自己保存のために献身する決意がないのなら、よろしい。そのときには、断然、滅び去るべきだ!」(H. Picker, *Hitlers Tischgespräche im Führerhauptquartier 1941-1942*, neu hrsg. v. P. E. Schramm, 1963, S. 171)。

II　政治的言語と政治的祭儀

一　政治と言語および祭儀

1　政治と言語

いずれの政治体制も暴力＝物理的強制力によってのみ社会的統合を達成することはできない。そこでは、さまざまな要素からなる記号＝象徴システムが用いられ、人びとのあいだに一様な行動を引き起こし、また共同の行動にとって必要な思考や感情、意欲や行動の統合を生み出している。人びとは、この社会的コンセンサスにもとづく象徴システムについて、最少限度、適当な時期に学習することなしには、個人的行動を社会的に期待される役割モデルに十分に適応させることはできない。こうした象徴的方法による社会的統合は――しばしば濫用される可能性をふくむとはいえ――政治体制にとって、たんなる強制力にもとづく支配よりも、いっそうヒューマンな形態であり、またいっそう有効な支配であるといわねばならない。しかも、この方法は、体制のイデオロギー上の相違や政治的意志形成の仕方の区別にかかわりなく、歴史的にみて、いっさいの政治体制にひとしく妥当することを実証してきた。(1)

こうした記号＝象徴システムは、コトバや数字から、絵画や音声、さらには特定の行動様式や規範化された儀礼にいたるまで、さまざまの要素から成り立っている。しかし、言語こそは、もっとも包括的で、かつ洗練されたコミュニケーションの媒体である。言語は、コトバを用いて命名することによって外部の現実を操作可能なものにし、さらに文法体系を用いることによって環境的データを伝達可能なものにする。同時に、言語は、固有の仕方で現実を解釈し、知的な現実経験に一定の刻印を施す。さらには、言語は社会的規範の担い手であり、善悪、美醜、快不快などを示すコトバと結びつく価値感情をも教える。したがって、言語は、人間の生きる知的・道徳的雰囲気＝《意味論的環境》(S・I・ハヤカワ)を構成する最大の契機にほかならない。人間は、自分の用いるコトバの使い方、受けとめ方を通して、言語の中に定着させられた規範体系を学習し、一定の信念や先入見を形づくることにならざるをえない(2)。しかし、言語は、既存の社会から生み出された所産であるだけでなく、同時に社会関係の手段でもある。言語の助けをかりて社会的・文化的な生活関係は、内容的にいっそう豊かにされてもいくのである。

政治と言語の関わりを問うとき、言語がさまざまの形で政治的機能を演じていることについては、疑問の余地がない。シュテルンベルガーによれば、人間の行動は言語を媒介とする行動であるかぎりにおいてのみ政治的行動である、とさえいう(3)。政治が言語を用いなくなったとき、政治であることを止める。したがって非言語的手段をもってする《政治の継続としての戦争》状態は、すでに政治的なものの領域を越えていることになるであろう。逆に、正常状態としての政治的日常性に視点を合わせると、言語的行動の広汎な分野が政治的なものと相覆うことが分かる。たとえば、報告や賞賛など一定の情報の伝達から、決定や命令、警告など指令の伝達にいたるまで。現代デモクラシーにおいて、自由な言論や情報の操作の下に行なわれる民衆的支持の獲得競争、言語による政治指導と大衆誘導は、政治過程の基礎的事実となっている。しかしまた、言語は、こうしたいわば《平和的》調整行動に仕えるほか、さらには暴力行使を準備することもできる。たとえば叛乱への訴えや軍事的プロパガンダ、ついには最後通告から宣戦布告など。いな、すでに日常の会話における嘲笑や誹謗から威嚇や呪詛にいたる攻撃の言語は、さまざまの社会的レベルと状況における武器としての言語の機能の広がりを示しているであろう。[4]

こうしてみれば、政治的言語は、究極的に権力を正当化する安定化の機能とともに、またそれを限界状況で否定する解体的機能をもつ。[5] 古来、トゥキュディデースからマキァヴェリを経て現代のジョージ・オーエルにいたるまで、政治の鋭い観察者たちは、言語の果たす重要性と、歴史的に決定的な時点におけるその操作の可能性とを認識してきた。[6] 古典古代の都市国家や僭主制においてコトバの使用と濫用は、権力と自由をめぐる闘争の不可欠の要素を形づくっていた。中世のキリスト教神学は、《善き》君主制的統治を基礎づけ、その支配を正当化する政治的言語の論理であった。近代政治思想は、主権という神学的概念の世俗化を通して、それを絶対君主制からついに人民主権論にまで転換させた。じっさい、政治的支配者は、言語にたいする支配を通して権力の安定化につとめてきた。体制にとってキーワードとなる重要な概念は、その意味を政治目的に合わせて変化させてもきたのである。[7]

言語による社会的行動モデルの学習やまた社会的規範意識の習得に並んで、言語と政治の関わりにとって重要なのは、言語の《情動的機能》(T・T・ゼーガーシュテット)による社会的統合の過程である。[8] それは、コトバを用いるものの共属感にたいする言語の影響力を意味する。この機能において、言語は意志疎通の媒体ではなく、一体感をつくり出す象徴である。ナショナルな言語であれ、地域の方言であれ、集団の特殊用語であれ、それを用いるものは互いに意志を疎通し合うのみでなく、その集団メンバーとして自己のアイデンティティーを自覚する。その言語を異にする場合、あるいはコトバに異なる要素が含まれるとき――たとえばアクセントの位置、特殊な語彙、さらには意味論的な特性など――それを聞くものは違和感ないし距離感をもって反応する。逆に、言語の同一性は、既知のもの、自己のものを聞きとる人びとのあいだに連帯感を呼び起こす。

こうして政治の世界において、言語は、同じ統合的機能を果たす他の象徴と並んで同一化の象徴として登場する。

たとえば共通の歴史や文化、宗教、イデオロギーや階級、共通の生活様式、風俗、習慣、国旗や国歌、国家的な記念碑や記念日、英雄や共同の敵などとともに。一般的にいえば、ある集団が同質的であればあるほど、その同質性をつくり出す諸要因は自明視される。したがって、これらさまざまの同一化の象徴の中から、とくに一つが強調されるのは、多くの場合、その統合力が失われる恐れがあるか、それとも他の統合的要因が欠落するとか弱体であるために、それに過大な役割が押しつけられているものと推定される。一九世紀いらい、ヨーロッパにおける国民国家形成をめざす運動において演じた言語の役割の重要性は、ある程度まで、そうした理由にもとづくものであった。もっとも、比較的早く近代国家の成立をみた西欧諸国では、フランスやスペイン、さらにはイギリスにおいても、言語と国民との密接な結びつきによって、言語は国民感情の主要な担い手として国民のシンボルとなったのである。(9)ナショナルな言語の統一が達成されていたわけではない。国民国家は、まず国家的統一という政治的事実として成立し、言語上の統一性は、その後徐々に、しかも不完全な形で進行したにすぎない。

いずれにせよ、政治の言語は基本的に行動に向けられた言語であり、賛成ないし反対の決意を呼び起こすことを意図している。それは、理論的認識の手段ではなく、人間行動を対象とする。それは、当初から、純粋な情報を伝えることよりも、政治的状況の変革を狙うものである。政治の言語は、テキストではなく《行動のコンテキスト》(H・リュッベ)に即して解釈されねばならない。(10)その概念は、政治的実践の中から引き出され、参加や利害関心のパースペクティヴからその意味内容を規定される。むろん、その場合、しばしば《理念型》的に想定される政治的《公共性》は、現実には、けっして単一でも一様でもない。むしろ、多様な集団ないし階層に分化した世論の構成体であり、それぞれに対応して、異なった言語が使用されうる。したがって、政治過程や統治形態は、その中で多様に分化した政治的言語のさまざまの類型に即して分析されねばならないであろう。(11)

言語の政治的類型化の上で、とくに重要なのは、その状況との関わりである。たとえば、体制か反体制か、人びとの立たされる状況によって使用される言語には相違がある。主観的に不満な状況にある人びとは、統計的にも明瞭に動態的なコトバを用いがちであるといわれている。彼らは、現実にたいする全体的期待において、一般に変化や転換を志向しているので、無意識的に動詞形を用いる語り口や文体を選好する。当事者がその行動を制約されていることを感じているほど、いっそうそうした傾向が強い。これとは逆に、とくに名詞化された主語を用いる語り口は、政策決定の担い手やそれに関与するエリート集団のメンバーに多い。軍隊、医療、司法など特定のサブカルチャーをもつ分野でも、同様の傾向が認められる。名詞形は、一方では他の語形よりも相対的に高度の抽象性をもつとともに、正しく使用される場合、他方では、いっそう一義的で正確な規範性のある情報を伝達することができる。これとは対照的に、形容詞や動詞は、その中に担いうる強い感情的要素のゆえに、レトリックによって受け手の反応を操作する重要な手段となりうる。それとともに、反体制側がダイナミックな語り口を好んで使用するのに反して、体制側では好んで名詞化された語り口が用いられることが分かる。野党の人びとは民衆の中の目的集団を情動的に刺激し、できるだけ行動につき動かすことに努めざるをえない。同時にその際、彼らの情動的な言語には権力の座から閉め出された結果生まれた彼ら自身の強い情動性も反映しているわけである。語り手によっても聞き手によっても通常意識されない、この特定の言語の選好は、語り手の代表する政治集団のメンタリティー、とくに権力闘争におけるそれぞれの地位の差異に由来するものといわねばならない(12)。

この問題をラスウェルは、より一般的に政治の言語におけるスタイルの変化と権力状況の危機の程度との関わりとして把えている。これは、政治的言語の広汎な分野について適用しうる有効な作業仮説であろう。極限的な危機の状況は戦争であり、そこでは武器が物を言い、言語は命令ないし《ときの声》に尽きてしまう。その対極にあるのは、なんらの緊張を伴わない政治的対話あるいは儀式的挨拶である。この両極のあいだに、他のすべての政治的状況が配列されうる。[13] むろん、ここでは《危機》という概念は、広い意味において把えられねばならない。《危機》とは国家の対外的脅威を指すだけでなく、たとえば法廷における判決の言い渡しも同様に把えることができる。さらに直接的に行動に結びつく状況また状況当事者間に一致点が乏しい状況もまた《危機的》といってよい。いずれにせよ、ラスウェルによれば、危機が亢進するにつれて、言語のスタイルにおける緊張度も増大する。そうした緊張した言語のスタイルとして、ラスウェルは標準化、凝集化、反覆、暗示、煽動、情動化などの指標を挙げている。こうしたメルクマールには、すでにプロパガンダの言語との類似性が明らかに認められるであろう。

政治の言語として、もっとも注目される《プロパガンダ》という概念は、通常は敵対者にたいする誹謗のコトバとして用いられる。同じ事態についても自己の立場からは《情報》《政治教育》《啓蒙》などの概念が用いられる。例外的に《プロパガンダ》を肯定的に評価するコミュニズムにおいて、それに対応するのは《デマゴギー》という概念である。したがって、価値概念としての《プロパガンダ》という用語から政治的情動性を抜きとるためには、社会科学的に再定義し直す必要がある。たとえば、ラスウェルによれば、政治的「プロパガンダは世論のコントロールのために操作された政治的象徴から構成される」[14]。この定義は、政治的象徴をプロパガンダの役割の担い手と呼び、それを世論統制の機能に求めている。プロパガンダは私的な生活空間ではなく公共的空間において、政治的フォーラムにおいて行なわれる。それは、世論に向けられ、論争可能な意見と関わるのである。

一般にプロパガンダにおいては、意図的に言語の多義性が利用される。それは、コトバの意義について多様なイメージをもちうる多数の聞き手を語り手と結びつけるためのタクティックスである。そのほか言語的中性化という手法がとられることも少なくない。これは価値あるいは非価値をもった——多くの場合、否定的特徴を帯びた——

客観的事実を中性的なコトバで表現することによって隠蔽する方法である。あるいは言外の意味や副次的意味、感情的価値など情動的意義を帯びた言語による暗示に訴える手法など。クルト・ザラムーンのいう《口頭のストラテジー》の手法も、これに入るであろう。(15)彼は、聞き手を話し手に包みこむ――しばしば目的や利害をあたかも共通にしているかのように訴える――《同一化の呪文》に始まり、誇張法やメタファー、流行語の使用にいたる、さまざまの手法をあげている。たとえば具体的なイメージを喚起するメタファーは、それにともなう情動的内容を政治的な事実関係に転移しやすい。また広汎な大衆の意識になじみ深い流行語を用いることは、政治の言語に新奇さの魅力をあたえ、またステロタイプの思考と結びついて曖昧に使用されやすい。そのほか、さらに言語の政治的効果を狙うものとして、古来からの方法であるレトリックを挙げることもできよう。(16)

いずれにせよ、ここでは、聞き手におけるさまざまの政治的期待や先入見を当て込みながら懐疑や不信、無関心を突破し、参加や行動のための積極的反応を引き起こすことが試みられるわけである。しかし、今日、政治的言語の影響力ないし言語による政治的操作については、しばしば過大な評価がなされているようにみえる。言語がときに世界を変革しうるとしても、それは「多くの場合、その言語が歴史的状況と一致しているような場合にのみ」生じうることを見逃してはならないであろう。(17)

政治的言語の反応条件に関する数量的調査によれば、一般に公共的な政治的コミュニケーションの影響力は、(イ)政治的言語のザッハリヒな内容、とくにその政治的アクチュアリティーと情報の新しさ、(ロ)聞き手の全体的メンタリティー、政治的態度、その事前にもつ情報度、(ハ)語り手について、彼の過去の実績にもとづく評判やまた彼の自己表現の演技的スタイルから引き出される信憑性など、の諸要因によって左右されるという。(18)こうした調査の中で、とくに注目されるのは、ザッハリヒな情報であっても、《内》集団の弱点や欠点を暴露したり、逆に《外》集団の優越性や脅威を警告する情報は、聞き手の多数者にふつう拒否反応を呼び起こしがちなことである。さらにザッハリヒであっても、同時に意味論的に複雑な構文をもつ情報の提供は、強烈な拒絶と否認とを呼び起こす。それは、情報を解読し理解するために、大きな認識努力が要求されることを忌避するためである。この点に関連して、聞き手は読み手よりも《不利な》状況におかれていることを見逃してはならない。読み手は、長い文章をも、つねに自己の理解力に応じて分解し再読することが可能である。これに反して、聞き手は語られる話を、それが流れてくるままに受けとり、その際、新しいコトバを今まで聞きとった、まだ完結していない文から解釈しようと努めねばならない。話し始めに引き起こされた誤解は、読む場合より聞く場合に、いっそう訂正することが困難である。それゆえ理解の障害は、文に結びついたコトバや概念の数が増大するのに比例して増大するであろう。(19) 多元主義的な社会で互いに競合する政党にとって、民衆多数の支持をとりつけうるためには、自己の政治目標を一般に了解されやすい概念によって定式化しうるか否かは重要な意味をもっている。

政治と言語との関わりについて、最後に、政治的な《言語規制》を狭義の《言語政策》(F・カインツ)から区別しなければならない。《言語政策》とは、対内的には、言語の統一化、とくに多数派の言語の国民的普及をはかり、さらに対外的に国境を越えて自国の言語の拡大と促進とに努める文化政策的措置を意味する。それは、政治的には統一的な言語によって中央集権的に統治効率を高めようとする行政技術的観点にもとづいている。しかし、統一化は地方の方言ないし少数派の言語の犠牲において行なわれざるをえなかった。とはいえそれは、かならずしもつねに言語紛争に通じていたわけではない。少数派の言語が統一的な国語との共存を認められない場合、なかんずく少数派が経済的・政治的・人種的さらに宗教的に抑圧されるような場合に紛争が生じてきた。それは、けっして言語という単一要因に帰せられることはできない。(20) 植民地主義の支配下で、しばしば言語政策が帝国主義的・人種主義的な抑圧の手段となったことは、よく知られている。そこでは、言語をめぐる闘争は、国民的・社会的な解放のための闘争の重要な一環をなしていた。今日、植民地から独立した第三世界の諸国において、言語問題は、開発＝発展政策における中心的な課題の一つである。複数言語の行なわれる国家で、ナショナルな共通語ないし公用語をいかに決定するか、それを新しい国民形成過程の中でいかに位置づけるかをめぐって、多数民族と少数民族との利害対立があり、また植民地時代からの言語的遺産の清算をめぐっては、近代化と固有文化の尊重のあいだの矛盾など、多くの問題が横たわっている。(21)

《言語規制》あるいは《言語誘導》とは、言語の地理的拡大というよりも、言語使用における内容的・形式的な変更を意図するものである。とくに大衆操作の目的で言語にたいする国家的介入が行なわれるとき、《イデオロギー的言語規制》と呼ぶことができる。(22) それは、積極的には新しいコトバの創造、消極的には特定のことばの使用禁止の形をとり、通常は両者が結合して現われる。コトバを禁止しても事柄そのものを禁じえない以上、新しいコトバや婉曲語法によって代用語が創造されざるをえないから。大衆操作を狙った《言語規制》にとって特徴的なのは、それが世論の眼から遮蔽されて行なわれることである。たしかに世論にたいする働きかけが意図されるとはいえ、直接、指令に拘束されるのは、世論への媒介者となる特定の個人や集団である。たとえばマス・メディアの編集者や制作担当者、辞典執筆者、出版者、さらには教師、党のアクティヴ・メンバーなどである。しかし、こうした《イデオロギー的言語規制》が、じっさいにどの程度行なわれたか否かは、確定することが困難である。イデオロギー的に着色された言語使用の存在するという事実だけでは十分ではない。その立証のためには、公文書の調査と確認が必要であろう。その点ではナチ体制は、ゲッベルスの《新聞指令》や辞典編集への圧力などの事実に現われるように、強力な《言語規制》措置が公然と立証される例外的ケースということができよう。(23)

ここで政治と言語の研究史を短くふりかえっておこう。すでに一九三〇年代いらい、ヨーロッパにおけるファシズム体制の登場、アメリカにおけるラジオの重要性の増大や商業広告の組織化などを通してプロパガンダ研究が社会学、社会心理学、政治学などの各分野で強力に進められた。第二次大戦末期のナチ研究では、たとえばエルンスト・カッシーラー、フランツ・ノイマンなどによって、すでにナチ言語分析が注目されている。[24]今日では、コミュニケーション論、一般意味論から、マルクス主義的なイデオロギー批判、さらには政治学からの計量的意味論など、社会科学のさまざまの分野から学際的研究が盛んである。[25]一般に政治の言語が民衆的レベルで普及しはじめたのはフランス革命以後の現象である。したがって、言語史ないし思想史に即して重要な政治的標語ないし概念に関する言語研究が歴史学とくに現代史学の観点から成果をあげていることも見逃しえない。[26]

とくに戦後ドイツでは――東西ドイツにおいてナチズムの事例に即して、西ドイツにおいてはさらに東ドイツの事例に即して――政治的言語の研究が盛んである。こうした研究への熱心な取り組みは、一部分は学問以外からする関心にも促されている。たとえばナチズムに関しては、《未克服の言語》(V・クレンペラー)にたいする批判的克服の意志があり、[27]東ドイツ研究については言語上の東西問題として現われる国家的分裂への憂慮が働いているように思われる。[28]しかし、そこから安易に引き出されがちな言語の《全体主義的様式》という概念には一定の留保が必要であろう。しばしば《全体主義的様式》の言語的特徴としてあげられる情緒性(最上級的表現や暗示的コトバの愛好)、形式性(スローガン、ステロタイプ的言い回し)、攻撃性(軍事的用語、煽動的様式)などは、《非全体主義的》とみなされる諸国の商業広告や政治運動にも等しく認められる特徴である。[29]とはいえ、ナチ体制におけるように、党の独占的地位、イデオロギーの絶対性、異なる意見の排除、マス・メディアの全面的統制などが貫徹されるところでは、《言語規制》がまさに《全体主義的》なものとして登場しえたことは、いうまでもなかろう。[30]

(1) 一般に、vgl. H. Pross, *Politische Symbolik. Theorie und Praxis der öffentlichen Kommunikation*, 1974. なお、cf. I. de Sola-Pool/H. D. Lasswell/D. Lerner, *A comparative Study of political Symbols*, 1970.

(2) S・I・ハヤカワ『思考と行動における言語』(大久保忠利訳、岩波書店)、第二版、一九六五年、一八ページ。なお、言語と社会化の関係については、A. Gutt u. R. Salffner, *Sozialisation und Sprache*, 1971 の批判的分析、参照。

(3) Vgl. D. Sternberger, Die Sprache in der Politik, in: *Die deutsche Sprache im 20. Jahrhundert*, 1966, S. 79-91. なお、C. J. Friedrich u. B. Reifenberg (hrsg.), *Sprache und Politik. Festschrift für D. Sternberger zum 60. Geburtstag*, 1969 所収の関連論文、参照。

(4) たとえば、vgl. F. Kiener, *Das Wort als Waffe. Zur Psychologie der verbalen Aggression*, 1983; F. Pasierbsky, *Krieg und Frieden in der Sprache*, 1983.

(5) 「行動を正当化するために言語を使用することは、価値配分の他の方法から政治をはっきり区別するところのものである」(M. Edelman, *The symbolic Uses of Politics*, 1964, p. 114)。ラスウェルによれば、「権力にたいするなんらかの影響がある場合に」言語の政治的機能について語りうる(H. Lasswell, The Language of Power, in: Lasswell, N. Leites and Associates, *Language of Politics. Studies in quantitative Semantics*, 3. pr. 1965, p. 8)。

(6) たとえばトゥキュディデースは、ペロポネーソス戦史を叙述して、政治的原因から由来する政治的目的をもった言語の変化に注目している。「やがては、言葉すら本来それが意味するとされていた対象を改め、それを用いる人の行動に即してべつの意味をもつこととなった。たとえば、無思慮な暴勇が愛党的な勇気と呼ばれるようになり、これに対して、先を見通して躊うことは、臆病者のかくれみの、と思われた……」(トゥーキューディデース『戦史』中巻、久保正彰訳、岩波文庫、一〇〇ページ)。そのほか、オーエルの『一九八四年』における《新語法》ないし《二重思考》は、全体主義的支配のもっとも重要な手段として、言語が人間を精神的未成熟に押しとどめ、現体制とは別の思考を不可能にする役割をもつことを鋭く描写している(cf. P. Chilton, *Orwellian Language and the Media*, 1988)。

(7) Vgl. K. D. Bracher, *Schlüsselwörter in der Geschichte*, 1978, S. 9 f. なお、cf. H. D. Lasswell, D. Lerner & H. Speier (eds.), *Propaganda and Communication in World History*, 3 Vols. 1980.

(8) 一般に言語の情動的機能については、vgl. T. T. Segerstedt, *Die Macht des Wortes. Eine Sprachsoziologie*, 1947, S. 151-168.

(9) ハーツラーによれば、「共通の言語は、ナショナリティの象徴および確認者として、同じくまた、その担い手として機能する」(J. O. Hertzler, *A Sociology of Language*, 1965, p. 235)。なお、vgl. H. Rothfels, Sprache, Nationalität und Völkergemein-

schaft, in: ders., *Zeitgeschichtliche Betrachtungen*, 1959, S. 112-123. カール・W・ドイッチュは、ナショナリズムないし国民意識の成立を、いっそう広く新しいコミュニケーションの成立・拡大・強化との相関の中でとらえている(vgl. K. W. Deutsch, *Nationenbildung, Nationalstaat, Integration*, 1972)。

(10) H. Lübbe, *Der Streit um Worte. Sprache und Politik*, 1967, S. 14 ff.

(11) Vgl. F. Schneider, *Politik und Kommunikation*, 1967, S. 13 ff. そのほか、W. R. Langenbucher (hrsg.), *Zur Theorie der politischen Kommunikation*, 1974 所収の関連諸論文、参照。

(12) Vgl. O. W. Haseloff, Über Symbolik und Resonanzbedingungen der politischen Sprache, in: K. D. Hartmann (hrsg.), *Politische Beeinflussung. Voraussetzungen, Ablauf und Wirkungen*, 1969, S. 84 ff. マレー・イーデルマンは、一般に政治的コミュニケーションにおける重要な言語状況として、㈠説得の言語、㈡交渉の言語、㈢立法の言語、㈣行政の言語、という四類型をあげている。これは、かならずしも権力分立的な機構論にもとづくのではなく、むしろ四類型は水平的に国家ないし政治集団の全機構に妥当するものと考えられる(cf. Edelman, *op. cit.*, pp. 130-151)。なお、cf. M. Edelman, *Political Language. Words that succeed and Policies that fails*, 1977.

(13) Cf. Lasswell, Style in the Language of Politics, in: *Language of Politics*, pp. 20-39.

(14) Lasswell and A. Kaplan, *Power and Society. A Framework of political Inquiry*, 5. ed., 1963, p. 111. なお、vgl. P. R. Hoffstätter, *Einführung in die Sozialpsychologie*, 4. A. 1966, S. 280 f.

(15) たとえば、vgl. W. Betz, *Verändert Sprache die Welt? Semantik, Politik und Manipulation*, 1977, S. 17 ff.; K. Salamun, Sprachanalyse und Politik, in: *Ideologie, Wissenschaft, Politik*, 1975, S. 187-202; ders., Ideologie und Sprache, in: *Ideologie und Aufklärung. Weltanschauungstheorie und Politik*, 1988, S. 14-25.

(16) たとえば、cf. P. E. Corcoran, *Political Language and Rhetoric*, 1979. そのほか、cf. R. Paine (ed.), *Politically Speaking. Cross-cultural Studies of Rhetoric*, 1981. なお、「特集レトリック」(『思想』一九八一年四月号)、参照。

(17) Betz, *a. a. O.*, S. 93. ベッツによれば、言語による操作という《神話》は、まさに政治的言語の役割について「不断に検証することへの探索的《ホイリスティッシュ》構想」として意味をもつ、という。

(18) Vgl. Haseloff, *a. a. O.*, S. 97 f.

(19) Vgl. Haseloff, *a. a. O.*, SS. 87 u. 78. この研究によれば、文章構造の上でも、たとえば一つの主文章にせいぜい二つの副文章からなる比較的単純な文であれば、聞き手は拒否反応を示さない。しかし、複雑な文章構造の場合、多くの聞き手によって理解されない(vgl. *a. a. O.*, S. 83)。

(20) 《言語政策》の概念については、vgl. F. Kainz, *Psychologie der Sprache*, Bd. V, Teil I, 1965, S. 358 f. なお一般に、vgl. F. Coulmas, *Sprache und Staat. Studien zur Sprachplanung und Sprachpolitik*, 1985(『言語と国家』山下公子訳、岩波書店)。

(21) Vgl. Coulmas, *a. a. O.*, S. 260 ff. 植民地主義と言語政策の問題については、cf. L.-J. Calvet, *Linguistique et colonialisme. petit traité de glottophagie*, 1974.

(22) 《言語規制》の概念については、たとえば、vgl. H. Moser, *Sprache. Freiheit oder Lenkung?*, 1966, S. 23. ナチズムの新聞統制の技術については、たとえば、vgl. K. D. Abel, *Presselenkung im NS-Staat. Eine Studie zur Geschichte der Publizistik in der NS-Zeit*, 1968.

(23) ゲッベルスによる《新聞指令》の例は、たとえばJ. Wulf (hrsg.), *Presse und Funk im Dritten Reich. Eine Dokumentation*, 1964, S. 86 ff. を見よ。新聞会議で定期的に示された《言語規制》は、ニュースと解説の仕方を詳細に規定し、自由な報道や批判に代わって、あらかじめ定式化された指示に従わねばならなかった。一九四二年二月一二日のゲッベルスの『日記』は、宣伝省によって占領地域のための辞典編纂が着手されたことを記している。そこでは、ナチ「国家思想に一致する用語」に習熟させるドイツ語が教えられ、ナチの「政治的教養に由来する表現」が翻訳されているはずであり、「間接的なプロパガンダ」にほかならない、という(vgl. W. Bergsdorf, Zur Technik totalitärer Sprachlenkung, in: ders. (hrsg.), *Wörter als Waffen. Sprache als Mittel der Politik*, 1979, S. 104)。

(24) カッシーラーは、一九四五年に刊行された遺著でナチズムにおける《呪術的言語》の政治的機能を指摘している(『国家の神話』宮田光雄訳、創文社、一九六〇年、三七四ページ以下)。同じく、cf. F. Neumann, *Behemoth. The Structure and Practice of National Socialism*, 2. ed. 1944, Pb. ed. 1966, p. 439. なお、一九三〇年代末に出たケネス・バークの先駆的研究(K. Burke, The Rhetoric of Hitler's "Battle", 1939, now, in: *On Symbols and Society*, ed. by J. R. Gusfield, 1989, pp. 211-231)も見逃しえない。

(25) 一般的研究動向については、vgl. W. Dieckmann, *Sprache in der Politik. Einführung in die Pragmatik und Semantik der politischen Sprache*, 2. A. 1975; H.-G. Schumann, Sprache in der politischen Kommunikation, in: *P. V. S.*, 1980, H. 2, S. 148-157; H. J. Heriger, *Holzfeuer im hölzernen Ofen. Aufsätze zur politischen Sprachkritik*, 1982. そのほか、cf. C. Mueller, *The Politics of Communication. A Study in the political Sociology of Language, Socialization, and Legitimation*, 1973(『政治と言語』辻村・松村共訳、東京創文社)。M. J. Shapiro (ed.), *Language and Politics*, 1984. 社会主義圏からの研究として、たとえば、vgl. G. Klaus, *Sprache der Politik*, 1971. この本は党派的イデオロギーによる制約はあるが、なお政治的言語の役割について興味深い

洞察を示している。

(26)　一般に，vgl. Bracher, *a. a. O.* 個別概念の研究としては，たとえば，vgl. H. Gollwitzer, *Die gelbe Gefahr. Geschichte eines Schlagwortes*, 1962; K. Griewank, *Der neuzeitliche Revolutionsbegriff*, 1955; H. Lübbe, *Säkularisierung. Geschichte eines ideenpolitischen Begriffs*, 1967; J. Schlumbohm, *Freiheitsbegriff und Emanzipationsprozeß. Zur Geschichte eines politischen Wortes*, 1973; E. Straßner, *Ideologie, Sprache, Politik. Grundfragen ihres Zusammenhangs*, 1987.

(27)　たとえば戦後いち早く出された研究として，西ドイツではD. Sternberger, G. Storz u. W. E. Süskind, *Aus dem Wörterbuch des Unmenschen*, in: *Die Wandlung*, 1945-1948(= dtv. Ausg., 1962)，東ドイツではV. Klemperer, *Die unbewältigte Sprache. Aus dem Notizbuch eines Philologen. "LTI"*, 1946, 3. A.〔1966〕(『第三帝国の言語』羽田・藤平・赤井・中村共訳，法政大学出版局)。たとえば，ユダヤ人言語学者としてナチに迫害されたクレンペラーの場合，戦後も残るナチ《言語規制》の残滓を克服しようとする「教育的目的の追求」(vgl. *a. a. O.*, S. 10 u. 22)が明白である。しかし，「ナチズムの固有の本質」が「巨大な反動，すなわち，人類の原始的・初期肉食動物的時代への絶対的な逆戻り」(S. 268)というだけでは，その批判的射程は限られていよう。同じ問題はシュテルンベルガーらの場合にも共通しているように思われる。たとえば《非人間》といった道徳的評価が優先し，《大衆化》過程の原因も直接的に言語の様式上の頽廃に求められ，社会的連関の認識は稀薄である。とくに，vgl. G. Voigt, Zur Sprache des Faschismus. Ein Literaturbericht, in: *Das Argument*, H. 43, 1967, S. 154 ff.

(28)　これまで東西ドイツで，それぞれライプツィヒ版，マンハイム版という二種類のドイツ語辞典『ドゥーデン』が刊行されてきた。東ドイツ版『ドゥーデン』は，ベッツによれば，言語によって政治的な考え方と行動の仕方を誘導しようとする一連の具体例を示している(vgl. W. Betz, Der zweigeteilte Duden, in: F. Handt(hrsg.), *Deutsch. Gefrorene Sprache in einem gefrorenen Land ?*, 1964, S. 164-178)。その他，一般に，vgl. H. H. Reich, *Sprache und Politik. Untersuchungen zu Wortschatz und Wortwahl des offiziellen Sprachgebrauchs in der DDR*, 1968.: P. Ch. Ludz, *Mechanismen der Herrschaftssicherung. Eine sprachpolitische Analyse gesellschaftlichen Wandels in der DDR*, 1980. こうした研究には，しばしば《反共主義的》バイアスをともないがちな点も見逃してはならない(たとえば，vgl. E. Matthias u. H. Schierbaum, *Errungenschaften. Zur Geschichte eines Schlagwortes unserer Zeit*, 1961)。なお，英語圏からの研究として，cf. M. Waller, *The Language of Communism. A Commentary*, 1972.

(29)　現在の西欧デモクラシー社会における政治的言語の具体例として，たとえば，M. L. Geis, *The Language of Politics*, 1987; H. D. Zimmermann, *Die politische Rede. Der Sprachgebrauch Bonner Politiker*, 3. A. 1975; W. Bergsdorf, *Herrschaft und*

Sprache. Studien zur politischen Terminologie der Bundesrepublik Deutschland, 1983など、参照。

(30)　Vgl. W. Hagemann, *Publizistik im Dritten Reich. Ein Beitrag zur Methodik der Massenführung*, 1948, S. 27. なお一般に、vgl. M. Schütte, *Politische Werbung und totalitäre Propaganda*, 1968.

2　政治と祭儀

最後に、政治的言語に関連して、政治的祭儀についても一言しておかねばならない。よく知られているように、ナチ・ドイツにおいては、しばしば擬似宗教的な祭儀を思わせる政治的な集会が行なわれた。そこでは、大衆的コンセンサスが直接作為的に作り出されただけに、政治的言語がいっそう強力な心理学的影響力をもちえたであろう。加えて、祭典や行進に際して印象効果をあげるための視覚的象徴や背景音楽の大規模な導入にも、注目しなければならない。これらの《大衆》集会や行進や祭典は、ナチズムの政治的言語における威容誇示的な文体の対応物ということもできよう。それは、まさに《儀礼としての言語》(R・グレンジャー)の典型といってよい(1)。

《祭儀》については、宗教学ないし文化人類学において、さまざまの近似する概念が用いられてきた。たとえば《儀礼》(Riten ; Rite)は、多くの場合、伝統に規定され、厳格に定められた同じ形式で、特定の機会ごとにくり返される社会的行動ないし行事を指す。もともと宗教的な由来をもちながら、やがて世俗的な儀式的・社会的意義を帯びるようになったものである(2)。《儀式》(Zeremonie ; Ceremonial)も、ほぼ同じように、一定の確固たる形式ないし儀礼に従って行なわれる祝祭的行動を意味している。宗教的な《礼典》としてのほか、世俗的な領域でも、古くは宮廷儀礼として、さらに今日でも外交上遵守すべき規則的な《儀典》として存在している(3)。なお《祝祭》(Fest ; Festival)というのは、個人または公共体にとって特別の機会に、日常性から区別された形で行なわれる祝祭的行事であり、多くの場合、共同体の出来事として体験される。宗教的な《祭礼》としてのみでなく、世俗的な《祝典》としても存在しうる。いずれにしても《祭儀》的行動は、今日、宗教と世俗との領域を明白に区別することなしに、広く認められる社会的現象ということができよう。(4)

儀礼ないし祭儀の機能主義的分析によれば、一般に次のような特質が指摘されてきた。(5)儀礼は、まず、その規則的にくり返される行為を通して、過去の伝承や価値を再生産する。それは、歴史的連続性を更新する媒体となる。さらに、儀礼は、日常的現実から離れた別の次元との結びつきをもつことによって、それ自身を越えた別のものを象徴的に表現する。こうして、歴史的な想起や未来への希望などを促す役割をもつ。第三に、儀礼は、多くの場合、社会的行動として成立し、集団の自己表現として、その一体性を保証する。それは、アウトサイダーないし非同調的行動にたいする制裁ないしタブーとも結びつく。これらの機能が組み合わされるとき、儀礼のもつ基本的な秩序機能が浮かび上がってくるであろう。すなわち、儀礼による伝統の更新は、現在という時間を偶然の混沌から意味ある永遠の秩序の中に再構成する。また、儀礼による集団の統合は、それに参加するものに同一性を確証し、反社会的な行動態度から生まれる混沌から集団を秩序づけることが可能だからである。こうした儀礼のもつ根本的機能からすれば、これまで未開社会から現代まで、政治的祭儀が歴史を通じて存続してきたことも驚くには当たらないであろう。それは、とくに支配の正当性を支持する民衆の情動を喚起し、また強化するために役立ってきたから。

つとにナチ研究において、政治的祭儀に注目したのは、ノイマンやカッシーラーなどの古典的な分析である。(6)たとえばカッシーラーは、ナチ・ドイツ社会を未開社会とも類比させながら、民衆が政治的＝集団的な祭儀によって人格的自由を失い、完全な黙従の状態に投げ返されることを指摘した。とくにナチズムにおいては、現代的技術の合理性が《触媒》的に作用することによって、非合理的な情動がいっそう恐るべき規模で動員されるにいたったことを批判した。こうした形での政治的祭儀批判は、じつはナチ時代にのみ限られていない。たとえば現代のソヴィエト社会についても、ナチ社会とのあいだに「驚くべき平行関係」があることを指摘する声は、けっして少なくない。(7)たとえば、すでにレーニン崇拝は、かなり早い時期から、一部はロシアの農民文化やロシア正教の祭儀の伝統などとも結びついて、民衆の自発性にもとづいて成立した。しかし、それ以後くり返されてきたさまざまの国家的祭儀とともに、基本的には、政治的計画によるものであり、民衆の忠誠と服従とを調達するために上から操作されたものにほかならなかった。

もっとも、こうした批判的分析においては、ナチ・ドイツの政治的祭儀と比較して、そこに重要な差異があったことも見逃されてはいない。(8)すなわち、指導者への献身(=スターリン崇拝)は、ソ連社会でも《宗教的》特性さえ示すにいたったとはいえ、ヒトラー崇拝にみられるような、指導者の魔術的能力にたいする神秘的関係は生まれなかった。クリステル・レーンによれば、大規模に組織化される政治的祭儀が行なわれやすい社会として、次のような特徴があげられている。すなわち、その社会では、(イ)包括的なイデオロギーが支配的であり、(ロ)政治的エリートがこのイデオロギーにもとづく価値のコンセンサスをつくり出すことに強い関心をもっていること。しかも、他方では、(ハ)現実の社会状況とそのイデオロギーによる定義とのあいだには広汎なギャップがあり、(ニ)かつエリートや利益集団間の政治的な分化が十分になされていないため、民衆の大多数がこうしたギャップに気づいていないような社会だという。(9)

しかし、最近では、ナチズムないし共産圏の政治的祭儀に限らず、むしろ西欧社会をふくめ、ひろく現代の政治過程に認められる政治の儀礼化の問題が注目されるようになった。先にあげたノイマンは、すでに『ビヒモス』の末尾に、ラスウェルの分析を引照しつつこう記していた。「ナチズムは、ヴァイマル共和国の制度的デモクラシーを儀式的デモクラシーと魔術的デモクラシーとに一変させてしまった[(10)]」と。これにたいして、逆にイーデルマンは、アメリカの政治過程を踏まえて、議会制デモクラシーを貫く儀礼的性格を明確に指摘する[(11)]。たとえば大統領選挙戦にみられるように、トップ・レベルでのアメリカの政治は、政策決定過程というより、むしろ《演劇論と演出法》のそれとして捉えられるとするのである。そうした視点から政治家たちの行動やふるまい、政治行動の行なわれる状況、民衆を指向する政治的演説や言語のスタイルなどが分析される。こうして選挙、政治的討論、立法、司法、行政などの政治制度全体の中に、イーデルマンは、直接に参加する者も、あるいは距離をおいて傍観する者も、ともにまきこむダイナミックな政治的儀礼の活動を認める。社会学者ロバート・N・ベラーが大統領の就任《儀式》の中にアメリカの《市民宗教》の存在を指摘したことも、同じ連関に立つといえよう[(12)]。厳格な《政教分離》の憲法原則に立つアメリカも、固有の祝日、象徴、礼拝の場所をともなう《市民宗教》という政治的な祭儀をもつ国家なのであるという。

最も新しい研究では、人類学的知見を踏まえてデイヴィド・I・カーツァーが、古代から現代までのあらゆる政治システムにおける政治的儀礼の重要性を指摘している。カーツァーによれば、「儀礼は、民衆が政治的現実を定義するに際して、認知効果をもつだけでなく、重要な情動的インパクトをもっている[(13)]」。したがって、政治的儀礼は、これまで一般に理解されてきたように、支配の安定化ないし権力の正当化のために用いられるだけでない。むしろ逆に、正当性を剝奪する祭儀もあるのであり、それは民衆を蜂起に向けて動員する強力な情動をも提供するのである。「儀礼は反動にとって生命にかかわる重要性をもつかもしれないが、また革命の生命の血でもある[(14)]」。カーツァーのこうした視点は、たしかに、従来の政治的祭儀の研究における儀礼の「過小評価」ないし「誤解」に新しい光を投ずるものといってよいであろう。しかし、政治的祭儀に向けられたバジョット的批判の伝統を「合理主義者のバイアス」[15]として一義的に批判し、捨て去ることには一定の留保が必要ではなかろうか。

たとえば、イーデルマンの『儀礼としての政治』のドイツ語版序文で政治学者クラウス・オッフェが記すように、そこにふくまれる「診断的価値と潜在的批判力の高さ」にもかかわらず、政治的儀礼が機能しなくなる限界が示されない限り「完璧とはいえない」から。すなわち、現代社会においては、象徴や儀礼にたいする需要が増大するにつれて、逆に批判的な検証力は低下しがちである。こうした中で、政治過程の儀礼化を支えている「社会的条件への問い」[16]が、ますます不可欠となるのではなかろうか。そのことを離れて儀礼の《積極的》評価を——《解放的》意義さえ——語ることは、けっして「完璧」ではありえない。カーツァーは、正当にも《反体制的》儀礼のもつ政治的意味に改めて注視することを促しているが、それぞれの政治的祭儀のおかれた特定の政治的＝イデオロギー的文脈と機能とを具体的に分析する手続きを不可欠のものとして問われているであろう[17]。

いずれにせよ、今日にいたるまで、ナチズムが政治的祭儀の《操作》(フォンドゥング)的性格を最も特徴的に示してきたことは否定できない。戦間期ヨーロッパには、そのほかイタリア・ファシズムにおいても、相似た政治的儀礼が行なわれていた。しかし、ムッソリーニ政権は、ナチ・ドイツにおけるほど社会生活を包括する政治的祭儀をつくり出すことはできなかった。カトリック教会や王権に代表される伝統的勢力は、明らかにファッショ的儀礼に限界を画したから。ナチ・ドイツの場合、そこでは、国家的祭儀において大規模に驚異的象徴としての《ミランダ》の展示が行なわれ、民衆の一体感を保証し支配体制の安定化に仕えるために用いられた。しかも、こうした祭儀における政治的言語は体制イデオロギーの中核としての《クレデンダ》(チャールズ・E・メリアム)を代表するものが少くない[18]。したがって、政治的祭儀を、その政治的神話に即して解き明かすことが必要となろう。

従来の儀礼研究でも、儀礼と神話との機能主義的結びつきがしばしば指摘されてきた。たとえばカッシーラーも「祭儀が神話に転化されると、新しい要素が現われてくる。人間は、もはやある事柄をするというだけで満足せず、これらの事柄が何を《意味する》かという問いを発する」[19]と述べている。神話は祭儀によって反復されるが、祭儀は神話によって意味づけをあたえられる。政治学的には、神話とは、ある社会の政治文化のもつ《秘教的》内容を大衆に近づきやすい形で伝達するもののことであり、通常、そこに支配的な情動的価値ないし政治的信念を《体系的な象徴システムとして表現したもの》(W・Y・エリオット)として把握される。神話は、つねに価値づけられたある事実を自明の前提に変え、それ以上深く問われることなく、人びとの行動や事件に意味をあたえる[20]。それは、とくに政治的な大衆運動の展開に際して導きの力となる象徴のシステムにほかならない。神話によって活性化された政治的祭儀が、その有効性をいっそう大きいものにすることは疑いない。ナチズムは、その政治的祭儀のもつ《魔術》(フォンドゥング)的性格をもっとも典型的に具現したものといえるであろう。

(1) Cf. R. Grainger, *The Language of the Rite*, 1974(『言語としての儀礼』柳川啓一監訳、紀伊国屋書店)。ナチ・ドイツの政治的祭儀については、H.J. Gamm, *Der braune Kult. Das Dritte Reich und seine Ersatzreligion*, 1962; K. Vondung, *Magie und Manipulation. Ideologische Kult und politische Religion des NS*, 1971 などがある。フォンドゥングによれば、《操作》(Manipulation)というのは、所与の現実を実際には実在しない空想的な構成体へ変換する心理的過程を意味する。《魔術》(Magie)というのも、通常のオカルト的呪術のことではなく、「意識の中で特定の内容をあたえるように現実を操作すること、またそれに応じて社会の成員をふくむ外的現実を道具として操作すること」(*a. a. O.*, S. 7)として定義されている。

(2) たとえば、W. Jetter, *Symbol und Ritual. Anthropologische Elemente im Gottesdienst*, 1978; V. Turner (ed.), *Celebration. Studies in Festivity and Ritual*, 1982. 青木保『儀礼の象徴性』(岩波書店)、一九八四年など、参照。

(3) たとえば、D. Cannadine & S. Price (eds.), *Rituals of Royalty. Powers and Ceremonial in Traditional Societies*, 1987; J.

Hartmann, *Staatszeremoniell*, 1988など、参照。グレンジャーによれば、《儀礼》も《儀式》も、元来、一つのものとして扱われることを意図した出来事である(*op. cit.*, p. 24)。

(4) Vgl. U. Schultz (hrsg.), *Das Fest. Eine Kulturgeschichte von der Antike bis zur Gegenwart*, 1988; R. Grimm u. J. Hermand (hrsg.), *Deutsche Feiern*, 1977. 古代から現代にいたる《祝祭》論のアンソロジーとして、vgl. H.-J. Simm (hrsg.), *Das Fest. Ein Lesebuch vom Feiern*, 1981.

(5) たとえば、古典的な研究として、cf. E. Durkheim, *Les formes élémentaires de la vie religieuse*, 1912(『宗教生活の原初形態』古野清人訳、岩波文庫); B. Malinowski, *Magic, Science and Religion*, 1948. なお、cf. C. Levi-Strauss, *Anthropologie structurale*, 1958(『構造人類学』荒川・生松・川田・佐々木・田島共訳、みすず書房)。

(6) Neumann, *op. cit.* とくにカッシーラー、前掲書、三六七ページ以下、参照。しかし、すでに一九三〇年代末には、フェーゲリンも、古代政治宗教との類比の中で、ナチズムの批判的分析を行なっていた(vgl. E. Voegelin, *Die politischen Religionen*, 1938)。

(7) Cf. Ch. Lane, *The Rites of Rulers. Ritual in industrial Society—The Soviet Case*, 1981, p. 267. なお、《レーニン崇拝》の成立と展開については、とくに、cf. N. Tumarkin, *Lenin Lives! The Lenin Cult in Soviet Russia*, 1983.

(8) レーンによれば、「ロゴスより神話《ミュトス》」を重視するナチ・イデオロギーと異なり、マルクス＝レーニン主義の「合理的信頼」の基調が政治的祭儀を「限定」し、非合理主義的逸脱を例外的なものにとどめたという。たとえば、スターリン神化に近い指導者崇拝の高まりの中でも、《ハイル・ヒトラー》を叫ぶドイツ式敬礼のようなものは生まれなかった(cf. Lane, *op. cit.*, p. 277 f.)。

(9) Cf. Lane, *op. cit.*, p. 282 f. レーンは、現代社会における政治的祭儀が、現実の社会的＝政治的関係と「イデオロギーによって定義された社会的＝政治的関係」とのあいだにあるギャップを、曖昧にする機能をもつことを明確に指摘している。

(10) Neumann, *op. cit.*, p. 465.

(11) Vgl. M. Edelman, *Politik als Ritual. Die symbolische Funktion staatlicher Institutionen und politischen Handelns*, 1976. こうした方向での研究動向として、vgl. U. Sarcinelli, Symbolische Politik und politische Kultur, in: *P. V. S.*, 1989, H. 2, S. 292-309; R. Voigt (hrsg.), *Politik der Symbole. Symbole der Politik*, 1989.

(12) Cf. R. N. Bellah, *Beyond Belief*, 1970, p. 168 ff.(『社会変革と宗教倫理』河合秀和訳、未来社)。しかし、《市民宗教》論にたいしても——後述の政治祭儀論にたいしてと同じく——一定の批判的留保がおかれねばならない。たとえばE・エリクソンは、ベラーを引きながら「集団的な夢の儀式的側面がもっとも甲高く強調されるのは、正義と偏見とが互いに結託して、一定の部類の人びとにたいして権利を剝奪したり制限したりすることを正当化しようと、もくろむ時である」(H. E. Erikson, *Toys and Reasons. Stages in the Ritualization of Experience*, 1977, p. 156(『玩具と理性』近藤邦夫訳、みすず書房)といい、「国家的悪夢」の契機に注意を促している。なお、宮田光雄『政治と宗教倫理』(岩波書店、一九七五年)、九三ページ、参照。西欧諸国の《市民宗教》をめぐる最近の論議については、vgl. H. Kleger u. A. Müller (hrsg.), *Religion des Bürgers. Zivilreligion in Amerika und Europa*, 1986.

(13) Cf. D. I. Kertzer, *Ritual, Politics, and Power*, 1988(『儀式・政治・権力』小池和子訳、勁草書房)。引用は、p. 14.

(14) Kertzer, *op. cit.*, p. 2.

(15) Cf. Kertzer, *op. cit.*, p. 182. バジョットは『イギリス憲政論』(一八六七年)の中で「王制とは、国民の注目が芝居になりそうな行動を演ずる一人の人物に集中される政治であり、共和制とは、その注目の対象が多数の人びとに分割され、各人がみな芝居にならない行動をしている政治のことである。したがって、人間の心情が強く人間の理性が弱いかぎりは、王制は健在である。摑みどころのない感情に訴えるからである」(W. Bagehot, *The English Constitution*, Cornell Pb. 1963, p. 86(『英国の国家構造』深瀬基寛訳、弘文堂))と論じていた。議会政治の儀礼化過程についてまで洞察が及ばなかったことを別とすれば、この指摘は依然として的確である。

(16) C. Offe, Editorial, in: Edelman, *a. a. O.*, S. x.

(17) イーデルマン自身も引いている「政治的象徴化のもつカタルシス的機能」というラスウェルの指摘は、「特定のテーマをめぐる論争が公共的意識から消失したからといって、そこにふくまれる問題が根本的に解決したと早とちりしてはならない」という文脈の中に立っていることを見逃してはならない(cit. in: Edelman, *The symbolic Uses of Politics*, p. 33)。これにたいして、《劇場国家》儀礼の「独自の存在理由」、さらには儀礼の「解放する力」(青木、前掲書、二一七、一六六ページ)という言い方には一定の批判的留保が必要であろう。もっとも、ここでも、ナチ的儀礼の「強圧的性格」についてのカッシーラーの批判は、正当なものとして認められている(同上、一六六ページ)。

(18) 《ミランダ》《クレデンダ》については、cf. Ch. E. Merriam, *Political Power*, 1934, Collier Books, 1964, p. 109 ff.(『政治権力』斉藤・有賀共訳、東大出版会)。《ミランダ》とは、権力の安定化のために大衆の情動を統合する同一化の象徴システムであり、《クレデンダ》とは正当化の象徴システムを指す。

(19) カッシーラー、前掲書、三六八ページ。そのほか、たとえば、cf. Grainger, *op. cit.*, pp. 110 f., 157 ff.; Voigt, Mythen, Rituale und Symbole in der Politik, in: ders. (hrsg.), *a. a. O.*, S. 9 ff.

(20) 《政治的神話》の概念については、宮田、前掲書、三二一ページ以下。なお、cf. H. Tudor, *Political Myth*, 1972. たとえば、イーデルマンも、政治的な神話についてコメントしている。「神話とメタファーは、人びとに、そこでは原因が単純で明快であり、助けが手近にあるような世界に住むことを可能にする。人びとは、複雑な経験世界の代わりに、比較的少数の単純な元型的神話に結びつく。そこでは、陰謀をたくらむ敵と万能の英雄＝救い主が中心的な神話である。したがって、人びとは、指導や確実さ、信頼感があたえられるとき、〔逆に〕脅かされたり、困惑させられたり、心ならずも自ら判断を下す責任をとらされたりしないとき、安心感を覚えるのである」(Edelman, *Politik als Ritual*, S. 166)。

二　ナチ言語の政治的特質

いうまでもなく、ナチ政権の成立とその一二年間にわたる支配を、ナチ党の宣伝や指導者たちのデマゴギー的能力にのみ帰するのは誤りであろう。それらはナチズムを可能にした政治過程の構成契機の一つにすぎない。したがってまた、その背景にある経済的・社会的構造、ドイツ民衆の多数をとらえた社会心理学的状況など、全体としての歴史的連関を視野におくことによって、はじめて正しく位置づけられることができる。にもかかわらず、ナチ・プロパガンダの分析は、さまざまの政治行動や社会体制とイデオロギーとの結びつきを研究する上で、多くの《範型的》な示唆に富むことも否定できないであろう。ナチ・プロパガンダにとって、言語、さらにコトバをともなう行動は、とくに重要な意味をもっていた。以下においては、ナチ言語の政治的特質を通してナチ・プロパガンダ、ひいてはナチ政治文化の特質を究明することにしよう。

元来、ナチ・イデオロギーが雑多な理念やステロタイプ的思考を《混淆》させたものであったように、ナチ言語も、けっして体系的な統一性を示していない。じっさい、クレンペラーの指摘するように、「第三帝国がみずから新しく作ったコトバは少なかった(1)」。その大部分はナチズムより以前の時代のドイツ語を継承しており、とくにヴァイマル時代の極右の政治集団の言語と共通するところも少なくない(2)。そこには、一九世紀いらい一般化＝大衆化するにいたった国家主義、民族主義、帝国主義、社会ダーウィン主義、さらには反ユダヤ主義などの言語の雑多な複合体が出現する(3)。

たとえば《民族》(Volk)、《人種》(Rasse)、《国民》(Nation)、《ドイツ》などをめぐる一連のコトバは、党の語彙の中心にとりこまれ、多用された代表的な例である。それらは、情動的＝行動主義的な言い回しやメタファーで修飾されて、客観的な情報伝達の言語としてよりも、ほとんどもっぱら政治的アジテーションの言語として機能した。当時、すでにナチ党に属する若い言語学者自身、その事実を認めていた。「ナチズムは西欧精神に反対する多くの運動の憧憬を実現するものであり、それゆえにナチズムの語彙には、フランス革命の中に登場し、またこれに反対する闘争の中で出会う多くのコトバが見出されるのである。多くのコトバを意図的に他者の陣営から取ってくるとよいのである。それだけいっそう理解されやすくなり、相手を彼自身の武器で打ち倒すことができるようになるのだから」(4)。じっさい、権力闘争期にナチ党が、しばしば左翼の革命運動からプロパガンダを模倣して、彼らのコトバをつくり上げたことも、よく知られている。しかし、ナチズムは、コトバの組み変えによって新語をつくり出したほか、コトバに再定義をほどこし、以前の時代にもっていたのとは全く逆の意味をあたえることも試みている。

マス・メディアのトータルな統制、公然・隠然のテロリズム、さらに大衆組織の《均制化》などは、権力目的のために操作された支配者の言語を被支配者の言語につくり変える努力だった。そこでは、ナチ・プロパガンダに対抗する反対のためのメディアも、また体制の外部からの影響も周到に排除されていた。クレンペラーによれば、ナチ体制にたいして批判的に立ち向かっていた人びとさえも、知らず知らずのうちに、ナチの政治的語彙を用いるようになっていったという。たしかに、ナチの言語規制ないし言語誘導は、ドイツ社会の表層に関するかぎり成功したようにみえる。しかしまた、それがドイツの民衆の思考と意識の内部まで滲透し規制することに成功したか否かについては、なお論議の余地を残している(5)。

市民の言語生活にたいして及ぼしたナチズムの影響は強力だったとはいえ、ドイツ語の言語構造そのものを変革したわけではなかった。ナチ言語による《革新》は、基本的には、すでに現存していた言語的素材にもとづいて行なわれがちであった。したがって、どのような傾向がこれまで以上に強められたか、どのような言語的素材や表現法がいっそう好んで用いられるようになったか、ということに注目しなければならない。じっさい、ナチ言語のさまざまの文体や構文には、そのイデオロギーを反映する典型的なメルクマールを認めることが不可能ではない。したがって、ナチ言語を理解するためには、その語源的研究はあまり重要ではないであろう。コトバの由来そのものより、むしろ具体的な歴史的連関におけるコトバと意味、特定の言語形態に現われるナチ的思考の特徴を探り出すことが問題である。むろん、分析の素材となるコトバの実例はきわめて豊富なばかりでなく、一般に言語の変化の多くは目立たぬうちに緩慢に行なわれがちである。したがって、コトバの使用頻度や特徴的な傾向などを基準とすることによって、はじめて限定された時期の固有の言語状況を推論することも可能となるであろう。[6]

(1)　Klemperer, *Die unbewältigte Sprache. Aus dem Notizbuch eines Philologen*, S. 24. もっとも、クレンペラーの場合、ナチ言語を「有毒物質の媒体」(*a. a. O.*, S. 24)のように《実体化》し、またナチ言語の制作者を特定化しようとする傾向がある。「つまるところ、許される言語を決定したのは、ゲッベルスただ一人であったらしい」(Klemperer, *a. a. O.*, S. 30)。

(2)　ヴァイマル時代の極右運動の言語については、とくに、cf. J. P. Faye, *Languages totalitaires*, 1976. フェーは、議会外の諸集団をふくむ当時のドイツの政治的情勢図とともに、彼らが結集した政治的テーマの意味論的分析とを組み合わせ、ナチ支配の確立にいたる精神状況を再構成している。なお、vgl. W. W. Sauer, *Der Sprachgebrauch von Nationalsozialisten vor 1933*, 1978.

(3)　《国家》《国民》《ドイツ》など政治思想史上の基本的概念は、ドイツの場合、他の西欧諸国に比較して、近代国家としての統一の遅れた挫折体験や、そこから生まれる激しい憧憬の感情などにまつわられて、認知的・情動的に一義的に定義されることも、また一義的に適用されることも困難だった。一九世紀以降のドイツ語史における《政治と言語》の関わりについては、P. v. Polenz, *Geschichte der deutschen Sprache*, 9. A. 1978, S. 160 ff.(『ドイツ語史』岩崎・塩谷・金子・吉島共訳、白水社)が簡潔ながら明快である。なお、新しい研究として、vgl. C. J. Wells, *Deutsch. Sprachgeschichte bis 1945*, 1990, bes. S. 428 ff.

（4）M. Pechau, NS und deutsche Sprache, in: *NS-M. H.*, 1937, S. 1059. たとえば、ナチ時代のドイツ語辞典『ドゥーデン』をヴァイマル時代のそれと比較した研究（W. W. Sauer, Der "Duden" im Dritten Reich, in: K. Ehlich (hrsg.), *Sprache im Faschismus*, 1989, S. 104-119）がある。それによれば、言語変化の諸類型の中で、とくに政治的用語について、定義を完全に、あるいは部分的に、あるいは補足的に変更することによってナチ的用法に適用させる例が多くみられる。この中でナチ言語に特徴的な複合名詞の登場頻度を比較すると、一九二九年版、一九三四年版、一九四一年版で《帝国《ライヒ》》（三五—六〇—一四一）、《民族》（五〇—七〇—一一五）、《ヒトラー》（〇—七—一〇）と増大している。同じく『マイヤーズ・レキシコン』について一九二四年版と一九三六年版における定義の変化を比較した例（前掲の Mueller, *The Politics of Communication*, p. 27 f.）、参照。

（5）たとえばクレンペラー自身、ナチ言語の言い回しを払拭し切っていない。そこでは、くり返しナチ言語の「毒」や「病気」の「伝染」について語られ、じっさい、ナチズムが「ドイツ的本質の変種《エントアルトゥング》」（Klemperer, *a. a. O.*, S. 147）である、というように語られている。むろん、ナチ的響きをもつ言語表現が用いられたことをもって、ただちにナチ・イデオロギーの情況証拠のように言うことはできないかもしれない。しかし、クレンペラーは、別の箇所で「勝利者の言語を使うならば、かならず悪い報いがある。それは吸い込まれ、生き方までそれに従うようになるのだ」（*a. a. O.*, S. 219）とも記している。じっさい、《安寧と秩序》（Ruhe und Ordnung）というコトバについて、ヒトラー政権成立後のナチ的用法がナチ批判者の思考にも一定の影響をあたえた跡を指摘する分析もある。たとえばベルリンの総教区長O・ディベリウスは、一九三三年四月初めのナチ党によるユダヤ人ボイコットが「完全な安寧と秩序のうちに経過した」と評価したという（vgl. W. Frühwald, "*Ruhe und Ordnung*": *Literatursprache—Sprache der politischen Werbung. Texte, Materialien, Kommentare*, 1976, S. 139 f.）。もっとも、ディベリウスの場合には、ナチ的影響というより以前に、ルター主義的な官憲国家意識の伝統が、いっそう強く働いているのかもしれない。

（6）ナチの政治語彙集として、vgl. C. Haensel u. R. Strahl, *Politisches ABC des neuen Reiches. Schlag- und Stichwörterbuch*, 1933. 戦後に収集・編纂された資料集として、とくに、C. Berning, *Vom* 》*Abstammungsnachweis*《 *zum* 》*Zuchtwort*《. *Vokabular des NS*, 1964; K.-H. Brackmann, *NS-Deutsch. "Selbstverständliche" Begriffe und Schlagwörter aus der Zeit des NS*, 1988 など、参照。なお、前掲の Sternberger u. a., *Aus dem Wörterbuch des Unmenschen*; H. Kammer und E. Bartsch, *Jugendlexikon NS. Begriffe aus der Zeit der Gewaltherrschaft 1933-1945*, 1982 など、参照。

1　語り口と文章構造

もっとも重要な点は、ナチ言語が当初から話しコトバと書きコトバを区別しなかったことであろう。むしろ「第三帝国の言語では、すべては演説であった。すべてが呼びかけであり、訴えであり、叱咤激励でなければならなかった。宣伝相〔ゲッベルス〕の演説と論文には文体の上でなんらの相違がなかった。彼の論文が絶叫調の演説にのりやすかったのも、そのためである」(1)。この大衆を対象とするアジテーターないしデマゴーグとしての文体は、ゲッベルスの二〇年代の文章から大戦末期の演説にいたるまで終始変わっていない(2)。これに関連してヒトラーの『わが闘争』も、依然として、もっとも恰好の分析のための素材である。そこには、後のナチ言語の重要な特質を、すでに数多く摘出することができよう。じじつ『わが闘争』自身、その執筆・編集経過からも明らかなように、基本的に「体系的なつながりを欠いたヒトラー演説集」(W・マーザー)にすぎなかった。その草稿の文体を書きコトバにふさわしく修正しようとした人びとの協力にもかかわらず、この書物の宣伝文書的特質は変わっていない(3)。

じっさい、ヒトラー自身、この書物の序言の中で、「この世におけるいずれの偉大な運動も、それが躍進するのは偉大な文筆家ではなく偉大な演説家のおかげである」という確信を表明している(4)。ナチ党における、またナチ党を通ずるヒトラー自身の政治的体験によって、彼は、演説によるプロパガンダの効果を過大に評価する傾向があった。一九二三年のプッチュ失敗後、ヒトラーは、投獄と隔離のゆえに余儀なくされた閑暇の時に、自己の政治的信念を文書にしようと決心するにいたった。にもかかわらず、彼のこの確信は変わらなかった。話しコトバは、書きコトバよりいっそう強力に直接的な心理的影響力をあたえうるであろう。「宗教的・政治的な性質を帯びた偉大な歴史的雪崩を引き起こした力は、永遠の昔から、語られるコトバの魔力だけだ」(S. 116)。この変革的なコトバの起爆力にたいする信念が、その文体を規定する。いわばコトバの意味ではなく響きが、実体ではなく物量が、ナチズムの演説や宣伝文書を一貫する特徴となる。それは、じっさい、ナチ政治文化(祭儀!)全体にも見逃しえない構造的刻印をあたえるであろう。

ヒトラーみずから、その政治宣伝の基本原理を要約している。「広汎な大衆に働きかけ、少数の論点に集中し、同一の事柄をたえずくり返し、反論しえない主張になるまでテキストを確実に把握し、影響が広がることを望みながら辛抱強く忍耐すること」(S. 402)と。ヒトラー演説の研究者によれば、少なくとも一九二〇年いらい権力獲得にいたるまで、その文体と内容における大きな同質性が検証されている。(5) たしかに、ヒトラーは、特定の時期に特定のテーマについて、それほど言及しないという形で聴衆ないし政治的状況に自己を適合させはした。(6) しかし、それは、いわば強調点の移動にすぎず、彼のレトリックにおける基本線の放棄をいささかも意味しなかった。ヒトラーのもちえた大衆的魅力の秘密は、その政治理念のオリジナリティーではなく、その宣伝的レトリックの能力にひそんでいた。

以下においては、まずH・コッツェとH・クラウスニックとの編集した演説集の事例研究の中から、《演説家》ヒトラーのレトリックの基本的特徴を幾つか取り出してみよう。(7)

(一) 断定的主張

ヒトラーは『わが闘争』いらい、つねに「絶対的に、主観的、一方的である」(S. 200)ことの有利さを強調してきた。大胆で断定的な主張は、懐疑や反論の入る余地をあたえない。つまり、現実は、まさに主張された通りでなければならない。ここでは、立証されねばならない事実は、すでに一般に承認された事実として先取りされる。こうして聴衆は断定された事実関係に強く固定される結果、つづいて語られる理由づけそのものは重要性を失う。話し手にとっても、こうした主張が事実関係についてのザッハリヒな確認という恰好をとるときには、みずからの断定を確信する力をあたえられる。この確信に充ちた態度は完全に信じ切っていない聞き手にすら、知らず知らずのうちに感銘をあたえ、限られた時間ではあれ効果を発揮するであろう。こうしてヒトラーは独断的に主張する。「ドイツ国民は、今日、一致団結して、事実上、世界最強の国民である」と(一九四二年二月一五日、演説)。もっとも、この手法のバリエーションとして、ヒトラー演説のレトリックには、想定された話し相手との間にかわされる《対話》形式をとることもある。特定の問題や事実について、みずから一連の疑問を数えたて、あるいは賛否両論を展開してみせる。(8) いずれの場合にも、ヒトラーは、きわめてフェアでないやり方で議論を進め、疑問や批判を確信をもって《片付けて》しまう。そこでは、みせかけの問題提起や、論点の微妙な移動、同じ非難のくり返しによって、当初すでに断定された主張が再確認されるにすぎない。想定された討論相手との《対決》は、ヒトラーの弁舌全体の強力さを演出してみせる舞台にすぎない。「私はつねにドイツの未来を信じてきた。彼らは当時言った《あなたは空想家だ》。……私はわが国の経済危機を除去できると信じた。彼らは言った《それはユートピアだ》。さて誰が正しかったか。空想家か、それとも彼らか。私が正しかった。そして私は将来についても正しいだろう(嵐のような拍手)」(一九三七年五月二〇日、演説)。

㈡　**くり返し**　『わが闘争』における宣伝に関する周知の記述でも明言されているように、くり返しはヒトラー演説のもっとも重要な心理学的手法の一つである。それは、ナチ・イデオロギーを《教条的》に説明する場合のみでなく、個々の文章の中でも、徹底的なたたみ込みの効果をあげるために、くり返し用いられた。しかし、そこでは、最初の概念が後の概念によって、いっそう正確に規定されるわけではない。文章の展開は、異なった概念によって豊かにされるのではなく、同一の概念をくり返すだけにすぎない。ここでは、くり返しは、聞き手の情緒的反応を強めるように働きかける。それは、ザッハリヒな議論の代わりに確信させることを意図する。ヒトラーはこう語る。「当時、われわれはみな知っていた。このドイツは過去のドイツより美しくなるにちがいない、と。ドイツは過去のドイツよりよくなるにちがいない、と。ドイツは過去のドイツより強くなるにちがいない、と。そしてドイツは、より美しく、よりよく、より強くなった」(一九三七年二月二四日、演説)。一連のコトバのリズム化は、思考や反省する力を抑圧し、コトバの暗示的効果をいっそう高めるであろう。[9] じっさい、個々のコトバそのものも、一定の定式のように固定化されてくり返される。たとえば「偉大で天才的な」といった形容詞の組み合わせ、「理解し把握する」という動詞形の組み合わせ、あるいは「周到さと正確さ」「エネルギーと大胆さ」といった名詞の組み合わせの形で。こうした定式がくり返されるうちに、主語と述語の文章構造が破壊され、コトバは全体から独立したスローガン的性格を帯びるものとなるであろう。

(三) 単純化

《ラディカルな単純化》にたいする固執も、ヒトラー演説の効果を高めることに貢献した。彼は、大衆を感情的に思考し行動する女性的気質に比較した『わが闘争』の有名な一節で、こう記している。大衆の「感受性は複雑でなく、きわめて単純で閉鎖的である。そこにはニュアンスの相違はなく、肯定か否定か、愛か憎か、正義か不正か、真か偽かの区別しかない」(S. 201)と。ここから生まれるのは、いっさいの《中途半端》を忌避して黒白図式に塗りわける極端な単純化への志向である。「《国家》は《デモクラシー》にたいするもっとも活力ある対立物である。デモクラシーが勝利するか、そのときには国家が没落するであろう。それとも国家が存立することを欲するか、そのときにはデモクラシーが没落するであろう。ここには何らの妥協の余地はない」(一九三七年四月二九日、演説)。たとえば、ヒトラーが大衆の信憑性を引き起こすために《大きな嘘》の効用を説き、また大衆の全注意力を単一の敵にふり向ける《集中化》(ハーゲマン)の要請も、同じ手法のバリエーションといってよいであろう。[10] 反ユダヤ主義の宣伝は、その最たるものであろう。じっさい、当時、ヒトラーほど、多様な社会構成をもつ大衆や社会集団、ひいては一国民全体の中に潜在するルサンティマンの感情を動員し、巨大な政治力に凝集しえた政治的リーダーはいなかったといえよう。

㈣　一般化　単純化の手法と関連して、ヒトラー演説には、少なくとも一九二五年いらい、《一般的なもの》にたいする選好が認められる。同時代史を生きたテオドール・ホイスの批判(一九三二年)によれば、ヒトラーの「演説は、内容的に奇妙なほど曖昧であり、具体的な政治的・経済的問題を回避しており、以前より以上に現在、一般的な、やや教条的な調子を帯びるにいたっている」[11]。そこには、政策の過程や目標の具体化への視点が欠落しているというのである。それは、ある意味では特定の政策にしばりつけられることによって、政治的なライバルに具体的な攻撃目標をあたえることを回避するタクティックスということもできよう。しかし、ヒトラーは、日常的視点の欠落という批判を巧妙に逆用することによって、その演説の《弱み》を《強み》へ転換するすべを心得ていた。「広汎な大衆の望むのは、われわれが日常的事項に多く考慮をはらい、毎日……新しいプログラムを用意することではない」。むしろ、そこで望まれているのは「いつまでも踏みとどまりうるプラットフォーム」であり、「政治的信仰」である[12](一九二六年二月二八日、演説)。ナチズムの中に《大きな》視点と《確乎たる》目標をあたえる《世界観》があるというイメージ、そこでは根本的に新しい政治形成が企てられ、ここにのみ《救い》と《再建》が保証されているという感情を喚起すること、それがヒトラーの演説スタイルの狙うところであった。

なお、《一般化》のヴァリエーションとして、ヒトラー演説によく現われる茫漠とした時間規定も指摘してよいであろう。たとえば「しだいしだいに」、「遅かれ早かれ」、「徐々に、しかし確実に」、「つぎつぎと」、「ますます」などの言い回しが頻出する。一例をあげれば、「ドイツ帝国《ライヒ》は、すべてのドイツ人の国家として……徐々にそして確実に、支配的地位に上っていくはずである」(S. 439)。ここでは、ある一定の歴史的発展が生じうることが暗示されはしても、その漠然とした時間指数のゆえに反論しえない。いな、予言された事態は、ときには人間の把握しうる時間基準の中では生じえないようにさえみえる。たとえばヒトラーは、人口の大きさと、それを養いうる土地の広さとが均衡した状態こそ「健全な関係」である、という。「それ以外の状態は、たとえ数百年、じっさい数千年(!)つづくことがあるとしても、にもかかわらず不健全な状態であり、遅かれ早かれ……当該民族を損なうことになるであろう」(S. 728)。曖昧な語り口は、つねに訴えと誓いのコトバに終始するだけである。(13)

こうした語り口を通してナチズムのレトリックは、人びとを政治的・経済的・社会的に無自覚な状態におしとどめる《幻惑》(E・ブロッホ)の言語にすぎない。ステロタイプ化されたコトバは、本来のコミュニケーションを困難にし、政治的現実を意識と実践において突破することを阻害するにすぎないから。むしろ、それは、コトバによらない本能的・直感的な原初的思考に投げ返そうとする企てである。批判的な知性は、ここでは非合理的情動に席を譲らねばならない。(14)

こうしたナチ言語の政治的道具化は、文章構造そのものにも特徴的な刻印をあたえている。もともとなんらの実体をもたないコトバが複雑な構文法の助けを借りて真実の装いを獲得する。以下には、ルッ・ヴィンクラーの言語分析から幾つかの類型をとり出してみよう。(15)

㈠ **仮定法(wenn—dann)**　「もしも諸民族がこの遊星上で自己の生存のために闘うならば、したがって生か死かという運命的問題が登場するならば、人道性とか美とかの考量はすべて消え失せてしまうであろう」(S. 195)。実証科学においては、その法則を定式化するコトバは仮説にすぎない。それは、複雑多様な現実の中から、特定の側面に即して因果の連関を明らかにする実験的手続きである。それは現実全体を覆うものではないし、むろん、一定の条件の下に行なわれる実験と社会的適用とは自覚的に区別される。ナチ言語においては、こうした区別は、いっさい存在しない。そこでは、なんら多元的な目的の競合が許容されない以上、設定された条件は、ただちに実行のための不可譲の前提となる。一般にヒトラーのコトバには、全体としてみた場合、元来のコトバの意味をずらせたり曖昧化する傾向がある。こうした特徴は、この肥大化する仮定法的構文にも、ひとしく認められる。つまり、ヒトラーの仮定法の文章は、ときに断言的、ときに命令法的、ときに因果律的な性格を示しながら、その間の移行は一義的に確定しえないことが少なくない[16]。とはいえ、ヒトラーは、強者の支配としての社会ダーウィン主義思想を人種《法則》としてくり返し論じている。一例をあげれば、「なぜなら、もしこの法則が支配しないとしたら、あらゆる有機的生物について思いつかれるいずれの進化も、まったく考えられなくなるだろうから」(S. 312)と。ここでは、仮定法という伝統的な証明形式は、すでにステロタイプ的にくり返されることによって、一種の魔術的呪文に近いものとさえなっているようにみえる。

(二)　**比較法**(je—desto)　ナチ言語に特徴的な比較法的構文の一例をみてみよう。「われわれが運動の力全体を、ますます政治目的に集中すればするほど、いよいよ多くの成功を、われわれは全戦線にわたって予期することが許されよう」(S. 681)。こうした「多くなればなるほど」——「ますます偉大な」とか、あるいは逆に「ますます少なく」などの言い回しのほか、さらに「よりも少なく」「というより、むしろ」「と全く同じに」などの比較法的表現をいたるところで取り出すことができる。元来、いっさいの計量的比較化について慎重でなければならない言語的思考において、一たん設定された限界の内部で、いわば無際限に比較法的表現が氾濫するにいたる。「ますますよくなればなるほど——いよいよ偉大に」「いよいよ悲惨になればなるほど——いよいよ小さく」「ますます劣悪になればなるほど——いよいよばなるほど――いよいよ多く」……。硬直した比較法的定式の背後には、選択の恣意性が隠されている。しかも、そこでは、元来、独立した、あるいは矛盾した性質や状態、判断――たとえば「笑うべき」と「悲しむべき」、「賢明な」と「仮借なく」、「仮借なく」と「天才的な」といった――が矛盾命題でない同一の文章群の中にとり入れられる。比較しえないものを比較する結果、定式化されたコトバはスローガン的性格を帯びはじめる。よく引かれる次の文章は、その一例といえよう。「臆病者よりも勇気ある男性のほうが女性の心を征服しやすいように、臆病な運動より英雄的な運動のほうが大衆の心を獲得しやすい」(S. 546)と。ナチズムの言語は、こうした魔術的な比較法的表現によって現実認識を破壊してしまう。

㈢ **択一法(nicht—sondern)**　ヒトラーの言語は、いたるところで「ではなく――である」という二者択一の形をとって展開されている。一例をあげれば、アーリア人種は「もはや直接的に自分自身のために働くのではなく、自分の活動とともに社会全体の枠の中に組み込まれる。〔それは〕たんに自己の利益のためというのではなく、全体の利益のためなのである」(S. 326)。二つの選択肢を「ではなく」という構文法の中に対立させる硬直した思考は、冒頭の命題から結論までタウトロギーの運動をくり返すだけで、新しく展開されるわけではない。しかし、逆にみれば、こうして二者択一が執拗にくり返されることによって思考への叩き込みが行なわれ、選択が一義的に強制される。ここでは、世界は、はっきり二つに分けられる。ナチ言語は、その間になんらかの妥協をも宥和をもつくり出さない。たとえば一方の《ユダヤ的》国家にたいする他方の《ゲルマン的》国家、あるいは《寄生虫的存在》にたいする《誠実な人間性》、《経済的機構》にたいする《民族的有機体》、《商人根性のエゴイズム》にたいする《英雄的美徳》へと分極化される。こうしてイデオロギー的＝情動的価値を帯びてスローガン化したナチ言語は、はっきりと「あれか、これか」(Entweder—oder)の形をとって宣告する。「ユダヤ人とのあいだには協定などではなく、ただ苛酷なあれか

―これかがあるだけである」(S. 225)。ここでも、またそれ以外の箇所でも、多くの場合、ヒトラーが《ユダヤ人たち》(die Juden)ではなしに《ユダヤ人》そのもの(der Jude)という集合体をあらわす名詞の単数形を用いていることも見逃せない。こうした名詞の単数形は、事実関係を単純化してみせるのに役立つと同時に、特定の文脈においては、《あれか―これか》の両極化をも強めるであろうから。[17] 逆に、《アーリア人種》《ドイツ人》《国民》《民族》などの集合名詞は、ヒトラーの演説では、ほとんど包括的な《超》人格のようにあらわれる。その内部において、はじめて個々の人間の生存が全うされるかのように。こうしたレトリックは、文章構造上の第四の特徴ともつながっていく。

四 一人称複数型(Wir-Sätze)

これは、ヒトラー演説で頻出した《われわれは》または《われわれの》を好んで用いる文体のことである。[18]《われわれは》という一人称複数型の命題は、話し手と聞き手とのあいだの距離を廃棄させる。演壇上から語られる主張は、あたかも聞き手自身の見解であるかのような外観を生み出す。《われわれは》は、共通性の感情を強める働きをする。しかも、多くの演説の文脈では、この代名詞は一義的に確定されえないままに拡張され、それによって多くの階層の人びとが自分に語りかけられているかのように感じとる仕組みになっている。たとえばヒトラー政権成立直後の有名なガルニゾーン教会演説の一節を引いてみよう。「われわれは、ドイツの諸々の種族、諸身分、諸々の職業、さらにこれまでの諸階級から、別の共同体を建設したいと思う。……農民たち、市民たち、労働者たちから、ふたたびドイツ民族が成立しなければならない。かくしてわれわれの信仰とわれわれの文化、そしてわれわれの名誉とわれわれの自由を、ドイツ民族は永遠に忠実に守っていかなければならない」。[19]

こうした文章構造の危険な働きは、聞き手たちに別の立場をとることも、また、そもそも別様に考える可能性もなんらあたえないで、ただ語り手自身の見解にのみ固定させることであろう。そこには、語り手と聞き手との密接な関係をつくり出そうとする努力と並んで、語られた主張に排他性と普遍妥当性とをもたせようとする熱望があらわれている。一人称複数型の命題は、できるだけ多くの人びとのために代弁しようとする信念告白と同時に、よりいっそう強く、その行間には同調を強制する命令法の契機が共鳴している。ここから帰結されるのは、ラディカルな中傷と誹謗の論理である。

ここで政治的誹謗のコトバの二、三の具体例を一瞥しておこう。ナチ言語は政治的誹謗の分野でもきわめて豊富であり、その音階は単純な低評価や軽蔑から、悪意の侮辱、粗暴な攻撃にいたるまで、けっして一様ではない。すでにナチ《運動》は、当初から、議会制デモクラシー、またこの制度を担う思想や人間にたいする激しい敵意を示してきた。『わが闘争』では、市民的政党は「役立たずで無規律の徒党」と呼ばれ、それを支持する選挙民は「投票する家畜」、議会は「議会主義的うすのろ」と呼ばれる。『フェルキッシャー・ベオバハター』(V・B)では、反対党にたいし、いっそう俗悪な「ヤミ成金」「いかさま師」「殺し屋」といった俗語がまきちらされている。[20] ヴァイマル共和制そのものについては、《制度《ジュステーム》》あるいは《制度時代》という用語が低評価のニュアンスをこめて多用されている。これらのコトバには人間蔑視の精神が明瞭である。こうしてデモクラシーを嘲笑すべきもの、存在し難いものに仕立ててみせる。しかし、そのことは、とくに知性や知識人にたいする激しい憎悪にも窺えるであろう。ドイツ知識人の「頑迷な世間知らず」「哲学する弱虫」「頭でっかち」(Intelligenzler)など、ヒトラーのコトバは、精神にたいする低評価を端的に示している。しかも、そこにはデリケートなニュアンスの区別さえある。「いわゆる知識人」「いわゆる教養層」という表現のほかに、アイロニーをこめた引用符を用いる「いわゆる《知識人》」という言い回しもあるから。知性に並んで《客観性》の事実にたいしても疑問がさしはさまれる。たとえば、「いわゆる客観的立場」の「弱々しさ」が指摘され、ついには「客観性きちがい」「客観性狂信者」という表現さえあらわれる。[21]

しかし、こうした誹謗のコトバは、ナチズムが自己に対する批判者との《客観的》な対決に耐ええない心理的コンプレックスを投影したものにすぎないといえよう。こうした《心理的幼稚症》(A・ミッチャーリヒ)による攻撃性が、ナチ言語では、しばしば《寄生虫》《うじ虫》《バチルス》など微生物学的・病理学的メタファーに固着してあらわれていることも特徴的である。[22] それらは《経済の毒虫》《民族の毒虫》《陰謀家のねぐら》などのイメージと容易に結びつく。こうした有害な存在にたいしては《烙印をおし》《殲滅し》《最終的に片付ける》ラディカルな手段に訴えることにならざるをえないであろう。しかし、もっとも多用されたテロのコトバは《根絶する》(ausrotten)という用語であった。ノーマルな人間であれば、このコトバをもっとも有害な動植物にたいしてのみ使用するのではなかろうか。いまやそれが《害虫》としての人間に適用され、「残虐きわまりない無情さで抵抗を除去する」(S. 392)ことが要求される。このナチ言語は、すでにナチ政治の実際の在りようを先取りして見せているといってよい。[23]

それが、なかんずく反ユダヤ主義政策において極限的な形をとったことは周知のところであろう。じじつ、ナチの誹謗の言語においても、反ユダヤ主義のレパートリーは、ほとんど際限がない。《ユダヤ的》という形容詞は、およそ否定的に評価されうるいっさいの名詞と結合したばかりか、他の価値中立的な名詞群も、この形容詞と結びつくことによって低評価の担い手となった。[24] それは、明らかに政治的言語がまことに恣意的にコトバの内実を空洞化して使用されうることを立証している。絶対的な悪としてのユダヤ民族はアーリア人種の概念にたいする絶対的対立者として措定される。反ユダヤ主義の言語は、それを聞きならされた民衆にたいして、ついにはユダヤ人絶滅への決意を促し、あるいは少なくともそれを許容させる心理的地ならしの役割を果たしえたであろう。[25]

(1)　Klemperer, *a. a. O.*, S. 30. 同じくハーゲマンも、ナチ言語の文体に「強い演説家風」と不断の「煽動家的性格」を確認している(vgl. Hagemann, *Publizistik im Dritten Reich*, S. 29)。

(2)　ナチ言語統制の最大の責任者ゲッベルスの論説のコトバの分析として、cf. W. Betz, The National-Socialist Vocabulary, in: J. Rueff (ed.), *The Third Reich*, 1955, p. 785 ff. 同じくナチ末期におけるベルリン・スポーツ宮殿でのゲッベルスの有名な《全体戦争演説》(一九四三年二月一八日)の分析として、vgl. Hagemann, *a. a. O.*, S. 464 ff. ハーゲマンによれば、このゲッベルス演説は、「大衆暗示のための試験ずみのすべての道具立て」と「きわめて周到な参加者の選択」「きわめて周到な演出」を組み合わせたもので、彼が「一九三三年いらい行なったベストな演説の一つ」であった(*a. a. O.*, S. 472)。なお、vgl. G. Moltmann, Goebbels' Rede zum totalen Krieg am 18. Februar 1943, in: *V. f. Z.*, 1964 H. 1, S. 13-43.

(3)　Vgl. W. Maser, *Hitlers Mein Kampf. Entstehung, Aufbau, Stil und Änderungen, Quellen und Quellenwert, Kommentierte Auszüge*, 2. A. 1966, S. 50.

(4)　A. Hitler, *Mein Kampf*, 607. A. 1941, Vorwort(以下、『わが闘争』からの引用ページに限り、本文に併記)。「生きたコトバが硬直した書きコトバより以上の力をもつ」(J. H. Krumbach, *Grundfragen der Publizistik*, 1935, S. 76)という信念こそ、ナチ政治宣伝を一貫する基調である。

(5)　Vgl. D. Grieswelle, *Propaganda der Friedlosigkeit. Eine Studie zu Hitlers Rhetorik 1920-1933*, 1972, S. 178 u. 182.

(6)　ヒトラーは、「その演説をほとんど気付かれぬままに、その時々の聴衆に合わせて語った」(M. Domarus, Zur Einführung, in: ders. (hrsg.), Hitler: *Reden und Proklamationen 1932-1945*, Bd. I/1, 1965, S. 47)。じっさい、彼自身、演説の行なわれる時刻、場所、さらには会場の温度にいたる外的条件について周到な考慮を払うべきことさえ論じている(Hitler, *M. K.*, S. 530 ff.)。

(7)　H. v. Kotze u. H. Krausnick (hrsg.), 》*Es spricht der Führer*《. *7 exemplarische Hitler-Reden*, 1966, S. 46 ff. なお、同じくナチ政治宣伝の手法の類型的分析として、vgl. Hagemann, *a. a. O.*, S. 146 ff.

(8)　Kotze/Krausnick, *a. a. O.*, S. 67 f.; L. Winckler, *Studie zur gesellschaftlichen Funktion faschistischer Sprache*, 1970, S. 33 ff. (以下、引用文の傍点は、とくに断わらないかぎり引用者のもの)。

(9)　前掲のスポーツ宮殿演説でゲッベルスのくり返す「君たちは全体戦争を欲するか」というリフレーンの問いかけには、狂信的＝熱狂的な「然り《ヤー》」の叫び声がこだました。なお、ヒトラーの言語における《韻律法》(たとえば、リズム、テンポ、旋律、強調などの構造)の特殊研究として、vgl. C. Schnauber, *Wie Hitler sprach und schrieb. Zur Psychologie und Prosodik der faschistischen Rhetorik*, 1972.

(10)　Vgl. Hitler, *M. K.*, S. 252 u. 129. なお、vgl. Hagemann, *a. a. O.*, S. 186.

(11)　Th. Heuß, *Hitlers Weg. Eine historisch-politische Studie über den NS*, 1932, S. 131.

(12) W. Jochmann, *Hitlers Rede vor dem Hamburger Nationalklub*, 1960, S. 110 (Zit. nach: Kotze/Krausnick, *a. a. O.*, S. 59).

(13) Vgl. J. Zischka, *Die NS-Rassenideologie. Machttaktisches Instrument oder handlungsbestimmendes Ideal ?*, 1986, S. 139 ; Winckler, *a. a. O.*, S. 53 f.

(14) 一九四四年七月二〇日事件のあと、ゲッベルスは、ヒトラー暗殺計画を「本能の力が悪魔的な知性の力によって覆い尽くされた」としか説明しえない、と論じていた(vgl. Klemperer, *a. a. O.*, S. 263)。なお、vgl. E. Bloch, *Erbschaft dieser Zeit*, 1935, Erweiterte Ausg. 1962, S. 79(『この時代の遺産』池田浩士訳、三一書房)。

(15) Vgl. Winckler, *a. a. O.*, S. 44 ff. ヴィンクラーの用いた素材は『わが闘争』に限られてはいるが、その言語批判は「レトリックの背後に社会的内容を、……《暴力の言語》の中に政治的抑圧を再発見する」(*a. a. O.*, S. 21)ことを意図して鋭い洞察をあたえる。ただし、ヴィンクラーも、ファシズム固有の構文法を抽出することには、かならずしも成功していないように思われる。むしろ、以下の諸類型がくり返し現われることの中に、ナチ・プロパガンダの基本的傾向ないし発想の特徴を認めることができよう。

(16) たとえば次の構文法の例を参照。「もしドイツがこの〔植民地拡大政策の〕道をとるならば、その場合われわれは、少なくとも、いつかこの発展も最後は戦争にいきつくだろうということをはっきり認識していなければならなかった。……もしわれわれがこの道をとるならば、その場合いつの日かイギリスがわれわれの敵となるにちがいなかったのだ。……もしヨーロッパの領土拡大政策がただイギリスと同盟してロシアと対立して推進されえたとするならば、反対に植民地＝世界貿易政策は、ただロシアと結んでイギリスに対立する形でのみ考えられることだった。その場合われわれは、ここでも仮借なく結論を引き出さねばならなかった。——そして何よりも、オーストリアと手を切らねばならなかったのだ」(Hitler, *M. K.*, S. 156-157)。Vgl. Winckler, *a. a. O.*, S. 121.

(17) Vgl. Zischka, *a. a. O.*, S. 141 ; J. Volmert, Politische Rhetorik des NS, in: Ehlich (hrsg.), *a. a. O.*, S. 154.

(18) Vgl. Polenz, *a. a. O.*, S. 168 f.; P. Hausbek, *Das Deutsche Lesebuch in der Zeit des NS*, 1972, S. 157 f. u. 163. ヴィンクラーの言語分析では、第四類型として前述(一四四ページ)の時間指数の曖昧性の問題をとりあげ、それが社会的内容の伝達を可能にする構文法を変質させるものとしている(vgl. Winckler, *a. a. O.*, S. 55)。しかし、ここでは、別の角度からヴィンクラーとは異なる類型をとりあげる。

(19) Hitler: *Reden und Proklamationen*, Bd. I/1, S. 227-228.

(20) Vgl. Hitler, *M. K.*, SS. 509, 375 u. 414 ; *Der völkische Beobachter. Facsimile-Querschnitt*, hrsg. v. S. Noller u. H. v. Kotze, 1964, S. 37 (1923. 8. 22), u. 45 (1926. 6). そのほか機関誌『攻撃』におけるゲッベルスの論説にも、同じ卑俗な誹謗のコトバが満ち

ている(vgl. Goebbels, *Der Angriff. Aufsätze aus der Kampfszeit*, 1935, 12. A. 1943, S. 62 ff., 322 ff. u. a.)。

(21) 《制度》(System)というコトバは議会主義制度およびそれにもとづく統治形態として用いられ、多数政党制による権力均衡をはかる《人為的メカニズム》として低評価される(vgl. Haensel/Strahl, *a. a. O.*, S. 72)。たとえば、vgl. A. Rosenberg, Die Krisis des Gesamtsystems von Weimar, in: *NS-M. H.*, H. 18, Sept. 1931, S. 1 ff. このナチ党機関誌(編集者ヒトラー、主筆ローゼンベルク)では、ときには全巻あげて《制度》反対の特集が組まれた(vgl. Hitler gegen das "System", in: *a. a. O.*, H. 25, April 1932)。そのほか、《知識人》および《客観性》批判の例は、それぞれ、vgl. Hitler, *M. K.*, S. 533, 481, 377 u. 243; S. 370, 371, 201 u. 121. なお、クレンペラーは、《皮肉な引用符号》の多用を、ナチ言語の「修辞的特性」の一つに数えている(vgl. Klemperer, *a. a. O.*, S. 82 f.)。

(22) ナチ言語においては、さまざまのメタファーが多用されるが、その中で、とくに《有機体的メタファー》(K・ザラムーン)、すなわち、政治的事象を動植物の成長や衰退、病気や治癒などとのアナロジーで解釈するメタファーが好んで用いられる。ヒトラーのコトバは、こうした《言語の生物学化》(C・バーニング)に貢献したとさえいわれる(vgl. Zischka, *a. a. O.*, S. 126 f.)。なお、vgl. A. Mitscherlich, *Auf dem Weg zur vaterlosen Gesellschaft*, 1965, S. 144(『父親なき社会』小見山実訳、新泉社)。

(23) とくに、vgl. H. Winterfeldt, Elemente der Brutalität im nationalsozialistischen Sprachgebrauch, in: *Muttersprache*, 1965, S. 231 f.

(24) Vgl. S. Bork, *Mißbrauch der Sprache. Tendenzen nationalsozialistischer Sprachregelung*, 1970, S. 36 ff. なお、Klemperer, *a. a. O.*, S. 199 ff. の諸例、参照。

(25) ハヤカワは、意味論的分析から、ユダヤ人殺戮を正当化する二価値的思考の非人間性を指摘している(前掲書、二一九ページ)。たとえば、《ユダヤ的寄生虫》といったコトバの社会的機能を分析した言語史的研究として、A. Bein, Der jüdische Parasit, in: *V. f. Z.*, 1965, S. 121 ff. 参照。

2　語彙の構成母体――スラングから軍隊用語まで

政治的言語という場合、特殊な専門語としての政治用語というよりも、一般には政治において用いられるコトバを意味する。一八世紀半ばまでは、絶対主義の社会条件の下に政治の言語は少数集団の専門用語にとどまった。これに反して、一九世紀いらい政治過程の民主化によって引き起こされた政治的語彙の民主化＝大衆化は、政治と日常語の交互的影響の中に認められるであろう。(1) 話しコトバと書きコトバを区別しないナチ言語の場合、その語彙は、大量の日常語から、行政・軍事用語にいたる専門用語まで、その徴募される基盤は広汎な広がりを見せている。

(一)　スラングとスローガン

ナチ言語で用いられる俗語、たとえば《おきまり文句》《ぞんざいなコトバ》《口ぎたないコトバ》の数々は、演説の流れの中ではとくに目立たないとしても、書きコトバの中で文章化されると目立たざるをえない。むろん、そのドラスティックな表現のゆえに、それは、しばしば具象的迫力のあるコトバとして効果的であろう。ナチズムの言語の中にとくに好んでスラングが用いられたのは、その政治的＝思想的指導者たちの出自と教養水準を反映している。ヒトラーの『わが闘争』は、この点でも後のナチ言語の先駆的モデルを提供している。しかし、ヒトラー自身、そうした卑俗なコトバを多用することを、けっして《弱点》とは考えてはいない。そこでは、《教養をもたない》《広汎な大衆》にたいして彼ら自身がアイデンティファイできる日常語によって訴えかけ、彼らをとらえ、支配しようとする意図が働いているのである。むしろ、ヒトラーは、理性的な論議によって説得しようとする知識人や政治家たちを嘲笑する。「彼らは才智にあふれた新聞論調か学術論文のような文体で語り、口ぎたないコトバはすべて避けて、あちこちで弱々しい大学教授的シャレをさしはさむ」(S. 539)と。じっさい、この日常的なコトバ＝《陳腐さにたいする勇気》(ハーゲマン)は、ナチズムの意識的タクティックスの一部であった。(2)

ヒトラーは、《街頭から》とってきた汚ない多くの俗語を濫発する。先にみた政治的誹謗のコトバは、その多くの実例を提供するといってよい。それらは、けっしてザッハリヒな情報を伝えようともしないし、反対意見と対決しようとするのでもない。むしろ、これらのコトバで大衆を情動的に煽動し、逆に冷静な批判者に向かっては、粗野な仕方で挑発し、威嚇し、恫喝を加える。そこには《犯罪者的特殊用語《ジャルゴン》》に近いものすらあると言ってよいであろう。たとえば、《欺瞞》(Betrug)の代わりに「八百長」(Schiebung)、「ペテン」(Mache)といい、「狡猾な」(schlau)の代わりに「すれっからしの」(gerieben)、「海千山千の」(gerissen)を用いる。「打ち負かす」の代わりに「ノックアウトする」、「逃げる」の代わりに「蒸発する」と表現し、「すれっからしのやみ屋」(geriebenster Schieber)、政治的「黒幕」(Drahtzieher)といったコトバを濫発する。[3]

じっさい、一九三三年以後のナチ時代の新聞で、とくにV・B紙においては、これまで公共紙のコトバとして用いられたことのない、これらのプリミティヴなコトバが、とめどなく幅を利かせることになった。このナチ党機関紙の編集を担ったローゼンベルクは、一貫して、そうした新聞の文体を促進することに貢献した。[4]『二〇世紀の神話』において、彼は、ナチの《理念》に反する政治や芸術の傾向にたいして「メスティーソ文化」、「精神的梅毒」、「白痴芸術」、「場末酒場神秘主義」、「モルヒネ中毒の私生児」といったレッテルをはりつけている。[5]こうしたコトバによって精神的対立者の立場を嘲笑するのみでなく、激しい誹謗を加えている。とくにインディアンとの混血児を表わす《メスティーソ》やジプシー語の《酒場》(Kaschemmen)といったコトバを《文化》や《神秘主義》といった価値言語と結合することによって、いっそう強烈な低評価の効果を出すことを狙っている。こうしたプリミティヴなコトバは、つまるところ、黒白図式による単純化や、一般化、ひいては欺瞞に傾斜していくプリミティヴな思考と呼応するものであろう。

スラングと並んで、ナチの語彙の源泉として《スローガン》がある。スローガンも基本的に世論の時代の産物である。それは、選挙民大衆に、もっとも重要な事柄を訴え注目させるコトバである。スローガンにおいては、政治的プログラムが凝縮される。相対的なものは絶対化され、複雑なものは単純化され、抽象的なものは手でつかみうるものとなる。それは、情報をあたえることよりも、むしろ情動的アピールを目指し、大衆の潜在的要求や衝動をかき立てることに役立つ。したがってまた、「スローガンは相手を強打する《スローク》」(ハダモウスキー)。反覆使用されるとき大衆の頭の中に叩き込まれ、意識下の心理にまで押し入る。(6) この政治的スローガンの反対の極にあるのが、政治的タブーであり、それは口にすることを許されないものである。

『わが闘争』は、こうしたスローガン的常套句の宝庫である。たとえば《腕の労働者》(=職人)、《堅気な仕事は恥ではない》《芯から丈夫な身体の育成》《鉄のような決意》など。(7) しかし、ナチ・ドイツにおける大量のスローガンは、圧倒的に新しくつくり出されたものである。なぜなら、古くからのそれは、デマゴギー的武器として新しい政治体制のため僅かしか役立たなかったから。たとえば、《ドイツよ目覚めよ》《歓喜を通しての力》《一つの民族・一つの帝国・一人の指導者》《指導者は命ぜよ、われらは従う》などは、よく知られている。スローガンは、多くの場合、ほとんどなんらのコンテキストを必要としないし、むしろ、それらは演説の流れのなかでは《シグナル》(ディークマン)のような役目をもつ。それゆえにまた、じっさい、これらのスローガンは、ナチ社会のいたるところでプラカードや横断幕として目立つようにさせられるであろう。おそらく「フランス革命いらい、ヨーロッパにおける政治運動ないし政治体制で、ナチズムほど多くのスローガンをつくり出し、また、それを巧妙かつ効果的に用いたものはなかった」(8) とさえ言われている。スローガンは大衆に向けられたもので、彼らに行動の道しるべを示す目的をもつ。それは基本的に命令法の特徴をもち、意図されているのは普遍妥当性への要求である。(9) こうして特定の政治目的のために鋳造されたスローガンは、一種の信仰箇条のように反論を許さぬ一義性と衝撃力をもって働きかけ、このスローガンに要約された世界観、行動様式へと大衆を駆り立てる。

(二) 技術用語と官庁用語

ナチ言語の荒廃＝非人間性をもたらした源泉として、スラングと一見対照的な位置にある専門用語を取り上げねばならない。この場合、技術的専門用語の増加そのものが問題なのではない。一九世紀いらいの工業化の進展は、当然、一般的な民衆のコトバの中で用いられるこれらの用語の比重を高めたであろう。こうした、それ自体としてはありふれた過程も、ナチ言語におけるように、技術的用語が任意に《横領》されて非技術的領域に適用されるとき、病理的な現象を生むことになる。[10] 技術的メタファーの表現形式には、ザッハリヒな意味のみでなく、転義された具象的イメージを呼び起こすものがある。広汎な大衆が、これらのコトバを耳にするとき、そこにともにふくまれる多様な意味を大なり小なり受け取り、しかも日常生活の中で親しんだ技術的体験からの連想によって、それらを解釈するであろう。これらのコトバは、その特殊な専門用語としての連関よりも、むしろ、社会関係や人間行動に適用された場合に、それらが技術的＝機能的に非人間化のコトバとして用いられうることこそ決定的なのである。

以下のナチ言語においては、人間がたえず《組織》され《編入》され、また《造形》され《投入》される。じっさい、それは《同調＝均制化》されさえするのである。一、二のコトバを、いま少し詳しく眺めてみよう。たとえば Gleichschalten(同調させる)というコトバは、技術的分野から行政的分野にとり込まれ、批判的勢力を弾圧・解体する《均制化》過程に用いられた。[11] しかし、このコトバほど、いっさいの人間的なものを機械化し自動化する意図をむき出しに示すものは少ないであろう。それは、スウィッチ一つで多数の人間がいっせいに同じ形をした態度や行動を自動的にとりうるように画一化する、権威主義的な人間管理を象徴するコトバである。こうした大衆の操作は、さまざまの技術的な動詞、さらには、そこから作られた名詞によって表現された。いま一つの例としてEinsatz(投入＝出動)というコトバは、《投げ入れる》(Einsetzung)というコトバにたいして、いっそう明瞭に道具的性格を示している。《投入》されるのは、機械であり、兵士であり、労働力である。ここでは受動的意味が前景に立っている。投入された対象や人間は、つねに受身であり、使用されるのである。後には素人演劇団や民衆舞踊団まで、もはや《登場》するのでなく、《投入》される。こうして「もっとも単純な仕事から、命じられた時間消費にいたるまで、いっさいのものが《投入》(出動)というコトバによって重要な関与という栄光につつまれる」[12]。ここから、ついには《投入(出動)態勢のととのった》(einsatzbereit)という形容詞は、防衛決意や犠牲的献身への熱狂主義を示すコトバとして最高の賞賛の表現となった。

こうした技術用語の転義は無限に拡大する。すでに誕生指数は生産指数と同じく《増進》され、結婚は石炭と同じく《奨励》され、人間もまた機械と同じく《鍛え上げ》られる。当初はリスト・アップされうる事物にのみ関係づけられた組織的・技術的用語は、やがてドラスティックに物質化された形で人間に適用される。人間そのものが組織化されうる物質(《人的資源》!)となる。たとえば、ナチ運動の勝利のためには「論理的にいって、運動のプログラムは、そのために使用しうる人的資源を顧慮しなければならない」(S. 510)。ここには、深い人間蔑視がむき出しになっている。やがて戦争末期には、民衆や兵士のみならず政治指導者をもふくめたナチ・ドイツ全体が一大機械のように《全速回転》(ゲッベルス)させられることになる[13]。

官庁用語　技術化・機械化とならんで、組織化のコトバも、ナチ言語体系の中で特有の位置を占める。たしかに、官僚制のコトバも、現代国家の行政的課題の拡大とともに、しだいに日常語の中に浸透してきた。しかし、ナチズムにおいては、一方では粗悪な官庁用語の回りくどい言い回しと、他方では略記法や記号化など即物性を求める簡潔な表現によって、物と人とを同様の仕方で把握しようと試みられるところに特徴がある。[14] すでに《措置》(Maßnahme)というコトバ——多くの場合、複数形で用いられる——は、こうした組織化のための中心的用語である。それは、およそ命令されあるいは《実施》されるべき、あらゆる領域に適用される。《保全措置》《収穫確保措置》《対抗措置》《全体戦争投入(＝出動)措置》といった具合である。そのほか、たとえば《把握》(Erfassung)というコトバは、通常は、行政技術的に記録され管理される物資や物件にたいして用いられる。しかし、やがて転義的用法において、「多数の人間を《把握》する思想」のように、人間にたいしても適用される。[15]『わが闘争』では、人間も、まったくドラスティックに物資と同様に《把握》される。「われわれドイツ人の必要とする国家がいかなる性質のものであるべきかを問うならば、われわれはまず、その国家がいかなる種類の人間を把握すべきかを明らかにしなければならない」(S. 436)。

一般に官庁用語は、《集団言語》として、その特殊利益と支配とに仕える性質がある。その回りくどく理解し難い言い回しには、民衆が親しく近づくことを許さないものがある。この点に関連して、ナチ政治指導者たちの《隠語的傾向》(ディークマン)は、しばしば、特殊な官庁用語によって内政・外交上の措置を隠蔽し偽装する言語規制とつながっていた。[16] ナチ・ドイツにおける行政措置に関する《執行》用語は、一見、ささいな事実連関の欺瞞によって、まことに恐るべきテロリズムの担い手となる。数多くのナチ《執行》用語の中で、とくに代表的なものを示せば、《移住》《退去》《再入植》《輸送》などのコトバは、ユダヤ人の《強制追放》ないし《強制移送》、外国人労働力の《強制連行》などの措置にたいする婉曲語法として用いられた。大量虐殺は、二つの組み合わせ文字《S・B》(Sonderbehandlung 特殊処理)によって偽装された。[17] この婉曲語法は、真の事実を言いあらわすことを避けるために官庁的な専門用語として鋳造され使用された。同様の偽装用語として一九四一年には、ユダヤ人の《最終的解決》(Endlösung)というコトバが導入された。むろん、こうした大量殺戮の言語的偽装は、ナチズムの非人間性と残虐性を世論の評価から遮蔽しようとするものであった。それは、もはや婉曲語法ということを越えた言語的歪曲というべきであろう。

略記法　短い定式での言語表現への要求は、現代社会の機械化と組織化、なかんずくその生活のテンポの迅速化に対応するものである。しかし、ナチ・ドイツにおけるほど過度にこの形式が用いられたことはなかった。[18] それは、ナチ社会の全体主義的統制の反映であるとともに、またこの殺風景な官僚主義的文字群の背後に、いっさいのプログラムを隠蔽しようとする意図からも由来している。たとえば、HJ（ヒトラー青少年団）、SS（親衛隊）、DAF（ドイツ労働戦線）など周知のものから、NSFK（ナチ・パイロット団）、NSKK（ナチ・ドライバー団）、NSBO（ナチ企業細胞組織）など。

略記法は、先述した《スローガン》の特殊形態とみることもできるが、同じく文体や修飾を犠牲にした簡略化の例として、語尾に-mäßig（-的）を加える新しい形容詞化の傾向がある。ほとんどあらゆる名詞が、この語尾添加から逃れることはできなかった。たとえば《世界観的》《宗教信仰的》から《人種的》《群畜的》、ついには《突撃隊的》など。シュトルツは、こうした造語法における文法的確実性の欠如とバーバリズムとを摘出している。たとえば《業績達成的》（leistungsmäßig）というコトバは人間を全体としての人格からではなく、業績達成という行動の効果からとらえる。「いい男だが、業績達成的には（能力としては）ゼロだ」というように。[19] こうした一連のコトバを濫発することによって、ナチズムは、多様な事実連関に同一の定式化をあたえ、人間も物もひとしく機能化して管理・統制の対象とする。この非人間化の用法は、ついに人間全体を部品として機能化する《人間-的》（menschenmäßig）という野蛮な造語において頂点に達する。

(三)　軍事用語

ナチ言語の特徴として、非軍事的領域にたいする苛酷な軍事的専門用語の広汎な支配も見逃すことはできない[20]。たしかに、すでに第一次大戦の時代に、軍隊のコトバが一部の市民的使用の中に受容された。しかし、《全体戦争》としての第二次大戦においては、いわゆる《銃後》が全面的に戦争過程にまき込まれ、そこでは《前線》におけるのと全く同じ戦闘的態度が要求された。その結果として、軍事的用語が軍事的態度とともに、たえまなく市民生活に入ってくることになった。

とはいえ、こうしたナチ言語の発展は、すでに戦前から存在していた。《大戦経験者》ヒトラーは、日常生活の中で強烈な軍事的表現を用いることにつとめている。軍事的用語は、しばしば、転義的な仕方で《反対(＝抗戦)する》《部署(＝陣地)につく》といった言い回し[21]のほか、いっそう真剣な軍事的アクセントを帯びて、ナチ運動の《闘争時代》、《ドイツ文化闘争連盟》、《ドイツ労働戦線》といった呼び方をとることもある。じっさい、党機関紙V・B紙は、たんなる新聞ではなく《闘争紙》であり、そのほか『攻撃』『突入』という名称の機関紙も存在した。ヒトラー自身、その著書を『わが闘争』と名付ける。このように《闘争》を新しい政治理想にかかげるナチ言語において、ダイナミックな《運動》の用語が幅をきかすのも当然であろう。ナチ党はたんなる政党でなく《運動》そのものであり、その党の発祥地ミュンヘンは《前進の首都》あるいは《運動の首都》と呼ばれる。こうした動態的なコトバの在庫リストが数を増すにつれて、それだけ容易に人びとは行動へと駆り立てられやすい。じっさい、《突撃》(Sturm)というコトバもよく用いられ、たとえばナチ党の私兵団体は《突撃隊》であり、反ユダヤ主義で著名なシュトライヒャーの闘争紙は『シュトゥルマー』と呼ばれる。

こうした軍事用語の非軍事的領域への浸透は、当初はまだ散発的であるが、戦争期においては圧倒的趨勢となる。

《労働戦線》のみならず、いまや《外交官戦線》、帝国《ライヒ》作家連盟の《大闘争日》が口にされ、《銃後戦線》から、ついに戦争末期には《民衆突撃隊》の組織化が行なわれる。興味深い一例として、《労働闘争》(Arbeitsschlacht)、《生産闘争》(Erzeugungsschlacht)という表現がある。前者は、失業撲滅のためのナチ政権の組織的対策のことであり、後者は、もっぱらナチ・ドイツにおける農産物の増産運動を指して用いられる。しかも、ゲッベルスの《新聞指令》によれば、この「《生産闘争》というコトバは、ただドイツの農業生産にのみ適用されるべきもので、他のヨーロッパ諸国の同じような企画には用いられてはならない[22]」とされる。これと同じ語形のコトバとして、しかし、《出生闘争》《出生戦争》がいわれるとすれば問題であろう。それは、子沢山家庭の奨励のための人口政策を意味するが、そこには、明らかに全体戦争のための《人的資源》的発想に立っていることが読みとられるからである。

こうした若干の事例だけでも、軍事用語による社会生活全体の政治化、いな、まさに《兵営国家化》が目指されていることを示している。じじつ、《規律》(Disziplin)がなんらの区別なしに、いっさいの生活領域で要求される。むろん、このコトバは、それ自体として、すでに長い間にわたって非軍事的な意義と結びついて用いられてきたものである。しかし、それには、兵士の《鉄の規律》というコトバへの連想が、たえずつきまとっている。《戦友》ないし《僚友》(Kameradschaft)というコトバも、同様に軍事的分野以外でもよく用いられるものの一つである。それは民族共同体の一員としての共属感のみでなく、服従、忠誠、献身などの感情とも結びついて、免れられない生活の画一性を強めるコトバとなる。いずれにせよ、《戦争》という《極限状況》が日常生活全体に押し広げられ、大衆は、いわば正常化された《例外状態》の中でみずから思考する可能性を奪いとられる。むしろ、日々、そうしたコトバにさらされることによって、ナチ的行動の残虐性に耐えうるように鍛え上げられることになるであろう[23]。

つとにヒトラーは、青年たちに「グレーハウンドのような敏捷さ、革のような強靱さ、クルップ鋼のような固さ」

をもつことを望み、「鉄の決意」「鋼鉄のような意志力」を賞賛してきた。彼は「鉄のような自然の論理」に抗して、人間が「花崗岩のような誠実さ」と「鋼鉄のような可鍛性」をもって行動することを要求する。[24]「一人の人間が登場して疑問を許さぬ力で広汎な大衆の動揺している観念の世界から花崗岩のような原則をつくり出し、……統一的な信念と意志をもつ鉄の岩のような団結が生ずるまで、この原則の唯一の正しさのために闘争し続けねばならない」(S. 419. 傍点、ヒトラー)。ここには、《固い》《鋼鉄の》《鉄の》とか《鍛接》《熔接》など、明らかに製鉄工場の技術用語が転義された形で用いられている。これらのコトバは、その具象性のなかに話し手の冷酷さをあらわしているばかりではない。その影響力は、いっさいの人間的感動や感受性を麻痺ないしは硬化させて、人間を機械的に稼働させる《技術的資材》につくり上げるであろう。

（1） Vgl. Dieckmann, *Sprache in der Politik*, S. 47 u. 52.
（2） 「宣伝はすべて大衆的であるべきであり、その知的水準は宣伝が目指す人びとの中で最低級のものの理解しうる程度に調整すべきである。したがって、把握すべき大衆の人数が多くなればなるほど、宣伝の知的水準そのものは、いっそう低くしなければならない」(Hitler, *M. K.*, S. 197)。なお、vgl. Hagemann, *a. a. O.*, S. 159 ff.
（3） Hitler, *a. a. O.*, S. 336, 642, 738, 431, 172, 668, 172, 553 u. s. w.
（4） 『フェルキッシャー・ベオバハター』は、公的に促進されるナチ言語の基盤を形づくり、他の出版物やマス・メディアにたいして潜在的なナチ言語規制の《結晶点》となっていた(vgl. Bork, *a. a. O.*, S. 13)。なお、vgl. H. Storek, *Dirigierte Öffentlichkeit. Die Zeitung als Herrschaftsmittel in der Anfangsjahren der nationalsozialistischen Regierung*, 1972, S. 111.
（5） Vgl. A. Rosenberg, *Mythus des 20. Jahrhunderts*, 10. A. 1933, S. 299, 302 u. 448(『二十世紀の神話』吹田・上村共訳、中央公論社)。
（6） 《スローガン》については、vgl. Dieckmann, *a. a. O.*, S. 85 ff. u. 103. なお、vgl. G. Mann, Nützliche und unnützliche Schlagwörter, in: *Universitas*, 1973, H. 2, S. 153 ff.

(7) Hitler, *a. a. O.*, S. 22, 25, 452 u. 605.

(8) A. Lindquist, *Das deutsche Kultur- und Gesellschaftsleben im Spiegel der Sprache*, 1955, S. 25.

(9) 「たしかに、われわれの民族生活にとって、母国語は、第一に相互理解の紐帯を意味する。……しかし、まさに今日、われわれの生存闘争において、われわれは、母国語がそれ以上のものであるのを感じとっている。それは、われわれをもはや分かち難い団結意志へと鍛え合わせる。総統の命令は、民族を歴史的行為に呼びかける。『指導者は命ぜよ、われらは汝に従う』と」(G. Kühn, Der Befehl. Eine sprachkundliche Betrachtung, 1943, in: Wulf(hrsg.), *a. a. O.*, S. 329)。そのほか、こうした政治的スローガンの映画による映像化の試みについては、vgl. E. Leiser, *"Deutschland, erwache!": Propaganda im Film des Dritten Reiches*, 1968.

(10) Vgl. Klemperer, *a. a. O.*, S. 168 ff.; Zischka, *a. a. O.*, S. 127 f.

(11) 《均制化》というコトバのナチ的用法については、vgl. Haensel/Strahl, *a. a. O.*, S. 27 f.; Berning, *a. a. O.*, S. 95; Brackmann, *a. a. O.*, S. 88.

(12) Sternberger/Storz/Süskind, *a. a. O.*, S. 44. なお、vgl. Berning, *a. a. O.*, S. 61 ff.; Brackmann, *a. a. O.*, S. 60.

(13) Vgl. Klemperer, *a. a. O.*, S. 172 f. クレンペラーの分析には、ナチ末期の週刊紙『帝国《ライヒ》』(一九四〇—四五年)のコトバが素材として含まれ便宜である。この週刊紙は大量に(一〇〇~一四〇万部)印刷され、ゲッベルスによる巻頭論説は週二回ラジオを通して放送された。入手し易い復刻版として、*Das Reich. Facsimile-Querschnitt*, hrsg. v. H. D. Müller, 1964.

(14) Vgl. S. Frind, *Die Sprache als Propagandainstrument in der Publizistik des Dritten Reich. Untersucht an Hitlers "Mein Kampf" und den Kriegsjahrgängen des "Völkischen Beobachter"*, 1964, S. 122 ff.

(15) たとえばナチ文化統制の中心的な機構の一つ帝国《ライヒ》文化院の立法理由には、「従来の国家は個々人を統制した〔にすぎないが〕、しかし、新しい〔ナチ〕国家は個々人を把握する」という目的が掲げられている(Zit. in: Leiser, *a. a. O.*, S. 11)。

(16) 一般に官庁的ジャルゴンの機能については、前掲の Edelman, *Politik als Ritual*, S. 154 f.; Dieckmann, *a. a. O.*, S. 53 f. 参照。

(17) Vgl. J. Wulf, *Aus dem Lexikon der Mörder.* 》*Sonderbehandlung*《 *und verwandte Worte in nationalsozialistischen Dokumente*, 1963.

(18) Vgl. Klemperer, *a. a. O.*, S. 104. なお、vgl. K. Korn, *Sprache in der verwalteten Welt*, 1959, S. 112 ff.

(19) Vgl. Sternberger/Storz/Süskind, *a. a. O.*, S. 77. ポーレンツも、こうした語尾による形容詞化の増大を「事物を人間が処理し利用しうる側面に即して、それに名称を与える」(Polenz, *a. a. O.*, S. 149)傾向と関連づけてとらえている。

(20) Vgl. Frind, *a. a. O.*, S. 124 ff.; Bork, *a. a. O.*, S. 20 ff.
(21) Hitler, *a. a. O.*, S. 520 u. 645.
(22) Anweisungen der Pressekonferenz, v. 6. 8. 1941 (Zit. nach: Berning, *a. a. O.*, S. 73). 一般に政治的言語では、同一の現象に異なった評価をあらわしうる二つのコトバを区別して適用する《類語の区別》(ディークマン)ないし《二重言語》(E・フロム)が行なわれやすい(たとえば、愛国心↔ショーヴィニズム)。しかし、ナチ言語の場合、そうした言語規制がいちじるしい。
(23) ナチ・ドイツの日常化された軍事用語の例として、A. Kotz, *Führen und Folgen. Worte an Hitlersoldaten*, 15. A. 1943 を見よ。なお、vgl. Winterfeldt, *a. a. O.*, S. 233 ff.
(24) Vgl. Hitler, *a. a. O.*, S. 392, 605, 481, 314, 403 u. 454.

3　擬似モニュメント的文体

周知のようにヒトラーは、政治的威容を誇示する巨大な建築の愛好者であり、ナチ文化には《モニュメンタルな性格》(W・ベンヤミン)がいちじるしい[1]。それは、体制の《永遠性》の幻想を呼び起こす情動的アピールを狙うものであった。ナチ言語の重要な要素の一つとして、この建築様式に類似する文体的特徴をあげることができよう。この建築様式と文体とに共通するのは、巨大さや仰々しさなど、あらゆる点における過度の誇張法である。

ナチ・ドイツにおける新しい言語とコトバの機能は、一つのフィクションを維持すること、つまり、ナチ体制のみせかけの壮大さや強大さを告知することにあった。したがって、言語学的にいえば、「言語形態がその現実的な意志疎通の目的から疎外されればされるほど、それは、ますます装飾的なものと化していく[2]」。コトバのみならず文構造まで、同じく際限ない誇張と情動的亢進への傾向を帯びる。それに神話的モメントも加わることによって、曖昧模糊とした雰囲気のうちに偉大さと栄光感に陶酔させる。後には、誇張的表現によってナチ言語が濫用されることにたいして、ゲッベルスすらも警告するにいたったほどである。党機関紙において、ナチ賛美の文体や内容があまり過度にわたらないように指示が出されている。しかし、こうした反省は、ゲッベルスみずから、望まれる効果のため必要ならば、同じ文体を十分に活用することをなんら妨げはしなかった。『攻撃』に掲載されたゲッベルスの評論集にシュヴァルツ・ヴァン・ベルクは《序言》を寄せて、その中でゲッベルスの言語的テクニックを賞賛して述べている。そのコトバは「脅かし、警告し、あるいはピカピカのはがねのように容赦なく切り刻む。そのときのみ、民衆はそれらのコトバを理解する。彼ら自身が情熱と決意との力強い集合体なのだから(3)」と。

(一) 最上級的文体

これは、ナチの《巨人癖》(ハーゲマン)の中で、とくに多用された表現形式である。対象が実際にあるより以上にコトバで外張りすることによって信憑性を高めようとする手法である。そこでは、文法上の最上級から、過大な数字の表示、対象の性質を形容ないし表現する誇大な語り口など、さまざまの形式が用いられる。

文法的最上級 伝達すべき事柄の証言力を高めるために形容詞を比較変化させるのは、一般に用いられる文体上の方法である。しかし、ナチ言語においては、特定の一義的な強調点においてのみ原級を比較級ないし最上級に高めるという文法上の原則は、日々に破られざるをえなかった。そこでは、ザッハリヒな情報ではなく、重々しい言い回しのみが目指されていたから。たとえば「およそ世界中に存在する最大の橋梁」「世界最大のプール」などから、「もっとも美しい……もっともゲルマン的なデモクラシー」など(4)。ここでは、あたかも形容詞の《原級》は存在しないかのごとくみえる。あたかも《比較級》が新しい《原級》とされ、《最上級》が通常の《比較級》に低落したかのごとくである。その結果、かえって文体的可能性の貧困化を招きかねないであろう。たとえば戦時中の表現でも、「もっとも苛酷な防衛戦争」「もっとも激烈な爆撃」など、そこには、もはや通常的規模での《猛烈さ》は存在しない。すべてが《最上級》で表現されるとき、《最上級》は、その本来の意味を失い、真実に極限的な事態をあらわすなんらの形式も残らないことになる。むしろ、濫用の結果、論理的にはなんらの亢進の余地のない奇妙な文法的最上級形さえ出現する。たとえば《最大に中間的〔平凡〕な鈍物》、《最高に根源的な》といった表現がそれである。仰々しい用語過多によって言語の合理的基礎が掘りくずされる(5)。

数字の最上級的表現　一般に日常語では数字上の誇張がなされることは稀ではない。「すでに百回も述べたように」とか「千の感謝を(=ほんとにありがとう)」とかいうように。それは、いわば自覚的に用いられる強調的表現にすぎない。しかし、ナチズムにおける誇大な数字は、それとは異なっている。そこでは、大衆を動かすために数百万から数千万といった途方もない規模の数字で訴えかける。それはモニュメンタルな響きをもち、平均的市民からすれば、ほとんどリアルなイメージを結ぶことはできない。ヒトラー演説から一、二の例をあげてみよう。「六八〇〇万〔の人びと〕のために、じゃがいもを調達すること、六八〇〇万のため穀物を調達すること、六八〇〇万のためために肉を調達すること、六八〇〇万のために脂肪を調達すること、それが問題である」。「私は、ナチズムが一〇〇〇年にわたって支配するものと信ずる(6)」など。ここでは、数字の最上級的表現において誤解を避けるための歯止めないし基準は、もはや存在しない。こうした傾向は、ナチ・ドイツの戦況報告でも容易に跡づけることができる。それは、いきなり最上級的表現で始まり、戦況が不利になるにつれて、文字通り無際限に亢進させられる。「軍事用語の本質、すなわち、節度のある正確さが正反対のものに変えられ、空想的なもの、おとぎ話めいたものになってしまう(7)」。不断に勝利しているという印象は、味方の側の損失についてほとんど報告されないことによって、いっそう強められる。

正確な意味では数字には入らないが《einmalig》(一回的)というコトバも、こうした関連でとりあげることができる。このコトバでは数量的意味よりも《先例のない》といった質的意味が優位しているが、それは、なお特別に洗練された最上級形式をあらわしている。ジュースキントは、このコトバが、ヒトラー演説で《大きなインフレーション的役割》を演じたことを指摘している。なるほど、「それはヒトラーや彼の文体模倣者たちによってつくり出されたものではないが、そのよくない意味で用いられることになった」[(8)]。

これらのほかにも、ナチ言語は、最上級的価値を内在させた一般的な文章表現や個々のコトバを利用することが多い。「今日、ドイツにおいて民衆は、世界のいずこにおけるよりも以上に幸福である」「偉大な仕事が達成された。いかなる人間も夢想だにしなかったことが現実である」[(9)]。ここには、すでに《世界的》というコトバの最上級的使用が暗示されている。同様の意味で、《全体的》(total)、《総体的》(gesamt)、《一つ残らず》(restlos)、《完璧な》(vollkommen)など無際限の拡大衝動をもつコトバをあげうるであろう。バーニングの『ナチ語彙集』によれば、《全体的》という形容詞をともなうコトバの例として、まずルーデンドルフの《全体戦争》のほか、《全体的政治》、《全体的民族共同体》、《全体的革命》などを紹介している。しかし、もっとも代表的な例として、一九四三年二月一八日のゲッベルスのスポーツ宮殿演説をあげうるであろう[(10)]。彼は、東部戦線の危機的様相を前にして、「諸君は全体戦争を望むか。諸君は、もし必要なら、今日、われわれが思い浮かべうるよりもいっそう全体的な、いっそうラディカルな戦争を欲するか」とたたみかける。しかし、《全体的》より《いっそう全体的》という言い回しは、すでに論理的には成り立たないであろう。こうした一般化のコトバには、ナチズムが人間を内的にも外的にも《全体的》に支配し管理しようとする意図がむき出しに現われている。

そのほか、多用された《巨大な》(kolossal)、《巨人的な》(gigantisch)、《法外な》(ungeheuer)、《際限のない》(grenzlos)などのコトバも同様である(たとえば民族共同体の《巨人的な成果》など)。これらの最上級的表現には、ナチ的自己意識とともに、大衆にたいして《真実》よりも《虚構》と《仮象》を喚起しようとするナチ言語の機能を認めうるであろう。しかし、最後に《最上級的表現の呪い》(クレンペラー)を見逃すことはできない。つまり、誇張がつづけられると、否応なしに誇張の度合いがますます増大し、その結果、感覚の鈍麻、ひいては不信が現われるという現象である。とくにナチ末期には、冷厳な現実を前にして、ゲッベルスの宣伝も、多くの民衆にとって効果のない愚行と化さざるをえなかった。[11]

(二)　名詞的文体

この文体も、濫用される場合、その誇張して訴えかける傾向のゆえに擬似モニュメント的文体に入ると考えてよい。これには名詞形の過度の使用、形容詞の名詞化、さらに動詞の名詞化による行動の言い換えなどの形態がある。コルンは、言語における名詞化の増大とそれに結びつく動詞の後退を《管理された言語》の特徴とみなしている。技術化された時代においては社会生活の機能化が進み、自由な決定や自発的な行動の余地がたえず少なくなることの結果であるという。[12] こうした一般化には異論がないわけではないが、ナチ言語が好んでこうした名詞化的表現を多用したことは疑いない。

ドイツの学校教育では、動詞的表現を多く用いることが教えられ、とくに《-ung》による名詞化が戒められてきた。しかし、ナチ言語、とくにヒトラーにおいて、この言語構成がしばしば認められる。たとえば《集会の開催の可能化》、《精神のユダヤ化や発情のマモン化》など。これらの事例において、名詞的構文は避けえられたであろう。むしろ、直接的に動詞を用いる方が、いっそうよい響きをもちえたであろう。しかし、ヒトラーは、その教養の貧困や文章の劣悪さを、単純な大衆読者にたいして粉飾するために、この《作為的》な文体によって《学問的》外観をあたえようとつとめている[13]。同じ流儀は、形容詞や副詞を名詞化する次の用法にも現われている。「新しい運動の課題は、かくも強大なそれ〔課題〕である」(S. 363)。「現代国家にたいするわれわれの立場は、拒否的なそれ〔立場〕である」(S. 425)など。さらに荘重な言い回しのために《bringen》《kommen》などの補助の動詞を用いて複雑な動詞句をつくり出す。たとえば食糧切符は《廃される》(wegfallen)のではなく、《廃止にいたる》(in Wegfall kommen)。同じく《成り立つ》→《成立にいたる》、《表わす》→《表現にいたる》、《行なう》→《実行にいたる》のように、名詞化された動詞が無色の《bringen》の下に一様化される。

とくに、しばしば官庁的命令や指令は、名詞的に書きかえられ、それによって重厚さと強調をあたえられ、指令の取り消し難いことを印象づける。しかし、なかんずく、こうした名詞化的表現の最大の問題は、読者にとって行為主体と文成分の構造連関が曖昧になることであろう。たとえば次の文章。「特別受託者の指令第二号により、その承認にもとづき、紡糸原料経済全国本部は、自己の権限分野において専門的組織に従い、商業経済組織構成員の参加の下に配分事業所を設立する権限をあたえられた[14]」。この一九三九年における『フェルキッシャー・ベオバハター』の表現は、多数の名詞によって、なるほど文構造そのものは圧縮されている(一五個の名詞にたいし、二個の動詞と一個の助動詞!)が、ほとんど理解しえない。《商業経済組織構成員》がたんに個々の商店を指すとは、到底、考えられないであろう。生き生きした動詞が後退し、いっさいの行動が名詞的に表現されるとき、コトバは回りくどくなり、脹れ上がる。文章から明確な主語が消失するとともに、行動の時点も特定化されなくなる。名詞化されたコトバは過程と同時に結果をも表現できるのだから。こうした名詞化の進行は、文章の中で一まとまりのコトバのブロック形成を促しやすい。部分がバラバラに独立することによって、スローガン化するにいたる。それは、容易に情動的なアピールと操作に役立てられることになるであろう。[15]

名詞的文体の類型として、さらに、多くの単一語を合成した複合名詞の多用をあげることもできよう。この例でとくに目立つのは、《Reich》(帝国、全国)との合成語である。《帝国高速自動車道》《帝国農民指導者》《帝国教会監督》《帝国世襲農場法》《帝国食糧生産身分》《帝国学習キャンプ》など、無数である。こうした名詞化への衝動がいかに不自然な構成にいたるかは、《帝国建設》という意味での《帝国化》(Verreichlichung)、あるいは《過度の称賛》という意味での《天国化》(Verhimmelung)、さらに《政治的非防備化》など、ヒトラーの用語が示している。[16] こうした新しい複合名詞と特定の単純な名詞の過度の使用は、明らかにこれらの合成語に現われる、あらゆる領域の組織化＝官僚主義化の強い傾向を示している。ついには、多くの過度の複合語は、その長さと不恰好さのゆえに、前述した略記法にとって代わらざるをえなくなるであろう。

(三) 余剰語と華麗なコトバ

ハーゲマンによれば、多くのナチ宣伝家たちの口や筆を通して、ドイツ語はますます脹れ上がり、余剰なコトバがつけ加わって、誤ったパトスや装われた威容誇示に仕えるものとなってしまった。[17] ナチ言語の擬似モニュメント的文体の重要な類型の一つとして、論理的には余計なコトバを積み重ねて思想表現を誇張する方法がある。なんら新しいメルクマールを付加するのではない同一ないし類似の意味をもつコトバ――主として形容詞――をつなぎ合わせ、過度にそれゆえ無用なくり返しが行なわれる。よく行なわれる合成的表現の例として、たとえば、《巨人的な巨大組織》《実際に実行する》あるいは、「この〔人気という〕基礎にのみもとづく権威は、まだきわめて脆弱で不確実で不安定である」(S. 579)など。「私は、当時、いまだ知られざる無名の者として闘争を開始した」。[18] そのほか、無意味な虚辞、たとえば《本来的》《本質的》《事実的》なども多用される。こうした形容詞は、ほとんど本来的な情報を伝達するためではなく、たんに音声的素材として文を充塡するものにすぎない。同じような連関で、語調を強めるために主語を二度くり返すことも少なくない。たとえば「前線の男、彼は流血の闘いの終結を歓迎し」(S. 583)、「当時、彼ら、革命の担い手たちが……より以上に恐れたものはなかった」(S. 584)のように。

こうした言語形態が本来目指すのは、賛成をとりつけるためにたえず余剰語を積み重ねることによって、読者の不信を予防し、冷静な反省を抑えつけることにあったといえよう。その限りでは、この手法は、言語形態上の欠陥にもかかわらず、心理学的に有効な大衆操作の一環となりえたのであった。

ナチ言語はコトバの暗示力を巧妙に利用して情動性を亢進させることを試みたが、その際、意識的に、古い栄光を連想させる華麗な響きをもつドイツ語独特のコトバを愛用した。(19) 代表的な二、三の例を拾うと、たとえば《第三帝国》(Drittes Reich)、《指導者(総統)》(Führer)、《世界観》(Weltanschauung)など。

《第三帝国》というコトバは、元来、メラー・ヴァン・デン・ブルックの同名の書物(一九二三年)から直接にとられたものである。しかし、《共和国》(res publica)とか《国家》(stato)という概念がこの世的・人為的な政治体を意味するのと異なり、すでに《帝国》(Reich)というコトバ自体、いっそう包括的な精神的さらに超越的な次元をふくむものと観念される。バーニングによれば、《第三帝国》は「ナチ・ドイツの精髄」であるとともに、また「キリスト教的＝神学的および哲学的＝ユートピア的前史をもつ古い概念」として説明されている。したがって、このコトバは、文学史やキリスト教史の知識をもつ精神的教養層にたいしても、神話的響きをもつものとして訴えることができた。二度まで存在したドイツ《帝国》は未完のままに没落したが、いまや《第三帝国》として永遠の秩序にまで完成されるというわけである。(20)

同様に《指導者》も、モニュメント的含蓄をもつ印象深いコトバである。《指導者原理》《指導者思想》は、ゲルマン民族の英雄時代に遡りうるものとされる。《指導者》というのは、元来、ナチ党リーダーとしてのヒトラーの呼称だったが、一九三三年には公式に《指導者兼帝国宰相《ライヒ》》と呼ばれるようになった。のち《指導者と従属者》というナチ・イデオロギーが普及するとともに、一九三九年以降には《言語規制》によって、ヒトラーにたいしては《指導者》(＝総統)のみが適用されることになった。この間に神話的響きをとるにいたったこのコトバの魅力は、「総統の在るところ勝利あり」という呪文的スローガンに示されている。じっさい、ゲッベルスは「総統が語るとき、それは礼拝のようだ」とさえ表現している。(21)

《世界観》というコトバは、戦時中の『フェルキッシャー・ベオバハター』にはあまり登場しないけれども、『わが闘争』では多用され、ナチ・イデオロギーの中心概念の一つであったことは疑いない。このコトバにふくまれる《Anschauen》というコトバは、思考ではなく、見ること、直観することを意味する。《世界観》というのはドイツ人にとっては比較的稀に現われる、より荘重な、より茫漠としたコトバである。ナチズムにおいては《哲学》の代用語として多用され、日常語化されたが、このコトバにふくまれる《荘重な告知》(ヒトラー)的性格は、批判的な思考よりも、ナチ的な心情と直感へのアピールを暗示している。(22)

華麗と栄光のコトバの傾向は、さらに《偉大な》とか《歴史的》さらには《世界史的》といった形容詞との慣用的結合にも現われている。これらのコトバを用いた響きのよい合成語は、すべてがナチ言語によって作り出されたものではない。しかしそれらの過度の使用は、他のいかなる時代よりも、とくに重視されたことを示している。たとえば《大ドイツ》《大ドイツ的》(großdeutsch)というコトバは、ドイツ＝オーストリアのみならず、将来の植民地支配とも関連していた。したがって一九三八年以後、それを第三《帝国》に関して使用することは禁止される。なぜなら、《新聞指令》によれば「実際の大ドイツ帝国《ライヒ》には、当然、われわれが目下のところ要求するであろう他の領土もふくまれている(23)」から。

《歴史的》というコトバも、同様に華麗と栄光のコトバとして機能しうる。クレンペラーによれば、ナチズムは「自己をきわめて重要なものとみなし、その諸制度の永続性について固く確信しており、――あるいはまた、ひとにそのような確信をあたえるために――ナチズムに関係することならどんなつまらぬことであれ、すべて歴史的意義をもつことになった(24)」という。《歴史的》な出来事から《世界史的》なそれへは、ほんの一歩であろう。このコトバによって、空間的にも時間的にもグローバルな栄光をもって修飾されうる。「最大の歴史的闘争」、「偉大な世界史的転換」、「全面的に大規模な世界史的対決」といった具合である。じっさい、ヒトラーの演説は、《歴史的》《世界史的》であるのみでなく、まさにヒトラーは《世界史》を語り、歴史の歩みを通して《世界審判》を執行するものとなるであろう。

先述の《第三帝国》やこの《歴史的》というコトバにみられるように、文学その他、精神科学の特殊用語《ジャルゴン》の契機が文学的教養層の深遠さへの欲求を充たす役割を演じたことも見逃してはならない。そのほか《憧憬》(Sehnsucht)とか《熱狂》(Schwärmerei)、《幻想》(Fantasie)といったロマン主義的なコトバをはじめ、たとえば独ソ開戦後のヒトラー演説では、明らかにシェイクスピアの『ハムレット』からの引用である「存在か非存在か」(Sein oder Nichtsein)といった表現も用いられている。とくにゲッベルスは、スターリングラード敗戦後、ドイツ民衆にたいして鎮静化を試みる演説で、「《ステップ》とか《東方》といった軽蔑的な内容をもつコトバによって終末観的気分を呼び起こすのが効果的であると考えた。これは、伝統的なドイツの地理＝歴史教育にもとづいてのみ可能であった(25)」。

学術語との関連で、同じく、わざとらしく華麗さや荘重さを印象づけるための誇大な外来語の使用についても一言しておこう。この点、ナチズムが民族主義的な運動であったことから、外来語にたいして拒否的だったとする解釈もないわけではない。じじつ、そうした立場からドイツの《国語醇化》を求める声が、ナチ政権成立当初には少なくなかった。しかし、ドイツ語醇化主義者たちは、ナチ体制の下で何の成果を得ることもできなかった。[26] 宣伝省の多数の《新聞指令》の中にも、外来語のドイツ語化にたいする言語規制措置はふくまれていなかった。ヒトラー自身、つねに醇化主義に反対であり、一九四〇年の政令によって、この《外来語狩り》の運動を最終的に禁止した。彼自身、その演説にあたって似而非学問的な効果をあげるため、多くの外来語を愛用した。そこには、ヒトラーの語彙におけるスラングのただ中で、彼の生半可な教養が露呈しているといってよい。[27] とくに響きのよい荘重な外来語、たとえば《Fanal》(前兆)、《Appell》(訴え)、《Dynamik》(ダイナミズム)など。明らかに《Garant》(保証人)の方が、《Bürge》(引き受け人)というドイツ語より荘重な感じを与えるし、同じく《Kulmination》(最高潮)は《Höhepunkt》(頂点)よりも神秘な響きをもつ。動詞でも《schlecht machen》(悪口を言う)より《diffamieren》(誹謗する)のほうが威厳がある。ナチ言語ともっとも深いつながりのある《宣伝》についてみれば、そこではプロパガンダという外来語が意図的に Werbung(宣伝・勧誘)というドイツ語より優先させられた。それは、ポーレンツによれば「無知なものを外国風にひびくコトバで曖昧に包み込むためであった」。[28] とくに外来語の多くは、そのアクセントが語尾にあるところから、「それがドイツ語から区別されて、あたかもトランペットを吹き鳴らすような調子で響くと、ある刺激的なもの、多くの人びとを興奮させるものをもっている」。[29]

こうしたナチ言語における擬似モニュメント的傾向が、くずれたスラング的語り口の傾向と対立しているようにみえるのは、見せかけにすぎない。じっさいには、それらは同じ精神的態度の異なった現われ方にほかならない。いずれも、大衆心理の中にナチ・イデオロギーを叩き込み、それにたいする批判的思考を阻止することを狙うものであったから。こうしてナチ言語は大衆の情動や直感に訴え、その熱狂や献身を調達する。それらは、ついには絶対的な信念にまで高められ、ナチ体制の正当化に仕えるものとされるであろう。(30)

（1）Vgl. W. Benjamin, Pariser Brief, in: *Angelus Novus. Ausgewählte Schriften*, Bd. 2, 1966, S. 509 f. 巨大建築の進むニュルンベルク党大会場を前にして、一九三七年九月に、ヒトラーはこう演説した。新しいナチ国家の「権威を強化するために、われわれの建築物は生み出されつつある。その事実を敵は予感しているであろうが、とりわけ〔ナチの〕信奉者は知っていなければならない」と(Hitler, *Reden und Proklamationen*, Bd. I/2, S. 717)。ナチ建築の政治的特質については、なお、vgl. S. Wenk, Gebauter NS, in: *Faschismus und Ideologie*, Bd. 2, Argument-Sonderband 62, 1980, S. 255-279.

（2）K. Vossler, Die Grenzen der Sprachsoziologie, in; *Hauptprobleme der Soziologie. Erinnerungsgabe für Max Weber*, Bd. I, 1923, S. 387.

（3）H. S. van Berk, Vorwort, in: J. Goebbels, *Der Angriff. Aufsätze aus der Kampfzeit*, 12. A. 1943, S. 16. なお、vgl. Hagemann, *a. a. O.*, S. 77.

（4）一九三七年四月二九日および五月二〇日のヒトラー演説(Kotze/Krausnick, *a. a. O.*, S. 152, 213 u. 140)。

（5）Hitler, *M. K.*, S. 332 u. 325. 戦時中の例では、たとえば、ゲッベルスは「われわれの偉大な理想にふさわしいもっとも激烈な熱狂ともっとも熱烈な激情」(Goebbels, Über die politische Leidenschaft, in: *Das Reich*, v. 29. Nov. 1942, S. 2)を強調している。激烈でも熱烈でもない「熱狂」や「激情」がありうるかのような言い方に、すでに言語感覚の摩耗ぶりが現れている。そのほか、なお、vgl. Frind, *a. a. O.*, S. 52.

（6）一九三七年五月二〇日のヒトラー演説(Kotze/Krausnick, *a. a. O.*, S. 189 u. 215)。

（7）Klemperer, *a. a. O.*, S. 238.

（8）Sternberger/Storz/Süskind, *a. a. O.*, S. 35.

（9）一九三七年四月二九日および二〇日のヒトラー演説(Kotze/Krausnick, *a. a. O.*, S. 139 u. 213)。

（10）Berning, *a. a. O.*, S. 183. ゲッベルス演説の全文は、Goebbels, *Reden*, Bd. 2: 1939-1945, hrsg. v. H. Heiber, 1972, S. 172 ff. 所収。

（11）Vgl. Klemperer, *a. a. O.*, S. 244 f. たとえばハーゲマンの分析によれば、ゲッベルスの《全体戦争演説》の効果は、総体としては疑わしかったという。ナチ敵対者にたいしてはもちろん、内外の傍観者にたいしても、また心情的同調派であったラジオ聴取者にたいしても、会場での「大衆のヒステリックな叫びや金切り声は、違和感さらには嫌悪感をあたえ」「進行しつつある〔ナチ〕政権の精神的崩壊の徴候」として評価された(Hagemann, *a. a. O.*, S. 473)。

(12) Vgl. Korn, *a. a. O.*, SS. 12 ff. u. 25. これにたいして、たとえばポーレンツは、この種の抽象化なしには現代文明は考えられないとして、「名詞文体は、かならずしも過程的思考を退化させるものではない」(Polenz, *a. a. O.*, S. 152)という。

(13) Vgl. Hitler, *M. K.*, SS. 600, 270, u. s. w. たとえば、以下のような文章を参照。「戦前には、独立の主権国家の現有する力の顧慮のもとにドイツ民族の維持に仕えねばならなかったとすれば、今日では、民族に、まず自由な主権国家という形での力を回復しなければならない。この力こそ、将来にわたるわが民族の維持・振興・扶養という意図をもつ今日の外交政策の実践的貫徹のための前提である」(Hitler, *a. a. O.*, S. 687)。ちなみに、この文章は、全文ゲシュペルトされている。

(14) Zit. nach Frind, *a. a. O.*, S. 77.

(15) Vgl. Winckler, *a. a. O.*, S. 42; Zischka, *a. a. O.*, S. 142 f.

(16) Vgl. Hitler, *a. a. O.*, S. 637, 471 u. 762. 《帝国》概念の合成語の例は、vgl. Berning, *a. a. O.*, S. 161 ff.

(17) Vgl. Hagemann, *a. a. O.*, S. 77.

(18) Hitler, *Reden und Proklamationen*, Bd. II/2, 1965, S. 2204. なお、vgl. ders., *M. K.*, S. 679 u. 395.

(19) グロセールによれば、「ナチズムは、じっさい、そのコトバがフランス語で等価に置き換えられない新しい言語をつくり出した。……われわれは、たえずくり返されたコトバや定まり文句の独特の具象性を十分正確に再現することはできない」(A. Grosser, *Hitler. La presse et la naissance d'une dictature*, 1959, p. 13)。なお、同じ指摘として、カッシーラー、前掲書、三七五ページ以下、参照。

(20) Vgl. Berning, *a. a. O.*, S. 55 ff.; Kammer u. Bartsch, *a. a. O.*, S. 51. 当時のナチ文献として、とくに、vgl. H. Hertel, *Das Dritte Reich in der Geistesgeschichte*, 1934. ヘルテルは、まだメラー・ヴァン・デン・ブルックによる概念形成を認めているが(*a. a. O.*, S. 54)、のちにはそれに疑問が出され、ヒトラーによる創作性を強調しはじめる(vgl. J. Petzold, *Wegbereiter des deutschen Faschismus*, 1978, S. 164)。もっとも、一九三九年以後、《第三帝国》に代わって、たんに《帝国《ライヒ》》とのみ呼称されることになった。これは、巷間にあった将来の《第四帝国》を口にするナチ批判の声とも関連していたという(vgl. Berning, *a. a. O.*, S. 57 f.)。

(21) Vgl. Berning, *a. a. O.*, S. 81 f.; Brackmann, *a. a. O.*, S. 76 ff. 引用例は Zit. nach: Frind, *a. a. O.*, S. 48. なお、《ヒトラー崇拝》については、本書二四三ページ以下、参照。

(22) Vgl. Berning, *a. a. O.*, S. 208 f.; Brackmann, *a. a. O.*, S. 203. このコトバの操作的性格と政治的機能については，とくに，vgl. K. D. Bracher/W. Sauer/G. Schulz, *Die NS-Machtergreifung*, 2. A. 1962, S. 261 ff.

(23) Anweisungen der Pressekonferenz v. 21. 3. 1938 (Zit. nach; Berning, *a. a. O.*, S. 97).

(24) Klemperer, *a. a. O.*, S. 54. 以下の引用は，一九三七年一月三〇日および四月二九日のヒトラー演説(Kotze/Krausnick, *a. a. O.*, S. 109 u. 124)。

(25) Polenz, *a. a. O.*, S. 171. ポーレンツによれば，《東方のボルシェヴィズム》というコトバは，けっして《西方のボルシェヴィズム》に対応する概念のことではない。意味論上の文脈とは関わりなく，《東方の》という形容詞によって，ボルシェヴィズムに軽蔑的なイメージをあたえているにすぎない(vgl. *a. a. O.*, S. 172)。ヒトラーの引用は，Hitler, *Reden und Proklamationen*, Bd. II/2, S. 1774.

(26) 醇化主義的主張は，たとえば内相フリックの演説にみることができる。「公的機関でも余計な外来語が用いられることが稀でなく，それが広汎な民衆の中で事態を理解することを妨げている。われわれがドイツ語の貴重な宝を未来の世代に純粋に誤りなく伝達するために，この点において学校は重要な課題を果たさねばならない」(W. Frick, Erziehung zum lebendigen Volk, in: F. Hiller (hrsg.), *Deutsche Erziehung im neuen Staat*, 1935, S. 26)。一般に外来語の問題については，vgl. P. v. Polenz, Sprachpurismus und NS. Die »Fremdwort«-Frage gestern und heute, in: *Germanistik—eine deutsche Wissenschaft*, 1967, 5. A. 1971, S. 111-165. ヒトラーによる最終的禁止については，vgl. *a. a. O.*, S. 137 f.

(27) 『わが闘争』だけでも総数七〇〇に及ぶ外来語がふくまれている。本文にあげたもののほかにも，多用されたコトバとして，Extrem (極端)，Homogenität (同質性)，apodiktisch (反論できない)，Kompetenz (権限)，konsolidieren (強化＝統合する)など。衒学趣味の中に，すでにナチ的体質がにじみ出ている。一般民衆や青少年のために『わが闘争』の中の外来語を註釈した解説書(P. Sommer, *Erläuterung zu Adolf Hitlers "Mein Kampf"*, o. J.)まで出現した。語り口に威厳をもたせる《外来語の魔術》については，vgl. Klemperer, *a. a. O.*, S. 278 f. クレンペラーは，カトリック教会のミサにおけるラテン語式文の効果になぞらえている。

(28) Polenz, *a. a. O.*, S. 119. ここでも，《二重言語》的区別にたいする《新聞指令》(一九三七年七月二八日)が出されている。「《プロパガンダ》というコトバは，誤用されないよう求められる。プロパガンダは，新国家〔ナチ・ドイツ〕の理解に即していえば，ある程度まで法律的に保護される概念であり，……それゆえ《身の毛もよだつプロパガンダ》《ボルシェヴィズムのプロパガンダ》と言ってはならない。要するに，プロパガンダというコトバは味方についてのみ使用し，敵にたいしては煽動(Hetze)というコトバを使用せよ」(Zit. nach: Berning, *a. a. O.*, S. 150-151)。

(29) J. Trier, Alltagssprache, in: *Die deutsche Sprache im 20. Jahrhundert*, 2. A. 1969, S. 130.

(30) こうしたナチ言語の一般的特質は、たとえばレーニンにおける《呪文のない文体》(V・シクロフスキー)とは対照的である。レーニンは、美辞麗句や誇張した表現を避け、スローガンや定式の濫用を戒め、感情や想像力を刺激することよりも実際的・具体的理解に訴えようとつとめたという(vgl. *Sprache und Stil Lenins*, hrsg. v. F. Mietau, 1970『レーニンの言語』桑野隆訳、三一書房)。これにたいして、たとえば、ムッソリーニの言語における政治的メタファーについては、vgl. F. Rigotti, Der Chirurg des Staates. Zur politischen Metaphorik Mussolinis, in: *P. V. S.*, 1987 H. 3, S. 280-292.

4 言語と政治的正当性

ナチ言語は、伝統的な連想を目覚ませる特定のコトバあるいは概念を用いることによって、《第三帝国》をドイツないしヨーロッパの歴史的連続性の中に位置づけ、ナチ体制の政治的正当性を基礎づけようと試みる。そうしたナチの語彙は、主として三つの分野から徴募される。第一には、古代風の言い回し、ドイツ国粋主義ないし汎ゲルマン主義的コトバから始まり、第二には生物主義的な言い回し、とくに《血と土》の神話であり、第三には宗教的＝キリスト教的領域からのコトバまで動員する。いわば、第一群のコトバが保守的＝民族主義的な傾向をもつ人びとに向けられるとすれば、第二群のそれは、まず農民層に訴えかけるものであった。第三群の擬似宗教的表現は、キリスト教的ないし半ば世俗化された知的階層に向けられていた。それは、一方ではナチ的現実の形而上学的正当化に役立たされるとともに、他方ではキリスト教的なシンボルを公然と簒奪し、その思想的内実の空洞化をはかろうとするものであろう。むろん、この三つの分野のあいだには、しばしば密接な結びつきがあり、互いに転用されたコトバが混在することによって補完し合う関係にある。[1]

(一)　擬似古代風言語

《世界観》に立脚することを標榜するナチ体制は、そのイデオロギー的折衷主義から独自の思想的源泉として北欧的＝ゲルマン的伝統を意識的に強調する。ここでは、ゲルマン時代の歴史学的研究が問題なのではない[2]。むしろ、古代風に響く名前やコトバ、伝説や伝統的契機を復活させ、その情動的効果を引き出すことが狙われていた。こうして擬似ゲルマン的様式の崇拝を広め、そこからナチズムがドイツ史の正当な遺産相続者ないし執行者であるという正当性の要求を引き出そうとする。そこには、明らかに政権成立当初において保守的支配層に訴えかけようとするモティーフも働いていたであろう[3]。

すでに個人の名前についても、キリスト教伝来以後、《土着の名前》がしだいに消滅してきたことを批判し、伝統的な「ゲルマン的命名」の生命力を復活することを訴える[4]。そのほか、古代風に響く職名として、たとえば《法律家》(Jurist)の代わりに、《法律擁護者》(Rechtswahrer)が用いられる。じっさい、《官吏》(Beamter)や《行政》(Verwaltung)よりも、《官職主宰者》(Amtswalter)や《官職主宰》(Amtswaltung)という方がいっそう荘重に響く。ナチ党下級リーダーについても、同様に党《細胞守護者》(Zellenwart)、《ブロック主宰者》(Blockwalter)などと呼ばれる。逆に民衆は、《従者》(Gefolgschaft)という伝統的後光に包まれることによって、《指導者》にたいする忠誠義務を負う家臣とされる。そのほか、《血族》(Sippe)がラテン語の《家族》(Familie)の代用語となる。その合成語である《血族局》《血族恥辱》などのコトバは、明らかに人種主義的＝遺伝学的な《血》のイデオロギーと結びついている[5]。

あるいは行政区画としての《県》(Provinz)には《大管区》(Gau)という古代ゲルマン定留地を思わせる用語がとって代わる。このナチ的区画づけによって、たとえばポーランド領土は《ヴァルテガウ》に編入されドイツ化される。同じくオーストリアは《東部辺境地域》(Ostmark)、オランダは《西部辺境地域》(Westmark)と改称され、それによって《大ドイツ》に《合邦》される。こうしてゲルマン的古代とナチ的現実が架橋されることによって、人種論と連動しつつ、帝国主義的拡大の政策が歴史的に正当化される。たとえば、SS本部からの指令書の一つは、対ソ侵略戦争の開始について、こう記している。「ゴート人、ノルマン人およびゲルマンの血をひくあらゆる移動民族が達成しえなかったこと、——それをわれわれは、いま創造しつつある。すなわち、新たなゲルマン民族移動を。それをわれわれの総統、全ゲルマン民族の指導者は創造しつつある。……三〇〇〇年にわたる歴史の一章は、本日、その輝かしい完結を迎えた。一九四一年六月二二日いらい、ゴート人はふたたび馬を進めている。われわれ一人びとりがゲルマンの戦士なのだ！」(6)と。

古代ゲルマン文字であるルーネ記号の意識的復活も古代風のいま一つの形式である。ルーネ文字は紀元前二世紀ごろに遡るものといわれている。ヨーロッパ大陸では、八〇〇年ごろにラテン文字にとって代わられたが、スカンディナヴィア諸国ではなお何世紀かのあいだ存続した。ナチはルーネ文字が石器時代の北欧から由来し、宗教的＝魔術的な意味をもつものとみなしていた。一九三三年いらい、誕生と死亡広告には、上向きと下向きの松明で形象化されたルーネ文字が登場するようになった。「ルーネ文字をさぐり認めること、ルーネ文字を守り保つこと、ルーネ文字をふたたび流布させることは、民族的な再建にとって少なからず貢献する。なぜなら、アーリア文化のもっとも重要な構成要素の一つであるルーネ文字によって、長らく埋もれ忘れられていた原初的価値がふたたび回復されるのだから」(7)。こうしたルーネ文字の高い評価には、ゲルマン民族を古代からの高い文明の担い手とみなし、ヨーロッパ圏におけるドイツの指導的役割を引き出そうとする政治的意図が働いていた。SSは《勝利》のルーネ文字で表示された。それは稲妻を様式化した闘争やダイナミズムの形象的表現であり、線が二重になっていることは、それを倍化する強調である。こうした記号化された文字は、コトバの意味連関をなくさせ、理解力を停止させ、読者を心理的に催眠させる。そのことは、ハーケンクロイツの記号にも、いっそう妥当するであろう。ハーケンクロイツは、これまで異教的過去において、さまざまの慣習的象徴だったものが、いまやキリスト教の十字架ないしその伝統をイデオロギー的に否定し、新しい人種的秩序を象徴的に表現するものとなる。「ハーケンクロイツ／汝、逆回りの十字架よ／みずからの途に立つわれらを照らせ／……汝は、われらにとって神聖なしるし／太陽の光と同じく純粋である／……ハーケンクロイツ／汝、先祖たちの十字架よ／われらは血を浄化せんと欲す(8)」と。ここには、すでに擬似宗教的なコトバが意識的に選択される。

古代風伝統の復活は、さらに農民賛美およびそれと結びついた都市文明批判の傾向にも強く現われている。ナチズムにおいては、たとえば《アスファルト》というコトバは《血と土》にたいする否定的な反対概念であり、人間生活を自然の大地から切り離し、民族共同体を破壊する文明のメタファーとして多用される。バーニングの『ナチ語彙集』には、《ユダヤ的アスファルト紙》から、《アスファルト民主主義》、《アスファルト文化》、《アスファルト知識人》、さらには《アスファルト人間》など、かなりの数に上る。これにたいして、ナチズムでは、《農民》は、たんに営農家というにとどまらず、むしろ《農民気質》(Bauerntum)を通して《北欧的人種の生命の源泉》(R・W・ダレ)を具現する存在とされる。《帝国食糧生産身分》としての農民の果たす役割は、新しい神話にまで高められる。《農民適応力》、《土着性》が強調され、さらに農民的伝統としての《しきたり》(Brauchtum)という古いコトバが愛用される。ここには、すでに《血と土》の神話との結びつきが明らかである(9)。

(二)　生物主義的言語

ナチ支配の擬似《科学的》正当化のために動員されるナチ言語の第二の分野は、生物学ないし通俗医学の世界である。たしかに、自然科学とくに生物学的思考に向かう時代的趨勢とともに、今世紀はじめいらい、そうしたコトバが一般的にも流布されるようになってはいた。とはいえ、生物学的イメージが日常語の中に《全面的に》貫徹されたのは、ナチズムにおいてはじめて可能となった。すでに『わが闘争』がその先駆的モデルを提供する。ヒトラーは、くり返し、その主張をドラスティックに大衆に訴えるため、生物学的メタファーによって具象的に描写することにつとめている。とくにヒトラーの愛好するのは人体と類比させてとらえられた《民族体》(Volkskörper)というイメージである。[10] それの《鋼鉄のような健全さ》あるいは混血による《有毒化》がくり返し論じられる。ここでは、すでにみたように《種の堕落》を特徴づける際に微生物学的メタファーを多用するナチ的傾向が思い起こされてよいであろう。生物学的語彙の中から、しばしば用いられる肯定的資質の用語には《有機的》ないしは《有機体》がある。これらのコトバで表わされる《自然的に成長したもの》というイメージは、とくに新しい《民族共同体》の動態的原理に打ってつけのように思われる。

　ナチ言語における中心的概念である《民族》(Volk)は、いわば《国家の創造的＝根源的基盤》にほかならない。じじつ、《民族》というコトバは、原生的なもの(たとえば《民族の身体》《民族の生命》など)とともに政治的統一性(《民族政策》《民族秩序》《民族指導者》など)を包括し、《血と土》によって規定された歴史的・運命的な理念にまで高められる(《民族の大地》《民族の郷土》など)。ここに用いられている数多くの《民族》と結合する合成語は、かならずしもすべてナチの新造語ではない。しかし、それが頻繁に使用され、また一部は新しく再定義し直されたこと(たとえば《社会階級》に対立する《人種的統一》としての民族、《血の共同体》としての民族というイメージ)は、明らかにナチ言語にとって特徴的であった。[11] バーニングの『ナチ語彙集』には、そのほか、《民族啓蒙》から《民族同胞》《民族感情》

《民族兵士》、ついには《フォルクス・ヴァーゲン》まで上がっている。こうして日常生活に頻出する《民族》というコトバによって階級的対立は隠蔽され糊塗される。いまや、あらゆる階層の人びとは、《民族共同体》のもとに統合され平準化される。社会的差異は撤廃されるのでなく、コトバという媒体を通して紙の上で宥和される。[12]

しかし、こうした多様な内実をもつ《民族》および《民族的》というコトバのステロタイプ的使用は、概念の不正確さと曖昧さを増大させるであろう。ナチ党綱領は、ナショナリズムと反ユダヤ主義の見地から改めて定義せざるをえない。「国家公民たりうるのは民族同胞たるもののみである。民族同胞たりうるのは、宗派に関わりなく、ドイツの血をもつもののみである[13]」と。ここに《民族》とならんで《人種》(Rasse)の観念が登場する。ナチズムにおいては、人種主義的な偏見や評価が、しばしば、民族学や生物学のデータと結びつけられて、客観的な必然性にもとづくものであるかのような塗装が施された。こうして《奴隷人種》にたいする《支配人種》の優越性という主張が、あたかも科学的に証明された事実であるかのような印象を呼び起こす。それは《擬似科学的に粉飾された支配のテーゼ》(K・D・ブラッハー)以外の何ものでもなかった。しかし、この《人種》概念には、擬似生物学的意義に並んで、運命的・神話的な所与としての意義も付着していた。スローガン的黒白図式によって、くり返し《支配人種》たるアーリア人種のユダヤ民族にたいする闘争を呼びかけ、まさに世界史における救済史的契機さえある、と訴えられる。しかし、このナチ《人種》神話は、非合理な妄想を深層心理の基底にもちながら、なお大衆操作と世界支配を目指す政治的計算にも裏づけられていたことを見逃してはならない[14]。いずれにせよ、人種理論の隆盛につれて、ナチ言語は、おびただしい《人種》の合成語ないし派生語を生み出した。バーニングによれば、たとえば、《人種的に真正な》《人種的に異質な》《人種的に健全な》といった形容詞から、《人種感情》《人種意識》《人種魂》さらに《人種の身体》《人種の有毒化》《人種保護》《人種価値》など、非合理な実体ないし政策をあらわす数多くの名詞をふくむ。

そこでは、言語そのものも人種的基準のもとに立つものとされ、人種的＝民族的固有性の反映としてとらえられるにいたったのは不思議ではない。「ドイツの神話には、言語の人種的メルクマールがもっとも美しく示されている。……強い情熱に促されて、新しいドイツ人種は新しい民族的な表現の可能性をつくり出すであろう」。いな、それは文法の規範や構文法にも妥当する！「言語の法則は種の法則である。……文法書は、たんに言語の規則を記した書物というだけでなく、一民族のもっとも内奥の本質を告白する文書でもある」[15]と。こうして、人種思想が学問研究や科学的認識の基礎とされたことから生まれる倒錯は、《アーリア的物理学》といった発想に極まるであろう。

《人種》概念と同じく《血》(Blut)をめぐるさまざまの定まり文句も、曖昧な多義性をもって濫用された。ナチズムにおいて《血》は、非科学的な人種理論の神話的中心概念となった。バーニングの『ナチ語彙集』でも、《血の意識》《血の感情》《血の誇り》から《血の上で真正な》《血に制約された》《血の上で異質な》《血に対して責任を負う》など、おびただしい合成語をもつ[16]。そこでは、しばしば神話的な語義というよりも、むしろ神秘的に響くコトバが愛用されていることが認められる。いずれにせよ、人間は生物学的にみて人種の法則にのみ従う存在としてとらえられ、「血の純粋性の保持」(S. 34)と「種の担い手としての次代の若ものの育成」(S. 29)が国家の任務とみなされる。じっさい、ヒトラーにとって、ドイツ民族は「徐々に人種的に改良されて、目下のところ地上に現存する最高の価値を示す」(S. 285)存在であり、したがって、その最高の地位を維持することに努めねばならない。ここでは、《血を辱しめる》(Blutschande)というコトバは、ナチズム以前にもっていた血族相姦という語義から、《人種恥辱》(Rassenschande)、すなわち《非アーリア人》との結婚ないし性的交渉へと再定義し直されて用いられている。じっさい、それは、キリスト教の原罪から区別された特殊なナチ的原罪を形づくる。「血と人種に反逆する罪は、この世界における原罪であり、それに陥った人類の終末を意味する」(S. 272)から。こうして、《血》のイデオロギーは宗教的領域にまで高められる。

㈢　擬似宗教的言語

ナチ言語におけるもっとも重要な特徴の一つは、宗教的＝キリスト教的言い回しないし表現の頻繁な使用である。ナチズムはキリスト教にたいして深い敵意をもっていたにもかかわらず、古い宗教的メタファーを新しい政治的現実のために機能転換させる。[17] キリスト教的用語にふくまれる超越的なもの、神秘的なものにたいする連想によって、ナチ体制を《神聖化》し、正当化しようと試みる。こうして体制全体が合理的な批判にたいしてタブー化され、逆にキリスト教会さらにその背後の民衆から積極的協力をとりつけるため《神意》にかなうものとして提示される。じっさい、ナチ言語が儀礼的定式の中で宗教的用語を用いたのみでなく、日常的な新聞報道やプロパガンダにおいても宗教的言い回しが定着した。それは、いわば畏敬の念を呼び起こし、ナチ・ドグマの絶対性を印象づける言語的祭儀に通ずるであろう。ナチ運動において、その《世界観》は「信仰告白」(S. 508)であり、まさに人びとが「信じ愛するもの」(S. 618)としてとらえられていた。ナチ政権成立の一年後に、ゲッベルスは権力闘争をふりかえりながら記している。「ナチズムが政治以上のものであり、ナチズムにおいて神の言葉と神の意志とが告知されているということが、ドイツの何百万の人びとにとって聖なる確信となっているのは、けっして偶然ではない[18]」と。

ヒトラー自身、《神》《運命》《定め》などのコトバを、そのさまざまの同義語とともに、たえず口にしている。[19]「この主の至高の似像〔アーリア人種〕をあえて冒瀆しようとする者は、この奇跡の創造者にたいして罪を犯す」(S. 421)という。ここには、明らかにキリスト教的信条や概念は、ナチ・イデオロギーのための媒体とされ、《支配人種》の《神的》正当化のために用いられている。こうして、宗教的なコトバのもつ高い響きは温存されながら、その語義の内実は転換ないし偽造されて、支配の絶対性要求に仕えるものとなる。たとえば、《永遠の》《神聖な》といった宗教的なコトバも、いまや時間的現象について適用され、その意味を強調する修飾語として日常化される。「このドイツ、この永遠のドイツのために倒れたすべてのものの犠牲[20]」といわれ、また「私が最初ひとりで始めたこの闘争は、……いまや若い運動の――私はあえて言いたいが――神聖な任務として続行された」(S. 626)。この《任務》というコトバに代わって、しばしば《使命》(Mission)という古い宗教的含蓄にみちたコトバも愛用される。「この地上におけるドイツ民族の使命」(S. 439)というように。それは、ナチズムによって完遂することが予め定められた神的な課題という響きを伝える。

同様に《摂理》というコトバも、ナチズムの政治目的を擬似宗教的に聖化する際に、重要な役割を演じている。民族の命運にたいする神的導きというイメージは、単純な《運命》というコトバより以上に崇高に、また魔術的に響く[21]。「個々の人間がその存在と行動とのすべてにおいて、究極的には全能なる摂理とその意志の前にかくも脆弱であるのと同じく、彼がこの摂理を体して行動する瞬間には測り知れぬほど強力となるであろう。……私は、われわれが背後にした五年間を回顧するとき、じっさい断言することができる。これは人間のみの業《わざ》ではなかったということを！」(一九三七年六月二七日、ヒトラー演説)。さらには七月二〇日事件から辛うじて生命を保ちえたヒトラーは、それを「私がこれまでやってきたように、私の生涯の目標をさらに追求すべしという摂理の委託の確認とみなす」(一九四四年七月二一日、ラジオ演説)と民衆に訴える[22]。《摂理》に導かれる者は、それが過去にたいして妥当するのみでなく、さらに未来に向かって《約束》し《予言》することも不可能ではない。「ドイツ再建を体験することのできた者はみな、当時の闘争にたいして報われたのだ。私が諸君に予言した通り、みな、そのことにたいして報われたのだ」(一九三七年二月二四日、ヒトラー演説)。いな、ヒトラーは敗色濃い戦争末期にも、なお訴えることを止めない。「私は、それにたいして私の予言をくり返す」(一九四五年一月三〇日、ラジオ演説)[23]と。

じっさい、ヒトラーは、ドイツの民衆から「《私は信ずる》という信仰告白」の表明を要求した。彼はナチ的人間のもつ「信仰的情熱」について語り、ナチ党員を「誓約した使徒たち」として、またナチ党を「騎士団」にたとえ、「ナチ的理念のからし種」についても語っている[24]。つとにヒトラーの思考様式は《逆立ちし戯画化された宗教的な思考形式》(ケネス・バーク)とみられてきたが、ここには、まさに《政治的宗教》(E・フェーゲリン)としてのナチズムの特色が示されている。ナチ・ドイツにおいて『わが闘争』が《新しい国民的聖書》(P・ゾンマー)としての地位を獲得し、その宣伝が政治的《信仰の宣教》(F・A・シックス)になぞらえられるのも、けっして偶然ではない。ラウシュニングは、ナチズムを《無神論的バロック》と呼び、「カトリック的信仰に代えて神を具現する総統への新しい普遍的《カトリック》信仰をもつとき、世界支配をめざすナチズムの立場に立ったことになる」と言い切っている[25]。

こうした《指導者》(=総統)崇拝と指導者概念に結びつく連想は、容易に、その個人的《神化》にいたりつくであろう。ゲーリングさらにヒムラーによれば、総統は「神からドイツに遣わされた救済者」であり、ローベルト・ライは、ヒトラーにたいしてその誓いをくり返す。「私は、この地上においてアドルフ・ヒトラーをのみ信ずる[26]」と。このナチ的《信仰》には二つの側面を区別することができよう。すなわち、一方においては《信仰》というコトバは、明らかに世俗化され、絶対的な信念といった——すでにナチ時代以前の慣用語法にみられる——側面をもっている。しかし、それは、さらに宗教的な響きと内実とを残しながら、超越的な真理や宗派的教義にではなく、いまや一義的にナチ的世界観=ヒトラーの人格に向けられたものとなっている[27]。

たとえば、ヒトラー・ユーゲントの指導者シーラッハのヒトラー像は暗示的である。「アドルフ・ヒトラー、われらは汝を信ず。汝なくしては、われらは孤立したままであったろう。汝によりて、われらは一つの民族である。汝は、われらに青年の、僚友の体験をあたえた。……青年こそは汝の名であり、汝の名は青年である。汝と数百万の青年は、けっして分かたれることはできない」[28]。この文章には、いたるところに《主の祈り》ないし《使徒信条》の祈りの言語表現が模倣されているのが認められる。宗教的な定式は政治的イデオロギーの定式へと移しかえられる。祈りにおいて神の占める位置にはヒトラーが立っている。この文章で《汝》(Du)という代名詞が――《主の祈り》の言葉のように――大文字で記されているのは、明らかにヒトラー《神化》をしるしづけるものであろう。《ハイル・ヒトラー》という《ドイツ式敬礼》には、ドイツ人の《偶像》となった指導者崇拝の倒錯が現われていたといってよい。

じっさい、ナチ言語は、ヒトラーをイエス・キリストと同一化することすら躊躇しなかった。「イエスとヒトラー」と題する国民学校の書き取りのテキストには、こう記されている。「イエスが人間を罪と地獄とから解放したように、ヒトラーはドイツ民族を破滅から救ったのです。イエスもヒトラーも迫害されましたが、イエスは十字架にかけられたのに、ヒトラーは首相になりました。……使徒たちは主のわざを完成しました〔が〕、私たちはヒトラーがそのわざをみずから完成することを望みます。イエスは天国のために〔国《ライヒ》を〕建てましたが、ヒトラーはドイツの大地のために建てました」[29]と。しかし、イエスと類比されているかにみえるのは表向きだけにすぎない。さまざまの平行関係が指摘されているとはいえ、イエスがその《使命》を完成しえず刑死したのにたいして、ヒトラーは、いっそう強力な勝利者として描き分けられている。しかも、空想的な《天国》でなく確実な《ドイツの大地》の上の建設者として。いまや教科書に登場するヒトラーの崇高な姿こそ、青少年にとっての唯一の模範となる。このヒトラー像を心の中に抱くこと、いな、その形と同じになること――ヒトラーの《模倣《イミタティオ》》(！)――こそ、ナチ教育にとって、もっとも重要な課題となる。

ナチズムの正当性は、究極的には、その《政治宗教》によって安寧と秩序、自由からの逃走、権威と服従への要求を充足させられた大衆の退行性心理にもとづいていた。「ここにこそ、ナチ宣伝の暗示力の根の一つがある。ナチ世界観が地上的な救済論にまで高められたことこそ、〔ナチ〕運動にその最後の瞬間までつきまとった躁病的＝エクスタシー的性格の原因である[30]」。

(1) 一般に、vgl. Frind, *a. a. O.*, S. 86 ff.; Bork, *a. a. O.*, S. 66 ff.
(2) ナチ・ドイツの古代史研究の例については、vgl. L. Poliakov u. J. Wulf (hrsg.), *Das Dritte Reich und seine Diener. Dokumente*, 1959, S. 355 ff. なお、特殊研究として、vgl. V. Losemann, *NS und Antike. Studien zur Entwicklung des Faches Alte Geschichte 1933-1945*, 1977.
(3) ヒトラーがよく用いたものの一つに、属格の付加語を名詞の前におく古風な表現がある。代表的な例をガルニゾーン教会演説(一九三三年三月二一日)に見ることができる。この中でヒトラーは、大統領ヒンデンブルクに向かって、うやうやしく呼びかける。「あなたは、かつて帝国の成長(des Reiches Werden)を体験され、なお偉大な宰相の事業(des Großen Kanzlers Werk)を眼前に御覧になられたのです。……かくしてあなたにたいしてドイツ民族の青年(des deutschen Volkes Jugend)は感謝いたします……」(Hitler: *Reden und Proklamationen*, Bd. I/1, S. 228)と。ヒトラーは「説教風の構文と語順」とを用い、「フロックコートを着込み、金色に塗ったバロック風の説教壇からプロイセン保守派の人びとの好意をとりつけるため懸命に努力した」(Polenz, *Geschichte der deutschen Sprache*, S. 170-171)。
(4) K. Kaiser, Die kirchliche Überfremdung deutscher Vornamen, in: *NS-M.H.*, H. 95, 1938, S. 113.
(5) Vgl. Berning, *a. a. O.*, S. 171 ff. さらにヒトラー命令による《血族連座刑》の復活、そのための《血族身分証明書》の発行などは、ナチズムの不法な支配＝前近代性を象徴している。
(6) Zit. nach: W. Hofer (hrsg.), *Der NS. Dokumente 1933-1945*, 1957, S. 250(『ナチス・ドキュメント』救仁郷繁訳、ぺりかん社)。
(7) K. Renck-Reichert, *Runenfibel*, 1935, Vorwort (Zit. nach: Bork, *a. a. O.*, S. 69). 批判的研究として、とくに、vgl. U. Hunger, *Die Runenkunde im Dritten Reich. Ein Beitrag zur Wissenschafts- und Ideologiegeschichte des NS*, 1984, bes. S. 449 ff.
(8) O. Glauning, Hakenkreuz, 1937 (Zit. nach: J. Wulf (hrsg.), *Literatur und Dichtung im Dritten Reich. Eine Dokumentation,*

1966, S. 300). なお、vgl. J. Lechler, *Vom Hakenkreuz. Der Geschichte eines Symbols*, 2. A. 1934.

(9) Vgl. Berning, *a. a. O.*, S. 26 ff., 33 f. u. 49; Brackmann, *a. a. O.*, S. 26. なお、一般に、vgl. K. Bergmann, *Agrarromantik und Großstadtfeindschaft*, 1970, S. 277 ff.

(10) たとえば、vgl. Hitler, *M. K.*, S. 773, 437, 316 u. 254.《有機体的》というコトバについては、vgl. Berning, *a. a. O.*, S. 147 f.

(11) Vgl. Berning, *a. a. O.*, S. 191 ff.; Brackmann, *a. a. O.*, S. 193 ff.《民族》というコトバは「食事のときの食塩のように」(Klemperer, *a. a. O.*, S. 38)、日常茶飯に用いられる。

(12) つとにルカーチも、生物主義的発想がナチズムに「ロマン主義的な反資本主義の複雑な思考過程を人種的所属性による所有問題へと単純化する」(G. Lukács, *Die Zerstörung der Vernunft*, 1955, S. 580『理性の破壊』暉峻・飯島・生松共訳、白水社)ことを可能にしたと指摘している。むしろ、ヘルベルト・マルクーゼによれば、社会的過程を生物学的なものに還元する非歴史的発想は、歴史の現実的動因から永遠に変わらない自然的要因へ退行する心理を反映するものである(vgl. H. Marcuse, Der Kampf gegen den Liberalismus in der totalitären Staatsauffassung, in: *Kultur und Gesellschaft*, Bd. I, 1965, S. 36 ff.『文化と社会』田窪清秀ほか訳、せりか書房)。

(13) Die 25 Punkte des Programms der NSDAP. Punkt 4 (Zit. nach: Hofer, *a. a. O.*, S. 28)。注目すべきことに、ヒトラー自身において《民族(主義)的》というコトバは、なお両義的であり、「いわゆる《民族主義的理念》」(Hitler, *a. a. O.*, S. 399)とか、「民族主義団体につきものの多くの欠陥や弱点」(*a. a. O.*, S. 665)といった否定的表現さえある。むろん、肯定的な語義による使用が圧倒的に優勢である。

(14) この点について、とくに宮田光雄「政治における敵味方の論理」(『平和の思想史的研究』創文社、一九七八年、所収)、二七六ページ、参照。じっさい、『わが闘争』には「知識人種」(Hitler, *a. a. O.*, S. 479)という表現さえある。なお、vgl. K. D. Bracher, Stufen der Machtergreifung, in: Bracher/Sauer/Schulz, *Die NS-Machtergreifung*, S. 275.《人種》の派生語については、vgl. Berning, *a. a. O.*, S. 152 ff.; Brackmann, *a. a. O.*, S. 149 ff.

(15) A. E. v. Hake, Betrachtungen über die deutsche Sprache, 1935 (Zit. nach: J. Wulf (hrsg.), *Literatur und Dichtung im Dritten Reich*, S. 326). なお、ナチ治下の言語学研究については、vgl. G. Simon, Sprachwissenschaft im III. Reich. Ein erster Überblick, in: F. Januschek (hrsg.), *Politische Sprachwissenschaft*, 1985, S. 97-141. 一般に、vgl. K. Saller, *Die Rassenlehre des NS in Wissenschaft und Propaganda*, 1961, S. 69 u. 131.

(16) Vgl. Berning, *a. a. O.*, S. 42 ff.; Brackmann, *a. a. O.*, S. 39 f.

(17)　ナチ言語が「そのクライマックスにおいて信仰の言語たらざるをえないということは、それが狂信を志向するものである以上、自明のことである。ただし、その際、奇妙なのは、それが信仰の言語としてキリスト教、より正確にはカトリシズムに密接に依存していることである。ナチズムはキリスト教、それもほかならぬカトリック教会と……その当初から戦ってきたにもかかわらず」(Klemperer, *a. a. O.*, S. 122)。

(18)　J. Goebbels, *Vom Kaiserhof zur Reichskanzlei. Eine historische Darstellung in Tagebuchblättern*, 1934, 15. A. 1937, S. 13. 同じく、こうも記す。「ヒトラーと彼の理念にたいして何百万の国民が示す熱狂からは、かつて十字軍の時代にドイツをゆり動かしたあの叫び、すなわち、『神がそれを欲したもう』という声を聞きとりうる思いがする」(*ebenda*)と。

(19)　たとえば《神》ないしその同義語の使用例は、vgl. Hitler, *a. a. O.*, S. 505, 738 u. 445.《運命》というコトバの例としては、たとえば『わが闘争』冒頭の有名な一節を参照。「運命が私の誕生の地としてほかならぬイン河畔ブラウナウを選んでくれたことを、今日、私は幸福なさだめと見なしている」(Hitler, *a. a. O.*, S. 1)。ここには、俗物的センティメンタリズムが典型的に現われている。

(20)　一九三七年四月二九日のヒトラー演説(Kotze/Krausnick, *a. a. O.*, S. 177)。

(21)　ナチ・イデオロギーにおける《摂理》概念については、とくに、vgl. J. Stange, *Zur Legitimation der Gewalt innerhalb der NS-Ideologie*, 1987. たとえば戦争末期(一九四四年七月四日)に、ヒトラーはこう語っている。「私は、けっして信心ぶる人間ではない。しかし、もっとも深い内奥では、私は敬虔な人間である。すなわち、私は信じている。ある神が創造した自然法則に一致して、この世で勇敢に闘い、けっして屈服しない者は、……最後には、じっさい、摂理の祝福にあずかるのだ」と(Hitler, *Reden und Proklamationen*, Bd. II/2, S. 2117)。ここでは、すでに《摂理》はヒトラーのいう《自然法則》(＝社会ダーウィン主義)に近い。

(22)　Hitler, *Reden und Proklamationen*, Bd. I/2, S. 704; Bd. II/2, S. 2128.

(23)　Kotze/Krausnick, *a. a. O.*, S. 108; Hitler, *Reden und Proklamationen*, Bd. II/2, S. 2197. イェッケルによれば「ヒトラーは、自分を新しい世界観の予言者と考えていた。それゆえ彼は、彼自身の『わが闘争』を執筆したのである」(E. Jäckel, *Hitlers Weltanschuung. Entwurf einer Herrschaft*, 1981, S. 13)。

(24)　*Der Kongress zu Nürnberg v. 5. bis 10. Sep. 1934. Offizieller Bericht über den Verlauf des Reichsparteitages mit sämtlichen Reden*, 1934, S. 27, 204 f. u. 211.

(25)　H. Rauschning, *The Conservative Revolution*, 1941, p. 111. なお、ナチズムの《政治宗教》的性格の指摘は、そのほか、たとえば、vgl. Fr. Heer, *Der Glaube des Adolf Hitlers. Anatomie einer politischen Religiosität*, 1968, S. 15 ff.; W. Hammer, *Adolf Hitler. Ein Prophet unserer Zeit?* 1974. S. 10 ff.

(26) H. Göring, Dank an den Führer, 1938, in: *Reden und Aufsätze*, 1938, S. 326 f.; H. Himmler, *Geheimreden 1933 bis 1945 und andere Ansprachen*, hrsg. v. B. F. Smith u. A. F. Peterson, 1974, S. 237; R. Ley, *Soldaten der Arbeit*, 1938, S. 115.

(27) ただし、これらの発言で言及される《神》は、けっして明確な概念ではなかったことに注意すべきであろう。それは、むしろキリスト教的な人格神意識を解体し、新しい《ヌミノーゼ的なもの》(W・ハメルスキー)に置きかえることを目指している。そこからは、新しい神性にイデオロギー的内容が盛りこまれ、神性への信仰がナチズムへの信仰と重ね合わされるのは、けっして遠い距離ではない。こうして、最後に《物神化》された《民族》《祖国》《総統》の権威が、神聖性を帯びて出現することになるであろう(vgl. K. Vondung, *Völkisch-nationale und nationalsozialistische Literaturtheorie*, 1973, S. 190)。

(28) Zit. nach: Hausbek, *a. a. O.*, S. 91-92.

(29) Diktat in der 3. Volksschule zu München vom 16. März 1934, in: J. Neuhäuser, *Kreuz und Hakenkreuz*, 2. A. 1946, Teil I, S. 111 f.

(30) Hagemann, *a. a. O.*, S. 138.

三　ナチ祭儀の政治的特質

1　祭儀の基本類型

われわれは、すでにヒトラー《崇拝》(Kult)について言及した。このコトバは、ドイツ語の用法では、しばしば、ある人格または事物にたいする過度の崇敬＝崇拝を意味している。とくに政治の世界では、《個人崇拝》《指導者崇拝》といった新しい専門用語として定着している。しかし、このKultというコトバは、元来、社会における個々の儀礼ないし儀礼の全体をさすものであり、諸宗教の《祝祭》(Feier)として現実化される。(1) 古代社会では、こうした祭儀は、つねに宗教的であった。共同体は、この祭儀を通して神々の守護の下に立ち、個人もまた、その共同体の成員としてのみ神々の祝福にあずかりうるものとされる。現代社会においても、《儀礼》ないし《祭儀》は《集合的な芸術という形をあたえられた宗教的熱望》(R・グレンジャー)であることに変わりはない。(2)

じじつ、ナチ支配下のドイツにおいて、大衆集会や行進、祝典など、その外的形式は多様であったが、共同の参加によって大衆を情感的に結集する公共的行動の演出がしばしば行なわれた。そこには、ナチズムの《指導者崇拝》のみでなく、まさに擬似宗教的な《祭儀》、すなわち、厳重に規範化された儀礼や典礼をもち、公的に強制化された祝祭や祭りを認めることができる。これはナチ・イデオロギーから生まれた以上、既成宗教の祭儀からは区別して

《政治的祭儀》と呼ぶことができよう(3)。

ナチ体制下においてドイツの民衆は、なんらかの組織によって《把握》され、通常、一定の期日にナチ・イデオロギーを学習することを余儀なくされた。次々とくり返される公共的催しに参加することによって、個人は、私的生活から引き出され、共同体的拘束のもとに立つものとされる。こうしたナチ《祭儀》は、広汎なレベルでの祭りを包含する。暦年の国家的祝祭、個人の誕生から死にいたる人生の通過儀礼、さらに党員が日曜日ごとに行なう簡素な朝礼的儀礼まで。儀礼の執行のための範例集や指針が策定され、政治的指導者のコトバのほかに祝祭詩やカンタータなど典礼用テキストが公定される。特定の祝祭会場、儀礼のための小道具や荘重な所作などが、いっそう祭儀的雰囲気を盛り上げることに貢献する。こうした祭儀の存在は、ナチズムにおける擬似宗教的性格、その《政治的宗教》としての特質を改めて印象づけるであろう。

むろん、近代政治史は、政治権力が精神的権威にも手を伸ばし、こうした企図を追い求めて政治宗教を創出した歴史的経験を知っている(4)。代表的な一例としてフランス革命下におけるロベスピエールの《理性宗教》の祭儀を想起することもできよう。それ以後、各国に触発されたナショナリズムは、しばしば宗教性と結びついた愛国心の亢進を生み出してきた。そこでは、政治的および思想的権威を結び合わせることを意図する政治運動が、大規模な民衆動員に支えられる形で出現した。ナショナリズムと大衆デモクラシーとのこの結びつきの中で、「民衆運動は多数の群衆を巨大な政治力に変換するための新しい政治的スタイルを要求したが、まさに〔それに対応する形で〕ナショナリズムが、新しい政治にこの目的を充たしうる祭儀とリトゥルギーとを提供することになった(5)」。ナチズム自身、すでにその先行者として帝政ドイツにおける国家的祭儀をもっている。セダンの戦勝記念日や皇帝誕生日は、プロテスタント教会との結びつきを失わなかったとはいえ、その祝祭は世俗化された宗教と政治との癒着を示していた(6)。

ナチズムの政治的祭儀は、のちにみるように、キリスト教の教会的祭儀に多くのものを負うていたが、それ以外にも、さまざまの先行例をもっていた。たとえばゲルマン的宗教ないしキリスト教布教以前の時代の伝統を再活性化させようと試みたほか、社会主義的な労働運動やドイツの青年運動などからも剽窃したり継承したりすることを躊躇しなかった。(7) たとえば青年運動からは集団行動や共同体体験の諸形式、さらに《指導者》とか《ハイル》の挨拶などのコトバを継承し、また《火》の崇拝のような儀礼や夏至の日の祭りに学んでいたことも見逃してはならない。同じく一九二〇年代に始まる素人演劇運動も、ナチ的祭儀の民衆的基盤を広げることに貢献した。それは、合唱劇の祝祭的な高揚の中に観客と出演者との一体性を体験し、一種の宗教的な民衆共同体をつくり出すことを意図していたから。素人演劇運動の指導者たちが《第三帝国》に彼らの憧憬の実現をみたのは偶然ではない。——たとえその多くがナチの権力掌握後、深い幻滅を味わわねばならなかったとしても。(8)

こうした先行的模範の存在にもかかわらず、ナチ・イデオロギー、とくにヒトラーの思想自身が、すでに政治行動の儀礼化ないし祭儀化への傾向をもっていたことも否定しえない。《第三帝国》下に完成されるにいたった典型的なナチ祭儀の様式の多くは、基本的には、すでに一九三三年以前に遡ることができる。それらの萌芽を、たとえば《闘争時代》における党の大衆集会や示威行動などの自己表現の形式に見出すことは、けっして困難ではないであろう。さらに血を湧き立たせる音楽や演説、斉唱などを組み合わせて劇的な一大パレードをくり広げ、大衆心理を盛り上げる巧妙な技術など、その後も一貫している。

たとえば、当時すでに、ナチ祭儀の政治的意義について、ナチ教育学者エルンスト・クリークは、こう記していた。「ある革命的本能から、ナチ的アジテーションは、主として知性的な証明や論議によってではなしに、いっさいの合理的なものと非合理的なものとの境界線上にひそむリズムの根源的力によって訴えていく。……同じ本能から、ナチズムは、合理的な概念よりも好んで象徴やその迫力ある具象性を用いて訴えていく。すなわち、ハーケンクロイツ、敬礼の形式、第三帝国などが、いっさいの象徴的なもののもつ直接的な――地底にひそむかのような――起動力なのである。第三者は、それをロマン主義的、粗野、混沌と呼ぶかもしれない。――それは、たしかに当たっているだろう。しかし、そう呼んだからといって、なに一つ証明したわけでもなければ、誤りを反証したことにもなりはしない。すなわち、ここには、非合理的で根源的な起動力が発現しているのであり、そこから究極的には歴史を形成する運命的な運動力が由来しているのである。その力なしには民族は死に、歴史は中断せざるをえない。逆にこの力とともに民族と歴史における新しい存在と生成とが由来するのである。そしてこの過程こそ、じっさい、革命にほかならない(9)」と。

こうした様式の創始者として、しばしばゲッベルスの名前があげられ、彼自身もそのように主張してきた。しかし、宣伝とデモンストレーションのスタイルに基礎づけをあたえたのはヒトラーであり、じじつ、初期においては、その細部の点にいたるまで、彼自身が取りしきってさえいる。ゲッベルスは、それをいっそう発展させ完成させた(10)。たとえばヒトラーが権力を掌握した一九三三年一月三〇日夜のベルリン松明行列や、三月二一日の《ポツダムの日》における国家的式典は、いずれもゲッベルスの周到な演出にもとづくものであった。それにつづいて《国民的労働の日》に転換させられたメーデーや、九月の《勝利の帝国《ライヒ》党大会》は、アルベルト・シュペーアの造形的アイディアに支えられて、ナチズムの一連の国家的祭儀の序幕を告げるものとなった(11)。

いまや国家の財政＝権力手段の総力をあげてナチ社会全体が公共的演出の舞台となり、ほとんど間断なく政治宣伝のための集会や祝祭がくり返されることになった。ナチ支配の構造的特徴として、しばしば、責任官庁や行政権限の競合や分裂による機構的カオスが指摘されてきた。このナチ祭儀の計画と組織をめぐっても、宣伝、文化、訓育という三つの専門分野にまたがる同じ対立が存在した。それぞれの分野を代表するナチ指導者ゲッベルス、ローゼンベルク、ライの間の権力闘争は周知のところであろう。しかし、支配的位置を占めたのは宣伝部門であり、その統制機構を通して、国家的規模での統一的祭儀が組織化され、また地域レベルでの催しにいたるまで監視された。[12]

ナチ祭儀の基本的類型として、㈠ナチの暦年に従う国家的記念祭、㈡党員のための世界観的儀礼としての《朝礼》、㈢民衆一人びとりを生涯の各時点でとらえるための通過儀礼、に大別することができる。これらに並んで特殊な祭儀として、組織や職場ごとの《アピール》、《村落共同体の夕》のような農村における慣行的祝祭、さらには戦没者追悼のための死の祭儀や国防軍における《兵士的祭儀》など。とくに最後の二つは、戦時中に、しばしば《朝礼》のモデルに従って行なわれたものである。[13]

㈠　暦年祝祭

ナチの暦年は規則的にくり返されるナチの祝祭日の確固たる枠組みを形づくる。その際、この祝祭のカレンダーをナチ・ドイツにおいてただ一つ妥当する暦年たらしめることが意図される。ドイツの民衆は、公共生活の他の分野におけるように国家的祝祭を通じても、暦年のリズムに従って、たえず政治的宣伝にさらされ、ナチの支配要求に服従することを強いられる。こうした祝祭暦年の中でとくに重要な日として、次のようなものをあげることができよう。政権獲得の日（一月三〇日）、党綱領宣言の日（二月二四日）、英雄記念日（三月一六日）、青少年の義務の日（三月の最後の日曜日）、ヒトラー誕生日（四月二〇日）、国民的労働の日（五月一日）、母の日（五月第二日曜日）、夏至の日（六月二一日）、帝国党大会《ライヒ》（九月前半）、収穫感謝の日（十月初頭）、運動犠牲者記念日（一一月九日）、冬至の日（一二月二一日）および民族クリスマスなどである。[14]

こうした祝祭暦年を通ずるナチの民衆支配は《全体的》であることを狙っている。それは、公共の生活領域のみでなく、さらには個人を私的な生活領域においても《把握》することを意図する。家庭における伝統的なクリスマス祝祭を《人種にふさわしく》改作しようとする試みは、それをはっきり示している。ヒトラー青少年団用の暦年祝祭の手引きによれば、クリスマスのキリスト教的根源をなす救い主の誕生は無視され、伝統的なクリスマスの歌は厳禁される。それに代わって、クリスマスは《新しい芽生える生命》の祭りとされる。北欧ゲルマン神話の英雄誕生物語の一節を朗読し、《常緑の生命の樹》や《甦る光》、さらには《もっとも古く、かつ聖なる勝利のしるし》ハーケンクロイツなどをシンボルとして代用することがすすめられる。そこでは、はっきりナチ世界観が「一年の経過のリズムにたいする根源的感情」を再生させるべきであり、ナチ祝祭が「キリスト教以前のゲルマン的慣習」に遡及するものであることを強調している。(15) こうしてカノン化されたナチ祝祭暦年は、キリスト教会の祝祭暦年と競合関係に立ち、時の経過とともに、それに取って代わることが目指されていた。

むろん、ゲッベルスが国家的祭儀のために投入した財政的支出は、一九三九年以後、戦争遂行のため大幅に制限されねばならなくなった。全国的規模での祝祭は中止されるか、簡素な別の形式にとって代わられた。地区的な催しは、しばしば《朝礼》ないし《夕礼》の形で行なわれ、その儀礼の様式にたいして、とくに戦争末期には、ローゼンベルクの文化政策の影響力が強められるにいたった。

(二)　《朝礼》(Morgenfeier)

独立した祭儀類型としての《朝礼》は、ナチ治下においても相対的に後期にいたって統一的な儀礼として確立した。(16)

しかし、祭儀そのものは、すでにさまざまの頻度とさまざまの形式の下に行なわれてきた。もっとも早期に導入したのはヒトラー青少年団であり、その宿営地では、規則的に《朝礼》が実施されていた。それは、早朝、食事前に行なわれる、いわゆる旗の掲揚で始まった。全員集合ののち、旗への敬礼、ヒトラーの言葉あるいは詩の一節の朗読、旗の歌ないし信仰告白の歌の斉唱などがつづく。この短い儀礼は、一見、ささいな意味しかもたないようにみえるけれども、重要な役割をもっていた。日ごとの旗の掲揚は、一種のイデオロギー的な《朝の礼拝》であり、来たるべき一日の奉仕を義務づけ聖別することを意図していたから。日曜日には、より大規模な《朝礼》が行なわれ、その中心には、その時々の特殊なテーマにもとづく訓辞あるいは『わが闘争』ないし『二〇世紀の神話』からの一節の朗読などがおかれていた。日曜日の《朝礼》は、教会礼拝の時間にぶっつける形で行なわれ、明らかに政治的な意図をもっていた。じっさい、その形式そのものも、徐々に教会の典礼に類似した確固たるリトゥルギー様式をとるようになっていった。

戦争勃発いらい、ナチの暦年祝祭において、従来の仕方で大規模な大衆集会や示威行進を行なうことは、しだいに困難になった。しかも、他方では、民衆の心理的エネルギーの動員は、いっそう不可欠となっていった。それゆえ一九四三年いらい、《朝礼》はナチ党の公式祭儀として自立化するにいたった。このための指導指針は《朝礼》を慣習として定着させることに全力をあげた。地区グループごとに、隔週に——少なくとも毎月一回は——《朝礼》が行なわれるべきものと指令された。最終目標は日曜ごとに行なわれる《朝礼》であった。こうして個々の党員や民衆心理にたいするアピール、くり返される共同の信仰告白によって、本能や感情・信念の力を目覚ませ、燃え立たせること、さらに死活を賭する闘争へと生命感をみなぎらせ、名誉や忠誠、義務や服従、勇気や犠牲的献身の決意など民族的エネルギーを動員しようというわけである。(17)

(三)《人生儀礼》(Lebensfeier)

この祭儀において、公的および私的生活の区別を否定して、あらゆる領域にたいする国家の干渉権をかかげるナチ国家の要求が、はっきり現われている。それは、私生活における祝祭的な出来事を《公共化》し、新しい祝祭的慣習に引き入れようとする努力にほかならない。人生の重要な諸段階——受洗から葬儀にいたるまで——において教会の祝福をうけるという伝統は、教会生活から縁遠くなったノミナルな信徒のあいだでも強固な慣習として残っている。したがって、周到な準備ののちに一九四一年いらい、ローゼンベルクの手によって、いわゆる《人生儀礼》のための指針が策定された。それによれば、《誕生祝い》《結婚祝い》《死の祭儀》は、今後、《人生儀礼》として、この名称の下に行なわれることが要求されている。(18)

それまでも、党組織の一部とくにSSにおいては、指導者ヒムラーの教会敵視的態度のゆえに、つとに党固有のナチ式《人生儀礼》の導入につとめてきた。《人生儀礼》は、その様式と内容において《朝礼》に密接につながっていた。そこでは、とくにキリスト教的慣習が変形されて継承されているのが認められる。たとえば、SSにおいて、《結婚祝い》の際に交換される指輪は、結婚当事者の愛に終わりのないことを象徴するのみでなく、その《血族》の終わりなき始まりを意味するとされる。教会による《幼児洗礼》にはSS様式の《命名式》がとって代わる。あるいは死者を古来の習俗に従って北方へ向けて横たえさせるSS様式が模範となる。(19)

もっとも重視されたのは、このナチ祭儀において司祭役の存在を不要にすることであり、祭儀の参列者全員を祭儀当事者として参加させることである。ローゼンベルクの基本的指針によれば、党員のみでなく段階的にドイツの民衆全員にたいして《人生儀礼》を義務づけようとする意図が、ほとんど隠されていない。それによって、明らかに洗礼や教会式の結婚、葬儀を消滅させることが狙われていた。この点についてみれば、《人生儀礼》は、《朝礼》以上にナチズムの反教会闘争における、いっそう重要な役割を担っていたといえよう。

(1) たとえば『ドゥーデン』によれば、Kultというコトバは、「確定した形式、儀礼、場所、時期に結びついて行なわれる共同体による神性の宗教的崇敬。……特定の人格にあたえられる過度の崇敬。特定の人格あるいは事物にたいして内的な強い関わりにもとづいて行なわれる交流の形態」(*Duden. Das große Wörterbuch der deutschen Sprache*, Bd. 4, 1978, S. 1598)を意味する。

(2) Cf. Grainger, *The Language of the Rite*, p. ix.

(3) 本書、一二七ページ以下、参照。なお、vgl. G. L. Mosse, *Die Nationalisierung der Massen. Von den Befreiungskriegen bis zum Dritten Reich*, 1976, S. 240 ff.

(4) 宮田光雄『政治と宗教倫理』(岩波書店)、一九七五年、九一ページ以下、参照。フランス革命については、たとえば、モナ・オズーフ『革命祭典』(立川孝一訳、岩波書店)、一九八八年、参照。

(5) Mosse, *a. a. O.*, S. 14.

(6) 神学者ゼーンゲンによれば、プロテスタント教会の礼拝は過去一五〇年間に世俗化され、《祈り》であるよりも《祝祭》となったという(vgl. O. Söhngen, *Säkularisierter Kultus. Eritis sicut Deus*, 1950, S. 18)。

(7) たとえば、前掲のGamm, *Der braune Kult*, S. 187; Vondung, *Magie und Manipulation*, S. 13 ff. など、参照。

(8) ミルプト編の『ミュンヘン素人演劇への手引き』には、しばしば「演劇が高度に祭儀的な祝祭であり」、「上演」されるというよりも、むしろ「礼拝的祝祭」であることに固有性をもつ、という理解が示されている(R. Mirbt, *Münchner Laienspielführer. Eine Würdigung für das Laienspiel*, 2. A. 1934, S. 42 u. 41)。しかし、この『手引き』は第二版出版後まもなく発禁とされた。そこには、たとえばナチの《血と土》の神話や農民気質のロマン主義的賛美にたいする批判がふくまれていた(vgl. *a. a. O.*, S. 261 f.)。こうして都市の市民や労働者との連帯を説く独自の主張や目標をもった素人演劇運動は、とうてい、ナチ当局の容認するところとはなりえなかった。

(9) E. Krieck, *Nationalpolitische Erziehung*, 1932, 16. A. 1933, S. 38. なお、同じく、vgl. K. Fr. Sturm, *Deutsche Erziehung im Werden*, 4. A. 1938, S. 119 ff.

(10) ヒトラーとゲッベルスとは、いわばカトリック《背教者》であったが、いずれもカトリシズムから政治的教訓を引き出している。ヒトラーがカトリック的階層制度や教条主義に引きつけられたのにたいして、ゲッベルスは教会的祭儀やシンボルを模倣することにつとめたといえる。

(11) たとえば《ポツダムの日》のため「すべての準備が適切かどうか、私はポツダムの現場をよく調査する。このような国家的祭儀では細部の細かい点まで重要なのだ」(Goebbels, *Vom Kaiserhof zur Reichskanzlei*, S. 284)。なお、vgl. *a. a. O.*, S. 251 ff., 285 f. u. 305 ff. シュペーアについては、vgl. A. Speer, *Erinnerungen*, Ullstein-Buch Ausgabe, 1976, S. 39 ff.

(12) Vgl. K. H. Schmeer, *Die Regie des öffentlichen Lebens im Dritten Reiches*, 1956, S. 28 ff.

(13) 《第三帝国》初期には、なお古代ゲルマンの民衆祝祭広場での合唱劇(Thingspiel)の復活が企てられた。これには素人演劇運動の遺産が利用され、また、野外劇のための会場として先史時代の巨石墳墓やキリスト教以前の祭場、歴史的に著名な廃墟の近辺などが意図的に選定された。この合唱劇は、そこで出演者と観客とが一体化して《民族共同体》を現前する《祝祭》ないし《祭儀》であり、たんなる《芸術》や《演劇》ではないとされた。たとえば一九三四年にハイデルベルクで上演されたオイリンガーの『ドイツの受難』(R. Euringer, *Deutsche Passion 1933. Hörwerk in sechs Sätzen*, 1933)は、キリストの受難を思わせる仕方でドイツの苦難と再生を訴え、ゲッベルスに激賞されたものである。当初、一九三三年四月にドイツ全国に向けてラジオドラマとして放送されたが、この作品は、明らかに「国家統合的かつ体制安定的」な役割を担っていた(vgl. S. B. Würffel, "... denn heute hört uns Deutschland". Anmerkungen zum Hörspiel im Dritten Reich, in: R. Schnell (hrsg.), *Kunst und Kultur im deutschen Faschismus*, 1978, S. 132 ff.)。しかし、魅力的な脚本の不足と当初の民衆的関心が急激に失われるに及んで、一九三七年以後、ゲッベルスは、この《合唱劇》運動を中止した。一般に、vgl. H. Brenner, *Die Kunstpolitik des NS*, 1963, S. 95 ff.; J. Wulf (hrsg.), *Theater und Film im Dritten Reich. Eine Dokumentation*, rororo-Ausg. 1966, S. 178 ff. 特殊研究として、vgl. R. Stommer, *Die inszenierte Volksgemeinschaft. Die "Thing-Bewegung" im Dritten Reich*, 1985.

(14) Vgl. Schmeer, *a. a. O.*, S. 68 ff. なお、ヒトラー青少年団の祭儀のための手引き(C. Dörner, *Das deutsche Jahr. Feiern der jüngen Nation*, 1939)も資料として有益である。

(15) Dörner, *a. a. O.*, S. 5 u. 7. クリスマスについては、vgl. *a. a. O.*, S. 176 ff.; Schmeer, *a. a. O.*, S. 91 ff.

(16) Vgl. Schmeer, *a. a. O.*, S. 57 ff.; Vondung, *a. a. O.*, S. 87 ff.

(17) ナチ宣伝における《崇高な情感》へのアピールについては、とくに、vgl. Hagemann, *a. a. O.*, S. 127 ff.

(18) Schmeer, *a. a. O.*, S. 63 ff.; Vondung, *a. a. O.*, S. 97 ff.

(19) たとえばSS様式の《命名式》の例については、vgl. J. Ackermann, *Heinrich Himmler als Ideologe*, 1970, S. 84 ff. キリスト教敵視の姿勢については、vgl. S. 88-96. なお、vgl. Himmler, *Geheimreden*, S. 59 ff. u. 159 f.

2　祭儀の演出手段

ナチ祭儀の演出に当たっては、多様な手段が用いられた。林立する旗の波や巨大な記念物などの視覚的象徴は、通常、音楽やシュプレヒコールなど聴覚的な手段と組み合わされて、はじめて本来の意義を獲得する。たとえば、旗の掲揚におけるドラムの連打、右腕をあげるドイツ式敬礼における《ハイル》の斉唱、延々と続く示威行進の際の歩調のリズムや伴奏音楽の効果など。こうして、いずれの大衆集会や祝祭的催しでも、参加者の目と耳とに同時に働きかけることが意図される。ナチズムは、ここでは古くからの心理学的ルールに則って、同時に触発される感覚的印象の相乗作用によって情動的効果を質的にも量的にも最大にまで亢進させようとする。そのかぎりでは、じっさい、ナチ祭儀は、カトリック教会の祭儀において漂う香煙が閉ざされた空間の中で嗅覚にたいしても働きかける効果を、その政治的様式原理のゆえにとりえなかったことを遺憾としたかもしれない(1)。

(一)　視覚的手段

数多くの視覚的象徴の中で、ナチズムにとって基本的なのは《運動の象徴》としてのハーケンクロイツである。ヒトラーは黒―白―赤という伝統的なドイツ帝国の旗の色に従いながら、ハーケンクロイツの基色として赤を採用した。この熱狂を引き起こす行動的な挑発的色彩は、明らかに左翼運動のシンボルから大衆宣伝のために巧妙に横領されたものといわねばならない(2)。ハーケンクロイツは、やがてナチ運動のために倒れた犠牲者の血の色への連想の中で似而非宗教的な儀礼の対象となる。古代ローマの軍旗を模した突撃隊旗も、《勝利の象徴》としてヒトラー独自の考案によるものであった。これは、旗の上に一羽の鷲につかまれたハーケンクロイツをオークの葉で丸く縁どりした象徴をもつ。その際、ヒトラーは、この隊旗を《躍進》のシンボルにするために、わざわざ飛翔する鷲の姿を鋳造させた。ここにもまた、デマゴギーの巨匠としてヒトラーが象徴言語にたいしてもっていた感受性の程を示しているといえよう。

こうしたナチズムのシンボルや古代ゲルマン文字などを記した、ありとあらゆる旗がナチの祭儀において林立する光景は、周知のところであろう。じっさい、ゲッベルスは宣伝における旗の有効性を党機関紙以上に高く評価していた。とくに組織ごとに異なる、さまざまの旗の生き生きした色彩効果も大きかった。大衆集会や示威行進においてハーケンクロイツの旗が大量に投入されたことには、主として二つの目標があった。一方では、ナチ運動の内部的結集をはかり、献身の決意と結びついた党員のエリート意識を強化すること。それとともに、他方では、できるだけ広汎な民衆を、同調者ないし共鳴者として動員することである(3)。強力なシンボルの洪水の中に飲みこまれて、大衆は冷静な判断や批判の力を圧殺されざるをえない。行進や集会において制服が身体的表現の補助手段として果たす役割も同様である。汲みつくされることのない源泉から湧き出るような褐色の制服をつけた長蛇の縦隊。彼らがドイツ式敬礼のためにいっせいに右腕を上に向かって差し出すとき、何ものによっても打ち負かされない強力な団結と闘争の決意を視覚的に表現した。

ナチ祭儀の演出に当たって好んで用いられた特別の視覚的手段として、火または人工的な光を最後にあげておこう(4)。古代から伝わる火の神秘的な魅力は現代にも残っており、烈しく燃え上がる焰からローソクの静かな光にいたるまで、特有の言語を語る。ナチ祭儀は、こうした火の効果を熱狂的に追求した。たとえば夏至の祭儀において中心におかれた火の儀礼や、戸外の催しの際に配置された火皿や塔に点火された巨大な焰、夜の街に延々とくり広げられた松明行列など。とくにナチ政権初期の演出では投光器が大きな役割を果たした。その一瞬に点滅する光の効果は、暗黒の中にたたずむ大衆を熱狂的興奮にかり立て、まぶしく輝く光の輪の中に指導者の姿を神秘的に浮き立たせることに貢献した。

(二)　聴覚的手段

たとえば、多数の人びとに注意力を喚起するサイレンのうなりや、軍事力の強大さを誇示する閲兵式において装甲車のあげる轟音のような不規則な騒音から、何万の集団の舗道にこだまするリズミカルな歩調にいたるまで、聴覚的手段のレベルも多岐に分かれている。しかし、ほとんどあらゆるナチ祭儀に当たって、もっとも効果的な情動的手段として音楽を欠くことはなかった。(5) ナチズムは、大衆心理をリズムによって《催眠》ないし《洗脳》する行進曲を多用したとはいえ、けっしてそれに限られていない。ナチ作曲家によるもののほか、バッハからワグナーにいたる広範囲な音楽のレパートリーをもっていた。(6) ナチ祭儀における演出の様式は、トランペットやドラムの連打など、基本的には《最強音》(fortissimo)によって特徴づけられる。しかし、小さいオーケストラや室内音楽などもナチ祭儀の中に一定の場所を占めていることを見逃してはならない。これは、とくにローゼンベルクによるイデオロギー的《朝礼》や《人生儀礼》の場合に妥当する。

じっさい、キリスト教的祭儀のため教会音楽と密接に結びつくオルガンのような楽器もナチ祭儀のため利用されていることを見逃しえないであろう。大きなパイプオルガンは、むろん、政治的祭儀においては、稀にしか――たとえば帝国党《ライヒ》大会における会議開催に際してのように――用いられなかった。しかし、《朝礼》や《人生儀礼》については、小さなオルガンは、他のいずれの楽器も及ばないほど適切なものと認められた。それは、神秘な響きによって祭儀の空間に宗教的な雰囲気をかもし出し、ナチ祭儀に神聖性の性格をあたえたから。(7) こうした楽器の選択には、民衆に親しまれた教会的礼拝に似せて政治的代用物をつくり出そうとするナチ的演出のタクティックスを認めることができる。ヒトラー青少年団員によるファンファーレやドラムの連打にも、同じ意味において祭儀的機能が付着している。教会の鐘が街中に響き合って宗教的祝祭を告知するように、ファンファーレは、ナチ祭儀の開始に当って民衆に祝祭への参加を呼びかける。《聖なるファンファーレ》(E・バウアー)としてリトゥルギー的性格をあたえられているのも偶然ではない。(8) ドラムもまた、ナチ祭儀の背景音楽として用いられ、その祝祭的気分をいっそう盛り上げる効果をもつ。こうした連関で、ほとんどあらゆる機会に——ドイツ代表の参加する国際的な集会でも——《聖歌》のように歌われたナチ党歌《ホルスト・ヴェッセル》も忘れてはならない。「掲げよ旗を高く、組めよ隊伍を密に」に始まるこの歌詞は、明らかにナチ祭儀における旗崇拝と連動する効果をもっていた。(9)

さらに見逃しえないのは、ナチ祭儀における音楽がリトゥルギーのテキストをもっていたことであろう。ナチ作家によって特別に作詞された祝祭歌は、《神聖な》とか《聖別された》といった聖なるコトバや、キリスト教的連想を呼び起こす擬似宗教的用語を多用している。多くの場合、《民衆的》性格を強調して単純な詩形のものが選ばれている。しかし、例外的には頌歌に似た韻律をふんだ複雑な詩形のものもあり、しばしば反覆される脚韻によって魔術的な響きと神秘的な効果とを生んでいる。こうした歌が参加者全員によって、あるいは合唱団によって歌われるとき、ほとんどつねに斉唱することが要求された。そこでもまた、教会の礼拝においてユニゾンの歌唱が引き起こす宗教的効果を模倣する意図が働いていた。じっさい、教会の礼拝における応答聖歌ないし交読文に正確に対応して、司会者の呼びかけに参加者が唱和する応答のコーラスさえある。(10)

一例としてゲルハルト・シューマンによる「国民的労働の日」のための祝祭詩の中から「信仰告白」の部分を引

いてみよう。

司会者「われらは汝の言葉を聞いた」／コーラス「総統！」
司会者「いずれの胸も高鳴り誓約する」／コーラス「総統！」
司会者「労働を妨げるものは呪われよ」／コーラス「総統！」
司会者「汝こそすべてである」／コーラス「総統！」
司会者「われらは汝の一部である」／コーラス「総統！」
司会者「汝の業と汝の帝国《ライヒ》／勝利《ジーク》」／全員「万歳《ハイル》！」

こうして全体の構成から個別の形式にいたるまで、ナチ祭儀にはキリスト教的礼拝にたいする模倣が一貫していた。じっさい、ゲッベルスの育成した地方宣伝員たちは、地方を巡回してヒトラー青少年団の宗教的儀礼を指導する任務をもあたえられていた。彼らは、『わが闘争』をはじめ、ナチ教義のテキストを、あたかも福音書を朗読するように読み上げた。オーケストラ、合唱、応答と唱和などの協働が《オラトリオ》(H・シュノール)と規定されるのは偶然ではない(11)。荘重な口調で司会者によって先導され、唱和者によって口から口へとリフレインのようにくり返され、しだいに《総統》への信仰告白は亢進する。この信仰の情熱は、ついに国民全体を包括する共通の叫びのように《ハイル・ヒトラー》《勝利《ジーク》・万歳《ハイル》》の斉唱となって爆発する。この古いゴート族いらいの《ハイル》の呼びかけは、あたかも社会の未来や自然の運行をも一変させる呪術的力をもつかのようにナチ祭儀のあらゆる局面でくり返される。じじつ、子どもたちにとっては学校の教室でも、一般市民にとっては日常生活の挨拶でも、《ハイル・ヒトラー》を口にすることが義務づけられていた。それは、疑いもなく、総統ヒトラーの名前を民衆一人びとりの心情の中に叩き込むことを意図していた。こうしてヒトラーの人格が徐々に人びとの行動や思考の規範とされるようになっていくであろう。[12]

(三)　祭儀の舞台

祭儀の演出効果を完全に評価するには、その舞台の構造、設営、形態などが参加者にたいして、いかなる意味をもちえたかを考えねばならない。のぼりや垂れ幕、旗などで華かに飾り立てられた広場や大ホール、競技場などは、全体としての祭儀を構成する重要な一部分である。祭儀は、こうした枠にはめこまれることによって演出される。それは、同時に視覚・聴覚にたいして――しかも後者にたいしては二倍の力で――働きかける《綜合芸術作品》(クレンペラー)である。なぜなら、参加している群衆自身の反応、その喝采やざわめきも、本来の祭儀において用いられる聴覚的手段と同じくらいの強さで参加者一人びとりに働きかけるのだから。[13] ナチズムは、現実にはトータルに把握されることのない《民族共同体》を、《政治の美学化》としての祭儀を通して、民衆の眼前に美しい幻想のように表現してみせた。

ナチ祭儀の演出家たちは、この舞台設営の重要性をよく認識していた。彼らの設営原理は、ナチ運動の初期からほぼ一貫していた。集会場は、外部の環境から締め切られた舞台であった。こうして、あらゆる日常的なもの＝慣習的なものから切り離されて、ナチ的演出のための特別の祭儀空間がつくり出される。参加者は密集した軍隊のように整然としたブロックを形づくり、正面方向に向かって整列する。旗や隊旗で飾った《対向正面》の前面に――多くは会場の狭くなった側に――指導者集団の舞台がくっきり浮き出すように設定される。ニュルンベルクのナチ党大会場の設営は、この構造原理をはっきり示している。たとえば最大の祭儀舞台を提供したツェッペリン広場では、大衆行進においては、注意を外らせる外界からの影響は周到に遮断された。たとえば環状の観覧席、帯状に林立する旗の波、さらに夜間には投光器のつくり出す光の隔壁などによって。この広場自体は約一四万人の収容力があり、回りの観覧席は一〇万人を収容することができた。この石造建築は長さ三九〇メートル、高さ二四メートルからなっている。大きな階段を上りつめると白い列柱ホールとなり、その両端は二基の稜堡で守られる。設計者シュペーアの回想によれば、それは「いうまでもなくペルガモン神殿の影響を受けていた」[14]。何十万の群衆の視線を引きつける巨大な正面の壁の前には、その注目の焦点となる《総統台座》が聳え立つ。たとえばカネッティも、《高さ》がメタファーであれ具体的な建築であれ、なかんずく権力のシンボルとしての性格をとりうることを指摘している。《総統台座》は、明らかに指導者の権力を、大衆からの距離と大衆の中の人間の矮小性とにおいて示している。じっさい、ナチ建築は、すべて支配者の権力と被支配者の無力とを表現していた。この時代の建築に共通する最高の形容詞は、力強さ、重々しさ、モニュメンタルということだった。大衆そのものは、この巨大なナチ建築の固定的な構成要素として統合され、いわばそれに付属する装飾物を形づくるにすぎない。こうした連関において、つねに支配の拡大を追い求める政治指導者が巨大な永久建築にたいする情熱をもっていたというクンストの指摘も、示唆的であろう[15]。

すでに戦前にヒトラー命令によって改築されたドイツ諸都市や、また戦時中に東部占領地域に建設することを予定された新しい都市には、いずれも、モニュメンタルな党の建築物によって遮蔽された空間を形づくるように計画されていた。こうした行進広場をもつ新しい都心がナチ祭儀の舞台となるはずであった。ポーランド占領地域に設けられた新しい行政区画ヴァルテガウの新しい都市や村落モデルには、教会建築のための余地が残されていなかったことは特徴的である。少なくとも都心ないし集落の中心は、党の建築物——多くは鐘楼を備えた——によって占められ、教会は排除されていた。社会生活の非宗教化、ナチ祭儀の徹底化への意図は、すでに都市計画そのものに、はっきり証明されていたといわねばならない[16]。

一九四一年初夏に始まる対ソ戦争準備のあいだも、ヒトラーは、巨大建築のプロジェクトの続行を命じた。戦争遂行にとって重要でない建築の中止を求めるシュペーアの提案をヒトラーは拒否し、ニュルンベルク党大会のための会議場建築計画に固執した。しかし、一九四三年には、ニュルンベルクの巨大建築は《平時》の到来まで延期されることになった。そこで用いられていた巨大な塔型クレーンは、やがてアウシュヴィッツにおけるI・G・ファルベン工場の建設のため使用されることになった。こうして、開戦いらい、これまで「誘導と暴力とから成り立っていた〔ナチ〕政権の二つの顔が、赤裸々な形で姿を見せるにいたった」[17]といえよう。

戦時中には、野外における大規模なナチ祭儀は制限され、まもなく完全に中止された。それは、《朝礼》様式の新しいナチ祭儀にとって代わられることになった。これらの祭儀は――墓地ないし戦没者記念碑の前で行なわれる《死の祭儀》を除けば――多くの場合、室内で行なわれることになった。それは、戦争末期には、主としてローゼンベルクの影響下に、大衆集会でなく小さな祭儀集団の形をとった。戦前にくらべて演出手段はいっそう簡素になり、祭儀はいわば《親密》なものとなった。こうした新しい祭儀が教会の礼拝様式に近似するものとなったのは偶然ではない。じっさい、新しく建築されたナチ祭儀の屋内会場の構造は、全体として教会堂――中央通路をもつ会衆席、それから一段高くなった祭壇舞台、側面におかれた説教壇など――に類似している。むろん、集会場というものがもつ同じ構造技術的制約からくるところが大きいことも否定しえない。とはいえ、そこでは、キリスト教的礼拝と舞台とを模倣し、擬似宗教的効果を引き出そうとした意図を認めうるであろう。[18]

(四)　リトゥルギー的所作

指導者の身体的登場もナチ祭儀の重要な演出の一部を形づくる。ナチ祭儀においてとられるほとんどいっさいの行動は、祝祭的＝儀礼的な歩き方という基本型に還元されるという。フォンドゥングによれば、それは祭壇に進む祭司の歩き方をモデルにもっている。[19] ヒトラーの姿に密着した政治的光輪は、彼が公開の場に登場する際の足どりやジェスチャー一つ一つに重味をあたえた。自信に充ちた態度、厳粛な表情は、彼を党、国家、民族全体の指導者として印象づける。その登場の儀礼的形式は、ヒトラーの光輪をいっそう高めえたであろう。ナチ祭儀としての大衆集会には、多くは中央を貫く長い通路が設営され、指導者登場の儀礼において重要な役割を演じた。ヒトラーは、こうした集会の背後からバーデンヴァイラー・マーチの響き――ヒトラーにのみ独占的に使用された――とともに、群衆の歓呼の声を左右から浴びながら登場する。「一三列目を通過するごとに《ハイル》の叫びが上げられる」。[20] この登場形式をゲッベルスは《勝利の道》(via-triumphalis)と名付けている。ニュルンベルク党大会で《総統台座》にただ一人立つヒトラーは、あたかも巨大神殿の壁に立つ最高司祭のように、大衆から引き離され、近寄り難い威厳を示す。しかも、登場まで何時間も待たされて興奮した大衆は、あたかも自発的な――現実には大衆の物見高さを計算に入れて周到に操作された――大歓呼を表現してみせた。

リトゥルギー的所作としての指導者の歩き方に並んで、ナチ祭儀では、なお多くの集団ないし大衆の行進も大きな役割を演じている。すでにいずれのナチ祭儀でも、開始に当たって伝統的な旗の行進が行なわれ、それはあたかも教会への祝祭的入場に匹敵する。そこに認められる多数の人びとの荘重な足どりの行進は、すでにカトリック教会の記念祭行列を思わせる。それればかりではない。整然と隊伍を組んで何時間も続く八列から一二列の集団は《途方もない》印象をあたえ、それ自体が《目を奪う》祭儀を現出するであろう。歌う縦隊の行進は、ある神学者の表現を用いれば、巨大な規模をもった《典礼的所作》(W・シュテーリン)であり、しかも同じ歩調による行進リズムは、人びとの思考を画一化する《魔法の儀式》(H・グラーザー)となるといってもよい。[21] じっさい、通過する突撃隊や親衛隊の旗に群衆が歓呼の敬礼を示さないことは司法的な処罰の対象とされた。

ナチ祭儀の演出は、テレビというマス・メディアの存在しなかった当時、もっぱらニュース映画とラジオを通して全国的規模にわたって視聴覚的に再現された。(22) さらに工場や事務所、屋外広場などに設置されたラウドスピーカーによって、ナチ宣伝は国民全体を《把握》することができた。とくに特徴的なのは、集団的なラジオの《共同聴取》を義務として強制したことであろう。それによって、個々の聴取者は、報道内容にたいして距離をおき批判的に思考する可能性を奪われ、全体として大衆心理の法則に従属させられた。こうしてラジオ中継を通して生じやすい受身の聞き手にとどまることから、より積極的に、祭儀に直接参加するものと同じく、自己陶酔的狂躁《オルギー》に同調する者へとつくり変えられるであろう。ラジオの政治的利用という点については、当時、アメリカ大統領ローズヴェルトの《炉辺談話》という形態も存在した。しかし、それは、大統領がアメリカ市民にたいして国家的困難や課題について個人的に語りかける方法であり、ナチの大衆的《共同聴取》とは対照的でさえあったといわねばならない。(23)

(1) Vgl. Schmeer, *a. a. O.*, S. 122. 演出手段については、一般に、vgl. W. Hagemann, *Vom Mythos der Masse*, S. 147 ff.

(2) ヒトラー自身の色彩象徴論によれば、「赤に〔ナチ〕運動の社会的思想を、白に国家主義的思想を、ハーケンクロイツにアーリア人の勝利のために闘う使命……を見る」(Hitler, *M. K.*, S. 557)。そのほか、一般に、vgl. I. Riedel, *Farben. In Religion, Gesellschaft, Kunst und Psychotherapie*, 1983.

(3) Vgl. A. Rabbow, Hakenkreuz, in: *dtv-Lexikon politischer Symbole*, 1970, S. 113.

(4) Vgl. Schmeer, *a. a. O.*, S. 123 ff. たとえば、夏至および冬至祭における火の祭儀については、vgl. Dörner, *a. a. O.*, S. 105 u. 188 ff. シーラッハは、ナチ的夏至祭儀の火祭りについて、「わがゲルマン民族性の古来の神聖な伝統」と呼び、「この火の象徴は暗黒の空を照らし、喜びにつけ悲しみにつけ、すべてのドイツ人の精神的結合を示すものとなるであろう」といい、ヒトラーによって民族の心の中に「点火」されたナチ的「信仰の使信を告知する」使命にまで説き及んでいる(vgl. B. v. Schirach, *Revolution der*

Erziehung. Reden aus den Jahren des Aufbaus, 1938, S. 33-34)。

(5) ハーゲマンによれば、「第三帝国が《音楽創造的》になしとげたものは、芸術的には一般に価値が低かったが、大衆的効果の点では最高度の威力を発揮した」。それは、たんなる「美学上の芸術的手段」から「第三帝国の指導手段」(ゲッベルス)に変えられたから(Hagemann, *Publizistik*, S. 70-71)。なお、一般に、vgl. J. Wulf (hrsg.), *Musik im Dritten Reich. Eine Dokumentation*, 1963.

(6) もっとも、その際、バッハ音楽についても人種論的解釈が施され、バッハのテキストについても《ゲルマン的敬虔性》《ドイツ的信仰》の立場からの歪曲が行なわれたことも見逃してはならない(vgl. H. Besch, *J. S. Bach. Frömmigkeit und Glaube*, 2. A. 1949, S. 151 ff.)。

(7) ナチ政治文化にとって異質的ともみえるオルガン音楽の受容を正当化するために、たとえば中世ドイツで《政治的祭儀》にオルガンが使用された歴史的事実を強調した(vgl. Schmeer, *a. a. O.*, S. 164)。なお、vgl. Vondung, *a. a. O.*, S. 146 f.

(8) E. Bauer, Musik auf dem Parteitag der Arbeit, 1937, in: Wulf, *a. a. O.*, S. 230.

(9) Vgl. Gamm, *a. a. O.*, S. 49 f.

(10) 引用はG. Schumann, Gedichte und Kantaten, 1940, S. 45による。そのほか、たとえばファンファーレに始まり、党歌斉唱、ヒトラーの言葉の朗読、ナチ党幹部の訓辞、誓いの言葉、国歌の斉唱……というナチ祭儀の式次第は、オルガン前奏に始まり、賛美歌斉唱、聖書朗読、説教、祈り、賛美歌斉唱といったプロテスタント的礼拝形式に酷似している。じっさい、そこでは、信徒のくり返す三回の《アーメン》に対応して三回の《勝利《ジーク》・万歳《ハイル》》の斉唱さえ行なわれる(vgl. Vondung, *a. a. O.*, S. 117-118)。

(11) Vgl. H. Schnoor, Oratorien und weltliche Chorwerke, 1939, in: Wulf, *a. a. O.*, S. 251 f.

(12) ナチ言語学によれば、《ハイル・ヒトラー》とは、古代北欧の挨拶コトバの分析から「《汝、ヒトラーにおいて幸福なれ》、すなわち、アドルフ・ヒトラーを代弁者とするナチ世界観によって幸福なれ、という願望を表明したもの」(H. Hartmann, »Heil« und »Heilige« im nordischen Altertum, Diss. 1941, in: Wulf (hrsg.), *Literatur und Dichtung im Dritten Reich*, S. 328)と解釈される。

(13) Vgl. Klemperer, *a. a. O.*, S. 64.

(14) Vgl. Speer, *a. a. O.*, S. 68; Schmeer, *a. a. O.*, S. 127 ff.

(15) Vgl. H.-J. Kunst, Architektur und Macht. Überlegungen zur NS-Architektur, in: R. Stommer (hrsg.), *Reichsautobahn. Pyramiden des Dritten Reiches*, 1982, S. 197. 支配の不変性＝永遠性を巨大建築において象徴化しようとしたナチズムが、たとえば《バウハウス》の建築様式に批判的だったことも当然であろう。クンストによれば「社会学的＝合理的な洞察から引き出される機

能主義的な可動性を視覚化した建築は、支配層の変動可能性を表示しうる」から(*ebenda*)。なお、カネッティの指摘については、vgl. E. Canetti, *Masse und Macht*, 1960, S. 463 f. u. 508.

(16) ヴァルテガウにおけるナチズムの反教会政策については、とくに vgl. P. Gürtler, *NS und evangelische Kirchen im Warthegau*, 1958. そこには、戦後に予想されるナチズムのキリスト教絶滅政策の基本線が予示されている。

(17) H.-U. Thamer, Faszination und Manipulation. Die Nürnberger Reichsparteitage der NSDAP, in: U. Schultz (hrsg.), *Das Fest*, S. 368. なお、一般に、vgl. J. Petsch, *Baukunst und Stadtplanung im Dritten Reich. Herleitung, Bestandsaufnahme, Entwicklung, Nachfolge*, 1976.

(18) Vgl. Vondung, *a. a. O.*, S. 154 f.

(19) Vgl. Vondung, *a. a. O.*, S. 155 f. なお、ナチ祭儀における行進については、とくに、vgl. Schmeer, *a. a. O.*, S. 17 ff., 46 ff. u. 123 f.

(20) Vgl. J. G. Fest, *Hitler*, 1973, S. 456(『ヒトラー』赤羽・関・永井・佐瀬共訳、河出書房新社)。そのほか、ニュルンベルク党大会で《運動の犠牲者》追悼のため、ヒトラーが党員たちの巨大な隊列のあいだに開かれた広い通路を記念碑に向かって歩いていく場面も、その代表的な例であろう(vgl. H. Schrade, Der Sinn der künstlerischen Aufgabe und politischer Arkitektur, in: *NS-M. H.*, 1934, S. 510)。

(21) Vgl. W. Stählin, *Vom Sinn des Leibes. Wege zur Wahrheit*, 2. A. 1934, S. 161; H. Glaser, *Das Dritte Reich. Anspruch und Wirklichkeit*, 1961, S. 71.

(22) Wulf (hrsg.), *Theater und Film im Dritten Reich*, S. 289 ff. bes. S. 404 ff.; ders. (hrsg.), *Presse und Funk im Dritten Reich*, S. 265 ff. とくにナチズムにおける《映像》《画像》の意義と機能については、vgl. H. Hinkel, *Zur Funktion des Bildes im deutschen Faschismus*, 1974.

(23) Vgl. H. Pohle, *Der Rundfunk als Instrument der Politik. Zur Geschichte des deutschen Rundfunks von 1923/38*, 1955, S. 268 ff.《共同聴取》は、ドイツ民衆によって一般に《敬虔な》気分で遵守された。そのため、たとえばレストランの食事時には、中継される《祭儀》の雰囲気が食器などの雑音でこわされないため、宣伝省はラジオのスウィッチを切るように指令したという。たとえば作家エーベルマイアーは、イタリアを旅して、そこでオペラ上演に先立つファッショ党の賛歌演奏の際に、観客が起立はしても、私語を止めず、ドアーの開閉する音、騒ぐ子どもの声など、そこにドイツ的な《深い厳粛さ》の欠如していることに驚いている(vgl. E. Ebermayer, *Denn heute gehört uns Deutschland*, 1959, S. 261)。

3　ニュルンベルク党大会——一つの事例分析

ナチ祭儀の頂点を形づくるのは、古代ゲルマンの民衆集会を模倣して、毎年ニュルンベルクで行なわれた党大会であろう。通常、一週間にわたる期間の長さが、すでにそのナチ祝祭暦年の中で占める特別の重要性を示している。この大会は、けっして討論のためのフォーラムではなく、ナチ・イデオロギーの自己表現の舞台であった。それは巨大な規模をもつ数多くの集会、行進、祝祭などから構成され、豪華でモニュメンタルな、また情動に訴える効果的な演出手段がふんだんに投入された。いわば細部にいたるまで周到に計画された《表見的国民投票》によって、総統と民衆との一体性という《神話》を表現し、また《確証》するものであった。こうして引き起こされた大衆の共同体体験は、新聞、ラジオ、フィルムなどのマス・メディアによって、さらに国民的規模で伝達されていった。(1)

ナチ党の第一回党大会は、すでに一九二三年にミュンヘンで開かれ、さらに第二回大会(一九二六年)は、ヒトラーがバイエルン州内での演説を禁止されていたためヴァイマルで行なわれた。(2) それ以後、第三回(一九二七年)、第四回(一九二九年)の大会にはヒトラーはニュルンベルクに党員を結集したが、ナチ《運動》に固有な伝統をつくり出すことを意図して、一九三三年以後、つねに党大会をニュルンベルクで行なうことに決定した。そこには、かつての帝国都市ニュルンベルクの歴史的な伝統を利用しようとする動機も働いていたことであろう。中世都市としてのロマンティックな舞台的効果だけでなく、とくにかつての《帝国議会の町》からナチの《帝国《ライヒ》党大会の町》へという表見的連続性を印象づけることも期待できたのだから。したがって、党大会の経過そのものも、固定的な儀礼の形式が——むろん具体的細目では、より効果的な演出や展開がなされるとはいえ——基本的には変えられないままに毎年くり返し踏襲されることになった。この祭儀を民衆意識の中に新しいナチ国家の神聖な伝統として、世代を越えて定着させることが意図されていたといえよう。ヒトラー自身、大会プログラムの経過について、ときには集会での儀礼的所作の細目にいたるまで指示をあたえさえした(3)。

党大会の経過の中から、とくに印象的な二、三の場面をとり出してみよう。大会前日には、まさにワグナーのオペラのように《総統》の入場が行なわれる(4)。アメリカのジャーナリスト、シャイラーは一九三四年に体験したその時の模様を『ベルリン日記』に書き綴っている。「**九月四日　ニュルンベルク**　今日の日没どき、ヒトラーはローマ皇帝のようにこの中世風の町に乗り込み、びっしりと並んで方陣をつくり熱狂的に歓呼するナチ党員たちの前を通っていった。彼らは、かつてはハンス・ザクスと《職匠歌人《マイスタージンガー》》たちを眺めたこの町の狭い通りを埋めつくした。幾万ものハーケンクロイツの旗が、広場や、古びた家々の正面や、切妻屋根のゴシック風の美しさを台なしにしてしまっている。路地とたいして違わない幅の街路は、見渡すかぎり褐色と黒の制服の海だ。……ヒステリー状態になった群衆は、気の狂ったように歓呼して彼を迎えていた。疑いもなくヒトラーは、彼らのうちに隠されていたなんらかの情念の泉を解き放ったのだ(5)」。

大会初日は、ヒトラーの止宿するホテル前のヒトラー・ユーゲントによる分団旗行進で始まった。それは、同時にHJの《総統》にたいする信仰告白の行進のしめくくりでもあった(6)。引きつづいて、ルイトポルト会堂《ホール》で行なわれた開会式の様子を、同じくシャイラーの筆で語らせよう。「ホールは華やかな彩りの旗の海だった。ヒトラーの到着さえ、劇的に仕組まれていた。楽隊がぴたりと演奏をやめ、ホールを埋めつくした三万の参会者がしずまりかえる。すると楽隊がバーデンヴァイラー・マーチを始める。……ヒトラーが観客席のうしろに現われ、ゲーリング、ゲッベルス、ヘス、ヒムラーその他の側近を従えて、三万の手が高々と挙げられる中を、中央の長い通路を、しずしずと降りてゆく。……それから、ものすごい大編成の交響楽団がベートーヴェンの《エグモント》序曲を演奏する。強力なクリーグ照明燈がステージを照らし、そこにはヒトラーが、一〇〇人もの党幹部や陸海軍将校に囲まれて坐っている。その背後には、あの失敗に終わった一揆のとき、ミュンヘンの街路を掲げて運ばれた《血染の旗》。そのうしろに四～五〇〇本のSAの隊旗。音楽が終わると、ヒトラーのもっとも信頼厚い腹心、ルードルフ・ヘスが立ち上がって、ナチ《殉教者》——権力闘争の中で殺された褐色シャツたち——の名前をゆっくり読みあげた。死者の点呼だ。三万の会衆は深く感動した様子だった」。

野外集会の規模の巨大さは、いっそう圧倒的な印象をあたえるであろう。すでに一九三三年の大会では、ツェッペリン広場を一五万のナチの党務担当者、すなわち、下級および中級の党幹部たちとともに一万を下らぬ旗手が行進した。彼らは、銀色に輝く巨大な鷲像が二五メートルの翼をひろげる下の演壇を、赤一色の旗の波で包んだ。しかし、途方もない数の人間の行進そのものが、すでに巨大な《人間の建造物》(H・シュラーデ)を思わせる。一九三八年の大会では、聴覚的効果を高めるため一〇〇〇名のファンファーレの吹奏者やドラム鼓手、三〇〇名の楽隊員が動員され、四〇〇名の音楽行進が行なわれた(7)。民衆は四方から鳴り渡るファンファーレによって《取り囲まれ》、巨人的な斉唱や喝采の叫びの中で《吹き倒される》。

ふたたびシャイラーの筆を借りてみよう。「**九月六日　ニュルンベルク**　ヒトラーは、今日はじめて彼の労働奉仕団を公衆の前に出したが、それは狂信的ナチ青年のきわめてよく訓練された半軍事的団体であることが明らかになった。朝日を浴びて整列し、ぴかぴかのシャベルに陽光をきらめかせた五万人の団員——最初の一〇〇〇人は上半身はだかだった——は、突然、予告なしに非の打ちどころのない鵞歩行進を始めて、ドイツ人の見物人たちを狂喜させた。……労働奉仕団の青年たちにさえ決まった儀式があった。彼らは、ものすごいシュプレヒコール——詠唱風の言葉の合唱――をするのだ」。たとえば一九三八年のプログラムによれば、まずリーダーが呼びかける。「ふたたび、われらは総統の前に観閲と祝典のために現われた。一年に一度、われらは国民と総統の前で厳かに報告する。われらここに立つ。われらは決意した」――一同唱和「われらは――決意――した」。つづいて全員による合唱「われらは総統に感謝する。彼がわれらを呼び給うたことを。ドイツがまだ眠っていたとき、われらは彼の声を聞いた……」。大ドイツにたいする《信仰告白》、《オストマルク》にたいするシャベル授与、低いドラムの連打に始まる死者追悼式。これらにつづいて、ファンファーレとともに《宣誓》が行なわれる。先導するリーダーの呼びかけに応えて全員がいっせいに「ドイツ青年が誓約しうる最高の宣誓」をくり返す。そして「ドイツよ永遠に生きよ」という信仰告白の斉唱のうちに打ち鳴らされる鐘の音によって、この式は閉じられる。(8)

しかし、ニュルンベルク党大会において、視覚的にもっとも印象的な集会は、ナチの党務担当者たちによる《アピール》の夕であろう。シャイラーは記している。「**九月七日　ニュルンベルク**　今夜、ふたたび壮大な野外劇。二〇万の党務担当者たちがツェッペリン草原を埋めつくし、二万一〇〇〇本の旗がサーチライトを浴びてはためき、魔法の森のような観を呈した。『われわれは強力であり、今後ますます強力となるであろう』とヒトラーがマイクで叫び、その言葉はいくつものラウドスピーカーからこだまし合って、しずまりかえった原っぱに響きわたった。……ついには、神秘的な光を浴び、かのオーストリア人の魔法の言葉の音を聴きつつ、彼らは完全に一つに融け合ってゲルマンの家畜の群と化したのだ」。一九三六年いらい、ツェッペリン広場の回りには一三〇個の投光器が配置された。巨大な光の列柱は八〇〇〇メートルの高さまで夜空に映えて、文字通り《光によるゴシック様式のドーム》のように聳えたつ。光の芸術は、周辺の世界や日常の出来事を夜のとばりの中に沈め、集められた人間や林立する旗を神秘な輝きによって変容させる。こうして、静寂の闇の中にナチ《運動の礼拝の時》が演出された。(9)

この党大会には、ニュルンベルクを目指して、ドイツ全国から車や特別列車によって何十万の人びとが集まってきた。党大会の重要性は、その参加者の数の大きさによっても証明される。じっさい、一九三八年には九五万という最高の参加者数を記録している。党や国家の各組織から、その代表者が送られてきたばかりではない。古参党員は輝かしい過去の具現者として、突撃隊や親衛隊、農民や労働組織などは現在の闘いを担うものとして、さらにヒトラー青少年団は永遠の未来の表現として、参加しなければならなかった。この政治的祭儀の最後を飾る国防軍の演習は、ナチ党にたいする問題的なその従属関係を暗示していたということもできよう。

「一週間にわたって延々と続く歓呼、色、光、音楽および祝祭の賛歌の中で……もはや何ぴとも《客観的＝政治的》に考えなく」なった。[10]この祭儀の《設営主任》シュペーア自身、別の脈絡で「シュールレアリズム的非現実感」という感銘を語っているが、この洗練された政治的祭儀は、もはや日常的現実とは関わりない《別の現実》を提供する。[11]明暗の祭儀的演出をナチズムほど巨匠的な仕方で行なった政党は、これまで存在しなかった。こうして強大なナチ《帝国》の権力と栄光は、大衆の深層心理の中に叩き込まれる。幻惑された大衆は、政治的陶酔のうちに、強大なナチ国家の《千年王国》の信仰へと導かれるであろう。個性を抹殺された何十万の大衆に担われた政治的祭儀こそ、もっとも強力でもっとも崇高なナチ体制の自己表現にほかならない。

この《ナチ党およびナチ国家の偉大なショウ》(ヒトラー)は、比較的先入見にとらわれ難いはずの外国の外交官にさえ深い印象を残している。フランス大使フランソワ゠ポンセは「数十万の人びとをとらえた独特の陶酔、ロマンティックな興奮、神秘的な恍惚、彼らの陥った一種の神聖な狂気」について記し、《光のドーム》の美に打たれたイギリス大使ヘンダーソンは、「まるで氷の大寺院にいるかのように荘厳かつ華麗」と書いている。[12]いっそう冷静なシャイラーも、自己の体験を最後にこうまとめている。「七日間にわたって、ほとんど間断なく鵞歩行進と演説と派手な見せ物がつづいたあと、党大会は今夜幕を下ろした。私はくたびれ果て、どんどん病勢のつのる重症の群衆恐怖症にとり憑かれはしたものの、来てよかったと思う。民心を収攬するヒトラーの能力を理解し、彼が解き放った運動のダイナミズムと、ドイツ人のもつ驚くべき、よく訓練された強さを感じとるためには、ぜひとも一度、党大会を始めから終わりまで見る必要がある」と。

すでにみたように、ニュルンベルク党大会では異教的・古代的祭儀を模倣した擬似宗教性を印象づける場面が少なくない。なかんずく代表的なのは、ヒトラーが毎年、新しい党旗を《血染の旗》に触れて聖別する儀式である。二つの旗が触れ合うたびに一発の号砲がとどろき渡る。魔術的な儀礼を通して、《血染の旗》のもつ、いわば《原》象徴としての力が新しく他の多くの旗へと移し入れられる。ヒトラーの所作は、その身体によって聖なる象徴の力を媒介する最高祭司のそれにほかならない。(13) こうした党大会の演出には、しばしば、その祭儀の構造に、キリスト教とくにカトリック教会の祭儀や神秘主義への模倣が指摘されてきた。しかし、その場合、党大会でくり返された大演説もまた、祭儀を構成する《聖なるコトバ》として見逃すことができない。そこで用いられる擬似宗教的用語には、まさに聖書(ルター訳!)テキストのモンタージュを見出すこともできるであろう。

代表的な例を一九三六年の党大会におけるヒトラー演説から幾つか引いてみよう。

「君たちは、かつて一人のひとの声をきいた。その声は君たちの心を打った。その声は君たちを目覚ませ、君たちは、この声に従った。君たちは、その声の主を見ることなしに、その声を聞いただけで、それに従った。／われわれがここに集まるとき、この結集のもつ奇跡が、われわれすべてを充たす。君たちのうち誰も私を見ず、君たちのうち誰をも私は見ない。しかも、私は君たちを感じ、君たちは私を感じとっている！　われわれ小さな人間を偉大にし、貧しいものを富ませ、よろめき意気沮喪して不安になるわれわれ人間を勇敢にしたもの

――それは、わが民族にたいする信仰である。これこそ、われわれ迷うものを見うるようにさせ、われわれを共につなぎ合わせたものである。／……今、われわれは共にいる。われわれは彼のもとにおり、彼はわれわれのもとにいる。そしてわれわれは今やドイツである！」[14]（九月一一日、ナチ党務担当者の《アピール》における演説）。

この冒頭には、明らかに共観福音書における荒野に呼ばわる洗礼者ヨハネ（マタイ三・三など）への暗示があり、さらにそれにつづく文章は、復活したキリストの超越信仰への呼びかけを思わせる。「見ないで信ずる者は、さいわいである」（ヨハネ二〇・二九）と。「その声に聞き従う」という結語も、イエスによる有名な善き羊飼いのたとえ、「彼らも、わたしの声に聞き従うであろう」（ヨハネ一〇・一六）と平行している。第二段落でも、同じく福音書テキストへの模倣は見紛う余地がない。たとえば、そこでは、「しばらくすれば、あなたがたはもうわたしを見なくなる。しかし、またしばらくすれば、わたしに会えるであろう」（ヨハネ一六・一六）というイエスの訣別遺訓の一節を思い起こさせる。それに続く「貧しきもの……」以下の文章は、洗礼者ヨハネの問いにたいする有名なイエスの答え「盲人は見え、足なえは歩き……貧しい人々は福音を聞かされる」（マタイ一一・五など）のモンタージュであろう。最後の「共にいる」の文章もまた「あなたがたはわたしにおり、またわたしがあなたがたにおることが、わかるだろう」（ヨハネ一四・二〇、その他ヨハネ一四・三参照）の焼き直しに近い。[15]

これは、さらに遡って考えれば、花婿キリストと花嫁たる信徒の魂との一体化という中世いらいのキリスト神秘主義を世俗化したものということもできよう。こうして一方では、ヒトラーは、信奉者たちにたいして彼との一体感を可能にすると同時に、他方では、あくまでも彼らすべてを越えた異質な存在として感じとられねばならない。ヒトラーは、いわば民衆の中の名もなきものとして民衆のあいだに身を隠しているが、その《カリスマ的》能力を求められるなら、いつでも民衆の中から自己を啓示する存在でもある。こうしたヒトラーのレトリックのうちにひそむ神秘主義的契機は、そのアピール効果を高めた要因の一つであった。しかし、それが周到に組織化された演出と結びついた大衆心理的計算にもとづくものだったことを見逃してはならない。[16]

こうした聖書的用語の例は、この演説にのみ限られない。九月一三日、突撃隊や親衛隊を前にして、ヒトラーは同じヨハネ福音書ばりの様式で語っている。「現代における奇跡とは、君たちが私を見出したこと(ここで長く続く拍手のため中断)、君たちが数百万もの人びとの中で私を見出したことである。そして私が君たちを見出したこと、それがドイツの幸福である！」と。さらにこの党大会の最終日における閉会演説でも、まさにみずから救世主であるかのようにヒトラーは断言する。「〔私を〕信じないものは、わざわいだ！　その人は全人生の意味にたいして罪を犯している」[17]と。一九三七年の党大会では、ヒトラーの巨大な写真の下に、有名なヨハネ福音書冒頭の聖句「初めに言あり」が書かれていた。一九三八年の最後の党大会では、ヒトラーは開会宣言の中で語っている。「初めに信仰があった！　永遠のドイツ民族にたいする信仰が！」[18]と。こうした似而非聖書的語法は、最大のナチ祭儀である党大会の行事がまさに《礼拝》(K・ヒエール)と呼ばれ、そこで「世界観的＝民族的信仰告白」(ヒトラー)が求められていたことからすれば、けっして偶然ではなかったであろう。[19]

そして、じっさい、年ごとの党大会の期間中、雲一つない青空から夏の太陽がニュルンベルクの切妻屋根に照りつけるとき、巷間では——第一次大戦前の《皇帝晴れ》という言い方にならって——《総統晴れ》が口にされたという。[20]そこには、ヒトラー《崇拝》が通俗的迷信にまで普及した姿を窺うこともできないわけではない。それは、党大会だけでなく、たとえば一九三六年のベルリン・オリンピック大会でもみられた。この大会は、当時、スポーツ史上最大の祭典として、その組織的な規模の大きさと祭儀的演出の周到さとで世界の注目を集めた。しかし、ベルリン・オリンピック大会が《スポーツと妄想との結合した範例》(G・ツヴェレンツ)だったことも、やはり見逃されてはならないであろう。[21]

ナチ政権成立後、党大会は一連の標語の下に行なわれた。《勝利の党大会》(一九三三年)、《統一と強大さ》(一九三四年)、《自由の党大会》(一九三五年)、《栄誉の党大会》(一九三六年)、《労働の帝国《ライヒ》党大会》(一九三七年)、《大ドイツの党大会》(一九三八年)といった具合に。《平和の党大会》として一九三九年に予定されていた集会と行進は、用意されていた鉄道が第二次大戦の勃発によって軍事動員に転用されたため中止された。それ以後、こうした大規模な野外集会は、ナチ体制の崩壊まで、ついに不可能となった。

(1) たとえばリーフェンシュタールによる一九三四年党大会の記録映画『意志の勝利』は、メディアを通して理想化されたナチ・ドイツの自己表現を伝え、絶大な影響をあたえた。このフィルムでは、ヒトラーは党と民衆とを統合する中心的存在として映像化されている(vgl. M. Loiperdinger, *Rituale der Mobilmachung. Der Parteitagsfilm "Triumph des Willens" von Leni Riefenstahl*, 1987)。しかし、「冷静に評価すれば、これは映画史上まれに見る技術的・芸術的傑作の一つであり、……ヒトラーとナチ党の偽りのイメージを描き出しているという事実をもってしても、この結論には変わりはない」(G・B・インフィールド『レニ・リーフェンシュタール』喜多迅鷹・元子訳、リブロポート、一九八一年、一四二ページ)という評価も少なくない。

(2) ニュルンベルク党大会の歴史については、とくに、vgl. H. T. Burden, *Die programmierte Nation. Die Nürnberger Reichsparteitage*, o. J.; R. Nederling(hrsg.), *Die Reichsparteitage der NSDAP 1923 bis 1939*, 3. A. 1985. なお、党大会場の建設については、vgl. R. Fritsch, *Nürnberg unterm Hakenkreuz. Im Dritten Reich 1933-1939*, 1983, S. 57 ff.

(3) 祭儀的演出の責任者の一人シュペーアの回想に詳しい(vgl. Speer, *a. a. O.*, S. 63 ff.)。なお、この『回想』によれば、『意志の勝利』が「セット撮影」をふくみ、リーフェンシュタールにとっては、それが「実写よりよかった」(*a. a. O.*, S. 75)という裏話も伝えている。

(4) ヒトラーのニュルンベルク《入城》は、リーフェンシュタールの映画では、飛行機の情景から始まり、空から舞い降りてくる《救世主》の到来を予告する雲の動きなどのモティーフを組み合わせて、いっそう神学的＝象徴的な意義づけを示す。

(5) 以下、シャイラーからの引用は、W. Shirer, *Berlin Diary. The Journal of a Foreign Correspondent 1934-1941*, 1942, p. 13-19(『ベルリン日記』大久保・大島共訳、筑摩書房)所収の一九三四年九月二―九日の項による。

(6) ヒトラー・ユーゲントの行なう《アドルフ・ヒトラー行進》は、HJ代表の若ものが分団旗をかかげ野営しながらニュルンベルク党大会を目指してドイツ全国から星形状に行進してくる行事である。それは、地域によっては一カ月以上を要し、総計すれば七〇〇日近く、一万キロ以上を踏破するものだった。

(7) Vgl. Schmeer, *a. a. O.*, S. 24; H. Majewski, Blasmusik auf dem Reichsparteitag 1938, in: Wulf, *Musik im Dritten Reich*, S. 240 f.

(8) *Der Parteitag Großdeutschland vom 5. bis 12. September 1938. Offizieller Bericht über den Verlauf des Reichsparteitages*, 1938, S. 92-97.

(9) Vgl. Schmeer, *a. a. O.*, S. 111 f. u. 127.

(10) これは、のちポーランド総督となったハンス・フランクの、刑死前の回想である(H. Frank, *Im Angesicht des Galgens. Deutung Hitlers und seiner Zeit auf Grund eigener Erlebnisse und Erkenntnisse*, 1953, S. 306)。

(11) Speer, *a. a. O.*, S. 71. シュペーアによれば、この夜間の祭儀を選んだのはヒトラーの着想であり、ナチ党のローカルな幹部たちの「大部分が小さな余録を食いものにして太鼓腹を突き出した」容姿を夜の闇の中に隠すためだった、という(*ebenda*)。

(12) フランソワ－ポンセおよびヘンダーソンの引用は、それぞれ A. François-Poncet, *Botschafter in Berlin 1931-1938* (aus dem Französ.), 1962, S. 308; N. Henderson, *Failure of a Mission. Berlin 1937-1939*, 1940, p. 71(『使命の失敗』早坂二郎訳、岡倉書房)。バーデンの研究は『ニューヨーク・タイムズ』に載った党大会の報道記事(一九三三―三八年)を忠実に辿っているが、「『タイムズ』のリポーターは、明らかに党大会によって感銘をあたえられ、彼の報道には、ほとんどいっさいの批判が欠落している」(Burden, *a. a. O.*, S. 186)。

(13) たとえば前掲の Gamm, *Der braune Kult*, S. 142 f.; Vondung, *Magie und Manipulation*, S. 82 参照。シーラッハは戦後の回想でも「これは、われわれ若い人びとには神聖な行為だった。あの瞬間には、ヒトラーは、われわれには一人の政治家以上のものであるように映った」(B. v. Schirach, *Ich glaubte an Hitler*, 1967, S. 37)と記している。

(14) Hitler, *Reden und Proklamationen*, Bd. I/2, S. 641.

(15) こうしたヒトラー演説における、福音書(とくにヨハネ伝)のイエスのコトバとの類似性ないしそれへの模倣について、多くの研究者が指摘している(vgl. Domarus, in: Hitler, *a. a. O.*, S. 641 A. u. 570 A.; Kotze/Krausnick, *a. a. O.*, S. 62; F. Heer, *Der Glaube des Adolf Hitlers*, S. 314 f.)。

(16) Vgl. Volmert, Politische Rhetorik des NS, in: Ehlich(hrsg.), *a. a. O.*, S. 158.

(17) Hitler, *a. a. O.*, S. 643 u. 647. こうした口調は、党大会以外のヒトラー演説にも、しばしば登場する。「君たちは私によって、私は君たちによって、すべてであれ」(一九三六年一月三〇日)。「私は君たちのもとにおり、君たちは私のもとにおれ」(同上)。「私は君に信ずることを教えた。いま私に君の信仰を捧げよ」(一九三六年三月二一日)など(Zit. in: Hagemann, *Publizistik im Dritten Reich*, S. 138)。こうした口調は、ナチ党幹部にも伝染する。たとえばゲーリングは、一九三四年七月にベルリン市役所前の演説で「われわれはみな、……アドルフ・ヒトラーから由来し、アドルフ・ヒトラーによって存在する」(Zit. in: Klemperer, *a. a. O.*, S. 126)と語っている。ここには、使徒パウロの「万物は彼〔神〕から出で、彼によって成り……」(ローマ人への手紙、一一・三六)の語り口を思わせる。

(18) Cf. W. C. Langer, *The Mind of Adolf Hitler. The Secret Wartime Report*, 1972, p. 56(『ヒトラーの心』ガース暢子訳、平凡社)。ヒトラーの引用は *Der Parteitag Großdeutschland 1938*, S. 45.

(19) *Der Parteitag der Arbeit 1937 vom 6. bis 13. September 1937. Offizieller Bericht über den Verlauf des Reichsparteitages*, 1938, S. 358; *Der Parteitag Großdeutschland*, S. 98. 一九三八年の党大会後、ヒトラーは、このナチ祭儀のうち若干のプログラムが演出の上で、すでに「究極的形態」を見出し、彼の没後も「変更しえない儀礼」になったことを語ったという。たとえば、HJや帝国《ライヒ》労働奉仕団の集会、党務担当者の夜の集会、死者追悼式など。この「儀礼のカノン化」を耳にして、シュペーアは、《千年帝国》のスローガンがたんなる政治宣伝に尽きないこと、ヒトラーの目指したものが新しい「教会の創設」であり、彼がたんなる《民衆的英雄》にとどまらず、新しい《宗教創唱者》たろうとしているかに感じた、と回想している(A. Speer, *Spandauer Tagebücher*, 1975, S. 403-404)。

(20) Cf. R. Grunberger, *A social History of the Third Reich*, 1971, p. 84. この背景にある周到な大衆心理学的演出の一例として、『意志の勝利』では、リーフェンシュタールのカメラは、「あらゆる角度からヒトラーの姿を、ロングショットやミディアム・ショットやクローズアップでとらえている。そしてその合間に、聴衆の姿や鉤十字と鷲の幟が映し出される。だが、ほとんどの場合、カメラはヒトラーに焦点を当てている。巧みなカメラ操作でヒトラーを実物より数段堂々たる姿に見せている。……そしてほとんどの場合、前方下より彼をとらえて、観衆が彼を見上げる印象を与えている」(インフィールド、前掲書、一六二ページ)。

(21) Vgl. G. Zwerenz, Nachwort, in: *Die Olympischen Spiele 1936 in Berlin*, 1936. Fotomechanischer Nachdruck, 1972. ツヴェレンツによれば、大会以前に政治警察は、反逆的なパンフレットその他、反ファシズム的宣伝が行なわれないように周到な事前措置を講じていた。逆に、《総統》の華々しさを満喫し愛国心に熱狂したがる民衆の欲求にたいしては、十分に応える余地が残されていた。こうした背景において、たとえば一九三六年八月九日の『サンデー・タイムズ』は報じている。オリンピック・スタディアムに「アドルフ・ヒトラーが姿を見せると、符牒を合わせたようにドイツがオリンピック競技に勝つことは、公然たる秘密である」(Cit. in : Grunberger, *op. cit.*, p. 84 Note)。

4　祭儀と政治的神話

ナチ祭儀の公共的演出に当たって、体制イデオロギーの中核として《政治的神話》のもつ意義を最後に考察してみよう。

その際、ナチ党史における重大な画期——その創立、闘争、勝利——と関わるナチ祝祭暦年の三大記念日が脚光を浴びて登場する。すなわち、二月二四日——一九二〇年のこの日に二五箇条の党綱領がミュンヘンのホーフブロイハウスで宣言された。次に一月三〇日——一九三三年のこの日にヒトラーによる《権力掌握》が実現した。さらに一一月九日——一九二三年のこの日にナチ《運動の殉教者》たちがミュンヘンの将軍廟《フェルトヘルンハレ》の前で倒れた。これらの祭儀は、毎年、大規模に演出された《歴史的》事件のくり返しによって、ナチ運動の《闘争時代》の伝説に新たに生命をふき込むことを意図していた。(1)この中で、党の創立を記念する日は、ナチの祭儀的方法をもってしても豊かな彩りを添えることは困難であった。一月三〇日も、その華麗な演出にもかかわらず、多くの同時代人にとっては、現実の政治過程における政権の転換にとどまり、なお身近に体験された最近の過去を《新しい帝国》の誕生として神話化する試みには全面的に同調し難い面をもっていた。これに反して、一九二三年一一月九日の出来事は、その歴史的背景や事実経過が多くの民衆にとって見通しえなかったことも働いて、すでに早くから、もっとも恰好の伝説化の対象となってきたといえよう。

事件の事実的経過そのものは、今日、多くのナチ党史の研究を通じて明白になっている。(2)その前夜に企図していた《上から》のプッチュによる国家主義的政権の樹立が失敗したあと、この当日にナチ党や他の軍事団体による街頭デモがくり広げられた。行進が将軍廟の前にさしかかったとき銃声が響き、結局、一揆参加者のうち一六名が射殺された。先頭の隊列にあったルーデンドルフが行進を続け従容と縛についたのに反して、ヒトラーは地に倒れ、腕を脱臼して混乱の中を救急車で逃亡した。当時の人びとにとっても、また多くの一揆参加者の意識にとっても、この経過全体は、徹頭徹尾、散文的な現実でしかありえない。それを《聖なる》出来事ということはできないし、将軍廟を《神聖な》場所に変貌させることなど、思いも寄らなかったであろう。じじつ、一九三一年に同時代人テオドール・ホイスは、非陶酔的なコトバで歴史的事実にふさわしい評価を加えている。ヒトラーのミュンヘン一揆は「グロテスクな特徴をもち、せいぜいのところ当代の人びとから嘲笑された一つのメロドラマにすぎない。翌朝における芝居の展開によって若い人たちがミュンヘンの街頭で死んだとしても、そのことは、なおこの〔一揆の〕企てを悲劇に高めるものではない(3)」と。

しかし、この事件全体は、ヒトラー、さらにはナチ党員たちによって、殉国の英雄の悲劇として解釈され、ついには宗教的意義すらもつことになった。すでに『わが闘争』において、ヒトラーは、この運動の《血の証人》たちを引き合いに出し、第一巻を彼らに捧げた。同様な意味で、一一月九日の《血染の旗》は、ヴァイマルにおける第二回ナチ党全国大会において、《貴重な記念物》(《聖遺物》!)の地位に高められ、以後、その魔術的な聖別の力が党の集会ごとに呼び出されることになった。ナチ政権成立後、こうした擬似宗教的理解は公権力によって一般に強制され、かつてのメロドラマは、いまや英雄的叙事詩へと変貌する(4)。

すでに一九三三年には、このナチ運動《殉教者》記念日に当たって《古参闘士》たちは、かつての一揆の場所ビュルガーブロイケラー前に集合し、ヒトラーも隊列に加わり、交通遮断されたミュンヘン市内を将軍廟まで行進した。

翌年にも同じような形式でくり返されたが、これらは、一九三五年にいたって完成された華々しい祭儀のための予行演習にすぎなかった。この年には、一六人の《殉教者》の遺体は墓から掘り出され、記念日の前夜には将軍廟に安置された。さらに翌日には、新しくケーニヒ広場に建築された《栄誉殿堂》に運び入れられる予定になっていた。(5)記念日当日、例年通りの《伝統的行進》が行なわれた。《古参闘士》たちは、ヒトラーが一揆の生存者のために特別に制定した《血の勲章》を胸につけ、一九二三年の《血の旗》をかかげて先頭集団を形づくり、党組織の巨大集団がそれに続いた。将軍廟への行進路には二四〇基の塔が立てられ、それには、ディートリッヒ・エッカルトからホルスト・ヴェッセルにいたるナチ《運動の犠牲者》たちの名前が一人ずつ金文字で記されていた。行列の先頭が一基の塔に差しかかるごとに彼らの名前が呼び上げられ、その間にたえずラウドスピーカーはナチ党歌を流しつづけた。行列が将軍廟に到着すると一六発の砲声が、一九二三年の一六発の死の射撃を追憶して轟いた。ヒトラーが大きな花輪を記念碑に捧げたあと、柩は砲架に載せられ、死者に敬意を表して低く垂れた何千というハーケンクロイツの旗を縫って、行列はドイツ国歌の響く中をさらにケーニヒ広場まで続けられた。《栄誉殿堂》の前に安置された柩にたいして《最後の点呼》が行なわれる。一六名の《殉教者》たちの名前が一人ずつ呼ばれるたびに、ヒトラー青少年団員たちがコーラスで「ここにあり(＝ハイ)」と応答した。点呼を終えるごとに三発の礼砲が轟き、党歌が演奏され、柩が《殿堂》に運び込まれる。こうして《運動の殉教者》たちは、ドイツのための《永遠の見張り》に立つことになった。(6)

それ以後、この《殉教者》記念日の祭儀は、遺体の移送を別にすれば、基本的にはなんらの変更なしに、毎年、くり返し行なわれた。行進のための規定が細目にわたって厳重に定められ、これに参加する《血の勲章》着用者にたいして、服装や帽子に関する《一九二三年モデル》まで指定された。こうして伝統的行列を荘厳な祭儀にまで高め、あらゆる手段を投入して大衆の情感を深い内面的感動へと誘いこむように演出される。一六名の死者は、いまや神話的英雄として祭り上げられ、大衆の服従への決意と信仰とを促す模範となる。じっさい、ナチ《殉教者》を記念するこの行進は、カトリック教会の華やかな聖体節行列の模倣であることを、しばしば指摘されてきた。(7) この記念日におけるナチ指導者たちの演説でも、崇高さと荘厳さを印象づけるためキリスト教的な表現や言い回しを用い、事件の経過全体に擬似宗教的な衣裳をきせることが意図的に行なわれた。たとえば、一九三四年一一月八日、記念行進の前夜に、ヒトラーはビュルガーブロイケラーで《古参闘士》たちを前にして語っている。「彼らの流した血潮は第三帝国のための洗礼の水となった」と。翌年にも同じ場所でヒトラーは、くり返している。「彼らは、それ以後、ますます多く流され始めた血潮の流れを覚醒した」。《第三帝国》の誕生という「奇跡」を達成することによって、「この一六人の犠牲者たちは、彼らを覆う棺のふたをもち上げて世界史的に無比な復活を祝うことになった」(8) と。

こうして一一月九日のナチ祭儀は、まさにミュンヘンの街頭で演じられる沈黙の《受難劇》(H・J・ガム)となる。(9) じじつ、ナチ詩人たちは、この祭儀のために《カンタータ》を作詩して悲愴感と英雄的気分を盛り上げることにつとめている。以下においては、代表的なヘルベルト・ベーメの『一一月九日のためのカンタータ』におけるいくつかの祝祭詩に即して、祭儀と神話との関わりを分析してみよう。(10)

その冒頭の《呼びかけ》は、このように歌いはじめる。

「信仰が行為へと姿を変えるところ、
神的なものは生命をえ、
血をもって奇蹟を啓示する。
その奇蹟は絶えることなく訴えつづける」(S. 33)と。

そして具体的にこの《奇蹟》について、こう歌う。

「いまや将軍廟の階段が祭壇である。
その祭壇の火は、彼らの情熱によってひそやかに燃える。
彼らがその鉄拳をもって創造しえなかったものは、
いまや彼らの血潮によって生み出され、聳え立つ」(S. 38-39)。

ここでは、ナチ運動の犠牲者たちの死の場所が《祭壇》といわれている。世俗的な対象が宗教的性格をもつものとされ、その場所が多くの《巡礼者》を引き寄せるナチ祭儀の《礼拝場》となる。[11]

さらに《栄誉の殿堂》について歌う。

「英雄たちが死ぬところに栄誉のドームが生まれる。
……
かくてわれらは耳を澄まして聞き、また豊かに感じとる。
そのために犠牲となった彼らの血のゆえに、
彼らの清き旗は〔第三〕帝国《ライヒ》において、
われらすべてのものに啓示の光を贈ってくれたことを」(S. 38)。

この《啓示》とは、先に引用したヒトラー演説からみれば、明らかに《第三帝国》の誕生と関わっている。一九二三年の《聖なる》出来事は、一九三三年一月三〇日を指示する。ナチズムの勝利は《殉教者》たちによって用意され、いわばその《犠牲の死》によって予示されていた。政治的事件としてのヒトラーの《権力掌握》は、まさに《帝国》《ライヒ》、すなわち、地上における神の《国》《ライヒ》を現実化する第二の《聖なる》出来事へと解釈し直される。こうして、ナチ運動の闘争と勝利の政治史は、《殉教者》たちの死と再生のシンボルを媒介としてナチ的《救済史》へと転換される。この救済史の目標にあるのは《第三帝国》＝《千年王国》の完成であり、そこでは、《千年》という数字の象徴主義が至福千年的未来待望の伝統から発掘される。現実の政治体制としてのナチ国家は、それとともに神秘な存在へと変形され、神聖化される。

じっさい、ナチ党機関誌に現われた論説の一つは、それを「地上における神の国」にたとえている。カテキズム風の政治的小冊子には、「ドイツと、それとともにドイツ国民は、原始の時から始まり永遠にいたる強力な潮の流れのようだ」と記されている。[12]「千年にわたる支配」(ヒトラー)とは、いうまでもなく時間的な長さではなく、その《永遠性》を意味している。クレンペラーも指摘するように、《永遠に》というコトバは、何のためらいもなく繰り返し用いられるナチ言語の一つである。「《永遠に》というコトバは、ナチ的な数字の誇張法の長い梯子の一番上にかかった横棒と解することができるだろう。しかし、この最後の横棒をまたげば天国である。《永遠の》というコトバは、もっぱら神的なものに冠する形容詞である。私が何かを永遠だといえば、それを宗教の領域に高めることになるのだ」[13]。時間の中に想定された《永遠の(帝)国》は、ナチ的歴史哲学の最終段階を形づくり、変容された《(帝)国》は《救済》そのものを代表する。ナチ詩人ハンス・ヨーストは、その《(帝)国》の成る日を望みつつ、こう歌う。「苦悩の谷間についての千年にわたる嘆きがついに沈黙し、(帝)国《ライヒ》が天国《ヒンメルライヒ》となるために」[14]と。

こうした擬似宗教化＝神聖化の過程によって変容された歴史の内容は、ナチズム自身のタームによれば《神話》と呼ばれる。むろん、この神話は、そこで用いられているシンボルに関する限り、いわゆる宇宙創造神話や、神統記的伝説などとは直接に関わりがない。むしろ、特殊なナチ・イデオロギーにもとづく《政治的神話》を形づくる。[15]しかし、その構造に即してみれば、ナチズムの神話、なかんずく一一月九日の神話も、宇宙論的神話と類似性をもつように思われる。たとえばエリアーデは、《典型としての神話》についてこう記している。「神話は、時の初めに、はじめて行なわれた太初の出来事として、聖なる歴史を物語る。聖なる歴史を物語ることは、いわば神秘のおおいを取り去ることを意味する。なぜなら、神話の人物は、けっして人間的存在ではなく、彼らは神々ないしは文化をもたらす英雄たちであり、したがって彼らの行為は、そのおおいが取り去られなければ、人間が経験することのできなかった神秘を形づくっているからである[16]」。同様の意味で、このナチ《神話》においては、射殺された一六人は、その犠牲の死を通してナチズムの勝利を可能にし、《(帝)国》の誕生に導いた英雄たちである。しかし、彼らの行動は、《殉教者》の祭儀を通してはじめて、その意義が同時代人に啓示される神秘にほかならない。

さらに宇宙論的神話においては、《聖なる歴史》が生ずる場所は、聖体示現の行なわれる場所として、一段高い現実性をあたえられるのが普通である。そこでは空間の均質性は破られ、その場所は宗教的経験にとって周囲の世界から区別された絶対的現実性をもつものとなる。同じくこのナチ祭儀において、将軍廟は《聖なる場所》に立つ具体的な建築物として、はじめて祭儀のための礼拝場となった。そればかりではない。創世記二八章の物語における《ヤコブの梯子》のように、「聖体示現が一つの場所を浄めるのは、まさにそれがその場所を上に向かって《開いた》ものにし……天界と結びつけることによる[17]」からである。

同様に、ベーメの『カンタータ』も、こう歌っている。

「(将軍)廟は天空へと成長し、

その階段は力強く天に向かって上っていく」(S. 44)と。

ここには、はっきりと超越者に開かれた宗教的シンボルが、現世内部の国家のために転用されていることが分かる。それは、現実のナチ国家を超えて、《殉教者》たちによって創建された《(帝)国》の永遠性と神聖性とを象徴するものとなる。

しかし、右のベーメの『カンタータ』における引用につづく詩句は、ナチ祭儀における歴史の象徴的理解にとって重要なモティーフの一つを示している。

「大地は君らの死とともに終わり、
君らの栄誉とともに、われらの生命が始まる」。

つまり、一一月九日は、ナチ神話によれば、新旧の時代の《質的》転換の日として解釈される。こうした旧い時代《アイオーン》から新しい時代《アイオーン》への転換という時間理解は、ユダヤ＝キリスト教的終末観に典型的に現われている。(18) しかし、そこでは《神的》介入の出来事として期待されていたとすれば、ここでは現世内的な人間行動によって招来されうるものと解釈される。この時代転換をわがものとし、その啓示の光の中に立つもののみ《永遠に新しい》生命に生きる。

ベーメは、こう歌っている。

「われらは君たちの忠実な犠牲を信じ、
かつ君たちの行為に忠実にとどまることを願う。
君たちの墓場からは永遠に新しいものが成長する」。
「聖なる誓いに結ばれたもののみが生き、
……
苦難も死も、彼から何ものをも奪いえない」(S. 41 u. 44)と。

こうした《新しい生命》という宗教的シンボルには、地上的生命の転換を越える永遠＝不死性の次元がふくまれる。ヒトラー自身、この祭儀の際の演説で、《殉教者》たちの犠牲の《不滅性》《不死性》をくり返し強調している。「彼らは今やドイツ的不死性へ入っていく。……われわれにとって彼らは死んではいない。この〔栄誉〕殿堂は、たんなる納骨堂ではなく、《永遠の見張り》である。ここにあって、彼らはドイツのため立っている」[19]。それは、――ロバート・J・リフトンが中国の文化大革命に即してあたえた《象徴的不死性》の規定にならって言えば――《反革命的不死性》の信仰といってもよいであろう[20]。ベーメはナチ運動の犠牲者たちに向かって歌いかける。

「ファンファーレよ、永遠の調べをもって
将軍廟の階段に告げよ。
ドラムよ革命を連打せよ。
かつてのように、あの旗が地に落ちないために。
君たちは偉大な新時代のわれらの血のような朝焼けである。
われらは君たちに挨拶を送る。
不死性のために召集されたものたちへ」(S. 35)と。

こうしたナチズムの《象徴的不死性》にとって重要なのは、神話と祭儀の結びつきということである。つまり、ナチ神話が現実化されるには、それを再現し再体験する場として、つねにナチ祭儀によってくり返されることを必要としている。宗教的な祭儀は、エリアーデの指摘するように、聖なる出来事をたんに追憶ないし記念することではなく、それを文字通り再現することを意味している[21]。祭儀によって幾度も無限にくり返されることによって、聖なる出来事は、つねに《永遠の現在》となる。一一月九日のナチ祭儀も、この点に関して同じ機能を果たしていることが分かる。まずこの祭儀は、毎年くり返し、しかも当時と同じ《伝統的》スタイルで行なわれねばならない。《殉教者》たちの模範的な生と死が祭儀を通して反復されることによって、《(帝)国》の永遠性と不滅性の神話が再現される。逆に、この祭儀の参加者は、参加することを通じて、聖なる歴史の同時代者とされ、《救済史》の現実にあずかるものとなる。

そのことは、神話的《英雄》たちの模範的な美徳を実践する《神々のまねび》の課題と接続する。ベーメは、それをこう歌っている。

「君たちの旗に信じ従うものは、倒れても、
われらが旗を掲げる限り、いつまでも生きる。
君たちの旗に信じ従うものは、英雄として、
おのれが英雄たちの中に生きているのを知るがよい」(S. 43)と。

《殉教者》たちの美徳とは、無条件の服従であり、絶対的忠誠であり、死にいたるまでの犠牲的献身である。ベーメは将軍廟の階段の「石と化した犠牲死」(S. 37)を歌っているが、こうしたイエスの犠牲死を思わせるキリスト教的用語には、彼らの死によって建てられた《(帝)国》の《救済史》的意味づけへの暗示がある。そればかりではない。ベーメに並んでナチ祭儀のための《カンタータ》作者として著名なゲルハルト・シューマンの例を引いてみよう。

『将軍廟』の中で、彼は、こう歌っている。

「われわれは、けっして忘れはしないだろう、
死の中へと行進していった君たちのことを。
君たちの英雄死においてこそ、
われわれは、この時代が何を命じているかを測るのだ」と。

この時代の要求するところを、シューマンは、いっそうドラスティックに『カテドラルは極みなく聳える』の中で歌っている。

「われわれは帝国の永遠の将軍廟を建てる。
その階段を永遠のただ中へ、
ついにハンマーがわれわれの手から落ちるときまで。
その時には、われわれを祭壇の中に塗り込めよう[22]」と。

この最後の一句には、疑いもなく、英雄的美徳として《建築供犠》のイメージが用いられている。宗教学や民俗学は、従来、耐久建築のために生きた魂の犠牲を求める、実際の、あるいは象徴上の《建築供犠》の存在を確認してきた。こうした犠牲のさまざまの形式は、いずれも宇宙創造の神話における太初の供犠の模倣であるといわれる[23]。ナチ神話は、まさに将軍廟前における《建築供犠》によって《(帝)国》が創造されたことを賛えている。それは、同時にこの《殉教者》にならい、徹底的な自己犠牲に通ずる道を踏み従っていく義務を訴えかけるものであろう。じじつ、彼らに「従わないものには、死者たちの呪いがふりかかる／彼は道を踏みはずし……跡かたもなく死に果てる」(S. 44)。ベーメは、服従と献身の決意を欠くものに向かって、このように威嚇を加えている。《殉教者》のナチ祭儀は、こうして死と再生の象徴を介して、永遠の《(帝)国》の神話と固く結び合わされていた。

戦時中には、こうした祭儀的形式を継続することができなくなった。しかし、一一月九日がランゲマルクの戦没者記念日や万聖節に近かったことから、一般的な《死者追悼日》として祝われることになった[24]。そこでは《人生祭儀》ないし《朝礼》の様式が、より適合的なものとして使用されるにいたった。しかし、その意義づけ自体は、いっそう拡大される。なぜなら、この死者の祭儀には、ナチ運動の《殉教者》のみでなく、第一次大戦さらに第二次大戦の戦没者や《死せる父祖たち》までふくめられたから。彼らは、ことごとく、いまやミュンヘンの《永遠の見張り》に象徴される新しい《(帝)国》神話の源泉へと統合される。[25]

(1) Vgl. Schmeer, *a. a. O.*, S. 97 u. 101.

(2) たとえば、cf. A. Bullock, *Hitler. A Study in Tyranny*, 1952, p. 99 f.(『アドルフ・ヒトラー』大西尹明訳、みすず書房); H. B. Gisevius, *Adolf Hitler. Versuch einer Deutung*, 1963, S. 89 f. 新しい研究として、vgl. J. Dornberg, *Hitlers Marsch zur Feldherrnhalle. München, 8. u. 9. November 1923* (aus dem Amerik.), 1983.

(3) Th. Heuss, *a. a. O.*, S. 1. これにたいして、たとえばゲッベルスは、当時、その機関誌『攻撃』の中で、ナチ《殉教者》の追憶を、パセティックな筆でくり返している(vgl. Goebbels, Die Blutzeugen, in: *Der Angriff. Aufsätze aus der Kampfzeit*, S. 250-276)。

(4) ヒトラー青少年団用の暦年祝祭の手引きによれば、一九二三年の《事実》は、こう表現される。「いまや夜は過ぎ去った。彼らとドイツ全体とを、いつ果てるともなく長い間おおい暗くしてきた夜は過ぎ去った。灰色によどんだ中に朝がしらじらと明けそめる。……彼らは、暗黒の中から、農場から、辺鄙な場所から、小さな路地から歩み出る。……いたるところから、すなわち、ドイツの血がもっとも深い傷口から流れるところ、ドイツの窮境のため顔面がもっとも紅潮するところ、拳がもっとも固く握りしめられるところから。確信にうながされ、聖なる信仰に生かされ、未来への喜びに充ち、義務に従って集まり、縦隊を形づくり……暗い流れを渡り、一一月の雲のおおう暗い空の下、民族と国家と帝国の運命的な闘いに決着をつける決断の下される集会場へと急ぐ。それは、献身の決意に燃え、成功を確信した、早い足どりの行進だった……」(Dörner, Das deutsche Jahr, S. 157)。さらに、ブーラーの青少年用歴史読本の記述から引用してみよう。「自由への行進は最後まで——たとえ、それが犠牲行となるにしても——つづけられねばならなかった。……いまや恐るべき事態が発生した。すなわち、兵士としての義務に従って行動したドイツ人たちがドイツの解放運動に向かって発砲した。その先頭に立ってアドルフ・ヒトラーと世界大戦の最高統帥部参謀長〔ルーデンドルフ〕が行進していたというのに！　密集した隊列に向けて情容赦なく一斉射撃が加えられ、数知れぬナチ党員たちが血の海の中でのたうった。……指導者〔ヒトラー〕を庇って彼の前に身を投げ出した忠実な護衛ウルリッヒ・グラーフには多くの銃弾が貫通し、彼は重傷を負って倒れこんだ。……彼らの血で赤く染まった党旗は救い出された。それは《血染の旗》として〔ナチ〕運動の聖なる象徴となっている」(Ph. Bouhler, *Kampf um Deutschland. Ein Lesebuch für die deutsche Jugend*, 1939, S. 68)。この情緒的なブーラーの文章は、そのまま歴史教科書にも再録されて用いられた(たとえば、vgl. *Volk und Reich der Deutschen*. Geschichtsbuch für Oberschulen und Gymnasien. Klasse 1: Von Führern und Helden. Erzählungen aus der deutschen Geschichte, v. H. Reppid, 1943, S. 9)。なお、vgl. R. Schopf, Von Nibelungentreue, Märtyrertod und verschwörerischer Verschwiegenheit, in: J. S.

Hohmann (hrsg.), *Erster Weltkrieg und NS-"Bewegung" im Dritten Reich 1933–1945*, 1988, bes. S. 198 ff.

（5）一九三三年以後の《殉教者》祭儀に関する新しい研究としては、cf. J. W. Baird, *To die for Germany. Heroes in the Nazi Pantheon*, 1990, p. 49 ff. なお、一九三五年に建築された《栄誉殿堂》には天井も壁もなく、外からよく見えるように列柱で支えられ、その中に一六箇の金属性の棺が並べられていた。この《公開性》は、《殉教者》の犠牲が「生の現実」であることを不断に想起させることを意図するものであった(vgl. Kunst, Architektur und Macht, *a. a. O.*, S. 196)。ちなみに、ヒトラー自身、《栄誉殿堂》に埋葬される願いをもっていたと推定される。彼のヴィジョンによれば、ケーニヒ広場の中心に《アドルフ・ヒトラー》というコトバだけを記した巨大な記念碑を立て、世界各地からの巡礼者が《あらゆる時代を通ずる最も偉大なドイツ人》に敬意を示すために訪れることを夢想していた(vgl. Hitler, *Reden und Proklamationen*, Bd. I/2, S. 556)。なお、こうしたミュンヘンにおけるナチ党建築の歴史については、vgl. K. Preis, *München unterm Hakenkreuz. Die Hauptstadt der Bewegung. Zwischen Pracht und Trümmern*, 1980, bes. S. 57 ff.

（6）Vgl. Schmeer, *a. a. O.*, S. 102 f.

（7）シュペーアの回想によれば、ヒトラーは一九三六年にこの記念祭儀のリトゥルギーを確定したが、ナチ党の公式記録では、この行進をはっきり「ナチ的聖体行列」と記していたという(vgl. Speer, *Spandauer Tagebücher*, S. 403)。

（8）Hitler, *Reden und Proklamationen*, Bd. I/1, S. 458 ; Bd. I/2, S. 554. 告白教会の神学者ボンヘッファーは、当時、この「国家的な式典が明白な祭儀的形態をとり、しかも、とくに聖書的用語を用いて行なわれた」事実に注目し、教会がこうした祭儀的「礼拝」(Andacht)になんらかの形で協力することにたいして警告した。とくに、そこでは、キリスト教的な復活思想から区別された「民族主義的＝理想主義的復活の希望」にたいする「信仰告白」がなされたことにも注意を促している(vgl. D. Bonhoeffer, Protest gegen 9. Nov.-Feier, in : *Gesammelte Schriften*, Bd. 2, hrsg. v. E. Bethge, 1959, S. 456-457)。

（9）Vgl. H. J. Gamm, *Der braune Kult*, S. 141. この行進では、ヒトラーは、他の古参闘士たちの隊列の中に入って目立たない。「彼は、ふたたび《無名の兵士》の役回りを演じているが、行進が終わるや否や、その役回りを止める」(*ebenda*)。なお、cf. Grunberger, *op. cit.*, p. 75.

（10）ナチ祭儀のカンタータの分析を通してナチ神話と祭儀の連関および政治的特質を引き出す解釈は、主として、Vondung, *a. a. O.*, S. 159 ff. の示唆に負う。資料は、H. Böhme, Kantate zum 9. November, in : *Gesänge unter der Fahne. Vier Kantaten*, o. J. (＝1935) による。この詩集からの引用ページに限り、以下、本文中に併記する。

（11）ベーメは、一九三八年にも、この祭儀のために歌っている。「今日、多くの巡礼者を招く将軍廟の階段で／かつて闘争のサクラメントが執行された」(Zit. in: Kotze/Krausnick, *a. a. O.*, S. 226)。ハンス・ヨーストも、ミュンヘンを《ヒトラー運動のベツレヘム》と呼び、「血と土の神話を信ずる者は、祖国を離れる前に、これらの場所、すなわち、この世の相貌を一変する世界観のために最初の血の犠牲がその祭壇の上に捧げられた場所を、訪れておくのはよいことである」と呼びかけている(H. Johst, Maske und Gesicht, 1935, Zit. nach: H. Müller, Der pseudoreligiöse Charakter der nationalsozialistischen Weltanschauung, in: *G. W. u. U.*, 1961, S. 345-346)。

(12) A. Kotz, *Führen und Folgen. Worte an Hitlersoldaten*, 15. A. 1943, S. 19. なお、「われわれナチ主義者が建てようとしているのは巨大な事柄である。すなわち、人間がそこで幸福になる人間の国家、血と精神とにおいて永遠にわたって建てられるドイツ人の国家である。……利己追求的な態度から生まれる、手軽な、心なき義務遂行からは、この地上における神の国の創造は不可能であろう」(F. O. Bilse, Die sittliche Forderung im NS, in: *NS-M.H.*, 1933, S. 273-274)、参照。

(13) Klemperer, *a. a. O.*, S. 123.

(14) H. Johst, Die Dichtung im Kampf des Reiches, 1940, in: *Literatur unterm Hakenkreuz. Das Dritte Reich und seine Dichtung. Eine Dokumentation*, hrsg. v. E. Loewy, 3. A. 1977, S. 211.《千年王国》のヴィジョンの伝統については、たとえば、cf. N. Cohn, *The Pursuit of the Millennium*, 3. ed. 1970(『千年王国の追求』江河徹訳、紀伊国屋書店)。とくにナチズムとの関連で論じたものとして、cf. J. M. Rhodes, *The Hitler Movement. A modern Millenarian Revolution*, 1980.

(15) 本書、一三二ページ、参照。「政治的神話とは、ある政治社会の物語を語るところのものである。多くの場合、それは、現に存在するか、それとも過去に創造されながら、いまや再建され、あるいは維持されねばならない政治社会の物語である。さもなければ、政治的神話は、将来において創造されるべき政治社会に関わる。それは、この社会の到来を促進するように人びとを励ます目的で語られるのである」(H. Tudor, *Political Myth*, p. 138)。なお、vgl. H. Barth, *Masse und Mythos*, 1959, S. 128 f.

(16) M. Eliade, *Das Heilige und das Profane. Vom Wesen des Religiösen*, 1957, S. 56(『聖と俗』風間敏夫訳、法政大学出版局)。同じく、グレンジャーによれば、「神話は範型的な生から生み出される。象徴は人類の現在の生にたいする意味から生み出される。この象徴は、儀礼を通して《演出》され、共有の経験に翻訳される」(Grainger, *The Language of the Rite*, p. 111)。

(17) Eliade, *a. a. O.*, S. 16. なお、vgl. S. 22 f.

(18) たとえば、vgl. H. J. Kraus, *Reich Gottes. Reich der Freiheit*, 1975.

(19) Hitler, *Reden und Proklamationen*, Bd. I/2, S. 555 u. 554. 同じく、ナチ教員連盟の指導者ハンス・シェムも、おりにふれて、ナチ主義者にとっての《死を越えた生》について語っている(たとえば、vgl. *Hans Schemm spricht. Seine Reden und sein Werk*,

hrsg. v. G. Kahl-Furtmann, 1941, S. 110 f. u. 305 f.)。

(20) リフトンは、中国の文化大革命を分析し、「不断の革命的な発酵過程にともに参加しており、この継続革命の中で限定されないままに《生きつづける》ことによって個人の死を超越しているという共通感情」(R. J. Lifton, *Die Unsterblichkeit des Revolutionärs. Mao Tse-tung und die chinesische Kulturrevolution* (aus dem Amerik.), 1970, S. 26)を《革命的不死性》と呼んでいる。じっさい、そこでは、『意志の勝利』にも言及されているのは興味深い(*a. a. O.*, S. 56)。

(21) Vgl. Eliade, *a. a. O.*, S. 40 u. 47. 同じく、cf. Grainger, *op. cit.*, p. 133 f.

(22) シューマンの引用は、それぞれ、G. Schumann, Feldherrnhalle (Zit. nach: Gamm, *a. a. O.*, S. 138); ders., Künder und Kämpfer, 1939, in: *Literatur unterm Hakenkreuz*, S. 221.

(23) Vgl. Eliade, *a. a. O.*, S. 33 f.

(24) ランゲマルク記念日というのは、第一次大戦中、ランゲマルクの前面で、ドイツ国歌を高唱しながら突撃して戦死した学徒兵たちの英雄死を追悼するものとして有名である。ただし、新しい研究では、これは、当時、戦意高揚のために宣伝された虚構にすぎない(vgl. K. Unruh, *Langemark. Legende und Wirklichkeit*, 1986. なお、cf. Baird, *op. cit.*, p. 1 ff.)。

(25) Vgl. Dörner, *a. a. O.*, S. 152 ff. 一一月九日の祭儀の《朝礼》形式の例は、vgl. Vondung, *a. a. O.*, S. 116 ff. たとえば、一九四三年一一月九日のためのナチ党祭儀のプログラムによれば、旗の入場に始まり、ファンファーレ、合唱、総統のコトバ、呼び掛けと誓い、ドイツ国歌、ナチ党歌、さらに旗の退場という基本的枠組みの中で、ナチ《殉教者》の追悼とドイツ民族の全戦死者の追悼とを組み合わせた比較的簡素な形式になっていた。しかし、ここでも、教会礼拝の形式との類似性を見逃すことはできない。ナチ祭儀は、けっしてたんなる政治集会でも文化集会でもなく、神聖な雰囲気をもつ儀式であった。朗読される『わが闘争』の一節やナチ高官のアピールの内容よりも、それを包む美的＝擬似宗教的な形式がいっそう重要だった。すなわち、現実には存在しない《民族共同体》を祭儀において先取りし、美学的に表現する代償的行事にほかならなかったから。

四 《ヒトラー神話》の精神構造

1 《ヒトラー神話》と民衆意識

(一) 民衆の《カリスマ》信仰

「最近のすべての歳月を通して、私は、この声を耳にするとき、いつも同じことを体験してきた。一九三三年以前の政治闘争の中であれ、ジーメンス工場での演説であれ、ザール地方の解放とドイツ復帰のそれであれ、――いままた労働の帝国党大会《ライヒ》のそれであれ。いつでも、私は、この声によって直接に自分が呼びかけられているのを感じた。この私に、無名の人間であり、六六〇〇万の中のこの一人に向かって、この声は、問われているのは私なのだ、私が変わること、私が新しくなること、私がドイツ人になることが必要なのだ、と語りかける。……この声を聞くたびに、私は、それに向かってこう言いたくなる。私はここにいます、私をとりあげてください、私の力、私の能力、私の意欲、ことごとくを汝の偉大な目的のために投げ出します、と(1)」。一九三七年のニュルンベルク党大会でヒトラー演説から受けた感動を党員の一人は、こう記している。それは、あたかもイエスの呼び掛けを前にした弟子たちの召命体験を思わせる。

じっさい、この手記は、さらにつづけていう。「この声の背後には、大きく生成していく歴史が、そして民族全体の未来が立っている。それこそ、この声の固有の魔力にほかならない。……その声は、この目標にたいする勇気をあたえる。意志を、信頼を、一人びとりの力を強め、高める。それは、あたかも介添えのようであり、盾のようであり、磁石のようであり、闇に輝く星のようである。この声を聞くごとに、私の心は語りかける。これらいっさいは、神的な意味、神的な根拠なしには不可能である、と。なんという大きな信念、行為、成果であろう！　人類にたいする、また人間にたいするなんという奇跡と働きとであろう！　この声のもっとも深い使命、それは、この信仰を私たちに作り出すことである(2)」。まさに典型的な《信仰告白》ということができる。

ナチ政治祭儀において、総統ヒトラーの登場は、いつでも民衆的熱狂を引き起こすクライマックスを形づくっていた。じじつ、戦争末期を除けば、ヒトラーがドイツ民衆の広汎な層において――一部の労働者層もふくめて――異常に高い人気をもちつづけたことは争えない。ヒトラーにたいする《信仰告白》こそは、ナチ・ドイツの政治的統合を可能にする決定的な要因にほかならなかった。ナチ政権がその後の内政・外交政策を正当化しえた《人民投票的》喝采賛同も、この《ヒトラー神話》(3)（I・ケルショー）に根ざした民衆の広汎な支持なしにはありえなかったであろう。ヒトラー権力がその絶頂に達した一九四〇年代のはじめ、ナチ公法学者の一人は、《総統権力》を定義して、こう述べている。

「総統は、民族（＝ドイツ国民）のために、民族に代わって発言し行動するのみでなく、まさに民族として発言し行動する。総統のうちに、ドイツ民族自身が自己の運命を形成するのである(4)」と。いわばこの《意志の一体性》こそ、ヒトラー支配の正当性根拠を成り立たしめていたといってよい。

すでに一九三三年までには、指導者としてのヒトラーの《カリスマ的》権威は党機構内部に貫徹され、さらにナチ党の宣伝を通して、支持層の人びとのあいだに将来の国民的指導者としての期待と信頼とを増大させていった。民衆にたいするヒトラーの政治的魅力の秘密は、むろん、彼の個人史から引き出すことはできない。むしろ、《ヒトラー神話》は、ヴァイマル共和国末期の政治的・社会的状況と《指導者》ヒトラーの人格との《歴史的・構造的連関》の中で成立したとみるべきであろう。(5) すなわち、一方には、ナショナルな民衆意識の中に蓄積されていた帝政末期いらいの《指導者》待望の心理があり、それが、同じナショナリズムの病理を一身に具現したヒトラーの行動によって《触媒的》に加速された。こうして擬似宗教的な待望にまで高められた《指導者》イメージは、やがて驚くべき規模でヒトラーの人格に逆に投影されるにいたるであろう。

ナチ政権成立当初、なお支持層以外の人びとの抱いていたヒトラーにたいする不信や憎悪にもかかわらず、権力掌握後の指導者崇拝は、急激な勢いで広がっていった。そこでは、何よりもまず、反対勢力を解体し社会の表面からヒトラー批判の声を一掃した《均制化》やテロリズムの政策が注目される。加えて、ナチ党の宣伝機構によるマス・メディアの統制や政治的祭儀の独占は、ヒトラー《崇拝》をしだいに指導者《神化》の極限にまで亢進させていった。ゲッベルスが後に《ヒトラー神話》の創造を彼の最大の宣伝的成果の一つに数えているのも、けっして不当ではない。(6) じっさい、ヒトラー自身、自己の人格を核として形づくられたこの《神話》に分かちがたく編みこまれ、その行動のスタイルも宣伝効果の観点によって規定されざるをえなかった。彼は、民衆の前に登場するに際して、事前に演技練習をくり返し、また人間的弱点をさらす羽目になる状況を周到に回避した。民衆を統合し、動員し、また支配の正当性を調達する上で《総統》の存在の重要なことを、ヒトラー以上に、よく知っていた者は少なかったであろう。彼自身、戦時中の『卓上語録』の中で語っているように、「広汎な大衆は偶像を必要としている」のであり、「秘密国家警察やその他」テロリズム「だけではやっていけない」からであった。(7)

ヒトラーの頭上に被せられた《光輪》こそは、民衆の批判的な判断力をしだいに麻痺させ、畏敬と驚嘆の念をたえず増大させ、その心理的支えを不動のものにしていった当のものだった。こうしてナチ支配のほぼ全期間を通して、《ヒトラー崇拝》は、民衆の安定要求ないし将来待望とナチ・ドイツ社会に横たわる現実の矛盾とのあいだを架橋する不可欠の《神話》として機能したといわなければならない。ナチ宣伝によって作り出されたヒトラー像が、どの程度まで民衆によって受容されたかについて正確に判定することは、むろん、当時の条件下では、きわめて困難である。しかし、SS保安情報部の秘密報告(=SD報告)その他、ナチ治下の地方行政機関による情勢報告などの調査資料は、ヒトラーの人格をめぐって成立した《神話》が、いかに大きな規模で長くつづいたかを立証している。そこでは、《ヒトラー神話》の意識構造を支えた主要な柱として、次のような契機を指摘することができるであろう。(8)

第一に、ヒトラーは強力な国家的権威の具現者として登場した。その背景には、権威主義的国家を待望するヴァイマル共和国末期いらいの反民主主義的な風潮が横たわっていた。じっさい、ヒトラーは、必要ならば仮借ない措置をも恐れない《法と秩序》の貫徹者、さらには《健全な民族感情》の代弁者ともみなされた。すでにヒトラー政権成立直後には、ヒトラーは《国家の敵》という烙印をおした左翼政党にたいして弾圧を加えることによって、こうした指導者像をいちじるしく強めることができた。とくに一九三四年六月のいわゆるレーム暗殺事件は、こうした方向でヒトラーの声望を高めることに決定的に貢献した。ここで用いられた赤裸々な暴力は、これまで恐れられてきたナチ突撃隊(SA)のテロに反対して《秩序》を回復するもののように受けとられたから。(9)さらに事件後、ヒトラーは「突撃隊にたいする十二項目の要求」の中で、突撃隊内部に広がっていた奢侈や腐敗、同性愛などを公然と非難して、民衆に抱かれていた価値観や偏見に応えた。(10)こうして突撃隊幹部の粛清によって、あたかも市民的モラルの再建を意図していたかのようなヒトラー幻想さえ生み出されることになった。

第二に、《ヒトラー神話》の基盤として、ヒトラーを個人的な特殊利益を越えて民族と国民とに仕える無私の指導者とする民衆意識をあげることができよう。ヒトラー自身、ライヒ宰相の給与を公然と辞退することによって、通常の国政担当者ではないことを実演してみせた。[11] そのことは、さらにヒトラーとローカルなナチ党幹部との違いという民衆的イメージをナチ・プロパガンダが確証したことによっても強められた。腐敗や利己主義、空威張りや偽善など、スキャンダルのため不人気な《小ヒトラー》にたいして対極にある理想としてのヒトラー像が作り出される。ナチ政権の社会政策にたいする不満や幻滅が現われるところでも、いな、総じてナチ・ドイツ治下の日常的な不平や批判は、主として地区の党幹部たちに向けられた。これに反して、ヒトラーにたいする変わらない人気は、こうした重大な問題について、十分な《情報が総統にまで達していない》という伝説によって補強された。[12]

第三に、もっとも重要な要因は、生活の安全や国家の栄光にたいする民衆の要求を充たす内政・外交上の成功が、ヒトラーの《カリスマ》にたいする信仰を証明するかにみえたことである。ゲッベルスのプロパガンダがもっとも実りある成功を収めたのも、この分野においてであった。一九三三年いらいのドイツの《経済奇跡》の起動者というステロタイプ的イメージは、ナチ・ドイツ社会におけるヒトラー像の不可欠の構成要素にほかならない。[13] むろん、労働者階級は、この《奇跡》にたいしても、またヒトラー崇拝の局面にたいしても、相対的に免疫されてはいた。とはいえ、彼らのあいだでも、ナチ政権の経済復興によってヒトラーの威信が高まったことは否定できない。とくに左翼政党や労働組合運動から遠い若い労働者や婦人層では、雇用創出にたいするヒトラーの《業績達成》に高い評価があたえられていた。むろん、経済繁栄の復興者ヒトラーというイメージは、経済ブームからの最大の受益者となった中間層メンバーのあいだで、もっとも大きな支持をかちとった。[14] 彼らは、途絶えることのない《不平》にもかかわらず、戦争半ばにいたるまで、ヒトラー崇拝の主力となり、ナチ政権支持層の中核を形づくっていた。

内政の《成果》に加えて、第四に、外交政策の上でも傑出した政治家というイメージも——現実にはまったく正反対とはいえ——《ヒトラー神話》に欠かせない要素である。《ヴェルサイユ条約の恥辱》を一掃し、ドイツの《名誉と平等権》を回復した政治家としてのヒトラー像は、労働者たちのあいだにさえ、小さくない影響をあたえている。このヒトラー像は、それ以後、オーストリア《合邦》からズデーテン地方のドイツ復帰による《大ドイツ》の建設にいたるまで妥当している。この間、ヒトラーは、しばしば新しい戦争の到来に脅える内外の恐怖を利用して、ヨーロッパの平和のための闘士というポーズをとってみせた。ヒトラーは一連の《流血なき勝利》を誇っているが、ドイツ民衆の圧倒的多数の支持と賛美には、《総統の平和愛好》への信仰も重なっていたことを見逃すことはできない。(15) 教会闘争をはじめ内政面においては、ナチ・ドイツの現実は分裂した社会の相貌を払拭しえなかった。こうした中で外交政策上の《成功》は、ヒトラーにたいする国民的な熱狂を生み出し、大きな体制統合的機能を果たすことになった。

第二次大戦の開始は、《平和愛好的》なヒトラー像を裏切るものだった。開戦の報を聞いて、ドイツの民衆のあいだには、第一次大戦勃発時のような熱狂はみられなかった。(16) しかし、一九三九年から四一年にわたる未曾有の電撃戦の勝利は、ヒトラー像に《天才的な軍事指導者》という新たな要素を加えることになった。じっさい、フランス降伏後、これまでヒトラーにたいして批判的でありつづけたドイツ将校団の年配層においてさえ、ようやくヒトラーは実際に《総統》となった。従来、ヒトラーにたいして拒否的ないし日和見的な態度をもちつづけてきた地域の民衆も、「いまやなんらの留保なしに熱狂的に」ヒトラー支持に転換した、と地方長官の情勢報告も伝えている。(17) じっさい、勝利による戦争の終結も間近に迫っているかにみえた軍事的成功の局面では、ヒトラーの人気は、その絶頂に達した。一九四〇年のなかばには、《ヒトラー神話》は、ドイツ民衆のあいだに最大の支持と共鳴を見出すことになった。

(二)　ナチ言語と民衆――《ハイル・ヒトラー》

もっとも、この間にも、ヒトラー崇拝とは別に――いわばそれに並行して――ナチ治下の日常生活の中で民衆の《不平》の声や非同調行動が存在しなかったわけではない。それをヒトラー崇拝の象徴的表現である《ハイル・ヒトラー》というナチ言語の具体的用法に即して探ってみよう。このナチ言語は、たんなるコトバとしてだけでなく、多くの場合、《ドイツ式敬礼》という日常的な儀礼行動とも結びつくものであった。それゆえ民衆の生活意識の内実を捉える上で、いっそう有効な手掛かりとなりうるであろう。(18)

《ハイル・ヒトラー》というコトバを用いる挨拶の仕方は、一九二〇年代半ばにナチ党内部の行動規範として導入され、指導者ヒトラーにたいする党員の結びつきを表現した。ナチ政権成立後、このコトバは、多くの公的な集会でくり返されたのみでなく、私的な状況の中でも、ときには知人や家族間の挨拶代わりに、さらには手紙の結びのコトバとしてさえ用いられることになった。それは、ナチ治下一二年間を通じて、もっともよく知られ、もっともよく用いられた決まり文句だったといってよい。しかし、このコトバが実際に口にされるとき、その語調やニュアンス、このコトバで呼びかけられたときの応答の仕方、あるいは回避の仕方など、このコトバをめぐる闘いが、日ごとに展開された。《ハイル・ヒトラー》というコトバは、《総統》にたいして呼びかけ、その権威にたいする服従と忠誠とを誓い、ひいては、《総統》と心理的に一体化することを促す同一化の象徴である。ナチ党員ないしナチ信奉者にとっては、それを口にすることは、いわば彼らの勝利と支配を確認する日常的な儀礼といってよいであろう。(19)

しかし、非ナチ主義者にとっては、それは、日常的に余儀なくされる強制的要求にほかならない。断固たるナチ反対者にとってみれば、憎むべき《総統》の名前をあげて他の人びとに、――ナチ主義者にたいしても――挨拶しなければならなかったとすれば、そのたびごとに、みずからを卑しめたかのように痛みを覚えざるをえなかったであろう。逆に、この《ドイツ式敬礼》で挨拶しないことは、みずからを危険にさらしうる可能性を意味していた。《ハイル・ヒトラー》を口にすることは国家の命令であり、《ドイツ式挨拶》を義務として課されていたのだから。秘密警察の報告書によれば、ナチ政権初期には、商店やレストランでは従業員や顧客まで、さらに教会の集会から個人的な交友関係も、すべて、彼ら相互のあいだで、またナチ党員にたいして、このコトバを用いているか否かが厳重に監視されていた。(20)

にもかかわらず、民衆の日常生活では、つとに官憲的指令通りには拘束力をもちえなかったことが分かる。朝晩の挨拶に《神に挨拶を》(Grüß Gott)というコトバが慣用されていた地方では、多くの場合、この挨拶が踏襲された。それは、しばしば、自己の《正しい》伝統にたいする固執を示すものだったが、そこには、あらゆるものを覆そうとするかに見えるナチ支配の横暴さにたいする反感が潜在していた。(21)とくにカトリック地方では、《グリュス・ゴット》は、一九三三年以前には慣用されていなかった地域でも、逆に普及するにいたった例さえある。ナチ党によってナチ《運動の首都》と名付けられたミュンヘンは、この点に関して、辛辣にナチ《反対運動の首都》ないし《グリュス・ゴット運動の首都》と評する声さえあったという。(22)時が経つにつれて、そこでは、しだいに《ハイル・ヒトラー》の挨拶が稀にしか聞かれなくなったためである。

ナチ時代の政治的ジョークには、この《ドイツ式敬礼》に関して、それを揶揄するものが少なくない。《第三帝国》崩壊直後に収集されたまま新しい事例集の中から、いくつか興味ぶかい話をとり出してみよう。(23)サンタクロースが部屋に入ってくるとき呼びかける。「《ハイル・ヒトラー》！　違う考えの人たちには《グリュス・ゴット》！」。別の例。「ドイツ式敬礼とは《右手を高く上げること》〔Aufgehobene Rechte＝廃棄された権利、また、もち上げられた右翼〕を意味する。それは、また、かくも高いところに卑しいものが蟠踞しているということだ！」。いま一つの例。ゲーリングがゲッベルスに話しかける。「民衆はもう《ハイル・ヒトラー》と言って挨拶していないように見うけられる。君は、もう一度《今日は》(Guten Tag)を宣伝してはどうかね」。ゲッベルスいわく。「とんでもない。われらの総統が生きている限り、もはや《今日は》〔=《よい日》〕は存在しないだろう」。

この後者の例には、すでに鋭い体制全体への批判的風刺がこめられているのを認めることができよう。狂信的なイデオロギーは、ジョークによって、突如、その魔力を失い、笑い事にされてしまう。ジョークは、強大な国家権力によって《均制化》されなかった個人のいわば最後の自由な遊びであり、それゆえ、独裁的な権力が恐れ憎むものである。それをドイツ民衆のナチズムにたいする全体的な敵意の証明とすることは、おそらく出来ないであろう。しかし、そこには、民衆心理の深層にひそむ、ある特別の感情が示されており、当時の《時代精神》の一断面を表現するものとみることは、けっして不当ではない。[24]

このように社会生活の各分野でくり広げられた《ハイル・ヒトラー》をめぐる闘争で、ナチ党側がつねに圧倒的だったわけではない。一九三〇年代半ばには、《ドイツ式敬礼》は、大規模工場の労働者のあいだからは、ほとんど完全に消滅した。ただ、ナチ党リーダーを迎えるときとか、《労働戦線》の事務所の中でのみ、それが要求されたにすぎなかった。一九三七年のデュッセルドルフの例では、工場内アピールのため整列させられた労働者たちは、《労働戦線》の演説者による最初の《ハイル・ヒトラー》の呼びかけには、ただ《ぶつぶつ言う》応答しか示さなかった。しかし、演説をしめくくる最後の《ハイル・ヒトラー》の呼びかけには、高らかな声で——いくぶんか感謝をこめて——唱和した。それは、アピールが、ようやく終わったことを示すものだったから。[25]

《ドイツ式敬礼》を意に反して行なわざるをえないときにも、そこには、さまざまの可能性を見出すことができた。たとえば、それをだらだらとしたり、半ばあるいは全く気づかれぬように逃れたり、ひそかに別の意味をこめて行なったりする形で。じっさい、この敬礼そのものは、毎日、互いに途方もない回数でくり返されていくうちに、使い古されれ《すり切れ》ていった。正しく発音して行なうのを監視されていないところでは、《ハリトラ》(Hallitla)と聞こえる三音節の言いやすいコトバになっていった。手をあげる動作も、高く上に伸ばす代わりに、振り払うような仕草ですまされてしまった、という。官職付きの人びとに宛てた手紙には、末尾に《ハイル・ヒトラー》の挨拶コトバを用いることが厳しく規定されていたし、検閲を通してそれを統制することも容易だった。しかし、人びとは、しばしば、はっきり《ハイル・ヒトラー》と書く代わりに「ドイツ式敬礼をもって」と言い変えることによって、内心の抵抗に折り合いをつけようと試みた。(26)

教会闘争に加わったキリスト者の中には、本来のキリスト教的解釈にもとづいて、《ハイル・ヒトラー》を拒否しなかった者もいた。すべての人にハイル(＝救済)を願うのは信仰者の義務であり、そこでは、ヒトラーによる《救済》ではなく神による救済のみ意味されえたのだから。(27)そのほか、腕をあげて《ハイル》というコトバだけを口にして、主イエスのことを考えるキリスト者たちもいた、という。むろん、ナチ体制反対者の中には、こうした外見的な同調行動が精神的な屈辱を確証するものとして、それを断固として拒否する人たちも現われた。(28)《ブーヘンヴァルトの説教者》として知られるパウル・シュナイダー牧師は、反ナチ批判の行動のゆえに強制収容所に入れられた。そこでも、ナチ式敬礼を拒否して、地下の独房に入れられた。彼は、一年を越える長い歳月のあいだ、残虐な拷問にも屈せず、ついに殺害されるまで、獄房の窓から聖書のコトバを叫んで囚人たちを励ましつづけた。(29)しかし、これにたいして、他方の極には、反ナチ抵抗運動に加わり、それを偽装するために《ドイツ式敬礼》をためらわない人たちもいた。たとえば神学者ボンヘッファーにとっては、ヒトラー政権顚覆という重大な政治的計画の前には、表面的な屈従の儀礼を行なうことは、はるかに小さな事柄だった。(30)

《正しい》ナチ式敬礼にたいする圧力は、波状的にくり返された。欠礼することによって《総統》を侮辱する行為にたいしては、解雇、投獄、強制収容所送りなどの脅しが待ち受けていた。スターリングラード前面でのドイツ軍の敗北後には、あらためて敬礼義務が強化された。しかし、確信にもとづく反対者や集団的に拒否する者が、ますます増加していった。とくに戦争後期には、《ハイル・ヒトラー》の挨拶は一般的に退潮した。(31) 一九四三年二月には、前線から帰った一時帰休兵は、ミュンヘンの町角で、このコトバを用いて知人に挨拶したため、激しい平手打ちを食らわねばならなかった。同じ年の五月から六月にかけて英米空軍による大規模な都市爆撃を体験した北西ドイツの各都市では、「《ドイツ式敬礼》は稀にしか用いられないで、逆に、これ見よがしに《今日は》という挨拶コトバが用いられるようになった」とSD報告は伝えている。(32) この年の秋には、バイエルンの《ドイツ自由運動》は、ナチ《運動の町》ミュンヘンを《反対運動の町》にするため、「ドイツ式敬礼を中止しよう」という象徴的な呼びかけを行なった。(33) この敬礼をサボタージュすることを、いわば反ナチの目印として、ついには、この地方全土からハーケンクロイツの象徴を一掃する運動の端緒とすることを目指していたのであった。

こうしてみれば、ナチ・ドイツ社会は、公的に宣伝されていたような一体性を、かならずしももっていなかったことが分かる。支配的な外観の下に、一般的な支持という衣装をつけてはいても、なお完全には《均制化》され尽くされない独自の意見ないし多様な感情の層が、かなり幅広く存在していたのである。ナチ言語という戦場の一端を見渡しただけでも、《ハイル・ヒトラー》という一つのコトバをめぐって、生命がけのまことに真剣な闘いから、口伝えにささやかれるジョークという小戦闘にいたるまで、多様な闘いの跡が残されている。むろん、《モゴモゴ言う》こと、音節をはっきり言わないこと、日ごとの敬礼に別の意味をもたせることなどは、いずれも目立った形をとった反ファシズムの闘争や抵抗ということはできないであろう。こうしたコンフォーミズムからの逸脱は、多くの場合、象徴的な意味しかもちえなかった。しかし、これらの小さな《ノンコンフォーミズム》の表明は、その背後に隠された厚い層を考慮するとき、やはり無視し去ることのできない契機をもっているのではなかろうか。ここでは、一枚岩的に調和した《民族共同体》というナチ・ドイツ社会像は、もはや成立しえないであろう。[34]

（1）W. Brügge, Immer, wenn ich Hitler höre, in: *NS-B. W.*, hrsg. v. der Reichsleitung der NSDAP. Hauptamt für Erzieher, 1937, S. 577.

（2）Brügge, *a. a. O.*, S. 578.

（3）ケルショーによれば、民衆意識におけるヒトラー像は、多くの点において、実際の彼の人格像と乖離していたゆえに《ヒトラー神話》という概念を用いる方がふさわしいという(Cf. I. Kershaw, *The "Hitler Myth": Image and Reality in the Third Reich*, 1987. 簡潔には、vgl. ders., Hitlers Popularität. Mythos und Realität im Dritten Reich, in: H. Mommsen und S. Willems (hrsg.), *Herrschaftsalltag im Dritten Reich. Studien und Texte*, 1988, S. 24-96)。なお、一般にヒトラー解釈の研究史については、vgl. G. Schreiber, *Hitler. Interpretationen 1923-1983. Ergebnisse, Methoden und Probleme der Forschung*, 1984.

（4）G. Neesse, *Führergewalt*, 1940, S. 54.

（5）本書、四八ページ以下、参照。なお、のちに《ヒトラー神話》の宣伝に中心的役割を演じたゲッベルス自身の《政治的信仰》の心理構造とイデオロギーについては、とくに、vgl. C.-E. Bärsch, *Erlösung und Vernichtung. Dr. Phil. Joseph Goebbels. Zur Psyche und Ideologie eines jungen Nationalsozialisten 1923-1927*, 1987.

（6）ゲッベルスは、彼の政治宣伝によって、「ヒトラーに不可謬性の光輪をあたえ、一九三三年のころ、〔ナチ〕党に親和感をもたない民族同胞の多くの者がヒトラーの人格にたいして無限の信頼を表明するようになった」と、一九四一年末でも、宣伝省のゼムラー担当官に誇らしげに語っている(Zit. nach: H. Fraenkel u. R. Manvel, *Goebbels. Eine Biographie*, 1960, S. 249)。なお、たとえば、ヒトラーの五〇歳誕生記念日(一九三九年四月)、さらにその権力の絶頂にあった一九四〇年ないし四一年四月のヒトラー誕生記念日におけるゲッベルスのラジオ演説(Goebbels, *Die Zeit ohne Beispiele. Reden und Aufsätze aus den Jahren 1939/40/41*, 1941, S. 97 ff., 282 ff. u. 464 ff.)、参照。

（7）H. Picker, *Hitlers Tischgespräche im Führerhauptquartier 1941-1942*, neu hrsg. v. P. E. Schramm, 1963, S. 478. 当然、《カ

リスマ》性を保つためには——少なくとも民衆の目の前で——人間的・日常的な欠陥ないし弱点から免れていなければならない。ヒトラーは、たとえば眼鏡をかけたままでの写真を公開させなかったし、青少年の身体的鍛錬を要求したにもかかわらず、彼自身はスポーツも乗馬もしなかった。ヒトラーの《独身》がドイツ女性のあいだにおける人気の秘密だったことも、彼自身よく承知していた(vgl. H. v. Kotze u. H. Krausnick (hrsg. u. erläut.), »*Es spricht der Führer*«, S. 42)。なお、たとえば、vgl. J. v. Lang (hrsg.), *Gesichter eines Diktators: Adolf Hitler. Eine Bilddokumentation*, 1975, Abb. 13 u. 52.

(8) Vgl. Kershaw, Hitlers Popularität, *a. a. O.*, S. 34 ff.; D. Peukert, *Volksgenossen und Gemeinschaftsfremde. Anpassung, Ausmerze und Aufbegehren unter dem NS*, 1982, S. 78 ff.; L. Kettenacker, Sozialpsychologische Aspekte der Führer-Herrschaft, in: G. Hirschfeld u. L. Kettenacker (hrsg.), *Der "Führerstaat": Mythos und Realität. Studien zur Struktur und Politik des Dritten Reiches*, 1981, S. 98 ff.

(9) この《ヒトラーのバルテルミー》は、ナチ党内部の不満分子のみでなく保守的支配層の批判者にも向けられた、いわば《二重クーデタ》であり、ヒトラーの単独支配を確立するものだった。しかし、アルンスベルクの地方長官による一九三四年八月の情勢報告によれば、「総統の精力的でラディカルかつ大胆な措置は、圧倒的多数の住民によって完全に支持されている」(Lagebericht des Regierungspräsidenten in Arnsberg v. 10. August 1934, in: Dokumente zu Hitlers Popularität im Dritten Reich, in: Kershaw, *a. a. O.*〔以下、Kershaw-Dokumente と略記〕, S. 60)。なお、vgl. M. Jamin, Das Ende der "Machtergreifung". Der 30. Juni 1934 und seine Wahrnehmung in der Bevölkerung, in: W. Michalka (hrsg.), *Die NS-Machtergreifung*, 1984, S. 207 ff.

(10) 「十二項目の要求」の内容は、vgl. Hitler: *Reden und Proklamationen 1932-1945*, Bd. I/1, 1965, S. 401-402.

(11) Vgl. Kotze/Krausnick, *a. a. O.*, S. 42.

(12) たとえばザクセンの一市民から内相フリックに宛てた匿名の投書(一九三五年六月)では「総統の簡素な生き方」と「下部のリーダー」たちの贅沢や民衆にたいする尊大さなどが対比され、同じくラインプロヴィンツ地方長官の情勢報告(一九三五年一月)でも、ヒトラーが「多くの重要問題で明らかに十分な情報を知らされていない、という民衆のあいだの見解」を伝えている(Kershaw-Dokumente, *a. a. O.*, S. 62 u. 61)。ヒトラーを《小ヒトラー》から区別する正当化の論理は、戦後もなお民衆意識の中に、その跡をとどめていた(宮田光雄『西ドイツの精神構造』一九六八年、岩波書店、二四八ページ、参照)。

(13) ヒトラー自身、第二次大戦の始まる数カ月前の帝国《ライヒ》議会演説(一九三九年四月)で失業の一掃をはじめとして、「私はドイツにおけるカオスを克服し、秩序を再建し、わが国民経済の全分野における生産を飛躍的に高めた」と誇らかに語っていた(Hitler: *Reden u. Proklamationen*, Bd. II/1, S. 1178)。戦後ドイツの民衆意識でも《物質的》成果こそ、ヒトラーの《善き時代》を正当化する重要な論拠だった(宮田、前掲書、二四六ページ、参照)。

(14)　たとえば、cf. I. Kershaw, *Popular Opinion and political Dissent in the Third Reich. Bavaria 1933-1945*, 1983, pp. 92 f., 111 ff. 一般にナチ治下の労働者の状況と意識とについては、vgl. T. W. Mason, *Arbeiterklasse und Volksgemeinschaft. Dokumente und Materialien zur deutschen Arbeiterpolitik 1936-1939*, 1975. 小市民層については、とくに、vgl. B. Franke, *Die. Kleinbürger. Begriff, Ideologie, Politik*, 1988, S. 175 ff.

(15)　前掲の帝国《ライヒ》議会演説(一九三九年四月)でも、ヒトラーは「ドイツの生存圏の千年にわたる歴史的統一」が「流血なしに……戦争の苦難なしに」再建されたことを誇らかに指摘していた(Hitler, *a. a. O.*, S. 1178)。民衆の反応については、cf. Kershaw, *The "Hitler Myth"*, p. 124 ff. なお、vgl. G. L. Weinberg, Friedenspropaganda und Kriegsvorbereitung, in: W. Treue u. J. Schmädeke (hrsg.), *Deutschland 1933. Machtzerfall der Demokratie und NS-"Machtergreifung"*, 1984, S. 119 ff.

(16)　シャイラーは、開戦直前のベルリンの表情を記している。「誰もが戦争に反対している。人びとは公然としゃべっている。民衆がこれほど激しく戦争に反対している国が、どうして大戦争に突入できるのか」(W. L. Shirer, *Berlin Diary*, p. 153)。さらに、開戦当日の九月一日の目立った特徴として、民衆の無関心を伝えている(*op. cit.*, p. 160 f.)。圧倒的多数の民衆の目に戦争の阻止者と映っていたヒトラー像からすれば、いまや「総統への信頼は、もっとも厳しいテストにさらされる」ことになった、とバイエルンの一郡長報告も伝えている(Kershaw, *op. cit.*, p. 143)。なお、vgl. W. Deist, Überlegungen zur "widerwilligen Loyalität" der Deutschen bei Kriegsbeginn, in: W. Michalka (hrsg.), *Der Zweite Weltkrieg*, 1989, S. 224 ff.

(17)　Vgl. M. G. Steinert, *Hitlers Krieg und die Deutschen. Stimmung und Haltung der deutschen Bevölkerung im Zweiten Weltkrieg*, 1970, S. 136. なお、cf. Kershaw, *op. cit.*, p. 151 ff. もっとも、すでに一九四〇年八月のSPDの地下活動情報(*Deutschland-Berichte der Sozialdemokratischen Partei Deutschlands* (= *Sopade*) *1934-1940*, 1980, Bd. 7: 1940, S. 221 f.)によれば、「ドイツに加えられる深刻な第一撃は、ヒトラーからも、その光輪を奪いとるだろう。《ホザナ》の叫びは、たちまち《十字架につけよ》に変わるだろう」ことを予告していた(Kershaw-Dokumente, *a. a. O.*, S. 75)。同じく、一九三九年のSopade情報も、「ドイツにおける指導者信仰」の事実を認めつつ、それが「強く実質的基礎(!)にもとづくことを思い起こすのはよいことだ」と指摘していた(Kershaw-Dokumente, *a. a. O.*, S. 73)ことに注意すべきであろう。

(18)　Vgl. G. Bauer, *Sprache und Sprachlosigkeit im "Dritten Reich"*, 1988, S. 117 ff. 《ドイツ式敬礼》の義務づけは、市民にたいするナチ的調教の典型を示している。この点、とくに、vgl. B. Bettelheim, *Aufstand gegen die Masse. Die Chance des Individuums in der modernen Gesellschaft*, 2. A. 1965, 312 ff.

(19) ナチ政権成立後、《ハイル・ヒトラー》は、ナチ党員が何事かを非党員に命じたり、官僚や警官が陳情者にたいして対話の続行を打ち切る——二の句を告げなくさせる——《定式》として用いられた(vgl. Bauer, *a. a. O.*, S. 119)。

(20) 《ドイツ式敬礼》の強制のため、たとえば教会や学校関係者にたいして向けられた監視と摘発の実例は、一九三四年半ばから一九三五年春にかけて、随所にみられる(vgl. *Berichte des SD und der Gestapo über Kirchen und Kirchenvolk in Deutschland 1934-1944*, hrsg. v. H. Boberach, 1971, S. 22, 25, 76 u. a.)。《ハイル・ヒトラー》の代わりに、他の代用形式(「ハイル・ピウス」「トロイ・ハイル」)を用いる例も、すでにそこに報告されている。

(21) ナチ政権登場前後のフランケン地方の農村を舞台にした教会闘争の実録小説でも、《ドイツ式敬礼》と《グリュス・ゴット》の挨拶との対立が描かれている(vgl. O. Bruder, *Das Dorf auf dem Berge*, 6. A. 1960, S. 8, 30 u. 90.『嵐の中の教会』森平太訳、新教新書)。

(22) Vgl. *Geflüstertes. Die Hitlerei im Volksmund*, gesammelt v. A. Meier, 1948, S. 72. なお、vgl. S. 73. ミュンヘンとは逆にベルリンでは、ナチ治下におけるその巨大な都市改造事業のゆえにベルリン市民から、ひそかに《地震(Erdbewegung)の首都》という名をあたえられたという。

(23) Vgl. *Geflüstertes*, S. 72 u. 71. 海外の資料にもとづくナチ時代のジョーク集にも、《ドイツ式敬礼》を扱ったものが少なくない(vgl. H.-J. Gamm, *Der Flüsterwitz im Dritten Reich*, 1963, S. 24, 109, 134 u. a.; F. Danimann, *Flüsterwitze und Spottgedichte unterm Hakenkreuz*, 1983, S. 18 ff. その他、vgl. *Das verspottete Tausendjährige Reich. Witze*, gesammelt v. A. Drozdzynski, 1978『ヒトラー・ジョーク』関楠生編訳、河出書房新社)。

(24) Vgl. Gamm, *a. a. O.*, S. 167 ff. ナチ批判の政治的ジョークは「抵抗を告げる合図ではなく、高々その徴候にすぎない」(Meier, Flüsterwitz, in: *Geflüstertes*, S. 16)。

(25) Zit. nach: Mason, *a. a. O.*, S. 380.

(26) Vgl. Bauer, *a. a. O.*, S. 124. たとえばベルト・ブレヒトは、『第三帝国の恐怖と貧困』(一九三五—三八年作)の中でＳＡ隊員が《ハイル・ヒトラー》と呼びかけるのにたいして、労働者の答える場面を次のように演出させる。「労働者は口の中で何かモグモグ言う——しいて受け取れば《ハイル・ヒトラー》と聞こえぬこともない」というように(vgl. B. Brecht, Furcht und Elend des Dritten Reiches, Szene 3, in: *Gesammelte Werke*, Bd. 3, S. 1081『ブレヒト戯曲選集2』千田是也訳、白水社)。その他、官庁事務室でドアーを開けるとすぐ、「ここは何々の部屋でしょうか」と質問することによって《ハイル・ヒトラー》の敬礼を巧みに避けた女性の行動例(vgl. C. Aderhold u. B. Nölleke, "Es war eine ganz erbärmliche Zeit!", in: *Terror und Hoffnung in Deutschland*

1933-1945. Leben im Faschismus, hrsg. v. J. Beck u. a., 1980, S. 212)。一九三〇年代半ばに——ドイツでイギリス評価がなおかなり高かったころ——《ハイル・ヒトラー》の代わりに、イギリス人になりすまして英語風の発音で《今日は》を言ってみせる例(vgl. B. Engelmann, *Im Gleichschritt marsch. Wie wir die Nazizeit erlebten 1933-1939*, 1982, S. 234 f.)。ハーケンクロイツ旗をかかげて行進するSAの隊列にたいして、敬礼の代わりに「尻かます」(=回れ右をする)左翼労働者の行動例(ヤン・ペーターゼン『われらの街』長尾正良訳、新日本出版社、一九六四年、一〇一ページ)など、参照。

(27) 救済ないし治癒という《ハイル》の元来の意味を逆用した、ヒトラー批判のジョークの例も多い。たとえば「二人の精神科医が出くわした。一人が《ハイル・ヒトラー》と挨拶したのに答えて、もう一人が言った『君が彼を治してやれ』」(*Geflüstertes*, S. 71)。「以前に精神病院という看板のかかっていた国立療養所をヒトラーが訪ねる。患者たちは、整列して教えられた通りドイツ式敬礼でキチンと挨拶する。しかし、ヒトラーは、まだ二、三人の腕が上がっていないのに気づいて、挨拶しない理由を尋ねる。それは次のように答えられる。『わが総統！ 私たちは気が狂っているのではありません。私たちは付き添いの看護夫であります』」(vgl. Gamm, *a. a. O.*, S. 109)。

(28) 一九三五年初めのSDの特別報告におけるアンスバッハの州教会宗務局員の例では、《ハイル・ヒトラー》の挨拶を返さなかったため責任を追及されて、「私はまだ一度も《ハイル・ヒトラー》という挨拶をしたことがないし、今後もするつもりはない。救済は、神から来るのであって、人間から来るのではない」と答えている(*Berichte des SD und der Gestapo*, S. 76)。またカール・バルトの有名な裁判闘争(一九三四年—三五年)も、彼がボン大学教授として講義の際に《ドイツ式敬礼》を行なわなかったことが重要な争点の一つだった(宮田光雄「カール・バルト」『平和のハトとリヴァイアサン』岩波書店、一九八八年、一五三ページ以下、参照)。

(29) Vgl. M. Schneider (hrsg.), *Der Prediger von Buchenwald. Das Märtyrium Paul Schneiders*. Telos-Tb. 1981(『パウル・シュナイダーの殉教』後藤哲夫訳、新教出版社)。

(30) ボンヘッファー伝を著わしたエーバーハルト・ベートゲによれば、一九四〇年六月、彼らがメーメル地方に滞在していたとき、コーヒー店の中でラウド・スピーカーがフランス降伏を告げた。人びとは立ち上がり、腕を伸ばしてドイツ国歌とナチ党歌を歌った。ボンヘッファーも立ち上がりヒトラー式敬礼をしながら、傍らで呆然と立っていたベートゲに囁きかけた。「君も腕をあげたまえ。気でも狂ったのか」と。その後で、こう説明した。「われわれは、いまや、まったく別の事柄のために危険を冒さなければならなくなるだろう。しかし、こんな敬礼のためにではない！」と(E. Bethge, *Dietrich Bonhoeffer. Eine Biographie*, 3. A. 1970, S. 765『ボンヘッファー伝 4』森野善右衛門訳、新教出版社)。

（31）一九四三年五月の国家警察の報告では、国防軍将校の《ハイル・ヒトラー》という挨拶に《今日は》(Guten Morgen)と返答したため逮捕されたカトリック神父は、官憲の叱責にたいして「しかし、私たちのところでは、すでに長らくハイル・ヒトラーという挨拶は、もう行なわれていません」と言明している(*Berichte des SD und der Gestapo*, S. 826)。

（32）報告書は、一般化することを戒めつつも、個々の事例は楽観を許さない、と結論している。たとえば、一人のナチ党員の体験では、爆撃直後のバルメンで五一名に《ハイル・ヒトラー》と挨拶したところ、同じ応答が返されたのは二名にすぎなかった。同じくエルバーフェルトでは、《ハイル・ヒトラー》といって商店に入っていった一人の婦人は《今日は》と挨拶を返された。「もう《ハイル・ヒトラー》というコトバでは挨拶しなくなったのですか」という彼女の質問には、コトバではなく、見紛う余地のない目くばせで答えられた(*Meldungen aus dem Reich. Die geheimen Lageberichte des Sicherheitsdienstes der SS 1938-1945*, hrsg. v. H. Boberach, Bd. 14, 1984, S. 5356)〔以下 Meldungen と略記〕。なお、vgl. M. Broszat, E. Fröhlich u. F. Wiesemann (hrsg.), *Bayern in der NS-Zeit. Soziale Lage und politisches Verhalten der Bevölkerung im Spiegel vertraulicher Berichte*, Bd. 1, 1977, S. 643.

（33）《ドイツ自由運動》の一九四三年のパンフレットについては、vgl. G. Weisenborn, *Der lautlose Aufstand. Berichte über die Widerstandsbewegung des deutschen Volkes 1933-1945*, 1953, Nachaufl. 1981, S. 374 f.(『声なき蜂起』佐藤晃一訳、岩波書店)。

（34）ナチ・ドイツ社会において強制される同調行動から逸脱する行動形態は、一般に《ノンコンフォーミズム》—拒否—抗議—抵抗というレベルを区別することができる。これは、一方では、体制批判の射程を部分的批判から一般的批判へと高めていく方向として、他方では、また批判行動の範囲を私的領域から公的領域へと広げてゆく方向として、図式化することができよう。多くの場合、民衆の《不平・不満》は、この低いレベルにとどまっていた。この図式化については、vgl. Peukert, *Volksgenossen*, S. 94 ff. なお、新しい研究として、cf. F. Nicosia & L. D. Stokes (eds.), *Germans against Nazism. Nonconformity, Opposition and Resistance in the Third Reich. Essays in Honour of P. C. Hoffmann*, 1990.

2　民衆意識の深層構造

(一)　民衆の《二重生活》

すでにみたように、日常生活の個別の局面を集約するなら——とくに戦争末期に近づくにつれて——広汎な民衆のあいだに《ノンコンフォーミズム》の雰囲気がしだいに強くなっていった。それは、たしかに、民衆がヒトラー政権の呪縛から、しだいに自己を解き放っていく過程のしるしではあった。しかし、その体制の政治的本質を正確に見極め、そこから一定の政治行動が引き出されるようなものではなかったことにも、注意しなければならない[1]。多くの不平や批判は、ひそかな民衆的抵抗といったものではなかったし、むしろ現実の政権を部分的に承認すること、少なくとも上なる権力を受動的に甘受することと、どこまでも両立するものだった。受動的な不満を抱きながら、現実にはナチ体制と折り合う民衆生活の特異な意識状況が存在したことを見逃してはならない。

じっさい、民衆史研究の観点からは、さきにとりあげた《ヒトラー神話》こそ、日常生活での《不平》の表明にもかかわらず、全体としての体制の支持を可能にするものだったという、鋭い指摘もなされている[2]。政治学的にみれば、ヒトラー政権にたいする基本的コンセンサスの存在は、体制全体が日常的に機能していくことを保証するために不可欠の前提であろう。およそ政治体制が民衆多数によってほぼ全面的に拒否されるときには、官庁的な政令の施行、公共的な秩序の維持が困難になるばかりでなく、日常的なルーティン・ワークすらも摩擦なしに回転しえなくなるであろうから。ナチ体制においては、こうした民衆からの基本的コンセンサスは、《総統神話》、すなわち、ヒトラーの《カリスマ的》権威への信仰によって担保されていた。それは、なによりも、いわゆる内政・外交における実際の《成果》やプロパガンダによる幻想上の成果のほか、さらにテロルを用いてでも《秩序》を回復する断固たる指導者の権威にたいする支持と期待とを内容とするものだった。

とくに、この最後の点は、ナチ治下の民衆意識の政治的特質をいっそうよく知るうえで重要である。すでにみたように、ヒトラーの命令による突撃隊幹部の大量殺害は、ヒトラーの人気をけっして傷つけなかった。それだけでなく、左翼勢力にたいする迫害と弾圧も、かえって彼の人気を加速したようにさえみえる。一九三三年当時、KP

DやSPDさらに労働組合など左翼勢力にたいするナチ政権のテロリズムは、なお多くの新聞によって、かなり詳細に報じられていた。にもかかわらず、秘密警察の調査でも、これにたいする民衆の批判的な意見表明は驚くほど少ない(3)。

もっとも、教会闘争にたいする民衆の態度は、これとは違っていた。ナチ党による教会活動の妨害、牧師や神父の逮捕や迫害、ナチ指導者による教会敵視的な言動などにたいして批判する声は、数多く秘密報告にとり上げられている。それは、とくにカトリシズムがなお民衆の日常生活に根を下ろしている地方や、プロテスタントの場合には《告白教会》の牙城となっている地方で際立っている(4)。左翼にたいする残虐な弾圧よりも教会闘争がより多くの反響を見出したことは、むろん、教会紛争に関する発言が左翼政党のそれよりもタブー化される程度が低かったことによるところも少なくない。なぜなら、教会生活には、なお合法的に認められた広汎な活動分野があり、それが妨害ないし弾圧される教会活動としばしば交錯して現われ、国家との軋轢を生じていたのだから(5)。

いずれにしても、《ヒトラー神話》の構成要素として、そこには、《秩序》を保つことに役立つかぎり《民族共同体》内におけるアウトサイダーにたいする暴力行使を容認する契機がふくまれていたことを見逃すことはできないであろう。ここに、ナチ政権にたいして民衆多数の示したコンセンサスを支える深層心理的基盤を探りうるのではなかろうか。すでにみたように《ヒトラー神話》を可能にしたのは、ヴァイマル末期の危機の中で深刻なアノミー状態に陥った民衆による《全能》の指導者にたいする待望であった。そこには、強大な権威によって混沌から《秩序》が回復されることを求める《正常性》(ポイケルト)にたいする憧憬が強く渦まいていた。明らかに、ナチズムは、その本来的な構造からみても、こうした《正常》な日常性の実現から無縁な体制であった。しかし、くり返される宣伝や部分的成果が将来にたいする民衆の期待をつなぎとめ、また暴力的な措置や規律のアピールによって《秩序》を再建する指導力であることを印象づけた。ナチズムにとって、《民族共同体》を《鍛接》(ヒトラー)するためには、マイナス象徴としての《敵像》の存在は不可欠であった。反ユダヤ主義から反ボルシェヴィズムの果たした政治的機能は、そこに認められるであろう。してみれば、民衆によって夢みられた《正常性》は、公然たる暴力的支配にたいする編入と屈服とを包摂するものだった。(6)

ここから、さらに一歩突っ込んで民衆意識の深層構造に分け入らねばならない。将来においてナチの政治目標に参与しうることへの期待、あるいは現在においてナチの政治行動に——おそらくは錯誤から——あたえる積極的支持というだけでは十分に説明しえない局面が出てくるからである。すなわち、一九四二年以降、勝利の展望がしだいに失われたのちにも、なお内政的には——ドイツ民衆の側からは——重大な軋轢が生じなかった。ナチ政治の約束に信頼をつなぎえなくなった民衆が、にもかかわらず反対行動に立ち上がることはなかった。そこでは、ナチ政権を所与のものとして受容し、命令される日常的な義務を忠実に果たすという受動的な支持は、けっして消滅しなかった。たとえ積極的ではなかったとしても、なお広汎に広がった民衆の暗黙のコンセンサスの基盤にあったのは、何だったのであろうか。それは、公的領域から私的領域への後退という形をとった民衆の《分裂した意識》構造(H・D・シェーファー)に求められねばならない。(7)

むろん、こうした退行意識は、《全体戦争》のための民衆動員をはかるナチ権力にとって、けっして歓迎すべきものではない。それは、積極的な戦争協力のためには、できるだけ避けられねばならない当のものにほかならなかった。しかし、逆説的にも、ナチ体制そのものによって産み出され促進された、この意識構造が、結果的には——困難な状況の中での——消極的な体制支持の条件をつくり出したのである。

すでにみたように、ナチ党は、権力掌握後、《均制化》政策を通して伝統的な社会環境や組織構造に介入し、部分的には、それらを解体し、また重要ポストを占有した。そこから押しのけられたかつてのメンバーは、当然、私的領域に後退することを余儀なくされた。タブー化され、あるいは弾圧された意見をもちつづけることは——なお可能だったとしても——それは、家庭の中か、親しい交友サークルのあいだにのみ限られていた。とくに政治的志向の強い人びとは、ナチ党側からたえず加えられる思想統制、同調行動や忠誠表明への圧力から、私的領域に後退しがちであった。これは、いわゆる《国内亡命》と呼ばれる精神態度ないし生活態度に、ある程度まで通ずるものであろう。そこでは、少なくとも公共的生活では求められる忠誠表明を行ないつつ、私生活では、できる限り妨害なしに非政治的な余暇を過ごすという民衆大多数の《二重生活》(G・ベン)が認められるのだから。[8]

しかし、こうした《私生活主義》的志向は、ナチズムの政治主義的要求からの逃避として生まれたばかりではなかった。それは、長期的にみれば、すでに今世紀初頭いらいのドイツの《モデルネ》の文化変容にもとづいていた。[9]アメリカをモデルとする大量消費文化は、ヴァイマル時代の《黄金の二〇年代》に始まり、経済恐慌による一時的中断ののち、一九三〇年代の経済復興期に引きつがれていった。むろん、ナチズムは、権力闘争期いらいの《アスファルト文化》にたいする批判と攻撃とを止めなかった。古い《ドイツ的価値》への復帰がくり返し訴えられ、《退廃芸術》は美術館から一掃された。しかし、《モデルネ》にたいするナチ権力の関わりは、基本的には両義《アンビヴァレント》的であった。すなわち、《血と土》のロマン主義にもかかわらず、ナチ政権は、近代的技術にたいする熱狂を促進した力でもあったから。[10]明らかに、技術革新なしには《生存圏》獲得のための軍事力をもつことはできなかったであろう。そればかりでなく、機械のもつ堅牢さや非情さ、機械生産による効率や機能主義などが、ナチズムにおける鍛えぬかれた戦闘的な人間像や社会像という理想に対応していたことも見逃されてはならない。ナチ言語における、おびただしい数の技術用語と軍事用語は、それを裏付けているであろう。[11]

《私生活主義》との連関で、ナチ宣伝省によって考案された簡素で廉価なラジオ受信機の普及も見逃せない。それは、一方では、明らかに政治的なプロパガンダを目指すと同時に、他方では、日常的な余暇の語らいを家庭内に移行させる効果をもっていた。ナチ宣伝省当局自身が、民衆における非政治的な余暇にたいする需要の高さに応えて、現代的な消費文化の分野から大量の娯楽番組を供給した。[12] たしかに、ナチ政権成立当初には、ラジオ番組では、なおもっぱら政治的プロパガンダやアジテーションが狙われていた。ほとんど毎晩のようにヒトラー演説を放送して、全国民を新政権にたいして関心をもたせることにつとめた時期さえあった。しかし、やがて番組編成の上でも徐々に転換が始まる。すでに一九三六年にはラジオ・ショウの開会に当たって、ゲッベルスはこう語っていた。「ラジオ番組は、ますます贅沢に慣らされてきた〔民衆の〕好みにたいして、いっそうマッチし、押し付けがましくなく、快適で、分かりやすく思えるものにしなければならない。それは、教化、刺激、息抜き、気晴らしを上手に心理学的にも巧みに混ぜ合わせたやり方で提供されねばならない。その際、とくに息抜きと気晴らしとに特別の注意を払わねばならない。というのは、圧倒的多数のラジオ聴取者は、厳しく苛酷な生活に追われ、神経と労力とを使い果たす日々の闘いの只中にあり、僅かばかりの休息と閑暇の時に、ほんとうの息抜きと気晴らしとを求めているからだ[13]」と。

戦時下においても、なお電撃戦の勝利がつづく中で、とくに東欧ないし東南欧に飢餓を転嫁する占領政策によって、ドイツの民衆の食料供給は、なお相対的に安定していた。また大量の外国人労働力の強制徴用によってドイツ女性の戦時動員は、イギリスに比較しても低い水準を保つことができた。しかし、戦争が長期化し、やがて敗色が濃くなるにつれて、ますます大きな犠牲が民衆から求められ、物資の欠乏やその他、日常生活上の困難が増大するようになった。[14] そこでは、単純な形での《不平》や《不満》の表明に始まり、生活物資の調達や好都合な労働条件を活用する非合法な自助活動がくり広げられることにならざるをえない。こうした体制から独立したいわば《生き残るための技術》(B・ホッホシュタイン)は、体制側からは、しばしば、軍需生産や戦争努力を脅かすものとして、政治的に過大に評価されがちであった。しかし、そこには、ナチ政権自身の利害にたいする一定の無関心が表明されているとはいえ、基調をなすのは、あくまでも個人的な救済を求める孤立した行動であったといわねばならない。こうした《私生活主義》への後退は、たしかに政治的大衆動員には反していたが、同時にまた、それは、一般に体制にたいする抵抗や反対に打って出ることも不可能にした。[15] しかし、他方ではまた、この《私生活主義》が、権力の過大な要求や期待にさらされることから生まれる民衆の反発や困惑感を――解消しないまでも――ある程度まで和らげる効果をもっていたことも見逃してはならないであろう。それは、《無関心と享楽欲》(シェーファー)の入り混じった自己中心的な閉塞性と自足性とに通じていた。同時にまた、そうした生活態度が抵抗行動の可能性をも萎えさせてしまったことも確実である。こうしてみれば、「逆説的にも〔民衆〕動員のためのナチ的な圧力に反対する民衆の反作用こそ体制安定化の方向で働いた[16]」のであった。

(二)　ナチ祭儀と民衆――《死の祭儀》

民衆意識における《私生活主義》の浸透ぶりを、日常生活のいわば極限にある《死》ないし戦死者の祭儀の問題に即して探ってみよう。こうした祭儀をめぐっては、直接に関わりの深い宗教組織としての教会が国家権力ないしナチ党組織にたいする対立者として登場することにならざるをえない。

すでに冠婚葬祭といった人生の通過儀礼の側面でも、ナチの《人生儀礼[17]》(Lebensfeier)は、事実上、民衆を《把握》することに、ほとんど成功しえなかった。SDの秘密報告によれば、ナチ党による《人生儀礼》にたいして、民衆からは、終始、違和感ないし拒否的な態度が示されてきたこと、これに反して、教会の手で行なわれる冠婚葬祭の宗派的儀礼が多くの支持を受けていることを伝えている。ナチ的祭儀が民衆生活に浸透しない理由としては、それがナチ党員にのみ関わる《党内》問題であって、一般民衆の関心事とはみなされていなかったことを第一の理由にあげている。そのほか、教会は何世紀にもわたる長い伝統の中で、安定した儀礼の慣習や祭儀空間としての教会堂をつねに確保することができた。これにたいして、ナチ的《人生儀礼》には、参加者全員によく知られた式典用歌曲(テキストおよびメロディー)すら乏しく、つねに主催者と傍観者との分裂に悩まざるをえなかった等々。(18)

しかし、とくに興味深いのは、こうした《人生儀礼》において、民衆的需要の高かった宗教的象徴との結びつきにたいしてナチ的祭儀が十分に応ええなかったという事実である。SD報告は記している。「しばしば認めざるをえなかったように、人生儀礼において《神》という概念を用いることに尻込みしていては失敗するであろう」と。「宗派的な結びつきをもつ民族同胞にとってナチ的祭儀形態への移行をつくり出す」ために、「総統自身もくり返し全能の神と摂理について口にしている」ことを考慮せよ、というわけである。ナチ的祭儀において「キリスト教や教会に攻撃を加えるやり方」に慎重であること、「ナチの無神論という反対派がよく口にするプロパガンダ」に口実をあたえないこと等、厳しい警告が示されている。(19)ナチ的祭儀のまえに立ちはだかった教会的伝統の壁の厚さを見逃すことはできないであろう。

戦死者の場合にも、同じ状況が、いっそう大きな頻度でくり返される。一九四〇年以降、SD報告は、ほとんど定期的に、戦死者の追悼儀礼にたいする民衆の反応を追跡している。当初は、ほとんど一方的に教会内のミサないし礼拝における追悼式の形で行なわれた。これには参加者も多く、しかも、その数は、いちじるしく増加していく。葬列や音楽、ときには弔砲まで「新しい印象的な手段」も加わり、民衆のあいだに「非常に広汎な影響」をあたえている、と報告されている。[20] 牧師の説教でも、政治の世界にはいっさい触れず、むしろ死んでいった若ものは「神と教会のために倒れた」ことが説かれていた。ナチ党としては、こうした教会的祭儀に党員が参加することの是非すら全国的に統一した方針が確定されていなかった。報告では、こうした党としての立ち遅れが、くり返し問題にされている。

むろん、党独自の追悼式を求める声も少なくない。その中には、教会的儀式とは異なり、「意気消沈させるのではなく、高揚させること、民族共同体を鍛え上げ、その犠牲と献身の決意を強化する」祭儀を求めている。しかし、民衆の大部分は、戦死者のためにナチ党独自の祭儀を実施する問題にたいして消極的な意見が多かったことを見逃してはならない。遺族たちは「彼らの痛みの中にひとりでいること、公衆の前に現われたくない」という願いをもっていたから。[21] ナチ党自身の側からも、戦死者の出るたびに、その祭儀をひんぱんに行なうことは戦意低下を招きかねないという恐れがあり、一般に消極的であった。むしろ、戦争終結後にまとめて追悼式を行なおう、という声が少なくなかった。都市や大きな町の場合には、大政治集会や、英雄記念日さらに一一月九日のナチ《殉教者》の記念日などの祭儀の枠の中で、戦死者の追悼が行なわれた例もある。しかし、全体としてみたとき、教会の影響力が圧倒的に強力だった。それは、戦死者や遺族感情にたいして周到に牧会的配慮が加えられたことに多くを負うていた。とくに農村地帯では、教会的つながりはいっそう深く、その追悼礼拝を欠席することは《醜聞》ないし《愛国的義務の怠慢》とさえみられるほどであった。[22]

こうした中でSD報告は、一九四二年の英雄記念日(三月一五日)と、一一月九日の記念日に行なわれた戦死者の祭儀が、いままで参加の少なかった教会派の人びとをも迎え入れて、大成功を収めたことを伝えている。それには、党中央から明確な儀礼の指針が示されたこと、また教会のやり方に倣って――個々の「遺族の感情にたいする配慮」

が忘れられなかったことにも、よるところが大きい。とくに後者においては、「戦死者の追悼と将軍廟の犠牲者にたいする伝統的な追悼とが結びつけられ」[23]た結果、ナチ「党内部の催しという枠を突破して、祭儀を民族共同体全体の事柄とする」のに成功したことを詳細に報じている。この分野において、いまや「教会は守勢的立場に追いこまれ」、比較すれば「党祭儀のほうに有利に傾くにいたった」と自負しているほどである。[24]

とはいえ、地方によっては、失敗例も少なくないようにみえる。報告書に示されている失敗の原因を重ね合わせると、民衆意識の深層にある《私生活》への回帰を読みとることができるのではなかろうか。

第一に、戦死者の追悼に際して政治的＝党派的色彩がともなわれるとき、民衆の明白な拒否反応が認められる。たとえば集会への出席が《命令》され、ナチ党員の義務的な催しのように営まれるとき、また政治集会の一部に《追悼の時間》を取り入れただけで《きわめて迅速に》処理されるような場合、戦死者たちの《名誉を貶しめられた》と感じられる。その限りでは、第二に、追悼のコトバを述べる演説者の資質が、くり返し問われるのも当然であろう。祭儀に引きつづいて日常的な業務の伝達(じゃが芋の配給や空きビンの回収!)が行なわれ、また引きつづき催される軍事ショーの見学を集会参加者に求めるような場合、「ヘルダーリンやカントの言葉が引かれても」、もはやアピールするところは少ない。ここでは、SD報告もくり返し指摘するように、演説は政治宣伝を狙うことなしに「人間的なものから」訴えかけることが大切だった。[25]それとの関わりで、第三に、教会は圧倒的に有利な立場をとりつづけることができる、と報告書は強調している。すなわち、牧師が別離の衝撃にある遺族にたいして「永遠の生命と彼岸での再会」を訴えたのにたいして、ナチ党幹部の方は、「帝国《ライヒ》のための犠牲という思想から慰めを語らねばならない」のだから。[26]

ここでは、もはや問題は、たんなる《私生活主義》への退行という概念では包み切れない、私的《内面性》の深層にまで達していると言うべきであろう。いずれにせよ、遺族たちは、それぞれの肉親の死にたいして個人的に訴えかける祭儀を期待していた。教会的追悼がそれに応えたのに反して、ナチ党による《大量追悼》は、基本的に遺族の感情を満足させることはできなかった。しかし、ナチ党側は、つぎつぎに出てくる多くの戦死者のため、個別の追悼をくり返し開催することはできなかった。戦争が長期化すればするほど、戦死者の数は増加し、民衆のこうした心理的《需要》は、ますます高くならざるをえないであろう。ドイツ各地で、「戦争が長引くにつれて、この分野で教会がプロパガンダを貫徹する有利な地歩を占めるようになり、これまで教会から離脱していた人びとや、また教会に少なくとも無関心でいた人びとにたいしてさえも、影響力をもつにいたった[27]」というSD報告の一致した結論は、もはや動かし難いものになっていった。

こうしてナチズムは、教会的祭儀を剽窃し、それにとって代わろうとする所期の目標に、ついに到達することができなかった。一九四二年末に、なおゲッベルスは、その主宰する週刊誌『帝国』の中で、「いわゆる国家意識といわゆる宗教心とのあいだを完全にピッタリと一致させるエネルギーをつくり出しえなかった」ことをドイツの「国民的不幸」として嘆じなければならなかった[28]。ナチ指導者たちが思い描いていた未来の国家祭儀にとって、モデルとなっていたのは何か。それは、日本の国家神道にほかならない。

ゲッベルスは、つづけて記している。「ここ〔国家神道〕では、宗教的であることは同時に日本的であるということと同じである。国家的思考や情感と宗教的な思考や情感との同質性から、巨大なダイナミズムをもった愛国心のエネルギーが湧き出てくる。われわれの中の最善の人びとは、この二つのものの究極的綜合のために努力している。〔しかし〕われわれは、残念ながら、戦死した英雄たちにたいする宗教的と呼びうる義務の念をまだ所有していない。この宗教的な義務の念こそ、彼らの英雄主義を国家的神話にまで拡張させるものなのであろうが」。ゲッベルスは、そうした原因として「われわれの歴史的伝統は、心情的＝精神的な性質の数多くの障害を残している。われわれは、われわれ自身の影を飛びこえることはできないのだ」と言明している。この「歴史的伝統」の抵抗とは、明らかに告白教会に代表される教会の闘いであり、さらには民衆生活に根を下ろしたキリスト教的慣習のもつ力だった。このゲッベルスの発言がドイツ軍のスターリングラードでの敗戦直前のものだったことは暗示的である。[29]
同じ年の初頭――モスクワ前面でドイツ軍が最初の敗北を喫しつつあったころ――東部戦線の総統本営でヒトラー自身、『卓上語録』の中で、日本の天皇制に言及しているのも、まことに興味深い。すなわち、「天皇は日本人の宗教全体の支配者でもある。……民族の指導と国政の指導とは、一個の人格のうちに一体化されていなければならない。日本人は、一六〇〇年以前……まだ教会が介入してくる前に、わが国に存在したままの古来の状態を保持しているのだ」[30]と。ここには、国家と教会という二元的な忠誠相剋を知らない古代の政治的宗教国家への憧憬が語られている。すなわち、天皇崇拝を中核に据えたヤスクニの祭儀と神話こそは、ナチ指導者と演出家たちが、その巨匠的なデマゴギーの手腕をもってして、ついに実現しえなかった《理想的》模範なのであった。[31]

（1） Vgl. E. Fröhlich, Einführung, in: *Bayern in der NS-Zeit*, Bd. 1, S. 595-596.
（2） Vgl. Peukert, *Volksgenossen*, S. 85. なお、vgl. S. 74.《全体主義》の理論モデルに従えば、現実のナチ政権は、けっして「完璧なものではなかった」とはいえ、《ヒトラー神話》との関わりにおいてみれば、その支配の「現実性と有効性」をけっして低評価しえない(vgl. N. Frei, *Der Führerstaat. NS-Herrschaft 1933 bis 1945*, 1987, S. 168)。
（3） Vgl. I. Kershaw, Alltägliches und Außeralltägliches: ihre Bedeutung für die Volksmeinung 1933-1939, in: D. Peukert u. J. Reulecke (hrsg.), *Die Reihen fast geschlossen. Beiträge zur Geschichte des Alltags unterm NS*, 1981, S. 273-292. そこには、ヴァイマル時代いらいの極左にたいする反感からテロの《行きすぎ》にも目をつぶる保守主義的な民衆心理のほか、何よりも政治的テーマを公然と語ることによって自分自身が迫害されうることにたいする、一般民衆の不安の心理も指摘することができよう。

（4）　一般に、前掲の *Berichte des SD und der Gestapo über Kirchen und Kirchenvolk in Deutschland* 参照。とくにバイエルンについては、前掲の *Bayern in der NS-Zeit*, Teil III u. IV; Kershaw, *Popular Opinion and political Dissent*, pp. 156 ff. & 185 ff. 教会闘争については、宮田光雄編『ドイツ教会闘争の研究』創文社、一九八六年、参照。

（5）　もっとも、ナチ党の教会弾圧にたいする批判にもかかわらず、《ヒトラー神話》そのものは、かならずしも動かなかった。むしろ、ナチ党員の《ラディカリズム》から区別して、ヒトラーの《神信仰的》敬虔性に期待をつなぎ、教会政策がヒトラーの意に反して強行されているという《情報を知らされていない総統》という伝説が加速された(cf. Kershaw, *The "Hitler Myth"*, pp. 109 & 120)。

（6）　ナチ体制下の《正常性》とテロとの両立については、vgl. D. Peukert, Alltag und Barbarei. Zur Normalität des Dritten Reiches, in: *Gewerkschaftliche Monatshefte*, 1987, S. 142-153. じっさい、ポイケルトによれば、テロリズムが「《共同体にとって異質な人びと》に向けられ、それによって外見的に《秩序》の再建に役立つものであれば」、しばしば言及されてきた「テロにたいする不安」よりも「テロにたいする情動的支持」こそ、ナチ政権にたいする民衆的コンセンサスの重要な側面を構成してきた、とさえいう(vgl. Peukert, *Volksgenossen*, S. 89)。なお、vgl. W. F. Haug, *Faschisierung des Subjekts. Die Ideologie der gesunden Normalität und die Ausrottungspolitiken im deutschen Faschismus*, 1986.

（7）　Vgl. H. D. Schäfer, *Das gespaltene Bewußtsein. Deutsche Kultur und Lebenswirklichkeit 1933-1945*, 1981.「疑いもなく、指導者国家は、生きた文化と結びついた個人的自由を容赦することなく破壊したが、同時に、民衆多数を長期的にみずからに結びつけるために、政治から自由な領域を助成しなければならなかった」(*a. a. O.*, S. 7)。このシェーファーのテーゼは、一見すると、日常性の全面的な政治化というナチ体制理解に反するようにみえる。しかし、いっそうよく見ると、それは《全体主義》国家像を補完するものであることが分かる。すなわち、ナチズムは大衆的スペクタクルと代償的消費財生産とによって民衆的支持をとりつけようとしたのであり、政治的自由の暴力的剝奪と《私生活》における擬似的自由の提供とは相即していたのだから(鞭と甘いパン!)。

（8）　熱狂的な民衆に担われたナチ祭儀も、基本的には《公共的演出》によるナチ体制の自己表現であり、舞台裏では権力による威嚇をともなっていた以上、そこから直ちに民衆の真情を引き出すことは困難であろう(vgl. W. Hagemann, *Vom Mythos der Masse. Ein Beitrag zur Psychologie der Öffentlichkeit*, 1951, S. 171 f.)。《二重生活》とは、ナチ・ドイツ治下に詩人かつ軍医として生きたゴットフリート・ベンの《国内亡命》的精神構造を象徴する自伝的文章のタイトルである(vgl. G. Benn, *Doppelleben. Zwei Selbstdarstellungen*, 1950, 2. A. 1955『二重生活』原田義人訳、紀伊国屋書店)。

（9）　Vgl. D. Peukert, *Die Weimarer Republik. Kriesenjahre der klassischen Moderne*, 1987, S. 166 ff. u. 178 ff. じっさい、今日、日常化した消費財の多くは、ドイツでは一九三〇年代にはじめて大衆化した。たとえば、ジャズ・レコードからコカコーラ、ハリ

ウッド的グラマー映画など。《国民車《フォルクスワーゲン》》の量産プランは戦争によって妨げられたとはいえ、戦後のキャンピング生活やトゥーリズムなども、すでにナチ組織《歓喜を通しての力》のイデオロギーの中に萌芽を示していた。とくに、vgl. Schäfer, *a. a. O.*, S. 114 ff.

(10) ナチズムの近代技術にたいする両義的な関わりについては、cf. J. Herf, *Reactionary Modernism. Technology, Culture, and Politics in Weimar and the Third Reich*, 1984, p. 189 ff. なお、一般に、vgl. K.-H. Ludwig, *Technik und Ingenieure im Dritten Reich*, 1974.

(11) たとえば国家機構の《機械》のような機能的合理化にたいする要求は、ナチ末期における《国家技術研究所》の創設などの企図にも示されている(vgl. H. Frank, *Die Technik des Staates*, 2. A. 1942)。なお、本書一五七ページ以下、参照。

(12) 《国民普及型ラジオ受信機》(Volksempfänger)は、一九三三年に宣伝省の首唱のもとに考案・製作され、標準化と量産とによって通常のラジオの四ないし五分の一の値段で販売された。一九三八年に開発された《ドイツ型ラジオ受信機》は、当時、世界一の低廉な価格で極貧層のドイツの家庭にも備えつけられた。一九三三年以降、毎年一〇〇万戸以上の増加を示し、戦争勃発時には普及率は全戸数の七〇パーセントに達していた。もっとも、このラジオでは中波放送のみ受信でき、外国放送はほとんど聞けなかった(vgl. Hagemann, *Publizistik im Dritten Reich*, S. 45 u. 223)。

(13) Zit. nach: Pohle, *Der Rundfunk als Instrument der Politik*, S. 281-282. なお、cf. Grunberger, *A social History of the Third Reich*, p. 404 f. たとえば戦時下の映画検閲でも、息抜きを求める民衆の要求に応えねばならないという姿勢が認められる(vgl. *Theater und Film im Dritten Reich. Eine Dokumentation*, hrsg. v. J. Wulf, 1966, S. 357)。

(14) 「この世はどうなるのか。そのことに人びとは出来るだけ目をつぶり、いよいよ混乱して収拾のつかなくなっていく、いっさいの恐ろしい世の動きについては何も聞こうとも見ようともしない。……ただ苦労の多い日ごとの買い出しや食べものの心配に追われている」(Zit. nach: Schäfer, *a. a. O.*, S. 140)。これは一主婦の戦時下日記の文章である。

(15) Vgl. B. Hochstein, *Die Ideologie des Überlebens. Zur Geschichte der politischen Apathie in Deutschland*, 1984, S. 141 ff. bes. 218 ff. もっとも、独自のサブカルチャーに生きるスウィング青少年グループの中には、《私生活主義》から非同調ないし反対行動に移行する少数のケースも現われた。

(16) Peukert, *Volksgenossen*, S. 93. なお、vgl. Schäfer, *a. a. O.*, S. 160.

(17) ナチ的《人生儀礼》については、本章、二〇一ページ以下、参照。

(18) Vgl. Meldungen aus dem Reich v. 9. Dez. 1943, in: *a. a. O.*, Bd. 15, S. 6114. たとえば、この一九四三年末の国内問題に関するSD報告によれば、冠婚葬祭をめぐるナチ的《人生儀礼》と教会での祭儀との統計上の比較では、「キリスト教会の決定的な独占的支配がまったく一義的である」ことを示しており、現行のそうした儀礼全体の中で、ナチ式の儀礼は一パーセントにも達していないという。

(19) Vgl. Meldungen, *a. a. O.*, S. 6115-6118.
(20) Vgl. Meldungen v. 29. Juli 1940 u. v. 4. Nov. 1940, *a. a. O.*, Bd. 5, S. 1427 f. u. 1733.
(21) Vgl. Meldungen, *a. a. O.*, Bd. 5, S. 1733 f.; v. 20. Okt. 1941, *a. a. O.*, Bd. 8, S. 2885.
(22) Vgl. Meldungen, *a. a. O.*, S. 2886 f. たとえばハンブルクの例では「プロテスタント教会では、牧師は礼拝後、出席者に座席から起立することを求め、教会から出た戦死者の短い経歴を語り、遺族たちに特別の慰めの言葉をかける。しばしば、礼拝のあいだ戦死者の肖像が祭壇にかかげられることもある」〔追悼の〕儀礼は終わりにコラールと《良き戦友》のリートで結ばれる。〔*a. a. O.*, S. 2888〕。こうしたSD「報告を総括すれば、戦死者の遺族の圧倒的多数は、まず多くの場合、教会による慰めの手に落ちがちである」(*a. a. O.*, S. 2889)。
(23) 一一月九日のナチ《運動殉教者》の祭儀については、本章、二二九ページ以下、参照。
(24) Meldungen v. 7. Jan. 1943, in: *a. a. O.*, Bd. 12, S. 4643, 4639 u. 4646. 英雄記念日の追悼祭儀については、vgl. Meldungen v. 15. Juni 1942, in: *a. a. O.*, Bd. 10, S. 3830-3836.
(25) Vgl. Meldungen, in: *a. a. O.*, S. 3832 f. u. 3834.
(26) Meldungen v. 12. Okt. 1942, in: *a. a. O.*, Bd. 12, S. 4313. SD報告者の理解によれば、「純粋に心理学的には〔教会の〕説教者の方が、いっそう容易である。すなわち、彼は、多くの場合、前線での兵士の死が遺族にたいして及ぼす影響の消極的な側面、つまり痛み、悲しみ、嘆きだけを語り、また掘り下げればよいのにたいして、〔ナチ〕党幹部は、遺族の精神的態度に訴えかけ、あらゆる他の事柄に先立って、兵士が前線にあって祖国のために倒れたこと、遺族たちがそれを誇りに思わねばならないことを強調しなければならない〔のだから〕。つまり、聖職者たちは、それ自体としては一定限度まで了解できる遺族のエゴイズムにきわめて巧妙に迎合できるのに、党幹部の方はナチ的価値に訴えかけねばならない」(*ebenda*)。
(27) Meldungen, in: *a. a. O.*, S. 4316.「全教会員にとって、とくに農村部では、戦死者のための追悼ミサは、古くからキリスト教的信仰と慣習とに深く根ざした無条件的義務である。……加えて聖職者は、〔戦〕死者のためのミサによって、とくに全教会員をこの儀礼に参加させることによって、遺族たちにある程度まで〔戦〕死者が「郷土とキリスト教のために捧げた偉大な犠牲にたいして教会的な承認があたえられた」ということを印象づけるすべを心得ている。彼は、それに加えて、遺族たちの痛みを和らげるため、教会堂や墓地の中に〔戦〕死者の特別の墓を設けたり、記念碑に名前を刻み、同時に〔戦〕死者の墓の傍らで祈る機会をもあたえている。それゆえ、今日、教会がとくに村落において、いまなお戦死者追悼儀礼をリードしているのは、けっして不思議ではない」(Meldungen v. 1. März 1943, in: *a. a. O.*, Bd. 13, S. 4878-4879)。もはや完全な敗北の承認といってよい。こうした教会的儀礼との競合関係の中で、たとえば、戦死者ごとの個別の追悼儀礼を命ずる党官房長ボルマンの指令も、バイエルン地方のナチ党訓育機関から「実行不能」であると報告(一九四四年六月)されている(Vgl. *Bayern in der NS-Zeit*, Bd. 1, S. 589)。

(28) Goebbels, Die Vollendeten, in: *Das Reich*, v. 27. Dez. 1942, S. 1-2.

(29) パールハーバー以後、ドイツ民衆の日本にたいする異常な関心(《東方における超ゲルマン人》!)を、SD報告も特集している。そこでは、「日本においては、非キリスト教的な宗教的＝世界観的基本態度が、生活、政治、および戦争遂行を規定している」とみられ、ドイツの「世界観的＝宗教的状況」と対比される。とくに「天皇陛下万歳」と題するドイツ雑誌の連載論文がくわしく紹介され、日本兵が「生きて虜囚の辱しめを受けるなら……それは、死ぬまで戦わなかったこと、さらに戦う可能性をもたなかったことを意味し、彼は、天皇、祖国、国民のために死ぬまで戦わなかったという深い後悔にさいなまれる。この兵士が生還することは普通は考えられない」とも報じている。スターリングラード戦直前の報告として暗示的である(vgl. Meldungen v. 6. Aug. 1942, Die Sicht Japans in der Bevölkerung, in: *a. a. O.*, Bd. 11, S. 4042-4047)。なお、vgl. Steinert, *Hitlers Krieg und die Deutschen*, S. 314 u. 590.

(30) A. Hitler, *Monologe im Führerhauptquartier 1941-1944. Die Aufzeichnungen H. Heims*, hrsg. v. W. Jochmann, 1980, S. 174. そのほか、一九四二年春の『卓上語録』では、おりにふれて、日本の国民性を「キリスト教の毒から今日まで守ってきた」日本の「国家宗教ないし国家哲学」の重要性に言及し、「日本人がその宗教的態度のゆえに、キリスト教の英米人に優る偉大な成功を収めたのは不思議ではない。なぜなら、彼ら〔日本人〕のあいだでは、国家の存在と偉大さのため生命を捧げた《英雄たち》(Helden)にたいして、全国民の最高の崇敬が示されるのだから。これに反して、キリスト教会では、いわゆる《聖人たち》(Heiligen)にたいして最高の崇敬が捧げられるのだ」という政治宗教的対比をも試みている(vgl. *Hitlers Tischgespräche im Führerhauptquartier 1941-1942*, S. 245 u. 266)。

(31) アウシュヴィッツ収容所長ルードルフ・ヘスの告白によれば、「SSの訓育においては、国家のため、そして同時に彼らの神でもある天皇のため、自己を犠牲として捧げる日本人が、輝かしい模範として強調された」という。そして、じっさい、このSS訓育は部分的に《理想》に近い成果をあげていた。ヘスにとって、SS帝国《ライヒ》指導者ヒムラーの人格は「不可侵」であり、「総統の名における彼の原則的命令は、聖なるものだった。……その命令は、たとえそのために生命を捧げ尽くさねばならないとしても、徹頭徹尾完遂された」と(R. Höss, *Kommandant in Auschwitz. Autobiographische Aufzeichnungen*, hrsg. v. M. Broszat, dtv-Ausgabe

1963, S. 125『アウシュヴィッツ収容所』片岡啓治訳、サイマル出版会）。

3　《ヒトラー神話》の崩壊

こうした天皇制との比較の中で、いま一度、《ヒトラー神話》に――その崩壊の問題に――帰っていかなければならない。

ウェーバーの《カリスマ的支配》の規定によれば、指導者のもつ《カリスマ》を正当性根拠とする支配においては、彼のもつ《カリスマ的》資質の客観的性質はなんら問われない。決定的なのは、その資質が《カリスマ》の「信奉者たちによって、事実上どのように評価されるのか」つまり、彼らの主観的な信憑性いかんに懸かっているという。そこに、大衆的な軽信ないし妄信を基盤とするものであれ、ヒトラーのような《カリスマ的》指導者の登場する余地が、たしかに存在していた。逆に、そのような大衆の《信仰》に訴え《妄想》を駆り立てうるかぎり、政治的デマゴーグの支配は存続しつづけるようにみえる。しかしウェーバーによれば、《カリスマ的》支配は、むしろ本質的には「不安定」なものであることを見逃してはならない。なぜなら、彼がつづけて記すように、《カリスマ》は、つねに《証し》を必要とするのだから。「証しが長期にわたって現われず、カリスマ的資質を恵まれていた者が、彼の神によって、あるいは彼の呪術力や英雄力によって見捨てられたことが明らかになり、彼が長期にわたって成功を納めえないとき、とりわけ、彼の指導が被支配者たちにたいしてなんらの幸福をもたらさないときには、彼のカリスマ的権威は消滅するチャンスをもつ[1]」。このことは、ヒトラーの人格的権威にも、そのまま妥当するであろう。

たとえば、ナチ支配の当初、学校や職場でよく用いられたナチ的訓育のための『政治的教理問答書』では、《真の指導者》性をめぐって以下のような問答形式の学習が課せられていた。「民族の指導者」たりうるのは、「みずから最善者たることを実証した人のみ」であり、「最善者たること」を、彼は「運命が課する課題を果たすために遂行すべき闘いを通して、また自己の本性と仕事とを通して証明する」という。さらに「彼の仕事」は、「数知れぬ損害から民族を救済し、民族を強化する」ことにおいて果たされうるのである、と。[2] これまで、ナチ支配の絶頂期には、ヒトラーは、このような理想化された《指導者》像の具現者として賛美されてきた。しかし、いまや、こうした《理想》が《現実》のヒトラーを測る基準となる。ゲッベルスをはじめ、ナチ祭儀の演出家と宣伝家たちが訴えつづけてきた《総統カリスマ》にたいする信仰は、すでに見たように、ヒトラーが内政・外交・軍事の分野で成功を収めつづける場合には、たしかに民衆意識の中に実り豊かな土壌を見出すことができた。しかし、戦争の長期化とともに、ひとたび軍事的な成果があげられなくなれば、《ヒトラー神話》も色褪せてこざるをえない。

すでにSD報告からは、人心の動向における微妙な動揺のニュアンスが伝わってくる。一九四二年春の《英雄記念日》におけるヒトラー演説のラジオ放送は「もっとも強力な反響」を収めたという。とくに注目を集めたのは、このくだりだった。「われわれには、今日、一つのことは明瞭だ。すなわち、この冬にドイツと同盟国の軍隊に勝つことのできなかったボルシェヴィズムの遊牧民集団(!)は、来たるべき夏には、わが軍によって打ち破られ、殲滅されるにいたるだろう」と。民衆は、このヒトラーのコトバにしがみつき、東部での「最後の決戦」に「強い希望」を口にしている、という。しかし、SD報告は、なおドイツ軍の東部戦線の状況について民衆のあいだにある「ある不安の念」を正確に伝えている。それは、「ソヴィエト軍の冬期攻勢が失敗に終わった」というヒトラーの確言にもかかわらず、「困難な防衛戦」を報ずるドイツ国防軍最高指令部の発表とのあいだに「矛盾」があるからであり、軍事的に「巨大な人的・物的予備」をもち息もつかせず激しく攻撃するソ連軍にたいして、ドイツ軍による反攻準備が不可能にされることを「恐れる声が少なくない」からだという。[3]

打ちつづく戦勝から致命的な敗戦に一転するとき、ヒトラーの《無謬性》の光輪には、翳りがさしてくる。彼の民衆的人気は、当初は比較的ゆっくりと、しかし、やがて急速に下降していく。とくにスターリングラードの敗戦は、《ヒトラー神話》の崩壊に拍車をかけることになった。打ちつづく敗戦での膨大な人命の損失と爆撃下での民衆の悲惨な状況は、《ヒトラー神話》の幻想を打ち砕いてしまう。一九四三年五月から六月にかけてラインラント工業地帯に加えられた英米空軍の都市爆撃後の人心の動向を、SD報告は詳細に報じている。たとえば、デュッセルドルフでは、ヒトラー像をつるした絞首台さえ現われたという噂が口伝えに広がっている、と。すでに公然とヒトラーを揶揄するジョークさえドイツ各地に出現していることにも注意を促している。[4] こうした批判意識の広がりとともに、いまや逆に、ヒトラーの初期の《成果》にも新しい光が当てられることになった。すなわち、戦争のカタストローフに通じる政策にたいして、直接責任があるのはヒトラーだという評価に変わっていったから。[5] これまで称賛されてきたヒトラーの《鉄の決意》や《妥協を知らぬ》強靱な精神も、いまや、彼が各方面に心を配り平和を模索することにたいして妨げとなる要因とみなされる。

ヒトラー自身、《総統カリスマ》の民衆心理的基盤が動揺したことを自覚して、しだいに民衆の前に登場することを避けるようになった。もっとも、ゲッベルスは、これを逆宣伝に用いて、民族と国家にたいする責任の重圧を一身に担った《孤独な指導者》というヒトラー像の一変種をつくりあげた。[6] それは、ある程度まで成功を収めることもできたように見える。さらに戦争末期、ゲッベルスの宣伝する《秘密兵器》にたいして、ドイツの民衆は、なお一縷の希望をつなぐことを止めなかった。[7] また七月二〇日事件ののち、《奇跡的》に死を逃れたヒトラーは《摂理》を口にし、民衆側からの彼にたいする信頼も一時的に強められた。しかし、すでに半月後には、戦争の帰趨にたいする不安が広がっていった。元ライプツィヒ市長ゲルデラーをはじめ《反逆者》のサークルが――ナチ宣伝に反して――小さくないように思われる以上、「わが国の指導層の大部分は、もはやドイツの勝利を信じていない」のではないか、という声が聞かれるようになったから。(8) じっさい、一九四四年後半以降のSD報告は、「多くの民族同胞のあいだで」「これまで確固たる信頼をもちつづけていた者もふくめて、総統にたいする信仰が失われた」ことを、はっきり容認するにいたった。(9)

こうした中で、ゲッベルスは、なお四四年一二月末の『帝国』紙の巻頭論説で「総統」について論じ、ヒトラーを《よりよい新しい世界》のために到来した第二のキリストまがいに栄光化してみせた。「ヒトラーは、今日、歴史をつくる偉大な人物たちの中で最大の人間である。彼は、来たらんとする事柄にたいする先見の明において、彼らすべてに較べて、はるかに抜きん出ている。彼は、天分と政治的本能とにおいてのみでなく、知識、品性、意志力においてもまた、はるかに優っている。偽りの言葉あるいは卑しい思いを示す言葉が、かつて彼の口から出たことは一度もない。彼は真理そのものである。……彼はドイツ人の奇跡である。われわれのあいだでは、他のことは何でも、その根拠と原因とを説明できる。彼だけは説明不能であり、わが民族の秘義にして神話である。……戦闘の雷鳴の中を彼は、みずからの歴史的な業《わざ》の完成を目指して巨歩を進める」(10)と。しかし、SD報告によれば、この論説にたいしては、かつてないほど民衆の批判的な意見が広がったという。ゲッベルスの言うようにヒトラーが全知であれば、「なぜ七月二〇日事件が起こったのか理解しえない」、「ヒトラーは、ゲッベルスの描くような天才ではないのではないか、それとも、《人類の大変革者》として宣言されるために、意図的に、この世界大戦の火をつけたのではないのか」(11)。ゲッベルス宣伝の魔力は、すでにまったく失われてしまっていたのである。

じっさい、一九四五年三月に入ると、《英雄記念日》の祭儀において《ヒトラー神話》の崩壊を公然と象徴する場面がくり広げられた。バイエルンの小さな町で、戦没将兵記念碑の前で「国防軍の隊長が〔戦死者の〕祭儀での演説後、総統にたいする《勝利《ジーク》‐万歳《ハイル》》を叫んだとき、整列した国防軍からも、〔市民から徴集された〕民族突撃隊の隊列からも、周りの一般民衆からも、なんら応答がなされなかった。この大衆の沈黙は、まさに重苦しく、民衆の実際の意識状況をもっともよく反映していた[12]」。

しかし、同じころ、秘密警察《ゲシュタポ》の追及から南ドイツに逃れてきた言語学者クレンペラーは、ヒトラー・ユーゲントの縦隊が「古くからの秩序と確信」とを保ちながら旗をなびかせて行進するのを目撃する。そこには、《総統》への信仰と《最終的勝利》の神話が生きつづけていた。じっさい、彼は、敗戦を一カ月後に控えた敗色濃いバイエルンの森で、たまたま出会った学徒兵から、同じ《信仰告白》を聞かされる。「総統は、われわれがかならず勝つと、ついこのあいだも言い切られたばかりです。総統は、これまで一度も嘘をつかれたことがありません。私はヒトラーを信じます。そうです、神は総統を見殺しにはされません。ヒトラーを私は信じます[13]」と。ここには、若い世代にたいする《ヒトラー神話》の影響力の驚くべき強さが示されている。じっさい、連合軍側の捕虜となったドイツ兵たちは、捕虜収容所の中でも、互いに《ハイル・ヒトラー》の挨拶を交換し合うのを止めなかったという[14]。

一九四五年四月、ベルリンの総統官邸の地下壕の中で、ヒトラーはピストル自殺を遂げた。ソ連軍の激しい砲撃下に、その死体を戸外で焼却しながら、ゲッベルスと幕僚たちは、ヒトラーにたいする最後の《ドイツ式敬礼》を行なった。さらに敗戦後、ニュルンベルク裁判において、ナチズムの巨大な犯行が暴露されたのち、《第三帝国》の最高幹部の中には、たとえばユリウス・シュトライヒャーのように、絞首台の下で、なお生前最後の《ハイル・ヒトラー》を大声で叫ぶ者もあったという[15]。それは、ヒトラー支配の終焉を告げる幽鬼的な――しかしまた悲喜劇的な――光景と言ってよいであろう。

（1）　M. Weber, *Wirtschaft und Gesellschaft*, 5. A. 1972, S. 140(『支配の諸類型』世良晃志郎訳、創文社)。その限りでは、まさに《カリスマ的》支配者は「被支配者にたいして責任を負う」のであり、「人民による承認」なしには「罰せられるべき簒奪者」となる(vgl. S. 656 f.)。これに反して、《世襲カリスマ》にもとづく天皇制の場合、その「正当性の信仰は、もはや人に向けられるのではなくて、取得された資質と秘儀的行為〔大嘗祭！〕の有効性とに向けられることになる」(Weber, *a. a. O.*, S. 144. なお、vgl. S. 672)。

（2）　Vgl. W. May, *Politischer Katechismus für Schule und Beruf*, 7. A. 1937, S. 42.

（3）　Vgl. Meldungen v. 16. März 1942, *a. a. O.*, Bd. 9, S. 3468-3469.《もっとも強力な反響》というのは、すでに報告者のリップ・サービスにすぎないであろう(vgl. Steinert, *a. a. O.*, S. 283 f.)。三日後のより詳細な報告(Meldungen v. 19. März 1942, *a. a. O.*, S. 3486 ff.)では、いっそう明確に東部戦線の最終的勝利にたいする民衆の「懐疑」あるいは「希望の消滅」について報じているばかりか、ヒトラー演説そのものにたいしても、そこにふくまれる「矛盾」に言及する民衆の声を伝えている。たとえば、ヒトラーは、一方ではボルシェヴィズムの「殲滅」を揚言しつつ、他方ではボルシェヴィズムが「祝福されたヨーロッパの広野から、はるか彼方にその最終的な限界を見出すだろう」と語っていた。この二つの表現のあいだには、「一定の矛盾」があり、民衆は、そこから「ボルシェヴィズムを完全に破壊することには、けっして成功しないだろうという認識を読みとっている」と報じている。なお、このヒトラー演説の本文は、vgl. Hitler, *Reden und Proklamationen*, Bd. II/2, S. 1848-1851.

（4）　当時、いわゆる《民族破壊的》な《不平分子》による国家や党、《総統》にたいするダーティー・ジョークには、《陰謀的攻撃に関する法律》や特別刑法などによって投獄、ＫＺ送り、ないし処刑が行なわれた(その判決例について、vgl. Danimann, *a. a. O.*, S. 149 ff.)。しかし、爆撃下の悲惨な状況の中では、各地の大都市に辛辣な《ヒトラー・ジョーク》が出現している(vgl. Meldungen v. 17. Juni 1943, *a. a. O.*, Bd. 14, S. 5357)。

（5）　こうしたヒトラー批判が口にされるようになるのは、一般に一九四三年初夏のころからである(vgl. *Bayern in der NS-Zeit*, S. 579, 640 u. a.)。なお、cf. Kershaw, *The "Hitler Myth"*, p. 189 ff. さらに、vgl. Steinert, *a. a. O.*, S. 325 ff.

（6）　一九四二年に製作された映画『大王』は、孤独な英雄フリードリヒ大王とヒトラーとの直接的なアナロジーを暗示している。この映画については、vgl. E. Leiser, *"Deutschland, erwache!"*, S. 95 ff. ちなみに、ＳＤ報告は、この映画の一般的な成功を伝え、とくに民衆が「この映画の中に《現代の反映》を見出し、多くの人びとが総統と大王とを比較し、……ニュース映画で見た総統が、本営の中にただ一人立つ姿を思い出した」ことを報じている(vgl. Meldungen v. 28. Mai 1942, *a. a. O.*, Bd. 10, S. 3758 f.)。

（7）　《V兵器》による連合軍への《報復行動》への期待とその実際の成果による幻滅とは、一九四四年六月から七月にかけて、ＳＤ報告にくり返し報じられている(Meldungen *a. a. O.*, Bd. 17, S. 6595 f., 6615, u. 6634 f.)。

(8)　《七月二〇日事件》後、当初「ほとんどいたるところで総統にたいする結びつきが固くなり、指導にたいする信頼が強化された」(Meldungen v. 28. Juli 1944, *a. a. O.*, S. 6654)。さらに半月後の報告(Meldungen v. 10. Aug. 1944, *a. a. O.*, S. 6698 f.)をも参照。

(9)　この報告は付言している。「当地の報告では、この種の発言を、従来、ひじょうに抑制してきたが、……今日では、はっきり断言されねばならない」("Führungsbericht" der SD-Hauptaußenstelle Stuttgart v. 8. Aug. 1944, in : Kershaw-Dokumente, *a. a. O.*, S. 90-91)と。

(10)　Vgl. Goebbels, Der Führer, in : *Das Reich*, v. 31. Dez. 1944, S. 1-2.

(11)　Vgl. "Führungsbericht" der SD-Hauptaußenstelle Stuttgart v. 12. Jan. 1945, in : Kershaw-Dokumente, *a. a. O.*, S. 93-95. ちなみに、こうした明確なヒトラー批判の声は、注(9)の例とともに、*Meldungen aus dem Reich* に採録されていない資料に属する。

(12)　これは、一九四五年四月はじめに出された、ベルヒテスガーデンの郡長報告の一節である(cit. by Kershaw, *The "Hitler Myth"*, p. 224)。

(13)　V. Klemperer, *Die unbewärtigte Sprache. Aus dem Notizbuch eines Philologen*. S. 120. なお、vgl. S. 270.

(14)　Vgl. A. J. Astor, Hitlers Amerikakorps, in : *Zeit-Magazin*, Nr. 24 (6. Juni 1980), S. 26 u. 29. ; H. Glaser u. A. Silenius (hrsg.), *Jugend im Dritten Reich*, 1975, S. 46. ヴァルター・ウルブリヒトも、ソ連の捕虜収容所で、多くの労働者層出身の若いドイツ兵がナチ宣伝の掲げた《ドイツ的社会主義》を確信し、《生存圏》のテーゼに賛成し、中にはヒトラーの《カリスマ》への信仰さえ残しているのを確認せざるをえなかった。ウルブリヒトは、これらの若ものたちに虜囚によるナチ的抑圧からの解放感を見出すことができなかった(vgl. W. Ulbricht, *Zur Geschichte der deutschen Arbeiterbewegung. Aus Reden und Aufsätzen*, Bd. II : 1933-1946, 1955, S. 258)。

(15)　Vgl. C. Riess, *Joseph Goebbels*, 1948, S. 343 ; Grundler/Manilowski, *Das Gericht der Sieger*, 1967, S. 238 u. 241.

III

教育政策と政治教育

ナチ支配体制下における精神構造の問題を、若い世代にたいするナチ教育、とくにその政治教育の在り方に即して検討してみることにしよう。

一　教育と政治

政治教育とは、通常、人間の政治的志向＝思考と行動とに教育的手段を用いて直接的に影響を及ぼそうとする意図的な試みを意味する。このような試みそのものは、一般には学校教育に限らず、広く家庭生活に始まり、さらにさまざまの社会集団、政治組織、国家機関などを通しても行なわれている。それは、広義の《社会化》過程の一環といってよい。一般に《社会化》とは、そのときどきの社会において必要とする――あるいは必要とみなされている――知識や能力を新しい世代が学習し、そこに妥当している価値意識や行動様式を習得する過程を包括している。政治に関連する《社会化》の側面に着目して、近来、《政治的社会化》という概念の用いられることもある。(1)

こうした若い世代の《社会化》は、むろん、多次元的な出来事として理解されねばならない。それには、多くの人びと(たとえば両親)、多くの制度(たとえば学校)、さらに社会的環境の諸要因(たとえばマス・メディア)などが関与している。《社会化》をめぐる従来の論議では、第一次的社会化が第二次的なそれから区別されることが多かった。前者は、たとえば家庭に代表されるように、その直接的で相対的に親密なコミュニケーションの関係によって、成長の早期に他の要因に先だって《基本的パースナリティ》――言語や情動、認知や行動の動機づけなど――の形成に影響をあたえるものとして重視されてきた。(2) 後者の例としては、主として同世代のピーア・グループや学校が社会的な価値や規範、社会関係での生き方を伝える《社会化》の担い手とみられてきた。さらに以上の二つの社会化を基盤として、その後の時期における個人の生涯にわたる習得過程を《第三次的な社会化》と呼ぶこともある。いずれにせよ、新しい世代は、こうした社会化過程を通して社会の価値意識を身につけ、自己の行動を社会的な役割期待に合わせて、はじめて社会的に生活するものとなる。社会化過程は、生物体たる人間にとっての、いわば《第二の社会的・文化的誕生》(R・ケーニヒ)ということもできる。

このように社会的な規範や行動モデルを媒介することは、広く社会の文化的遺産の維持・継承という課題につながっているであろう。その場合、人間の社会への同化ないし適応の過程は、同時に他方では、変化を遂げつつある文化の人間による同化ないし適応でもあることを忘れてはならない。この《社会化》における政治的な学習過程も、周囲の社会的環境によって促されて行なわれることもあり、またまったく自立的に行なわれることもある。意図的になされることもあれば、無計画になされることもある。それは、特殊に政治的な行動様式や対象をふくむこともあれば、名目的には非政治的であっても、政治的態度に影響を及ぼすような行動様式や対象をふくむこともある。いずれにせよ、《政治的社会化》は、その社会の政治文化を構成し、さらに継承するのみでなく、それを変形するように働きかけるものでもあることを見逃してはならない(3)。

こうした社会的連関の中で、教育は、自覚的に特定の方向における社会化過程を促し、他の方向へのそれを抑える意図的・限定的な行動として現われる。したがって、理論的には、《教育》概念は《社会化》のそれに包摂され、その下位概念とみなされる。それは、《社会化》における《教育学的》次元を代表するものである(4)。以下、とくにこの次元に即して考えてみよう。一般に教育は、そのときどきの社会システムとの関連の中で規定され、また理解されうるものであろう。組織化された教育の営みは、つねに《社会の機能》(W・ディルタイ)にほかならない。学校教育の社会＝政治的機能は、基本的にみて三つのものを大別することができる。

その第一は、正統化＝統合化の機能と呼ぶことにしよう。教育制度としての学校は社会的に制約されており、現実の具体的な社会的・経済的条件、つまり支配＝権力構造の連関の中に立たされている。学校は、特定の政治体制の道具として将来の社会的役割の担い手たちに大衆的忠誠をつくり出す教育内容を伝える課題をもつ。近代学校制度の歴史的発展は、その主たるモティーフが政治的利害に発していること、一般に承認された学習過程の目標がつねに支配的利害の正当化であったことを示している。(5) それは、教育が絶対主義権力の富強政策を直接に担いとる国家制度となっているような場合、端的にあらわれている。たとえばプロイセン・ドイツでは、学校教育は臣民の義務として法制化され、その教育内容も、《王冠と祭壇の擁護》のために仕えるものとならざるをえなかった。しかし、今日でも、大なり小なり同じ事態が認められるのではなかろうか。

テオドール・ガイガーによれば、学校は「若ものの心に宗教や祖国や道徳の理想を植えつけ、それによって若ものの心を支配的な社会状態に順応させ、現存の国家権力のために管理させようとする」。ガイガーは、学校が第一には「国家権力の補助機関」であり、そうしてのちはじめて「教育施設」である、とさえ断定する。(6) 学校教育は、それぞれの社会に妥当する価値や規範の体系、認知し理解する思考のパターンの再生産を制度化する。それは、社会の生活理想ないし支配的イデオロギーを代表している。これらの社会的規範体系は、内面化されることによって、それに一致する社会的行動様式に適合するように働きかける。学校教育による《社会化》は、一般に文化や社会を維持することと同時に、支配秩序のさまざまの具体的な形態、たとえば社会的な威信や権力の行使、さまざまの特権や所有関係などを保証することを課題とする。

第二に、学校教育による社会的適性化＝資格付与(Qualifikation)の機能をあげることができよう。《適性化》というのは、具体的な労働にたずさわり、社会生活に関わる上で必要な《技能や知識》を伝達する過程を意味する。つまり、社会的生産の状態に対応する文化的知識や技術的能力を学習し習得することにほかならない。(7) それは、若い人びとを社会生活における未来の労働にたいして訓育し、財貨やサービスの生産過程に適合させる。この課題の枠内において、学校教育が正確さや周到さ、規律や服従などの社会的適性化の機能を果たすことも見逃されてはならない。それは、いずれの高度に発達した工業社会にも、――その支配構造いかんにかかわらず――ひとしく必要とされる社会的価値である。研究者の中には、これを知識伝達という学校教育の機能にまさって、いっそう重要な機能とみるものもいるほどである。

第三に、学校教育による選別＝割り当て機能をあげねばならない。学校教育は、その学制構造を通して、生徒たちを一定の比率で高等教育のレベルに進学させ、よりいっそう高い(または低い)職業上のポストに割り当て配置するように準備する。そこでは、たとえば社会的な出自、知識や技術、業績達成能力などに従って選抜と段階づけが行なわれる。こうして現代社会の学校制度は、将来における個人の社会的ステイタスを決定するのみでなく、社会の必要とする指導層＝《後継者》をつくり出す。その場合、見逃されてはならないのは、この選別が、しばしば、客観的な選択基準によって決定されたかのように装われることである。それによって、社会的な矛盾を相対的に緩和ないし隠蔽することに貢献するのである。この意味で、学校制度は、事実上、社会的チャンスや社会的ステイタスの配分機関であり、それによって社会的特権の維持に仕えていると言ってよい。(8)

こうした学校教育の諸機能が互いに均衡し補強し合うとき、既存の政治＝社会体制は、明らかに安定した状態を示している。しかし、これらの機能は、かならずしもつねに調和した相互関係にあるとは限らない。とくに社会の動態化にともなって、三つの機能のあいだにも互いに矛盾し合う局面が現われざるをえない。

たとえば高度工業社会においては、人的労働力の適性構造は経済的成長の可能性を制約する重大な要因となっている。たえざる工業化＝技術化の進展するなかで、技術的停滞や景気の後退に脅かされまいとすれば、いっそう多くの人間に、いっそうレベルの高い教育を保障することが不可欠である。いずれの社会においても、今日、おそらく教育は、もっとも重要な、かつ長期的にみて、もっとも生産的な社会的投資の分野となっている。現代の教育制度は、たえず新しい社会的要請に応えねばならず、質と量の両面において《永続的改革》を迫られている。しかし、高等教育が万人にとって不可避なものとされるなら、それは、もはや少数者にとってのステイタス・シンボルや特権とはなりえない。(9) 逆に、ここでは、厳格な選択が妨げられるとき、さきにみた学校教育の選別機能と適性化機能とが互いに矛盾した関係におちいらざるをえない。選択をゆるめることは、高い社会的ステイタスを望む有資格の若ものを過剰に生み出す。こうした教育の平準化は、ひいては学校教育の統合化機能をも損なうものとなるであろう。それればかりではない。いっそう広い階層から多くの人びとに高い教育を受けさせる教育改革の動きは、そのうちに《民主化》の要素をふくんでいることも見逃せない。(10) それは、統合化機能にとって、深刻な不安定要因となりうるであろう。なぜなら、そこでは、当初、労働力の適性化のために《知識や技能》という、いわば《道具的》知性の拡大が求められていた。しかし、こうした技術的＝職能的教育は、同時に意図せずして政治的＝社会的な思考の習得を助長することになるであろう。それは、社会的構造を見通し批判的に反省する力をあたえるゆえに、既存秩序を脅かしうるものとなるであろう。

このことは、支配構造の維持につとめるあらゆる体制において、教育政策のもつ根本的矛盾を形づくっている。教育水準の向上のもつ解放的作用という危険にもかかわらず、現代の高度工業社会は、労働力の適性化をいっそう高める必要性を手離しえない。この矛盾に直面して、学校教育の形式や内容を操作することによって、その統合化機能を維持することが企図される。たとえば、学校にたいする管理体制が強化され、そこで行なわれる教育過程が細かい点にいたるまで権力的に規制される。あるいは、支配的な規範や価値の習得が授業で強調され(道徳教育！)、あげくの果てには社会的＝民族的偏見まで動員される(愛国心教育！)。[11] じっさい、支配にとって脅威となる教育の影響力から免れるため、疑わしい場合には、経済的＝科学的進歩が犠牲にされることさえある。学校や大学の閉鎖、教員や教授の学園からの追放、さらにいっさいの知的活動の弾圧などの措置がとられる。ナチ・ドイツのみでなく、現在でも、軍事政権に支配される第三世界の諸国において学校教育の経験は、なおそれを実証している。[12]

しかし、教育政策の根本的矛盾にたいして、もっとも広く行なわれてきたのは、授業を通じて既存の社会秩序と支配的な政治体制を承認させるための特別の教育＝狭義の《政治教育》の課程であろう。それは、特別の《教育科目》として行なわれるか、あるいは一般的な《教授原理》として各教科にわたって行なわれるかに関わりない。[13] しかし、さらに学校教育の外においても、同じ意図をもつさまざまの教化手段が用いられることは、すでによく知られている。たとえば青少年を早期に政治的組織に加入させ、大衆行進や政治的祭儀を通して連帯感を培い、《カリスマ的》リーダーにたいする一体化によって体制への統合をはかることなどが試みられてきた。しかし、行きすぎた政治教育は、労働力の知的水準の低下をもたらす。その結果、適性化機能が十分に果たされなくなれば、つまるところ、支配構造の経済的＝軍事的(！)基礎そのものを危うくするおそれさえあろう。ナチ・ドイツの教育政策のもつ矛盾は、後述するように、まさにこの点に関わっていた。

このようにみれば、教育および教育制度としての学校を《社会の機能》とする規定は、けっして一面的に理解されてはならない。学校制度は、たしかに社会的に制約されているとしても、疑いもなく、学校教育は逆に社会にたいして働きかける側面をもっている。学校制度は、現実の支配関係を反映するとはいえ、それをいわば異なった形式で再生産する。しかも、学校教育は、その内容と方法とにおいて、既存の秩序に限定されながら、いっそう自由に、たとえばいっそう未来志向的に、あるいは、いっそう保守的ないし反動的に営まれうる。とはいえ、政治的＝社会的に安定した時期には、学校教育は、基本的構造において既存秩序に一致し、そこに支配的な社会＝人間像を教育理想として提示することになりがちである。[14] しかし、こうした関係は、社会的変動や政治的紛争の増大するにつれて、徐々にあるいは急激に変化するであろう。政治的影響力ないし社会的形成をめぐる闘争の中で、学校教育のみが圏外に立つことは不可能であるから。ガイガーのいうように、「現代のように、個々の社会生活圏が分裂して、きわだったアンタゴニズムを示す時代には、必然的に一般的な目標ないし方向づけが不安定になり[15]」、公教育もまた、その影響を受けざるをえない。

こうした状況の中で、いわば教育の《原点》に立ちかえることが求められるであろう。すなわち、教育は、もはや一方的な社会的編入と同化の過程に尽きない。むしろ、新しい世代における可能性と創造性とを十分に開化させる任務をもっているはずである。特定の価値や規範が提示される前に、人間は、まず、自分自身の願いや要求をもった主体として把握されなければならない。そうした創造的要求とともに、はじめて、みずから学習し、自己の生存を確保し、さらに生活条件を積極的に形成したいという願いに目覚め、したがってまた、社会を批判的にみる能力も開発されてくるのである。政治教育も、たんに既存の政治体制を維持するだけの《教学》的機能にとどまらない。むしろ、学習するものとしての新しい世代の主体的な視点に立ってみなければならない。その自発的思考を涵養することによって、既存の体制を越えていく新しい方向づけも可能となるのである。むろん、学校制度が他の国家の諸制度と同じく、既存の社会システムの枠組みの中に統合されるかぎり、学校教育ないし政治教育から安易に社会変革の起動力を期待することは幻想的にすぎよう。むしろそこでは、長期にわたる地道な教育実践の創造を通して、新しい人間変革への希望に生きることを問われている。そうした努力を積み重ねる中で、はじめて教育の《解放化》機能について語ることもできるであろう。全体としての社会＝政治システムのはらむ矛盾や欠陥がしだいに認識され、《社会化》過程にも変動ないし転換が生まれてくるであろう[16]。

たとえば、キスラーは、その政治的社会化の分析において、政治教育を社会的連関の中での生涯にわたる政治的学習過程の一契機として位置づけている。キスラーによれば、ある政治システムの《社会化》が阻害される一般的条件として、(イ)政治システムの刷新の欠如、すなわち、体制がその諸制度を根本的に新しく組織化する能力をなくす場合、(ロ)パーソナリティーの危機、すなわち、体制の生み出す《政治的疎外》のゆえに、自己の政治的アイデンティティーを形成する能力を喪失する場合、(ハ)正当性の危機、すなわち政治システムによってあたえられるはずの社会的期待が裏切られ、正当性が撤回される場合をあげている[17]。批判的な立場からの《社会化》研究は、こうした軋轢ないし変動の可能性に着目する。そこから、批判的な学習過程を通して、支配構造を転換する《対抗ストラテジー》が模索される。とくに政治体制がみずからを《民主主義的》と規定し、《全体主義的》体制にたいして、言論の自由や研究＝教授の自由、その他、市民的リベラリズムの文化遺産を強調するかぎり、一方的に同調を強制する政治教育は、みずからの体制の理念に反することになろう[18]。

教育ないし全体としての学校教育が、こうした《相対的な自律性》の空間をもつことに成功するかぎり、《専門》的な教育活動としての授業を通して、解放的＝批判的な教育実践を行なう可能性は、けっして絶無ではないはずである[19]。ここで目指されるのは、公私の生活における自由な個性の展開による自己形成の過程である。つまり、社会的に制約された従属性から脱却した《成人性への教育》(テオドール・W・アドルノ)[20]、さらには政治過程に批判的に参加しうる《主体的性質》(M・ホルクハイマー)の育成である。しかし、いっそうグローバルにみたとき、たとえば第三世界における《解放のための教育》も、ここに入れてよいであろう。そこでは、たとえば、《意識化》(P・フレーレ)によって植民地の民衆を歴史形成の主体に引き上げ、社会構造の変革に関わらせることが企図されている。それは、もはやたんなる合理的《啓蒙》の過程にとどまらず、既存の秩序を思考において超える政治的《想像力》を解放する試みでもあろう。[21]

(1)　《社会化》一般については、たとえば、I. L. Child, Socialization, in: G. Lindzey (ed.), *Handbook of Social Psychology*, Vol. II, 1954, p. 655 ff.; H. Fend, *Sozialisierung und Erziehung. Eine Einführung in die Sozialisierungsforschung*, 6. A. 1973. 論文集として、B. Götz u. J. Kaltschmid (hrsg.), *Sozialisation und Erziehung*, 1978.《政治的社会化》とは、たとえば、ペーター・パヴェルカの定義によれば、「政治行動に影響をあたえ、それを規制し誘導する、さまざまの価値、規範、態度、知識を人間が自分のものにするために、生涯にわたって営む学習過程」(P. Pawelka, *Politische Sozialisation*, 1977, S. 12)にほかならない。なお、vgl. A. Görlitz, *Politische Sozialisationsforschung. Eine Einführung*, 1977. 手近な邦語文献として、たとえばR・E・ドーソン＝K・プルウィット＝K・ドーソン『政治的社会化』(加藤・青木・中村・永山共訳、芦書房、一九八九年)、K・P・ラントン『政治意識の形成過程』(岩男・真鍋・山口共訳、勁草書房、一九七八年)、井上義比古「政治的社会化研究の論理」(『法学』第四六巻第四号、一九八二年、所載)など参照。新しい研究文献については、vgl. B. Claußen, Politische Sozialisation. Konsolidierung und Differenzierung eines Forschungsparadigmas, in: *N. P. L.*, 1984, S. 91-116 u. 166-186.

(2)　たとえば現代社会においてマス・メディアは、その非個人的で一方向的な情報伝達を通して、きわめて早期から子どもの社会化に影響をあたえている。それは、もはや従来のように、第二次的社会化の担い手に入れることを困難にしている(vgl. R. Zoll u. E. Hennig, *Massenmedien und Meinungsbildung*, 1970, S. 123 ff.)。また今日、同世代のピーア・グループとの交流を通して、子どもが家庭外において、すでに早く社会化を経験することも認められる(vgl. F. H. Tenbruck, *Jugend und Gesellschaft*, 1962)。

(3)　たとえばパヴェルカによれば、従来の《政治的社会化》の理論には、二つの研究動向を区別しうる。その第一は、《社会化》を問題にするに当たって、社会＝政治システムとその諸要求から出発する。そこでは、個人または個々の社会集団の準拠システムへの適合ということが問題の中心に立つ。この適合の目的は、システムをたえず再生産することであり、社会化とは、いかにして社会的な共同生活が可能になるかという一般的問題の一部にすぎない。ここでの研究者の関心は、何よりも社会＝政治システムがいかにして機能するかに向けられ、社会化は、ここでは《システム機能》をもつものとして眺められる。第二の研究動向は、《政治的社会化》を個人や個々の社会集団の見地からとりあげる。研究関心の中心にあるのは、個人や集団の固有の要求を探り出し、それを社会＝政治システムの要求から解放して実現することである。それは、画一化を求める社会的圧力に抗して、むしろ、個人的な目標達成が可能になるような方向で社会＝政治システムを変革することを目指す(vgl. Pawelka, *a. a. O.*, S. 13 ff. u. 19 ff.)。

(4)《社会化》の中での《教育》の意識性・計画性・目的性などの指摘は、たとえば、vgl. J. Kob, *Soziologische Theorie der Erziehung*, 1976, S. 9. なお、vgl. B. Götz, Zur Verhältnisbestimmung von Sozialisation und Erziehung aus pädagogischer Sicht, in: Götz u. Kaltschmid (hrsg.), *a. a. O.*, S. 557 ff.

(5) たとえば、vgl. H. Titze, *Die Politisierung der Erziehung. Untersuchungen über die soziale und politische Funktion der Erziehung von der Aufklärung bis zum Hochkapitalismus*, 1973; L. Fertig (hrsg.), *Die Volksschule des Obrigkeitsstaates und ihre Kritiker. Texte zur politischen Funktion der Volksbildung im 18. u. 19. Jahrhundert*, 1979. 新しい研究として、たとえば、vgl. J. W. Mundt, *Die Bildung der Herrschaft und die Herrschaft der Bildung. Über das Bildungswesen in Deutschland*, 1987.

(6) Th. Geiger, *Demokratie ohne Dogma*, 1963, S. 310. なお、vgl. S. 316 f. むろん、学校のほか、家庭や仲間集団なども、政治的志向を同じくし、かつ互いに結び合うとき、こうした統合化機能は安定したものとなる。しかし、たとえばベールマンによれば、「現代社会の構造的な細分化は、その完全な統合を阻止する」傾向にあり、「家庭と仲間集団は、少なくとも政治的影響力を中立化させるチャンスでありつづける」(G. C. Behrmann, *Soziales System und politische Sozialisation. Eine Kritik der neueren politischen Pädagogik*, 1972, S. 71)という。

(7) Vgl. H. Fend, *Gesellschaftliche Bedingungen schulischer Sozialisation*, 1974. S. 60 ff.《適性化》の概念については、S. 65. 一般に学校教育の社会的機能の類別は、フェントの指摘によるところが大きい。

(8) フレルマンによれば、いずれの安定した社会体制においても、教育制度は、「既存の階級＝階層構造と支配構造を保守し、再生産し、正当化する優先的道具の一つ」(K. Hurrelmann (hrsg.), *Soziologie der Erziehung*, 1974, S. 34 f.)である。

(9) Vgl. R. Schmiederer, *Zur Kritik der politischen Bildung. Ein Beitrag zur Soziologie und Didaktik des politischen Unterrichts*, 1971, S. 17 f.

(10) Vgl. G. Koneffke, Integration und Subversion. Zur Funktion des Bildungswesens in der spätkapitalistischen Gesellschaft, in: *Das Argument*, Nr. 54, 1969, S. 421 ff.

(11) たとえば、vgl. E. Lemberg, *Nationalismus. Bd. II: Soziologie und politische Pädagogik*, 1964, S. 130 ff. その批判として、

vgl. U. u. R. Schmiederer, *Der neue Nationalismus in der politischen Bildung*, 1970. なお、cf. I. A. Snook, *Indoctrination and Education*, 1972.

(12) そのほか、シュミーデラーによれば、一般教育を技能教育から分離する専門的特殊化の傾向とか、教育現場でテストによって業績達成能力を強める傾向なども、学習の目的や理由への問い、全体的連関の社会的反省などを阻止することに役立っている。「教育制度とその内容が労働市場の需要に向けられることは、社会批判的能力の抑制をもたらす。なぜなら、そうした能力は……最大利潤を求める経済社会の枠内では、ほとんど《市場価値》をもたないから」(Schmiederer, *Zur Kritik der politischen Bildung*, S. 21)。こうした状況にたいして、学習者の自律的主体性を回復するため《脱学校》(I・イリッチ)がいわれるゆえんであろう(cf. I. Illich, *The Deschooling Society*, 1971『脱学校の社会』東・小沢共訳、東京創元社)。

(13) たとえば、vgl. D. Hoffmann, *Politische Bildung 1890-1933. Ein Beitrag zur Geschichte der pädagogischen Theorie*, 1970; H. Schneider (hrsg.), *Politische Bildung in der Schule*, 2 Bde., 1975. 最近の研究文献として、とくに、vgl. W. Michalka (hrsg.), *Politische Bildung in der Forschungsdiskussion*. Neue Politische Literatur, Beihefte 2, 1986.

(14) ゾントハイマーもいう。「学校は、ときに新しい思想を展開し検証する進歩的な教育学者の実験場であるが、一般には社会全体を反映するものであり……進歩的というよりは、むしろ、つねに保守的である」(K. Sontheimer, Politische Bildung zwischen Utopie und Verfassungswirklichkeit, 1963, in: Schneider (hrsg.), *a. a. O.*, Bd. I, S. 208)。なお、一般に、J・カラベル＝A・H・ハルゼー編『教育と社会変動(上・下)』(潮木・天野・藤田編訳、東大出版会)、一九八〇年、参照。

(15) Th. Geiger, Erziehung als Gegenstand der Soziologie, in: *Arbeiten zur Soziologie*, 1962, S. 305.

(16) ゲールリッツは、政治教育の果たす機能として、《同一化》《適合化》《統合化》に並べて、まず《解放化》、すなわち、いままで行なわれてきた行動形態の反省による人間の自己決定をあげる(vgl. A. Görlitz, *Politikwissenschaftliche Propädeutik*, 1972, S. 222)。具体的に示される政治教育のカリキュラムや目標も、体制への同一化を《社会工学的》に助けようとするものから、政治的解放への訴えを求めるものなど多岐に分かれている。

(17) Vgl. L. Kißler, *Politische Sozialisation. Eine Einführung*, 1979, S. 118 f.

(18) 現代西欧社会にみられるように、政治体制にとって正当性の調達は最大の課題である。しかし、体制による危機管理は、しばしば、構造的な障害に直面しやすい。たとえば経済成長、軍事防衛さらに社会福祉など、限定された資源配分をめぐって部門間の相互対立がある。この問題解決の不完全さは社会的軋轢を高めさえする。たとえば経済的繁栄のかげりや社会問題、環境問題の暴露は、世論を通して体制全体の正当性の基礎を脅かす。内政過程に現われるラディカルな反体制運動にたいして、強制装置の強化によって応えるならば，そこからさらに，さまざまの社会集団の体制からの離反が生まれるだろう(vgl. C. Offe, *Strukturprobleme des kapitalistischen Staates*, 1972 ; J. Habermas, *Legitimationsprobleme im Spätkapitalismus*, 1973『晩期資本主義における正統化の諸問題』細谷貞雄訳，岩波書店)。疎外概念について一義的な規定が得られないとはいえ，こうした現代工業社会における疎外の症候群の示すものは，「もはや政治的社会化におけるこの変化を無視することは不可能だ」(Pawelka, *a. a. O.*, S. 89)ということであろう。代表的な一例として，vgl. B. Claußen, *Politische Bildung und Kritische Theorie. Fachdidaktisch-methodologische Dimensionen emanzipatorischer Sozialwissenschaft*, 1984. なお，政治と教育の関わりをめぐる国際比較の研究 R. M. Thomas, *Politics and Education. Cases from eleven Nations*, 1983, 参照。

(19)　むろん，《解放化》の十分な展開には，学校教育をめぐる社会的・教育学的諸条件の根本的転換が問われる(vgl. A. Pressel, Sozialisation, in : J. Beck u. a., *Erziehung in der Klassengesellschaft. Einführung in die Soziologie der Erziehung*, 1971, S. 134 ff. u. 146 f.)。なお一般に，vgl. H. H. Groothoff, *Funktion und Rolle des Erziehers*, 1972.

(20)　Vgl. Th. W. Adorno, *Erziehung zur Mündigkeit*, 1970 ; M. Horkheimer, *Um die Freiheit*, 1962. なお，vgl. G. J. Friesenhahn, *Kritische Theorie und Pädagogik. Horkheimer, Adorno, Fromm, Marcuse*, 1985.

(21)　Vgl. P. Freire, *Pädagogik der Unterdrückten*, 2. A. 1972(『被抑圧者の教育学』小沢・楠原・柿沼・伊藤共訳，亜紀書房)。とくに，L. Niilus, Conscientisacion und Humanität, in : H. E. Tödt(hrsg,), *Marxismusstudien*, 7. Folge, 1972, S. 167-173 ; H. A. Giroux, Introduction, in : P. Freire, *The Politics of Education. Culture, Power, and Liberation*, 1985 など，参照。

二　ナチ教育観と教育学

1　ヒトラーの教育観

ナチ・ドイツにおける教育政策と政治教育を考えるに当たって、その体制的基礎としてのイデオロギーを一瞥しておくのが便宜であろう。じじつ、ヒトラーの『わが闘争』の中には、教育に関する一章があり、そこから引き出される教育原則は、くり返し、ナチ・イデオローグや教育政策者たちによって援用された。[1] ヒトラーの教育観は、彼の基本的な政治観、さらにはその根底に横たわる人間観や歴史観から必然的に引き出されてくる。すなわち、そこに支配的な人種主義と社会ダーウィン主義的観念が、ヒトラーのいう《民族国家の教育原則》を一貫している。それは、全教育体系を《人種》原則のもとに従属させ、奉仕させようとするものである。そこでは当然、知性にたいする敵対的態度が前面に現われざるをえない。ヒトラー自身、その政治的経歴のさまざまの段階で、アカデミックな教育にたいする不信や反感、知識人にたいする軽蔑や嫌悪を隠そうとはしなかった。そこには、高等教育への道を閉ざされた彼の若い日の挫折体験のほか、意志や行動への要求を学んだ第一次大戦での《前線体験》などが反映していたといえよう。[3]

ヒトラーの政治＝教育論は、国家の第一の課題が「まさに人種的にもっとも価値の高い民族的中核と、さらにほかならぬ、その生殖力とを増進する」ことにあるという規定から出発する。(4)この課題を、彼は、二つの方法によって達成しようとする。まず、《人種衛生》の措置によって、あらゆる《人種的に異質な》要素や病気や悪質の遺伝をもつものを《民族体》から除去することを目指す。さらに《教育》は、健康な両親から生まれた子どもにたいする国家的《配慮》として積極的な課題をもつ。ヒトラーは、この「高度に訓練された人種的財宝」たる新しい世代を、そこから《エリート》が選別される人的《資源》とみなしていた。そのためには、伝統的な教育価値の序列は、根本的に転換されねばならない。

ヒトラーの《教育原則》によれば、「まず第一に、単なる知識の注入ではなく、真に健康な身体の訓育、向上」が追求されねばならない。「そののち、ようやく第二に、精神的諸能力の育成」がやってくる。しかし、ここでも、「その先頭に立つのは、品性の発展、とくに喜んで責任感をもつようにする教育と結びついた意志力と決断力の促進」である。そして「最後にはじめて学問的修練がくる」。(5)つまり、ここでは、身体的育成が最高の目標とされており、学校の他のすべての課題は、その背後に退かねばならない。第二の目標には品性の陶冶がかかげられている。忠誠、犠牲心、寡黙、行為への勇気などが育成されねばならない。知識の伝達は最後におかれ、それには低い重要性しかあたえられていない。

ヒトラーは、さらに教育の細目にわたっても論じている。あらゆる教科とくに外国語教育における知識的教材は、できるかぎり縮小されねばならない。それに代わって、教育課程の中で《身体的鍛練》《品性の陶冶》のための時間的余地があけられねばならない。ここには、ナチ教育を特徴づける反知性主義がよく現われている。各種の体操やスポーツ、なかんずくボクシングが奨励される。(6)自然科学や技術的な教育よりも、一般教育として人文諸科目を強調するのは、ナチのイデオロギー教育に奉仕することを狙うものであろう。そのことは、とくにヒトラーの歴史教育観に明瞭である。歴史を学ぶのは「目的のための手段」、つまり、歴史の中に「将来のため、自己の民族性の存続のための指針」を見るためにほかならない。(7)ヒトラーが最低限にまで縮小した《一般教育》から期待するところは、驚くべく実際的である。彼は教化＝教育を一方では《政治的修練》のための道具と考え、他方では、できるかぎり有効な職業生活の準備とみなす。「個々の人間は、一般的な大まかな特徴をつかまえた知識を基礎としてもち、ただ自分の将来の生活の領域についてのみ、もっとも基本的な専門教育と個別教育とを受けられれば十分である(8)」。

《身体的教育》においては、性別による重要な差異が認められる。青少年における《身体的鍛練》がつまるところ「後の兵役のための準備教育」たることを目指しているとすれば、女子教育にとって「不動」の目標は「将来の母たるべきこと」に求められる。「男らしい力の権化となることを自負する男性、さらに男性たちを世に送り出すことのできる女性たち」こそ「民族主義的国家の理想」にほかならない。(9)こうしてナチ教育論では、女子教育は男子教育の機能に従属し、もっぱら母性の見地から捉えられていることが分かる。

さらに専門＝職業教育全体が指向する最高原理は《業績達成》ということである。この要求を基礎づけるに当たって、ヒトラーは、二つの見地を結び合わせている。それは、国家と経済とにとって有能な適性をもつ人材の必要ということであり、さらに業績達成を「国家的な選抜＝淘汰」の一般的な基準とする見方である。《民族主義的国家》は「民族同胞の全体の中から、もっとも能力ある頭脳の持ち主を抜擢して、官職や高い地位につかせる課題をもつ」。しかも「創造的な業績達成」は、一般に「能力と知識とが結びつく」ときにのみ可能だという。(10)してみれば、教育制度としての学校もまた《選抜＝淘汰》の過程に働きかける役割を指定されうるであろう。

ヒトラーは、その教育論の究極的目的をこう明言する。「民族主義的国家の全教化＝教育活動は、教育に委ねられた青少年の心と頭脳の中に人種意識と人種感情を本能的にも合理的にも燃え立たせることに見出されねばならない。

少年であると少女であるとを問わず、血の純粋性の必要と本質について究極的な認識をもつことなしに学校を出ていくようなことがあってはならない」[11]と。なぜなら、こうした《民族主義的国家》にふさわしい青年の教育によって「いつの日か、この地球上における最後の、かつ最大の決定のために用意のできた世代」を保持しておかねばならないから。[12]ここには、「アーリア人種」と「永遠のユダヤ人」とのあいだで行なわれる運命的決戦というヒトラーの終末観的ヴィジョンが立っている。この闘争においては、さまざまの《品性の陶冶》の中でも、ヒトラーは、いっさいに優越するものとして、とくに「自信の暗示力」を訴える。この「民族全体が無敵であるという信念」を「すでに子どものときから若い同胞に身につけさせる」[13]ことが必要である。したがって、こうした教育が軍隊における教育において有終の美を飾るとされるのも偶然ではないであろう。軍隊こそは、「愛国的教育の最終かつ最高学府」なのであり、そこでは、「身体的にすでに非のうちどころのない準備教育を受けた若い人びとが、いよいよ兵士に変えられる」[14]であろう、という。つまり、行動力のある《絶対的》に服従する《政治的兵士》にふさわしい能力や資質をつくり上げることである。ここでは、力、勝利への意志、優越感、あらゆる敵にたいする憎悪、無条件的な献身などの態度が美徳として掲げられることになるであろう。これこそナチ教育全体の規範となる。

このようにみれば、ヒトラーの《世界観》において、教育は、国家権力を維持し拡大するための、もっとも有効な道具としての意味しかもたないことが分かる。そしてこの《手段》である教育の内容や形式は、すべて《目的》である政策決定から引き出されることになるであろう。『わが闘争』に示された教育原則と後のヒトラーの教育政策的発言とのあいだには、なんらの差異も認められない。教育は、一貫してこの道具的役割において捉えられ、彼の政治的計算にとっての重要なファクターとして位置づけられてきた。ヒトラーは、権力掌握後まもなく、SAやSSを前にしてこう語っている。「二五〇〇年来、ごく少数の例外を除いて、すべての革命は失敗した。その理由は、革命のリーダーたちが革命にとって本質的なのは権力掌握ではなく、人間の教育であることを認識しなかったからである」と。[15] ナチズムがみずからを《運動》と規定するとき、それは民族全体の教育過程としての自己理解にもとづいていた。第二次大戦中にも、たとえば《ヴォルフスシャンツェ》の総統本営における『卓上語録』には、同質の議論がくり返されている。「この教育活動を一〇〇年間もちこたえれば、ドイツ民族はヨーロッパにかつて存在した、もっとも団結した、もっとも巨大な権力ブロックになっていることだろう」[16]と。こうしたヒトラーの限度を知らない政治的妄想と、その《目的》に従属させられた《手段》としての教育の位置づけ自体が、深い人間蔑視をあらわに示している。

子どもや青少年たちは、ナチ・イデオロギーに従って任意に《選別》され、ついに国家「公共体に役立つように用い」られる《人的資源》にすぎなかった。[17] つまるところ、子どもの固有の権利や要求は、シニカルにまで否定され、無視されている。個々の人間は、自己責任の能力ある《成人》した人間につくり上げられるのではない。いわば個性をもった個人としてではなく、共同体の利用しうる一分肢として統合されるにすぎない。一般的に言えば、学校教育のもつ《適性化＝資格付与》機能は、ほぼ全面的に《統合化》機能によって背後に押し除けられているのである。ここに、ヒトラーの教育観を、すべての伝統的な教育観から区別する特質がある。端的に言えば、ヒトラーの教育構想は、まさに《反教育学》（H・シュタインハウス）の表現であり、むしろ本来の教育の破壊と顛倒という意味では《非教育学》（K・アウリン）とする評価も成り立つであろう。[18]

（1）　ナチ教育の理論と実際をめぐる批判的研究として、当時のものでは、たとえば、cf. Erika Mann, *School for Barbarians. Education under the Nazis,* New York 1938 (dtv-Ausgabe : *Zehn Millionen Kinder. Die Erziehung der Jugend im Dritten*

Reich, 1989); G. Ziemer, *Education for Death. The Making of Nazis*, London 1941, Rep. 1972. 戦後の比較的初期のものでは、vgl. R. Eilers, *Die NS-Schulpolitik. Eine Studie zur Funktion der Erziehung im totalitären Staat*, 1963; F. Stippel, *Die Zerstörung der Person. Kritische Studie zur NS-Pädagogik*, 1957; Th. Wilhelm, *Pädagogik der Gegenwart*, 3. A. 1963, S. 165 ff.; H. Rohde, *Der NS im zeitgeschichtlichen Unterricht. Am Modell "NS-Erziehung" durchgeführt*, 1965; H. G. Assel, *Die Perversion der politischen Pädagogik im NS*, 1969 などのほか、教育資料集として便宜な H. J. Gamm, *Führung und Verführung. Pädagogik des NS*, 1964 などがある。ただし、これらの文献では、それぞれのファシズム理解に応じて非歴史的な観念的批判にとどまるもの（とくにアッセル、ローデ、ヴィルヘルムなど）が少なくない。さらにシュティッペルやガムなどに代表されるように、ナチ教育の理論と実際が《全体主義的な》国家的統一性をもつものと解釈されるのも問題であろう。この中でアイラースのものは、K・D・ブラッハー門下から出た政治学的研究として、今日なお、スタンダードな文献の一つである。ただし、学校教育の社会的機能に関する原理的視点を欠いている。それ以後、一九七〇年代に入って研究状況は、かなり変わってきた。比較的新しい研究書としては、vgl. K. Ch. Lingelbach, *Erziehung und Erziehungstheorie im NS-Deutschland*, 1970, 2. A. 1987; K.-I. Flessau, *Schule der Diktatur. Lehrpläne und Schulbücher des NS*, 1977; E. Nyssen, *Schule im NS*, 1979; M. Heinemann (hrsg.), *Erziehung und Schulung im Dritten Reich*, 2 Bde., 1980. これらの研究は、その後のナチ教育研究に先導的な役割を果たすものであり、とくにハイネマンの編著は、一九七八年にドイツ教育学会歴史委員会による「第三帝国における教育と訓育」をテーマとする研究会議の報告書である。これまで主たる研究対象とされてきた学校教育やヒトラー・ユーゲント（HJ）の研究だけでなく、幼稚園教育から大学教育まで、また労働奉仕や成人教育、さらに戦時下の占領地域の教育政策まで研究対象を広げ、八〇年代の研究状況の広がりを予示している。現在では、すでに地域ごと、教科ごとに特定化されるほど個別研究が進められ、多数の文献が公刊されている。その中で学校教育を中心にして一般的展望をあたえるものとして、たとえば、vgl. H. Scholtz, *Erziehung und Unterricht unterm Hakenkreuz*, 1985; D. Rossmeissl, *"Ganz Deutschland wird zum Führer halten...": Zur politischen Erziehung in den Schulen des Dritten Reiches*, 1985; U. Hermann (hrsg.), *"Die Formung des Volksgenossen": Der "Erziehungsstaat" des Dritten Reiches*, 1985; K. Urban, *Das Ausbildungswesen unter dem NS. Wissenschaftstheoretische Begründung und Erziehungswirkliche Praxis*, 1986; K.-I. Flessau, E. Nyssen u. G. Pätzold (hrsg.), *Erziehung im NS. "...und sie werden nicht mehr frei ihr ganzes Leben!"*, 1987; W. Keim (hrsg.), *Pädagogen und Pädagogik im NS. Ein unterledigtes Problem der Erziehungswissenschaft*, 1988; R. Dithmar (hrsg.), *Schule und Unterricht im Dritten Reich*, 1989. こうした研究の隆盛は、ナチ政権成立後五〇年を期したナチズム全体にたいする一般的関心の広がり、ナチ的過去にとらわれないで批判的な姿勢をとりうる若手研究者の出現にも支えられ、さら

に方法論的にも民衆の日常生活史、オーラル・ヒストリーなどの新しい歴史学的・社会科学的方法による研究も出はじめている。中には、ルーマン的システム理論を援用してナチ教育を《価値自由》な観点から分析した研究(H.-E. Tenorth, *Zur deutschen Bildungsgeschichte 1918-1945*, 1985)も出ているが、そこでは、ナチ教育政策がドイツ史において「子どもの時期から大人の年代まで……教育システムの可能性を利用した《最も成功した》試み」とされ、ついには「初期の強制収容所」さえ「社会的教育システムの新式の部分」(*a. a. O.*, S. 121 u. 122)とされる。こうした見方からは、ナチ支配の政治的特質が抜け落ちることにならざるをえない。そのほか資料集として、H. Kanz (hrsg.), *Der NS als pädagogisches Problem. Deutsche Erziehungsgeschichte 1933-1945*, 1984; G. Platner (hrsg.), *Schule im Dritten Reich. Erziehung zum Tode. Eine Dokumentation*, 1988. 主要なナチ教育法令および教授指針の抜粋集として、*NS und Schule. Amtliche Erlasse und Richtlinien 1933-1945*, hrsg. u. eingeleitet v. R. Fricke-Finkelnburg, 1989. なお、一九八三年秋にベルリンで行なわれたナチ教育史料展の写真・資料集(Arbeitsgruppe Pädagogisches Museum (hrsg.), *Heil Hitler, Herr Lehrer. Volksschule 1933-1945. Das Beispiel Berlin*, 1983)など、参照。最近の研究状況の総括として、vgl. W. Keim, Das NS-Erziehungswesen im Spiegel neuer Untersuchungen. Ein Literaturbericht, in: *Z. f. Päd.*, 1988, S. 109-130. なお、同じくU. Herrmann u. J. Oelkers (hrsg.), *Pädagogik und NS*, Z. f. Päd., 22. Beiheft, 1988 所収の研究状況の総括をも参照。

(2) 『わが闘争』の教育観は、ナチ時代には《カノン的妥当性》(Eilers, *a. a. O.*, S. 106)をもっていたという。ナチ教員連盟の指導者ハンス・シェムによれば、『わが闘争』を通して「アドルフ・ヒトラーと内面的に結びつくものは、教育学的にもはや誤ることがない」(*H. Schemm spricht. Seine Reden und sein Werk*, hrsg. v. G. Kahl-Furthmann, 11. A. 1941, S. 285)とさえ断言される。もっとも、ヒトラー自身、『わが闘争』の中で、のちに学校外の青年組織＝HJが演ずるようになった教育的重要性を、まだ予見してはいなかった。

(3) ヒトラーの教育的見解をまとめたものとして、vgl. W. Höper, *Adolf Hitler. Der Erzieher der Deutschen*, 1934; F. Hiller, Der Führer über Erziehung, in: ders. (hrsg.), *Deutsche Erziehung im neuen Staat*, 1936, S. 5-23. 批判的分析として、とくに、vgl. H. Steinhaus, *Hitlers pädagogische Maximen. "Mein Kampf" und die Destruktion der Erziehung im NS*, 1981.

(4) Hitler, *Mein Kampf*, 607. A. 1941, S. 448. なお、vgl. S. 446.

(5) Hitler, *a. a. O.*, S. 452.

(6) じじつ、ナチ教育においては、極端なまでに強健な身体が賛美され、《人種的解体》に抗して《民族的再建》のため《健全なスポーツ》が奨励された。こうしたスポーツの政治的道具化は、『わが闘争』に始まり、国家や党の体育関係者の公私の発言や体育理論家の著作にいたるまで無数である(vgl. L. Pfeiffer, *Turnunterricht im Dritten Reich. Erziehung für den Krieg?* 1987; H.-U. Ludewig, Sport und NS, in: *N. P. L.*, 1985, S. 401-420)。

(7) Hitler, *a. a. O.*, S. 468. なお、vgl. S. 455, 466 u. 469. たとえば歴史教育についてみれば、「大きな発展の流れを認識する」ことに重点をおいて、「教材の圧縮」がなされねばならない(S. 467)。

(8) Hitler, *a. a. O.*, S. 468 f. ヒトラーは《学問的修練の原則》の第一として、「若い頭脳が九五パーセントまで必要とせず、それゆえまた忘れてしまうような事柄で負担過重にされてはならない」(S. 464)と強調している。

(9) Hitler, *a. a. O.*, S. 459, 460 u. 455. もっとも、こうした『わが闘争』における女子教育観は、戦時下において、部分的には修正を余儀なくされたとはいえ、なお必要だった女子労働力の総動員にとって足枷となった。

(10) Hitler, *a. a. O.*, S. 480 u. 478.

(11) Hitler, *a. a. O.*, S. 475-476.

(12) Hitler, *a. a. O.*, S. 475.

(13) Hitler, *a. a. O.*, S. 456.

(14) Hitler, *a. a. O.*, S. 459.

(15) Hitler, Rede vor den SA-Führern im Reichenhall v. 3. Juli 1933, in: Hiller(hrsg.), *a. a. O.*, S. 10-11.

(16) H. Picker, *Hitlers Tischgespräche im Führerhauptquartier 1941-1942*, neu hrsg. v. P. E. Schramm, 1963, S. 356.

(17) Hitler, *M. K.*, S. 482.

(18) Vgl. Steinhaus, *a. a. O.*, S. 19. なお、vgl. K. Aurin, Die Politisierung der Pädagogik im "Dritten Reich", in: *Z. f. Päd.*, 1983, S. 682.

2　ナチ教育学の展開と転換

ナチ教育学は、こうしたヒトラーの教育観を学問のコトバに移しかえる努力にほかならない。ナチ・ドイツにおける教育理論の中で、代表的なものとして、エルンスト・クリークとアルフレート・ボイムラーをあげることができる。[1] クリークは、もともとリベラルな小学校教員出身であったが、教育大学教授を経て一九三三年五月にはフランクフルト大学教授に就任し、ただちにナチ党員として最初の学長になった(かつての社会研究所がクリークの名前を冠する研究所に変えられたのは象徴的である)。さらに翌年にはハイデルベルク大学に移り、ここでも学長にあげられている。ボイムラーは、教員養成所を経てドレスデン工科大学で教え、神話研究やニーチェ礼賛で注目されていた。ナチ政権成立後まもなく、ベルリン大学に新設された政治教育学の教授に就任した。

クリークもボイムラーも、ヴァイマル時代には、なお教育学的論議におけるアウトサイダーにすぎなかった。しかし、いまや彼らの教育学的な基本概念は、当時、一種の《カノン的教説》(アイラース)とみなされるにいたった。彼らの課題は、教育理論のさまざまの潮流にたいして新しい方向づけをあたえることにあった。[2] クリークが、当初、教育相ルストの庇護のもとに立っていたとすれば、ボイムラーの教育活動は、終始、ナチ党の《世界観的訓育》を担当するローゼンベルクに結びついていた。[3] 以下においては、この両者の理論の展開と転換を辿ってみよう。

ナチ政権成立直後には、クリークは《ナチ革命》を先駆的に基礎づけた教育学者として、その理論的業績の評価は、きわめて高かった。[4] クリークにおいては、理論的にも実践的にも《共同体》の地位が支配的である。クリークにとって、教育とは、むしろ「民族共同体の根本機能」なのであり、そのようなものとして「より高き秩序の生物学的機能」、「有機的な出来事」、「成長過程」にほかならない。「あらゆる個人的自己展開がそれによって制約されている有機体内部における適応、類似化、分肢化こそ、いっさいの教育の本質である」。[5]

もともとヴァイマル時代におけるクリーク教育論は、デューイやマカーレンコのそれに通ずる《改革的》批判的な特徴を帯びていた。それは、これまで学校モデルに限定されてきた見方を止めて、むしろ人間経験のあらゆる現象を教育の観点の下にとらえ直す試みであった。家庭や教会、青少年グループや労働現場などを通して、すべてのものがつねにすべてのものを教育するという普遍的な教育学的認識に立っていた。このようにクリークは正しく教育過程の現実から出発することを知っていた。しかし、彼においては、ついに学習過程そのものが主題としてとりあげられなかったことに注目しなければならない。すなわち、クリーク教育論は、そこで学ぶことによって教育過程に参加する当の学習者の視点に立ってはいなかった。教育目標として、つねに一定の社会秩序があらかじめ前提されており、逆に、新しい学習と経験とによって所与の秩序を新しく発展させ革新していくという可能性は出てこなかった。じっさい、クリークにとって、《共同体》は、個人がその中に生活する超個人的な有機体であるのみでなく、積極的に評価すべき価値そのものを意味することになった。いわば《存在》が《当為》とされるのであり、そこから逸脱することは根源的＝自然成長的な生活型態への連関を失うことを意味する。教育とは、個々の人間がこの《共同体》の一般的内容と《類型》とをみずからのうちに表現するにいたることである、とされたのであった。

それは、従来の教育論における個人主義と、それに結びつくリベラリズムとにたいする反対を基礎づけるものであろう。じっさい、クリークにおいては、教育が《共同体の機能》として示されるゆえに、いっさいの教育は共同体の機能として営まれるべきものとされる。こうして教育概念の普遍化によって、いまや逆に、個人は具体的《普遍者》としての共同体に犠牲とされる。そこには、当時、ヴァイマル共和国の《保守的革命》の思想に共通する反近代＝反資本制的感情が反映していた。すなわち、現代社会における人間関係のメカニズム化＝非情動化から生まれるアイデンティティー喪失にたいする危機意識こそ、クリーク教育論の基本的モティーフだった。明らかに、そこに《民族共同体》を訴えるナチ《革命》にクリークがたんなる同調者としてではなく、積極的に関与していった理由もあった。しかし、いまやナチ政権の成立とともに、個人と共同体との一体性を打ち立てるために、《全体主義的》教育を権力的に強制することも正当化される。そこには、クリーク教育学にまつわる根本的矛盾が露呈している。(6)

しかし、クリークは、くり返し《全体が部分に先行する》という古代哲学いらいの伝統に訴える。さらに、より直接的に、彼はナチ党綱領における《公益優先》のスローガンをも援用することができた。政治的＝教育学的責任は、個人にたいして共同体への義務を強調するのであり、そのためには個人的・民主主義的な自由は放棄されねばならない。クリークはいう。「青年にたいして国家全体が指導的人種の法則に従って民族性の訓育者となる」。「アドルフ・ヒトラーの事業の中には、教育的使命が、そもそもの初めから力強く輝き出ている。民族教化の思想が国家形成と教育とによって、大規模にかつ包括的な仕方でとらえられたことは、これまでにほとんどなかったことである」(7)と。

クリークは教育の三つの機能を区別する。それは、若い世代にたいして、第一に、「必要な技術的能力と実際的知識」とを獲得させる。第二に、「心的態度、品性、意志方向」を形成する。第三に、「世界観に従って教化する。すなわち、彼ら自身のうちに適切な世界像をつくりあげる。あるいは、むしろ、共同体の中に現存する世界像を彼らのうちに刻印する」。なるほど、クリークは、これら三機能が互いに連関し合い、教育の目的を達成するためには、いずれも不可欠であるという。しかし、「ナチ理念からすれば、あらゆる教育の中心および基礎として、品性の教化にこそ重点がおかれる」。そしてこの品性教育の担い手として、彼は、ナチ運動によってつくり出されたSA、SSなどの政治的＝軍事的団体、ヒトラー・ユーゲント(HJ)などの青少年組織を優先させる。「性格教育は、軍事的＝政治的＝音楽的な訓育制度の中でも人種的＝民族的＝政治的な世界観および価値秩序に従って行なわれる」(8)。

ここでは、学校は、それが主として知識の伝達や教授に仕えるものであるゆえに、第一の教育制度となることはできない。むろん、クリークも知性的教化の意義を全面的に否定するのではない。しかし、それは、品性教育に仕えるかぎりにおいて認められる従属的機能をもつにすぎない。「旧来の教育学によって要求された公教育にたいする学校の独占ということは、決定的に粉砕され、教育学の《自律》ということも、また同様に粉砕された」。たとえばクリークは、教育改革の課題として学校教育が国民生活の現実から遊離することを克服すべきであるという。そして、統合的教育によって教科の分裂を克服すべきことを要求した。形式的には妥当な、これらの要求は、実際には、学校教育とくに教科教育を、ナチ・ドイツの「現実と世界観」とに「全体的に」適応させ統合することにほかならなかった。(9)こうして、クリークにとって、学校が青少年の社会化過程全体の中で占める地位は低かった。とはいえ、学校は、「世界観的訓育」＝イデオロギー的《思想教化》の重要な教育機関にほかならない。

しかし、すでに指摘したように、クリークにとって、各種のナチ党組織とくに青年組織がいっそう重要である。それは、《民族同胞》や次代の青年たちに「必要な訓育」を施し、国家「全体に奉仕するように基礎的な品性教育」を担うものにほかならないから。こうしたナチ青年教育の位置づけに当たって、クリークの分析は、かならずしも一義的に明確ではない。一方では、それは、外部から青少年に強制されたものではなく、彼ら自身の内発的要求を表現した「自己の本来的形式」なのであり、青少年による「自助と自己教育」の組織とみなされる。《新しい教育》のイニシアティヴは、なお第一次大戦後の《青年運動》を継承する若い世代の自発的な革新への意志に由来する、とみられている。しかし、他方では、それは、体制全体の見地から、いわば《全体的》国家に担われたドイツ民族の《再教育》過程の一環として位置づけられる。学校、教会、家庭など、これまでの《社会化》の機関を一時的に排除して、いまや国家が「民族的＝政治的共同体の全体における、またそのすべての成員における民族訓育の主人」として登場する。(10)こうしてみれば、《新教育》のイニシアティヴは明らかに国家の手にある。こうした二つの解釈は、じつは、当初、ナチ青年組織内部に存在した原理的＝組織論的な対立を反映するものにほかならない。

その後、クリークの著作活動は、狭義の教育学的論議から、《民族的＝政治的人間学》の思弁へと移行していった。

それは、クリークにとって、ナチ的世界観にもとづいて生と世界に意義づけをあたえ、新しい普遍的科学を打ち立てるライフワークの試みだった。(11) クリークによれば、ナチズムは、その「全体的直観」によって主体と客体とを「より高次の生命的全体」に組み入れ、ソクラテス以来のヨーロッパ的認識論を克服した。すなわち、伝統的な認識論は「論理、概念、目的行為……」などの手段によって個別現象を「有機的生命連関」から解消し、ついには完全に「形式主義的な実体喪失」に終わらざるをえなかった。直観的に把握された全体との関連の中で個別を把握する《演繹的》思考は、クリークの場合、「生の意味」の実現を求める人間の「生命的努力」の一部をなすものとされる。しかも、この「生の意味」は個々の人間が特定の民族と人種の構成員として歴史と「運命」から課せられた包括的な「総体的課題」からのみ明らかになるものだ、という。「生ける民族には、それに所属する個人(民族同胞)のみならず、個人生活の生成と意味とが充たされるのに必要な、いっさいの生活領域と生活機能もふくまれる。すなわち、民族的な宗教や政治、生活＝労働＝経済＝法秩序、言語、芸術、学問、教育が、それに付属する諸機関とともにふくまれる」。こうして「超個人的生命の全体としての民族、生命的基盤としての民族、生存＝運命圏としての民族から、すべての民族同胞の個人的生活が成長する。民族は、その生成過程を通じて、民族全体の歴史的使命と運命的課題とに仕えることによって、すべての個人的生成が行なわれ、実現される」という。しかし、こうした《民族主義的世界像》の構想は、限定された専門分野を越え出て、教育固有の課題を見失う危険が、いっそう強くならざるをえないであろう。じっさい、一九三〇年代末から、クリーク教育学をめぐって激しい論議がくり広げられるにいたったのは偶然ではない。(12) ナチ党のイデオローグ、とくに親衛隊(SS)人種局側から攻撃されて、クリークは、まもなく党の要職や学長職からも身を引くことになった。(13)

こうした潮流の変化は、たとえばすでに一九三八年の段階で、ウザーデルによって、はっきり認識されていた。

彼はＨＪの訓育指導官として、つとにナチ党青年組織による政治教育の意義を基礎づける立場に立ってきた。彼は、ナチ政権の当初には、伝来的な学校教育における「主知主義教育」にたいして批判的であった。「知識の獲得」よりも「意志的態度」を重視するＨＪの教育的課題を通して、「学校の内的改革」に影響をあたえるべきことを主張していた。[14] しかし、ウザーデルは、いまやナチ青年教育の中で「余計もの」扱いされてきた「ドイツの学校に味方するため」に新しく『知識・教育・学校』を公刊する。本書の冒頭で、彼は、「われわれが今日なお教育問題において危機に陥っているのは疑いない」と断言している。危機の核心は、ＨＪの政治教育的要求にたいして学校教育による《知識の伝達》をいかに位置づけるかに存在する。ウザーデルによれば、学校は、「一定の職業生活の準備」として不可欠であり、その際、学校教育による「予備的知識」を捨てるわけにはいかない。さらにウザーデルによれば、知識の伝達は支配的な価値や規範を学習するためにも重要な意味をもつ。ナチズムのための教育にとって、たとえばドイツ史の知識や「人種的純粋性」の保持のための前提として「わが民族の生物学的価値」に関する知識などは不可欠だという。したがって、教育には、本来、知識の伝達がふくまれ、学校における「知識の伝達は、品性教育にとって不可欠の構成要素」となる。なぜなら、それは、「組織的な働きかけによって、精神を越えて潜在意識をも形づくり、さらに本能的行動となって現われうる」のであるから。[15]

一九三九年末には、公然とクリークの教育概念が直接的な批判の対象となった。ヴィルヘルム・アルプは、クリークの立場がナチ的世界観の根本原則に矛盾し、さらにその《ロマン主義的》な理論がナチ・ドイツの具体的な政治的＝教育学的現実と切り結ばないことを鋭く批判した。[16] ここで提起されているのは、たんにアカデミックな論争にとどまらなかった。むしろ、アルプ論文はナチ党全国指導部教育局編集の機関誌上に発表され、ナチ党側からの批判を代弁していることを見逃してはならない。アルプによれば、教育をたんに《民族共同体の機能》とみるクリークの立場は、ナチ・ドイツにおける教育固有の問題や教育が「個別的にねらい働きかける内容を考慮していない」。党と国家が期待する教育の「課題」をできるかぎり有効に果たしうるためには、「まったく意図的に行なわれる」教育過程とそれに内在する法則を教育固有の概念によって分析することが不可欠である、という。教育を《有機体的発展理論》に解消し去るクリーク理論では、いわば《社会化》の意図的な側面としての《教育学的》次元を十分に概念化することができないというわけである。ここには、初期におけるナチ教育学理論の根本的な転換が明らかであろう。じっさい、アルプは、クリークにおける「非合理的な」共同体教育の強調を批判して、「品性教育」と「知識の伝達」とを分離する考え方を《ユダヤ的》な知性観として退けてさえいる。「北欧的人間は、認識する精神からは自然を技術によって征服し、自由に行動する精神からは国家を行動によって秩序づけた」。したがって、いまや「教育は、一人びとりの人間の身体的＝精神的にみた独自性全体にまで及ぶのである」と。(17)

こうしたアルプあるいはウザーデル的転換の背後に立っていたのは何であろうか。「合理的な教育計画」という要請は、明らかに緊迫する総力戦争準備という政治的必要と結びついていた。すなわち、高度工業国家として、ナチ・ドイツは、もはや学校教育による知識の伝達を抑圧ないし軽視することができない。いっそう有用な労働力を求める需要の高まりは、学校教育の《適性化＝資格付与》機能をあらためて顧みなければならない。「技術化や合理化をともなう四カ年計画の時代には、合理性非難によって、われわれは、もはや驚かされはしない。たしかに、ロマン主義的な態度が、とりわけ学校教育にたいする不信感をつとに培ってきた。しかし、これは、過渡期の現象にすぎない。ナチ革命は教育学的にもきわめて創造的であり、それは、民族秩序全体を教育制度として計画的に組織化するにいたったのだ」。(18)

こうしたナチ教育学の転換は、もっとも典型的にボイムラーに即して辿ることができる。当初、ボイムラーは、ナチ教育の具体的「イメージとして浮かんでくる類型」に《政治的兵士》という名称をあたえていた。[19]《政治的兵士》について、彼は、どこにも明確な定義をあたえていない。しかし、それは、明らかに一九世紀的市民像とは対照的な存在だった。むしろ、ナチ権力闘争期におけるSAやHJなどを範型とするものとみることができよう。彼らは、民族や国家にたいする犠牲的献身の中に生き、そこから自己の行為と存在の意味を引き出した人びとだった、というわけである。そこでは、身体的訓育とイデオロギー的教化とが、その政治的教育学の中心的課題となる。したがって、こうした基本的立場から、ボイムラーは、三〇年代半ばまでは、学校教育における「形式的教養の限界」を指摘し批判してきた。それと対照的に、彼は、ナチ政治組織における「直接的教育の優位」を強調していた。[20]《直接的》というのは、教養内容を媒介することなしに、若い世代の心情や意志に人格的に働きかけ《品性》の育成を課題とする教育のことである。しかし、一九三九年に彼が《教養》(Bildung)の概念をめぐって次のように語るとき、それは一種の《自己批判》の響きをもつ。

ボイムラーによれば、《教養》概念はリベラルな個人主義と結びついていたため、ナチ《新教育》をつくり出す闘争の過程で「しばしば、ひどい取り扱いを受けた。……闘争において重要なのは、何らかの教養をもつことではなく、決断力、忍耐力、したがって品性を身につけていることだった。要するに、それは特定の教養との結びつきを必要とはしなかった」。しかし、闘争の時代は終わり、「ナチ教育学の企てにとって不可欠な基本概念を検討し直す」必要がある。そのとき、教養というコトバには、他のいかなるコトバにも代えられない「課題」が指定される、という。ボイムラーは、教養財の精神的所有という従来の《市民的》な《教養》観を退け、《教養》を《共同体》に奉仕するため個人の精神的資質を展開する精神的＝心的過程としてとらえる。「教養とは、個人が共同体の中で全き献身をとげるために歩まねばならない道程を示すコトバである。教養なくして業績達成はない」。教養の媒体となる「精神的内実を、成長しつつある人間は、生産し再生産することを学びつつ、《自己自身》を形成する」[21]。ボイムラーにとって、学校こそ「教養が行なわれる場所」であり、授業こそ「学校に固有な教養の手段」である。これは、学校教育の復権にほかならない。

こうしてボイムラーは、学校＝教育理論を国家と社会の業績達成要求に適応させつつ、教育学の《機能的》固有法則性に余地を空ける。彼は、子どもたちが、その「諸能力を特定の実際的目的のために時機尚早に訓練される」ことに断固として反対する。それは、教育過程を終えた時に可能となる「いっそう高い業績達成を喪失する」ことを意味するであろうから。むしろ、必要なのは、「個別的課題を熟慮の上で、すなわち、一般的な立場から解決する」能力にほかならない。「すぐれた学校で学習するのは、特定の行動ではなく、行動しうる能力である」[22]。こうした学校教育の《固有法則性》に対応して、ボイムラーは、教員にたいして《教育学的責任》の余地を空ける。ナチ教育学においては、教員は「政治機関の指令のたんなる執行者」ではない。むしろ、総統が学校にあたえた政治的課題を「自己の責任において」果たすものである。「彼がその政治的課題を理解し引き受けるなら、彼は自由である」[23]と。ここには、ナチ支配体制下においてさえ、学校教育に期待される《適性化》機能のゆえに、教師たちが授業の実践において必要とする相対的な《教育学的自律性》を要請しているのである。

むろん、この《教育の自由》は、それが保証されたかにみえる次の瞬間には、ふたたび制限される。なぜなら、学校教育における授業内容はナチ世界観と人間像にもとづき、教師の活動は政治目標を目指さねばならないのだから。ボイムラーにとって、教育は、つねに「基本的かつ第一に政治的なものからのみ」規定される[24]。その意味では、ボイムラー教育学が《政治的教育学》と呼ばれるのは偶然ではない。彼は、「あらゆる政治以前」、つまり、「国家以前の、あるいは国家を超えた」人格の形成を説く伝統的教育学に反対する。《政治的教育学》は、《政治の優位》を認めることから出発する。それは、政治権力によってつくり出された体制の中に自覚的に編入され、政治指導によって命じられた課題に奉仕することを目指す。(25)

三〇年代末から四〇年代にかけて、《全体戦争》の現実を眼の前にして、ボイムラーは、「共同体の業績達成の内部にある個々の方向を区別することなく、いっさいを直接的な戦闘行為に関係づける」考え方を「もっとも重大な誤解」として退ける。「全体戦争という思想は、反対に、全体の中でのさまざまの役割を明確に区別すること、そして、個人が彼に割り当てられた役割に固くふみとどまる無条件の忠実さを要求する」。「全体戦争下の学校の位置も、この観点からみられねばならない。学校教育によって「今日、存在する業績水準は、あらゆる努力を尽くして維持されねばならない」。「われわれドイツ人にとっては、われわれの素質の中にひそむ力に対応するような程度の高い労働力をもつことが、決定的に重要である。それゆえ学校は……叩き込みや速成の訓育ではなく〔能力〕育成的でなければならない」(26)。彼の教育学は、子どもの個人的な業績達成能力の開発を保証して、何よりもまず軍需産業の要請に――いっそう長期的な展望の中で――応えようとする。しかし、この学校教育の《適性化》機能は、すでにみたように、個人の業績達成能力を民族共同体に奉仕させることと結びついていた。それは、いわば、いっそう高いレベルでの《統合化》機能を確保する努力と不可分のものであった。こうした学校教育の重要性を強調する論文においても、むろん、HJに代表される「集団編成の教育」の不可欠性は、依然として前提されていたばかりではない。この連関において、ボイムラーが、とくに学校教育を通して、来たるべき戦争の正当化と、それにたいするイデオロギー的武装の課題とを指定していたことも、見逃されてはならないであろう。(27)

（1）　たとえば、vgl. K. H. Dickopp, NS-Pädagogik, in: J. Speck (hrsg.), *Geschichte der Pädagogik des 20. Jahrhunderts*, Bd. 2,

1978, S. 130. なお，vgl. Ch. Zentner u. Fr. Bedürftig (hrsg.), *Das große Lexikon des Dritten Reiches*, 1985, S. 57 u. 330.

（2） Vgl. Eilers, *a. a. O.*, S. 1-2. 当時，こうした新しい潮流に応えようとして，おびただしい教育学文献が公刊された。たとえば，vgl. G. Giese, *Staat und Erziehung. Grundzüge einer politischen Pädagogik und Schulpolitik*, 1933, S. 146 ff. いっそう学校現場に即した例として，vgl. H. Schaller, *Die Schule im Staate Adolf Hitlers. Eine völkische Grundlegung*, 1935.

（3） 一般にナチ支配機構に見出される同じ行政権限の競合や分裂が，教育の分野においても顕著である。たとえばシーラッハに率いられる《ヒトラー青少年団》，ライの《ドイツ労働戦線》，シェムの《ナチ教員連盟》，ヒエールの《労働奉仕団》などの果たした役割のほか，さらに宣伝相ゲッベルス，内相フリック，SS《帝国《ライヒ》指導者》ヒムラーなどの発言権をあげることができる。彼らは，みな自己の担当する分野で，それぞれ独自の教育活動とエリート教育を行なおうとした。この場合，本来の教育部門の責任者であったルストおよびローゼンベルクは，ナチ支配体制内部では，いわば周辺的存在にとどまったといえよう。

（4） たとえば，vgl. K. E. Müller, Der Wandel im pädagogischen Denken, in: *NS-B. W.*, 1937, H. 3, S. 142. ここでは，クリーク理論が教育学における「コペルニクス的転換」にも比せられている。とくに，彼が教育を「共同体の根源的機能」とすることによって《理論的》教育学と《実践的》なそれとの区別を克服したことが注目される。同じようなクリーク評価について，vgl. G. Giese, Politische Pädagogik und Staatswissenschaft, in: *Zeitschrift für die gesamte Staatswissenschaft*, 1937, S. 417 u. 427.

（5） E. Krieck, *NS-Erziehung. begründet aus der Philosophie der Erziehung*, 2. A. 1934, S. 3 u. 4（『全体主義教育原理』野上巌訳，栗田書店。以下の引用では *NS-Erziehung I* と略記）。さらに，vgl. ders., *Nationalpolitische Erziehung*, 16. A. 1933, S. 98 ff., 111 ff. u. 125 ff. こうしたクリーク教育論と基調を同じくするものとして，とくに，vgl. Ph. Hördt, *Grundformen volkhafter Bildung*, 3. A. 1933.

（6） ヴァイマル時代のクリーク教育論の代表的な文献としては，E. Krieck, *Philosophie der Erziehung*, 1922 u. 1925; ders., *Menschenformung*, 1925, 2. A. 1933 のほか，前掲の ders., *Nationalpolitische Erziehung*, 1932, 16. A. 1933 など，参照。クリーク教育論の一貫性と矛盾については，とくに vgl. K. Prange, Identität und Politik bei Ernst Krieck. Ein Beitrag zur Philosophie totalitärer Pädagogik, in: G. Groth (hrsg.), *Horizontale der Erziehung*, 1981, S. 214 ff. なお，vgl. Lingelbach, *a. a. O.*, S. 162 ff.（両論文とも Hermann (hrsg.), *a. a. O.*, S. 154 ff. u. 117 ff. に収録）。同様に，ヴァイマル時代の《教育学的改革運動》からナチ的な《民族的＝政治的教育》へ転換した例として，vgl. K. Fr. Sturm, *Deutsche Erziehung im Werden. Von der pädagogischen Reformbewegung zur völkischen und politischen Erziehung*, 4. A. 1938.

（7） Krieck, *NS-Erziehung I*, S. 23. 同じく，vgl. Krieck, NS-Erziehung, in: *Grundlagen, Aufbau und Wirtschaftsordnung des*

NS-Staates, hrsg. v. H. H. Lammers u. H. Pfundtner, 1936, S. 4(「民族社会主義的教育」橋本重次郎訳『新独逸国家体系』第二巻，所収，日本評論社。以下の引用では，*NS-Erziehung II* と略記)。

(8)　Krieck, *NS-Erziehung II,* S. 7-8. 高校改革に関しても，ナチ世界観にもとづいて「従来の百科辞書的主知主義を克服すること」(S. 20)を提唱している。

(9)　Krieck, *NS-Erziehung I,* S. 59. なお，vgl. *NS-Erziehung II,* S. 20.

(10)　Krieck, *NS-Erziehung I,* S. 11, 24 u. 25. HJとの関連については，当時，ナチ教員連盟の論議でも，同じ基調が認められる(vgl. Schaal, Organische Bildung und Gemeinschaftserziehung in der Volksschule, in; *Politische Tat und Erzieherischer Wille : Bericht über die Erziehertagung des NS-Lehrerbundes in Wuppertal am 1. u. 8. Nov. 1935.* S. 74 f.)。

(11)　Vgl. Krieck, *Völkisch-politische Anthropologie,* I. Teil : Die Wirklichkeit, 1936, S. 32 ff. 引用は S. 54 u. 44.

(12)　クリーク理論にたいするナチ党からの批判については，vgl. Lingelbach, *a. a. O.,* S. 180 ff. なお，vgl. G. Müller, *Ernst Krieck und die NS-Wissenschaftsreform,* 1978, S. 128 ff.

(13)　しかし，こうした《引退》をクリークがナチ党に幻滅し「ナチズムとの一時的同化」から彼本来の一九二〇年代の「リベラルな前提」に復帰した(Müller, *a. a. O.,* S. vi u. 159)とみて，一九三八年以後のクリークを《国内亡命》と規定することはできない(とくに，vgl. G. Müller, Rezension über G. Müller, in : *Z. f. Päd.,* 1979, S. 154-158)。政治活動から後退したとしても，彼が反個人主義的なナチ主義者だったことには変わりなかったのだから。彼は，戦時中にもナチ歴史理論を基礎づける著作活動(たとえば vgl. E. Krieck, *Volkscharakter und Sendungsbewußtsein,* 1940. ちなみに，この本は党の審査委員会のお墨付きをあたえられ，ナチ党文献の一冊に入れられている)をつづけていたし，この間のクリークの講義や演習のテーマ，また彼の下で扱われたドクター論文なども，それを裏付けている(vgl. M. Brumlik, NS-Pädagogik in Forschung und Lehre. Dissertationen und Lehrveranstaltungen an der Universität Heidelberg 1934-1943. Ein Bericht über das Wirken von Ernst Krieck, in : H.-U. Otto u. H. Sünker(hrsg.), *Soziale Arbeit und Faschsimus. Volkspflege und Pädagogik im NS,* 1986, S. 55 ff.)。

(14)　G. Usadel, Jugenderziehung im NS-Staat, in : Hiller(hrsg.), *a. a. O.,* S. 138 f. なお，vgl. Usadel, *Zucht und Ordnung. Grundlagen einer NS-Ethik,* 1935(『ナチスの倫理』安井波雄訳，泉書房)。

(15)　G. Usadel, *Wissen, Erziehung, Schule,* 1939, Vorwort u. S. 7, 16 u. 47.

(16)　Vgl. W. Arp, Zum Begriff der Erziehung, in : *NS-B. W.,* 1939, H. 9, S. 550-570. これにたいして，一九三九年の段階でも，クリークの関心は《意志＝品性の陶冶》を重視する《世界観的修練》《人種訓育》に傾斜している(たとえば，vgl. Krieck, *Weltanschau-*

liche Entscheidung, 1939, S. 57)。

(17) Arp, *a. a. O.*, S. 567 u. 563.

(18) Arp, *a. a. O.*, S. 566. ちなみに、第二次大戦勃発直前の段階では、アルプは、なおクリークの教育論にたいして肯定的に論ずることができた(vgl. W. Arp, *Das Bildungsideal der Ehre*, 1939, S. 80 u. 105)。ナチ教育学の転換の政治的・経済的背景については、とくに、vgl. Lingelbach, *a. a. O.*, S. 15 u. 186.

(19) A. Baeumler, *Männerbund und Wissenschaft*, 1934, S. 129. ボイムラーの講座新設と招聘はベルリン大学当局の関与なしに行なわれ、彼の就任講義には、ナチの制服をきた学生たち多数が参加し、そのあと引きつづき《焚書》のため隊伍を組んで行進していったという。ボイムラーの《政治的教育学》については、vgl. Lingelbach, *a. a. O.*, S. 80 ff. u. 188 ff.(= Hermann (hrsg.), *a. a. O.*, S. 138 ff.)。なお、vgl. M. Leske, *Philosophen im Dritten Reich. Studie zu Hochschul- und Philosophiebetrieb im faschistischen Deutschland*, 1990, S. 203 ff., とくに、クリークとの政治的競合ないし対立については、vgl. S. 230 ff.

(20) Vgl. A. Baeumler, Die Grenzen der formalen Bildung, 1936, in: *Politik und Erziehung*, 1937, S. 85. そのほか、vgl. ders., *Männerbund und Wissenschaft*, *passim* (両著を合本した抜粋訳として『民族と教育』篠原陽二訳、創元社)。

(21) Baeumler, Bildung, 1939, in: *Bildung und Gemeinschaft*, 1942, S. 111, 116 u. 113 f.

(22) Baeumler, *a. a. O.*, S. 115; ders., Der Weg zur Leistung, 1940, in: *a. a. O.*, S. 121.

(23) Baeumler, NS und "Idealismus", 1940, in: *a. a. O.*, S. 96-97. なお、vgl. K. Hornung, *Etappen politischer Pädagogik in Deutschland*, 1962, S. 79.

(24) Baeumler, Die deutsche Schule und ihr Lehrer, 1939, *a. a. O.*, S. 101. なお、「教師は、まったく自立している。働きの場は、かつてないほど開かれている。自己の責任から行動し、遠い道程を自分で道を捜さねばならない」。しかし、「教師が今日何であり、何をなすべきかを、みずから自己の政治的委託から解釈しなければならない」。教師の《自由と責任》とは、つまるところ《ドイツの運命》にたいするものでしかなかったから(vgl. *a. a. O.*, S. 103)。

(25) Vgl. Baeumler, Die Grenzen der formalen Bildung, *a. a. O.*, S. 70 u. 71.

(26) Baeumler, Der totale Krieg, 1939, in: *Bildung und Gemeinschaft*, S. 39; ders., Der Weg zur Leistung, 1940, in: *a. a. O.*, S. 121. この時点になれば、具体的な教授法の論議でも、「学校は……教養の課題を解決し、あるいは、特定の学習財を計画的かつ方法的に伝達するための場所である」(F. Huber u. J. Prestel (hrsg.), *Unterrichtsführung und Unterrichtsgestaltung in den Volksschulfächern*, 2. A. 1943, S. 8)ということが、はっきり打ち出されている。

(27)　Baeumler, Die deutsche Schule in Gegenwart und Zukunft, 1941, in: *a. a. O.*, S. 129. ボイムラーによれば、たとえば学校教育の「最高の目的は、成長しつつあるドイツの人びとに政治的状況の理解とともに、わが国防軍の必要性についての理解を準備することにある」。さらに、こうした政治的理解は「政治的状況を支配する人物、つまり総統の行動を理解することを通して」得られるのであり、教師の果たすべき仕事は、「授業」を通してまさに「総統の課題と行動とを理解するように教育する」ことにほかならない、という(vgl. Baeumler, Die deutsche Schule im Zeitalter der totalen Mobilmachung, 1937, in: *a. a. O.*, S. 23)。こうしてみれば、ボイムラーが、かならずしもつねにナチ《党内通用語《パルタイヒネージッシュ》》(A. Mohler, *Die Konservative Revolution in Deutschland 1918-1932. Ein Handbuch*, 2. A. 1972, S. 478)を用いたわけではなかったし、また彼の思考には党の公式見解からのさまざまな食い違いが見出される(vgl. W. Joch, *Theorie einer politischen Pädagogik. Alfred Baeumlers Beitrag zur Pädagogik im NS*, 1971)といった戦後の弁証論は当たらない。

三　ナチ・ドイツの学校教育

1　教育政策と教授指針

一九三三年から四五年にいたるナチ・ドイツの教育政策は、ほぼ三つの時期に大別できる。第一段階は、およそ一九三七年ごろまでをふくむ。個別的な緊急措置を通して、ナチ・イデオロギーを教育過程や教育内容に浸透させることを目指した《内的改革》の時期である。学校行政の面では、《均制化》と中央集権化によって特徴づけられる。第二段階は、三七年から戦争初期にかけて行なわれた計画的な内的・外的《改革》の時期に当たる。なかんずくギムナジウムの統一的編成と、教授指針や教科書の新しい整備によって特徴づけられる。第三段階は、ほぼ一九四二年から敗戦にいたるまで、戦況の悪化にともなって学校教育の活動が徐々に停滞していく時期に当たる。着手された《改革》を、さらに推進することは不可能となり、ある程度統制された学校の生活を維持することが焦眉の課題となるにすぎない(1)。

まず第一期の問題から考えてみよう。権力掌握後のナチ教育政策の基調は、各州教育相を前にして帝国《ライヒ》内相フリックの行なった演説(一九三三年五月)にみることができよう。それは、学校教育の新しい課題を「民族全体への奉仕」と人びとを「防衛能力あるものにつくり上げる」ことに求める。「ドイツの学校は、次のような政治的人間をつくり出さねばならない。すなわち、そのいっさいの思考と行動とにおいて奉仕的かつ献身的であり、みずからの民族に根ざし、その国家の歴史と運命とに全面的かつ不可分的に深く結びついた政治的人間をつくり出さねばならない」。(2) この演説の意図は、疑いもなく、各州において個別的にとられた学校教育の《改革》的措置をナチ・イデオロギーに沿って統一的な路線に導こうとするものであった。こうした方向は、翌年春、各州の《文教高権》を帝国《ライヒ》に移譲し、帝国《ライヒ》教育省を設立する措置につながっている。ここにドイツ史上はじめて、全国的に学校制度全体を統一化する中央集権的な教育政策への道が開かれることになった。(3) すべての教員団体がナチ党教員連盟に組み入れられ、ユダヤ系その他政治的理由にもとづく教員の追放が行なわれた。その他の教員たちも、再教育のため合宿訓練による組織的な思想教化をくり返し受けることになった。(4)

しかし、学校の《内的改革》、とくに教科内容や教材にたいするイデオロギー的浸透は、実際には、徐々にかつ問題点ごとに進められていった。授業や学校生活を具体的に変えるための個別的な訓令は、ほとんど見通し難いほど多岐に分かれている。初期《改革》に特徴的なものとして、たとえば体育その他による軍事教練、共同体意識を強めるための学校祝日行事、《ハイル・ヒトラー》という敬礼の強制、教科への《人種原理》の導入などをあげることができよう。ここでは、代表的な一例として、ナチの人種思想の教育過程への関わりをとり出してみよう。すでに一九三三年秋には、プロイセンにおいて各レベルの学校教育の最終学年に《人種学》(Rassenkunde)を採り入れる訓令が出された。それは、一九三五年初頭、「授業における遺伝学と人種学」に関する訓令によって、いっそう詳細な内容規定をあたえられ、全国的に拡大されることになった。(5) この訓令によれば、遺伝と人種についての「基礎的知識」をあたえるのみでなく、「ナチ的心情」を培養することが、この授業の目的とされる。それは、なかんずく「北欧的人種の遺伝的資質を主として担うドイツ民族に所属することへの誇りを喚起し、生徒たちがドイツ民族性の人種的な形成・発展に自覚的に参加することを決意するように働きかける」ものでなければならない。
この授業が対象とする主要な分野には、第一に、《遺伝学》がある。これが、いっさいの人種論の基礎として重視される。その場合、「人間の文化的業績を主として環境の力にみる」環境論にたいして批判的に対決することを目指す。さらに、「人種意識にもとづく家庭の育成」を強化するための《系図学》。そのほか、最後には、《人口政策》まであげられている。[6] ここでは、とくに出生率の傾向、ドイツ民族における老齢人口の過剰、離村傾向などの問題が取り上げられねばならない。これらのテーマの取り扱いでは、なかんずく生物学が優先する。しかし、《人種理論》は、はっきり《教授原理》として、地理、歴史、ドイツ語、さらに図画や歌唱の授業でも指導的な役割を果たすものとされる。[7] じっさい、この教授指針では、ヒトラーの『わが闘争』が引かれ、《人種学》の基礎知識なしに生徒たちが学校を出ることは許されないとされている。とくに、それは、高等学校では必須教科とされることによって、重要性をいっそう加えることとなった。教育省の担当官が卒業資格試験に立ち会い、《人種学》の十分な知識の有無を審査した。ナチズムに批判的な教師や生徒たちも、こうして、ナチ人種理論を学習することを余儀なくされた。この非科学的な人種論の援用が、教科教育の学問的水準を引き下げるように働いたことは疑いない。すでに一九三三年の訓令で、生物学の授業時間数を増やすために、数学と外国語を犠牲にすることが認められていたことからも、それは明らかであろう。

このようにみれば、初期のナチ教育政策においては、学校教育の《適性化＝資格付与》機能は、大幅に後退していることが認められる。それに代わって、ナチ・イデオロギーによる思想教化がほとんど一面的に学校教育の《正当化＝統合化》機能を促進する。それは、内容的な教科のレベルで行なわれるのみでなく、共同体への奉仕＝献身、防衛決意などナチ的美徳の陶冶という形をとる。こうして学校の《内的改革》は、全体として生徒たちの《脱適性化》をもたらすことにならざるをえない。似而非人種理論がさまざまの教科内容の基礎とされるならば、たとえばナチ的歴史教育に典型化されるように、学問的な知識の伝達や教育における知的水準の維持は不可能とならざるをえない。(8)

第二期のナチ教育政策は、全国的に統一された学制の内的、さらに外的《改革》によって特徴づけられる。《外的改革》の分野では、たとえば一九三八年に高等学校の新編成が行なわれた。就学年数は八年間に短縮され、卒業資格は従来より一年早く得られることになった。同じ年に中間諸学校も統一され、その複雑な学制構造は、高等学校と同じく、いちじるしく単純化された。(9)とはいえ、これらの《学制改革》は、基本的には帝政時代いらいの複線型学制構造を維持するものであり、ナチ党によって約束された《民族共同体》＝《階級的特権の打破》を実現したものとはいえなかった。学校教育には、それを通して既存の社会秩序を再生産する伝統的機能があたえられ、保守的支配層とナチ・エリートとの《同盟》からなる《第三帝国》の支配構造が反映されていたといえよう。この年には就学義務法も公布され、一般的な教育義務が全国的に八年間と法定された。学校教育に関して、従来、かならずしも統一的な規定が存在しなかっただけに、この法律は《外的改革》の枠組みとして重要な意味をもつにいたった。

《内的改革》の分野では、初期における個別的な教育措置につづいて、新しく全国的に統一された《教授指針》が制定された。高等学校の新編成に即応して、一九三七年には、「国民学校の下級四学年のための教授指針」がまず制定され、それに引きつづいて翌三八年には、詳細な内容をもつ教授指針として「高等学校における教育と授業」が公表された。さらに一九四〇年初めには、国民学校全体にたいする新しい教授指針がつづいて出されている。

まず、この一九四〇年の国民学校の教授指針(「国民学校における教育と授業」)について、三〇年代末におけるナチ教育政策の内的特徴をさぐってみよう。この指針は、三年前のそれと同じく暫定的なものとして規定されている。教育相ルストの施行訓令は、「指針を戦争終結後に再検討することを留保する」(10)旨、断わっている。これは、おそらく戦後における政治的・社会的状況のいちじるしい変化を予想し、それに合わせて指針を改訂する可能性を教育相が考えていたことを示す。

この教授指針は、《一般的指針》と《個別教科のための指針》とに分かれているが、《一般的指針》は、ドイツ国民学校の課題について、こう規定する。他のナチ教育機関と共同して――HJとの協働が明記されている(！)――学校に「ふさわしい手段によって、わが民族の若ものを身体的＝心的＝精神的に健康で強壮なドイツの男性と女性とに教育する」こと、すなわち、「郷土と民族性とに固く根ざし、各人が自己の持場で総統と民族のために全く献身することを決意する」ように教育しなければならない[11]。しかし、こうした一貫するナチ・イデオロギー教育に並んで、この指針には、すでにはっきり新しい傾向が認められる。右の「課題」の枠内において、国民学校は、「若ものが民族共同体の中でその力を発揮し、わが民族の文化生活に参加するために必要とする基礎的な知識と能力とを身につける」(傍点、宮田)ことに責任をもつ、という。こうした「知識と能力」の要請は、指針の中で、再三くり返されていることを見逃してはならない[12]。ここには、《全体戦争》に直面して、「確実な知識と能力のみが職業における有効な働きと軍務における義務の完遂とのための前提をつくり出す」というリアルな現実的認識を示しているといえよう。じじつ、《授業》が「品性の陶冶のためのもっとも重要な手段」としてはっきり位置づけられ、その成否こそ「学校の業績達成の基準」とみなされている。しかし、同時にまた、指針は、教材の削減をも要求している。「国民学校は、個人の利益のために、さまざまの知識を伝達することを任務とはしない。国民学校は、若もののすべての力を民族と国家に奉仕するため発展させ、役立てねばならない」。授業においては、この目的に必要なだけの教材で十分であり、すでに「克服された教養観にもとづいて」学校教育に入ってきた教材からは「解放されていなければならない」」、という。教師による「ナチ的世界観の積極的肯定」とその「確信に立った模範」こそ、「国策的教材」を用いることに成功する鍵とみなされる。[13] してみれば、学校教育の《適性化》機能には、はっきり限界が置かれていることも疑いない。

高校教育のレベルでは、どうなっているのであろうか。一九三八年の高校教授指針をみてみよう。そこでは、高校教育の特別な目標として「精神的諸能力の発展」がはっきりうたわれている。まず、ナチ的教育機関すべてを通じて「同一の目標、つまり、ナチ的人間の形成」がかかげられている。とはいえ、これらの各機関には、それぞれ「特別の課題」があり、学校には「その固有の教育手段」、すなわち、授業によって教育するという使命が承認される。それは、なるほど「一面的に悟性を育成し、……《知識人》を訓育する」ことを意味するものではない。しかし、「精神の訓育、悟性の力の発展、生きた教育素材の伝達が人間全体をとらえ、その品性の成熟を助ける」ということが、はっきり打ち出されている。それは、ナチ・ドイツの学校教育が「まさに今日」直面する社会的現実の要請と深く関わっていた。「ドイツは領土の広さも土地の資源も乏しい。ドイツの真の国民的富は、その男女の力、信念、有能性にある。それゆえ、ドイツの学校の課題は、民族と総統とに真に献身しうる人間を教育し、彼らの精神的な諸力を発達させ、最高の業績達成能力を発展させて、それぞれの持場でドイツに課せられた課題を果たすものとすることである」。[14]

高等学校は、当然、国民学校と比較して、「より深奥で、より包括的な知識」を伝達する。それには、たとえば「自らの民族の限界を越えて外を眺め、その固有性や歴史的運命を他の諸民族との比較の中で理解する」教育も問われるであろう。高校における「外国語教育のより深い意味」も、そこにある。しかし、そのように理解された「認識による教育」は、けっして「古い様式の学習学校」への復帰ではない。そこでは、何よりも「全人的」な「品性」教育が目指されている。[15] ただ、ここでは、「認識する精神が格闘する抵抗」、「論理の強制や即事性の仮借ない法則」

などが、「品性」の陶冶に有効なものとみなされている。認識によって開かれる「内容」は、たんに悟性に関わるだけでなく「視野を広げ、責任感を高め、構想力を豊かにし、服従、謙遜、さらに精神的規律を教える」という。したがって、授業における「知識の伝達」がけっして「自己目的」ではない、とされるのは当然であろう。すでにみたように、高校教育は一年間短縮された[16]ほか、教材は「ナチ的原則に従って」必要なものに縮小される。また生徒たちの体験世界や生活現実に密着した教育が強調される。この現実生活への密着という要請からは、女子生徒の教育を男子生徒の教育から区別することが引き出される。「あらゆる教科において」少女たちは《未来の母》(ヒトラー)としての役割にたいして準備されねばならない。そこには、古い家父長制的思考が濃厚である。[17]

こうしてみれば、高校教育においては、《ナチ的人間》の形成は、イデオロギーの注入とともに、一定の《知識と能力》の習得とも結びついている。そこでは、「全体として伝達される」知識の縮小が計られているとはいえ、なお学校教育にたいする《適性化＝資格付与》機能への要求が、はっきりと打ち出されていることが分かる。しかし、「より深奥で、より包括的な」《知識と能力》を伝達することは、当然、政治的＝社会的現実にたいして批判的に向きあう精神を強めうるであろう。知性による自覚がこうした《合理的》な対決に通ずることは、是非とも阻止されなければならない。ここでは、高校教育のいっさいの努力は「ナチ的教育意志を正しい精神において」実現すること、「教育学にたいする政治の優位」を貫徹することに向けられねばならないことが、はっきりうたわれている。[18]批判的知性化の危険を回避するため、ナチ・イデオロギーにたいする《非合理的》な《信仰》の叩き込みが行なわれる。たとえばドイツ語の授業では、教材の選択は、「ドイツの民族性を本質的に具現するドイツ的人間」の教育理想に矛盾しないことを条件としている。それに一致するかぎり古い時代の作品も教材に取り上げてよいが、それは最小限に抑えられる。むしろ、現代の作品は、「新しい〔ナチ的〕世界の拡大」を助け、「ナチ的精神態度の具体的象徴」を示すものであるかぎり、詳細に取り扱われねばならない、とされる。[19] こうしたイデオロギー教育の意図は、たとえば歴史教育において明瞭である。歴史は「諸民族の運命的な生存闘争」として理解され、「人種概念」こそが「世界史の大きな連関を解く鍵」を提供する、という。歴史の授業は、生徒たちに「自民族の使命と未来にたいする信仰」を喚起し、彼らが「自己自身の政治的行動」を通して「永遠のドイツ」に献身するように導かねばならない。[20] こうしてナチ高校教育においては、一般に学校教育のもつ二つの機能、すなわち、《適性化》と《統合化》のもつ矛盾が最大限に顕在化せざるをえないであろう。[21]

ナチ末期の教育政策は、さまざまの具体的な諸問題に直面した。[22] それは、たえず悪化していく戦況のせいでもあれば、またこれまでの政策決定から引き起こされた帰結でもあった。たとえば教員、教室、教材などの不足は、学校の正常な授業活動を困難にした。とくにナチ的訓育を受けた若い男子教員は、大部分、すでに一九三九年いらい戦争に召集されていた。待望の新版歴史教科書は、ようやく一九四〇年以後、用紙不足が激しくなった時期に刊行されはじめた。教室では、事実上、古い歴史教材が合法すれすれの線で使用されざるをえなかった。さらには、ドイツの民衆全体をもまき込んだ空襲や食糧不足なども加わってきた。一九四一年に始まる学童疎開、一九四二年から始まった収穫作業への学徒動員、さらに一九四三年からの防空補助員としての動員など、授業時間の切りつめを避けがたいものにした。こうした状況で学校教育の《改革》がしだいに停滞していったのは当然であろう。

この時期における学制《改革》で注目されるのは、《基本学校》(Hauptschule) の制度化の試みである。元来、旧オーストリア領で行なわれていたこの学制を、一九四〇年末、党の圧力のもとに旧ドイツ本国にも中間学校改革の一環として導入しようと試みられた。それは、従来の複線型学制構造を手直しして、国民学校に積み残されてきた能力ある生徒たちを汲み上げようとする政策であった。ヒトラーは、電撃戦が勝利を収めた直後の好機をとらえて、この新しい教育改革を打ち出した。それには、広汎な非教養層の社会的上昇意欲に応え、国家にたいする信頼を強めようとする意図が横たわっていた。同時にまた、この改革が後述するような《選別化》過程への党の政治的統制を拡大する可能性とも結びつけられていたことを見逃してはならない。党官房長ボルマンは、《総統命令》を前面にかかげて、教育省の計画を抑え、この基本学校の組織化とそれに連動する教員養成《改革》を押し進めた。(23)

《基本学校》は、中間学校と国民学校とのあいだの学校形態であり、農業、商業、手工業、工業、行政、教育その他の実際職業の分野における中間的指導層を育成するという要請に応えることを目指していた。それは、中間学校と同じ業績達成要求を担うとともに、国民学校の就学期間に対応して、四年間に限定される。一九四二年には、基本学校のための教育目標や原則を詳細に定めた「基本学校の教育と授業規定」が公布された。ここには、ナチ党的視点からする《本来最初の》《学制改革》とさえ呼ばれた教育政策の特徴が、もっともよく読みとられるのではなかろうか。

基本学校の課題には、「国民学校の目標を越えて業績達成を高め、早期にナチ的職業態度を準備する」ことがかかげられている。そこでは、たとえば「後の実際的活用を目指した外国語の授業」のほか、「数学＝自然科学的、技術＝工作的、家政学的教科」を重視するように指示され、教授法の上でも、「たえず記憶させること、とくに計画的に反覆練習する」ことが強調されている。生徒たちが「自分自身で判断」を下し、「自信」と「自立性」をもつように教育するということを、くり返し命じている。じっさい、「押しつけがましく、無思慮に、世界観的概念を用いて教育の働きを弱めたり無くしたりしない（！）」ことさえ要求されている。(24)こうした教授指針の規定は、たしかに、一見したところモダーンな印象をあたえる。しかし、そこでも、なお周到に政治教育＝《品性教育》への配慮が忘れられていたわけではなかった。また、あらかじめ政治的に《選別》された基本学校の生徒たちが、ナチ・プロパガンダによって指定された責任と課題とを引き受けていくだろうということも、確実に期待されていた。《基本学校》は、その限りにおいて、「ドイツ民族の中間的職業層」において「指導的地位」を占める人びとのための《選別化》の機能をもっていた。それは、特別に養成された模範的な教員層や限定された生徒数によって教育活動を行ないやすくするように優遇措置が講じられていた。それればかりか、高等学校に進学しえない生徒にとっての「義務的選別学校」とされ、そのため授業料無償さえも制度化されていた。[25] しかし、現実には、この新しい《学制改革》は、既存の中間学校との並存状態がつづく中で混乱を生み、全国画一的な実施は戦争終結後まで延期され、結局、なされないままで終わった。

ナチ教育政策を通観すれば、外的な《学制改革》よりも、教育内容にたいする《内的改革》が優位したことが分かる。その場合、授業は、ナチ・イデオロギーを《教授原理》とする思想教化＝ドグマ注入の洗脳作業に変質させられていった。学校教育における《統合化》機能が一面的に前景に立ち、教育における《相対的自律性》は《政治の優位》のもとに呑みこまれていった。その結果、授業における情動の次元が重視され、認識の次元は無視された。なかんずく数学＝自然科学の分野は、いちじるしく軽視された。それは、学校教育における《適性化》機能を低下させ、戦時において、ふたたび軍部や産業界の要請からも、学校教育の知的水準の回復が求められねばならなくなった。[26] そのことは、ナチ時代のもっとも最後に出された《基本学校》の教育規定にも示されている通りであろう。

しかし、ナチ教育における《適性化》の後退を強めた要因として、学校の《選別》機能をめぐる問題も無視しえない。たとえば先に指摘した《基本学校》における選別手続きは、品性的、身体的、さらに精神的な業績達成能力という基準と順位とに従って行なわれることが規定されていた。[27] つまり、《選別》に当たって知的能力は、もっとも低い判定条件とされているにすぎない。しかも、具体的な《選別》手続きには、国民学校長と並んでナチ党の地区指導者が査定への発言権をあたえられていた。そこには、当然、党や国家への忠誠度という規準を口実にした非合理な政治的＝情実的判断の介入する余地が残されている。こうした過程全体の中に、ナチ教育政策における《選別》機能のもつ政治的方向性が露呈されているといえよう。じっさい、ナチズムの反知性主義は、中間的教育課程のイデオロギー的過大評価と平行して、高等教育への通路を抑制しがちであった。[28] しかし、その結果生まれた大学進学者数の減少は、いちじるしい教員不足となってはねかえってきた。[29] それは、戦争による全般的な人材不足によって強められ、学校教育の水準低下をいっそう尖鋭化した。

戦争末期には、もはや学校の授業は、事実上、ほとんど行なわれえなかった。連合軍のドイツ空襲が始まるとともに、中間学校・高等学校上級生が防空補助員として動員されることになった。この計画には、教育相ルストは反対した。彼は、将来において《指導的任務》を担いうる若い後進養成の必要を主張し、これにはボルマンさえも同調した。政治的妥協として、防空陣地の中でも授業を――大幅な時間短縮とともに――行なうこと、さらにＨＪによる《世界観的指導》も確保することが決定された。いわば、国内戦線における軍事行動が授業時間（！）として妥当する。しかし、生徒たちは、彼らに割り当てられた兵士としての役割に自己を同定することをためらわなかった。それは、実際には、ヒトラー教育論がすでに予見していたように、若い世代を《人的資源》として消耗することにほかならなかった。

（1）　一般に、vgl. Eilers, *a. a. O.*; R. Fricke-Finkelnburg, Schulpolitik des NS, in: P. Meyers u. D. Riesenberger (hrsg.), *Der NS in der historisch-politischen Bildung*, 1979, S. 94. なお、vgl. O. Ottweiler, Die NS-Schulpolitik im Bereich des Volksschulwesens im Reich, in: Heinemann (hrsg.), *a. a. O.*, Bd. 1, S. 194 f.

（2）　フリック演説全文は、Frick, Erziehung zum lebendigen Volk. Kampfziel der deutschen Schule, in: Hiller (hrsg.), *a. a. O.*, S. 24-33. 一九三三年八月にミュンヘンで開催された教育研究会議も、当時の雰囲気を伝えている（vgl. *Die Erziehung im NS-Staat.* Vorträge, gehalten auf der Tagung des pädagogisch-psychologischen Instituts in München v. 1.-5. August 1933）。学校教育の一般目標に関する全国統一的な訓令が出される以前に、各州において教授指針改訂のための基本原則が公布されていた。たとえばハンブルク、ザクセン、バーデン、バイエルンなどの例について、vgl. Die nationale Schulgesetzgebung als Verwirklichung der Volksbildungseinheit, in: Hiller (hrsg.), *a. a. O.*, S. 49 f.

（3）　Vgl. Gesetz über den Neubau des Reiches v. 30. 1. 1934, in: *Dokumente der Deutschen Politik und Geschichte*, hrsg. v. J. Hohlfeld, Bd. IV, 1951-1956, S. 135. なお、vgl. Eilers, a. a. O., S. 54.

（4）　一九三六年には、ナチ教員連盟の組織率は、きわめて高かった（教員全体の九七パーセント、そのうちナチ党員は三二パーセント。しかも党員教職の中には党の指導的ポストにつくものが多かった）。それは権力による強制というより、「新しい時代の要求にたいする適応の行為」であった。ただ、彼らの行動が「連盟としての政策的自律性」（すなわち、教員の社会的地位と生活条件の向上）を確保するためとみるか（vgl. W. Feiten, *Der NS-Lehrerbund. Entwicklung und Organisation*, 1981, S. 147, 202 u. 145）、それとも、むしろ当初から教員たちのあいだにあった「大きな自発的協力の決意」（Eilers, *a. a. O.*, S. 74）とみるかは、党と連盟との機能的重複のゆえに、一義的にはいえない。しかし、学校教育の中にイデオロギー的教化を滲透させる上で、教員連盟の活動は、けっして低評価しえないであろう。なお、ベリング『歴史のなかの教師たち――ドイツ教員社会史』（望月・対馬・黒田共訳、ミネルヴァ書房、一九八七年）、参照。

（5）　Erlaß v. 15. Jan. 1935: Vererbungslehre und Rassenkunde im Unterricht, in: *Deutsche Wissenschaft, Erziehung und Volksbildung. Amtsblatt des Reichsministeriums für Wissenschaft, Erziehung und Volksbildung und der Unterrichtsverwaltungen der Länder*〔以下、*Dt. W. E. Vb.* と略記〕, 1935, S. 43-46. なお、vgl. Ottweiler, *a. a. O.*, S. 197.

（6）　人種論教育については、一般に、vgl. W. Groß, *Rassenpolitische Erziehung*, Schriften der Deutschen Hochschule für Politik, H. 6, 1935; H. Fr. K. Günther, *Rassenkunde des deutschen Volkes*, 1922, 14. A. 1930.《人種論のギュンター》と呼ばれた著者のこの本は、一九四三年には二七万部に達していたという。授業の実際については、たとえば、vgl. G. Scherf, Vom deutschen Wald zum deutschen Volk. Biologieunterricht in der Volksschule im Dienste nationalsozialistischer Weltanschauung und Politik, in: Dithmar (hrsg.), *a. a. O.*, S. 225 ff.; B. Klauß u. G. Brilla, Politik in Biologiebüchern, in: F. Pöggeler (hrsg.), *Politik im Schulbuch*, 1985, S. 149 ff.

(7) この《人種学訓令》によれば、たとえば歴史の授業は、世界史の過程を人種の歴史として解釈する課題をもつ。そこでは、ローゼンベルク的歴史観が一貫している。その結果として生まれる歴史認識の歪曲ないし知的水準の低下は、つぎの文章に明らかであろう。「遺伝学および生物学の学問的成果にもとづく人種的な歴史考察は、たとえばリベラルな研究理論に現われるような諸見解の誤りを明らかにする。さらに人種思想からは、いわゆるデモクラシーやその他の平等思想の否定が導き出され、指導者思想にたいする意識が強められる」(Vererbungslehre und Rassenkunde, *a. a. O.*, S. 43)。

(8) Vgl. Nyssen, *a. a. O.*, S. 87.

(9) Vgl. *Dt. W. E. Vb.*, 1938, S. 46 u. 325. 大学進学者の出身階層別の統計比較によれば、一九三五年夏学期には、ヴァイマル時代に到達していた大学の門戸開放のレベルを下回っていることを示している(Vgl. A. F. Kleinberger, Gab es eine NS-Hochschulpolitik ?, in: Heinemann (hrsg.), *a. a. O.*, Bd. 1, S. 21)。なお、ナチ時代を通じて生徒全体のほぼ九〇パーセントは国民学校卒業のままであり、高等学校のもつ《選別化》機能も、けっして無視できない。一般に、vgl. M. Kraul, *Das deutsche Gymnasium 1780-1980*, 1984, S. 165 ff.(『ドイツ・ギムナジウム二〇〇年史』望田・川越・隈本・竹中・田村・堤共訳、ミネルヴァ書房)。

(10) Vgl. *Dt. W. E. Vb.*, 1940, S. 75.

(11) Richtlinien für Erziehung und Unterricht in Volksschulen, 1939, in: *Die Amtsführung des Lehrers*, hrsg. v. G. Tiemann, 9. A. 1941, S. 386 ff.

(12) たとえば「基本的な知識と態度の教育と伝達」(*a. a. O.*, S. 386)、「民族同胞の生活に必要な基礎的知識と能力の習得」(*a. a. O.*, S. 389)など。この《知識と能力》の伝達という課題は、すでに一九三七年の「国民学校の下級四学年のための教授指針」にも現われている(Richtlinien für den Unterricht in den vier unteren Jahrgängen der Volksschule, in: *Dt. W. E. Vb.*, 1937, S. 199)が、新しい教授指針では、いっそう明確化されているといえよう。

(13) Richtlinien für Erziehung und Unterricht in Volksschule, *a. a. O.*, S. 387 u. 389. なお、vgl. Flessau, *a. a. O.*, S. 56 ff.

(14) *Erziehung und Unterricht in der Höheren Schule. Amtliche Ausgabe des Reichs- und Preußischen Ministeriums für Wissenschaft, Erziehung und Volksbildung*, 1938, S. 9 u. 14.

(15) Vgl. *a. a. O.*, S. 15 u. 16. たとえば、この教授指針において各教科に割り振られたページ数そのものがすでにナチ教育のイデオロギー的比重を暗示している。全文二六五ページ中、《歴史》(三六ページ)、《ドイツ語》(三四ページ)、《生物》(二五ページ)……という順序である。

(16) 教授指針には、たんに「重要な人口政策的理由から」(*a. a. O.*, S. 1)とのみ記されているが、高校卒業認定に関するルストの訓令(一九三六年一一月三〇日付)によれば「四カ年計画の遂行と国防軍および大学卒職務のための需要から」(*Dt. W. E. Vb.*, 1936, S. 525)そうした短縮措置を、すでに一九三七年春から導入することを、はっきり規定している。

(17) *Erziehung und Unterricht in der Höheren Schule*, S. 19 u. 17 f. なお、vgl. Flessau, *a. a. O.*, S. 70 f. u. 91 ff.

(18) *Erziehung und Unterricht in der Höheren Schule*, S. 1 u. 11.

(19) A. *a. O.*, S. 48-49. なお、vgl. Kraul, *a. a. O.*, S. 163 ff.

(20) *Erziehung und Unterricht in der Höheren Schule*, S. 69-70.

(21) すでにみたように、高校の教授指針における《外国語》教育の評価は、ナチ教育がなお学校の《適性化》機能を認識していたことを示している。しかし、そこには、政治的な《統合化》機能への苦しい関係づけなしにはすまされない。たとえば近代語の中で英語がもっとも重要な第一外国語とされている(割り振られたページ数も二三ページと高く、これにたいしてフランス語、イタリア語、スペイン語は合計して一ページたらずにすぎない)。それは、経済的な国際語としてよりも、むしろ「人種的にわれわれに近い民族のコトバ」(*a. a. O.*, S. 208)たることによる。同じくラテン語やギリシャ語などの古典語についても、「北欧的・ゲルマン的人間に類似する特徴を再発見する」(*a. a. O.*, S. 231)ためであるという。ただし、《アーリア人種》の優越性という観点からのイギリス評価は、戦時中には対照的なイギリス像にとって代わられ、たとえば、模範としての《帝国》(Empire)は、いまや《海賊国家》へと一変する。これに応じて英語教育の転換ないし英語教科書の改訂が行なわれるにいたった(vgl. R. Lehberger, Neusprachlicher Unterricht in der NS-Zeit, in: Dithmar (hrsg.), *a. a. O.*, S. 122 ff.)。こうした偏見に充ちた《敵像》は、相手側の教育政策にたいする偏見として逆投影される(たとえば、vgl. M. Schwabe, *Die französische Schule im Dienste der Völkerverhetzung*, 1940; M. Lehmann, *Die Erziehung zum Deutschenhass in der englischen Schule*, 1941)。

(22) 戦時下、第二～第三期への転換における学校教育のナチ党による現状認識を示すものとして、vgl. R. Benze (hrsg.), *Deutsche Schulerziehung. Jahrbuch des Deutschen Zentralinstituts für Erziehung und Unterricht 1941/42*, 1943.

(23) とくに、vgl. H. Scholtz, *NS-Ausleseschulen. Internatsschulen als Herrschaftsmittel des Führerstaates*, 1973, S. 254 ff. なお、vgl. Eilers, *a. a. O.*, S. 110. 基本学校については、一般に J. Mayer, Die Hauptschule, in: Benze, *a. a. O.*, S. 184 ff. なお、vgl. Ottweiler, *a. a. O.*, S. 202 ff. u. 212 f.

(24) Bestimmungen über Erziehung und Unterricht in der Hauptschule, in: *Dt. W. E. Vb.*, 1942, S. 128 u. 130. しかし、ここでもまた、「教科的＝知識的なものを過度に強調して授業と〔品性〕教育との健全な関係を……壊」さないように警告されている。そのため、全授業を統一的に「ナチ的世界観」へ方向づけること、現実生活から疎遠な教材を縮小し、「創造力の発展を技術的能力の厳しい修練」に限定して結びつけることなどが要求される。現実生活への密着ということから、教育の「土着性」も強調される(vgl. *a. a. O.*, S. 129 f.)。

(25)　Vgl. *a. a. O.*, S. 128 f. u. 231.

(26)　国民学校教育が所期の成果を達成していないという非難は、すでに三〇年代後半からナチ党、とくにナチ教員連盟からあげられていた。たとえば、一九三八年には「学校の教育水準がもはや一九三三年以前の状態にない」ことが確認されている。戦時下になると、直接、産業界から若い労働力における計数能力の低下が指摘され、軍需生産の要求に応ええない事実を反映している(vgl. T. W. Mason, *Sozialpolitik im Dritten Reich. Arbeiterklasse und Volksgemeinschaft*, 1977, S. 208 ff.; Ottweiler, *a. a. O.*, S. 211 f. さらにScholtz, *a. a. O.*, S. 78 f. など、参照)。その原因がHJ訓育や野外活動による過重負担に由来することをナチ党自身の側でも認識していることを、多くの定期的な活動報告書は証明している(vgl. M. Broszat, E. Fröhlich u. F. Wiesemann (hrsg.), *Bayern in der NS-Zeit. Soziale Lage und politisches Verhalten der Bevölkerung im Spiegel vertraulicher Berichte*, 1977, S. 161, 542 f. u. a.)。

(27)　Vgl. Ottweiler, *a. a. O.*, S. 203. 一九三八年の「高校教授指針」でも、「選別と業績達成」が「知的資質」に限定されない「全人的」観点によることを強調している。なお、ここでは、《選別》が「教養層」と「非教養層」という区別にもとづくのではなく、「業績達成階層から期待される、より大きな責任、自立、決意」による区別にすぎないとして正当化される(vgl. *Erziehung und Unterricht in der Höheren Schule*, S. 15)。なお、ナチ的《選別》基準については、vgl. Urbau, *a. a. O.*, S. 163 ff.

(28)　Vgl. *Statistisches Jahrbuch von Deutschland 1928-1944*, 1944 (Zit. nach: Gamm, *a. a. O.*, S. 478). これによれば、ナチ政権成立後、戦争勃発にいたるまでの時期に、学生数はほぼ半減した。戦時中、学生とくに女子学生の数は、ふたたび増加傾向を示す(すでに一九三〇年代半ばにはナチ党リーダーからの女子の進学にたいする批判は稀になっていたが、戦時下には高い適性をもつ労働力への需要が高くなり、一九四四年夏学期には女子学生は学生全体の約半数を占めるにいたった。この点について、vgl. K. H. Darausch, *Deutsche Studenten 1800-1970*, 1984, S. 202 f.)。なお、一般にナチ学校教育における《選別》機能の問題については、とくに、vgl. Nyssen, *a. a. O.*, S. 129 ff.

(29)　教員不足の解消のため、一九四〇年には《総統命令》によって、大学レベルでの国民学校教員の養成を中止し、国民学校の卒業資格でも入学しうる《教員養成所》が設置された。この養成所に入学するための《選別》にはHJ側の決定的な発言権が認められていた(vgl. Eilers, *a. a. O.*, S. 8 f.; *Dt. W. E. Vb.*, 1941, S. 368)。ヒトラー自身は、退役下士官によって国民学校教員を代用する可能性も考えていた(*Hitlers Tischgespräche im Führerhauptquartier*, S. 274)が戦争のつづく中で実現しなかった。こうした教員養成の《改革》にたいするナチ教員連盟の反対は、逆に《労働組合的行為》として党指導部から批判された。教員連盟そのものは、一九四三年には、戦争遂行のための組織簡素化措置の一環として活動を「停止」し、事実上、解散させられるにいたった。教員養成問題については、なお、vgl. H. Scholz u. E. Stranz, NS-Einflußnahmen auf die Lehrerbildung, in: Heinemann (hrsg.), *a. a. O.*, Bd. 2, 1980, S. 110 ff. ベリング、前掲書、一六五ページ以下。

2　教科内容の分析

ナチ学校教育の特質を具体的な教科内容に即して分析してみよう。ナチ時代ほど学校教育が思想教化の道具として政治に奉仕させられたことはないといわれる。ここでは、さまざまの教科の中から、まず《歴史》を取り上げてみよう。「学校における教科として歴史は、たとえば数学に較べて十倍も重要である(1)」。ナチの歴史家エルンスト・アンリッヒは、こう述べている。《歴史》の授業こそ政治体制を歴史的に必然的なものとして正当化する《統合化》機能の代表的な教科といえるであろうから。われわれは、さらに《歴史》の分析についで、いわば、それと正反対の位置にある《数学》を取り上げてみよう。一般に《数学》はイデオロギー的に中性的とみられている。この教科を通して、ナチ学校教育における《適性化》機能のレベルを測定することができるのではなかろうか。

(一)　教科としての歴史

すでにみたナチ政権成立直後の内相フリックの教育政策に関する演説(一九三三年五月)には(2)、歴史教育の基本線が打ち出されていた。そこでは、古代の文化的成果を「北欧人種の行為」とみる古代史再評価から、《ポツダムの日》

にいたる現代史重視の扱い方、文化史にたいする政治史の優位、指導者思想と結びついた英雄史観、民族主義的世界観の喚起など、ナチ歴史観の基本的な特徴が認められる。また先に詳しく扱った教育相ルストの《人種学訓令》(一九三五年)でも、世界史を明確に「人種的に規定された民族性の歴史」とみる人種史観が基調とされ、フリック演説の線がそのまま踏襲されていた。

この前後には、同じような視点に立って、各州レベルでアド・ホックに歴史教育のための訓令や指針が多く出されていた。(3) しかし、ここでは、一九三九年に出された国民学校の「教授指針」をみてみよう。「国民学校における政治教育は、第一に歴史の授業にもとづいて行なわれる」。それは、検証可能な事実やザッハリヒな知識を伝達することと、それによって歴史意識や歴史的に思考する力をあたえることを目的とするのではない。「個別的な出来事の歴史的継起にはなんらの価値もおかれない」。それに代わって、歴史は「個々の典型的な人物に現われる父祖たちの英雄的闘争」に還元される。そこでは、情動に訴え、情緒的な反応を引き起こすことが目指される。《歴史》の授業は、子どもたちに「われわれの偉大な過去にたいする畏敬の念とわが民族の歴史的使命と未来への信仰」とをあたえるものでなければならない。ナチ的イデオロギーの下にとらえられた政治的《歴史》は、いわば世俗化された宗教教育に類するものとなる。《歴史》の「究極的目標は、子どもたちが、すでにこの早期の年齢から、わが民族とその総統にたいして熱狂を抱くようにさせることである」。ここには、総統ヒトラーと彼のいわゆる歴史的使命にたいする《信仰》と《熱狂》とが、はっきり打ち出されている。「ナチ運動の闘いは、総統による解放史へと通じている」。近代史における自由解放のための闘いや革命は、この《歴史》では場所をもたない。いな、「ナチ運動史は総統の人格に密着し、彼の事業として証明される」(4)。《カリスマ的》リーダーにたいする情動的な結びつき、その絶対的権威にたいする無条件的忠誠は、ナチ政治組織をまつまでもなく、学校教育において修練される。

ナチ・イデオロギーのもっとも重要な柱は人種論にほかならない。したがって、《人種》こそは、歴史を観察し解釈する基本的カテゴリーであり、同時にまた、それは教材選択の基準ともなる。歴史教育は、「ドイツ民族の中に生きている――主として北欧的な種から由来する――人種的な基礎的力」、さらに「人種、郷土の大地、種固有の文化とのあいだの連関」をはっきり示すことを課題とする。《血と土》の神話は、当然、《土地なき民》のスローガンとともに《生存圏》の神話とも連動する。それは、この「教授指針」でも、「わが民族がヨーロッパ中部に位置することから外国からの過度の影響、〔生存〕圏の狭隘化、内部分裂に抗して、自己の民族的生活秩序と大ドイツ帝国《ライヒ》思想のために遂行せざるをえない絶え間ない闘い」という短い文章の中に暗示されている。その闘いを支えるのは、むろん、「わが父祖たちの血の中に深く根ざす」「ドイツの英雄精神」というイデオロギーであった。こうして、《歴史》は、子どもたちに「民族と祖国への喜ばしい犠牲的献身」を教え、「国防への意志を目覚めさせ強化する」という現在的課題につながっていく。(5) この「教授指針」がまさに第二次大戦の勃発した年の暮に出されていることを見逃してはならない。

こうした「指針」のもとにつくり出される歴史教科書に目を転じてみよう。たとえばナチ歴史教育の理論家ディートリヒ・クラッゲスの編集した一連の教科書『民族と総統』がある。その高校第一学年用（一九四一年版）の目次によれば、次のような内容構成から成っている。(6) 「総統は、どのようにしてドイツ民族を統一し、それに自由と力とを再びあたえたか」（ナチ・リーダーやナチ運動史の物語など）、「ドイツ民族は敵の世界に抗して自らを守る」（第一次大戦の将兵の物語など）、「ビスマルクは、どのようにしてドイツ民族のために帝国を建設したか」、「ドイツの抑圧者ナポレオンにたいする闘いの中で」、「プロイセンとオーストリアの偉大な過去から」（「軍人王フリードリヒ－ヴィルヘルム一世」、「国王将軍フリードリヒ大王」、「高貴な騎士、オストマルクの救済者プリンツ・オイゲン」など)、「ドイツ騎士団と航海者たちは、どのようにしてドイツ民族の名声と権力のために闘ったか」、「古きドイツ帝国の権力と栄光から」。このように時代を遡り、ついに「アルミニウスは、どのようにしてゲルマン民族の人びとを解放したか」という古代ゲルマンの英雄物語にいたりつく。ここでは、まさに《偉人たちが歴史をつくる》。この最初の章の冒頭「われらの総統」は、「国家の強大さは、国家にとってふさわしい時に生まれる偉人たちにもとづく」というフリードリヒ大王の引用句から始まる。(7)

ここで、ナチ教科書の伝える傾向的な《ヒトラー像》の特徴をとり出してみよう。それは、フィーリップ・ブーラーによる『ドイツの闘い――ドイツ青少年のための読本』の例である。これは、初版が一九三八年に出て、その後、ナチ時代を通じて一〇〇万部を越えるベストセラーとなり、各学校の教科書としても用いられた。(8) その一部を引いてみよう。「一九一八年一一月九日から、ドイツにとって、もっともみじめな恥辱の時代が始まった。国家の裏切者と脱走兵たちの反乱が政治生活の表面に残したのは、価値なき輩の支配だった。彼らは、すべての者を富ませると約束して、何百万の人びとから日々のパンを奪った。彼らは、自由を口にしつつ国民を鉄鎖と奴隷の状態につないだ。……この抑圧と絶望と苦難の荒野の中で、一つの声が起こった。アドルフ・ヒトラーは、新しい世界観を告知した(9)」。ここで用いられている情動的な文体は、誇張されたアンティテーゼ、最上級的概念、絵画的なコトバで彩られている。頭語反覆的な言い回しや、命令法的アクセントなども、情動性をいっそう強めている。とくに聖書的イメージを呼び起こす「荒野の中の声」、「告知(=宣教)」というコトバは、語られていることへの信仰的献身を訴えかける。こうして若い聞き手ないし読者は、扇動のコトバに圧倒される。そこでは、たしかに一連の情報は伝達されている。しかし、この知識はけっして、検証され反省にまでもたらされることはない。(10)

こうした教科書による《歴史》の教授法をみてみよう。ここでも、学校の授業や教科書の理論的基礎とされたクラッゲスの主著『国策教育としての歴史授業』(第二版、一九三七年)を取り上げてみよう。クラッゲスによれば、ヒトラーの歴史教育観に一致して、歴史の授業では、たんなる知識や認識ではなく、心情や意志、熱狂に訴えることこそ重要である。そこには、主意主義、非合理主義、党派性などの特徴が、はっきり現われている。《即事的》ということよりも、《生々しい》ということが決定的である。《即事性》の概念は、「あわれむべき冷静さ、不活発さ、無関心」と解釈され、深い不信を投げかけられる。《客観性》は、ただドイツ的に思考するもののみもつことができる。クラッゲスは力説する。「熱狂と感激とを引き起こそうと思うものは、けっして旧来の意味で客観的であろうとしてはならない。そうした客観性こそは即事性の双生児である」と。したがって、歴史教育者からは、《よし》とするか《非難される》べきかという意味での明確な価値判断が求められる。かつてのリベラリズムの歴史教育にみられたように、「一元的」(=普遍史的)な立場から歴史的《意義》の有無を取り上げることは誤りである。それに代わって、「ドイツ人の眼で」歴史全体をみること、歴史的事件の重要性を「ドイツの運命にどのような力で影響したか」という観点から評価すべきである、という。(11) 多すぎる教材は、このようなナチ的観点からする《区別と単純化》によって選別される。むしろ、大きな発展の流れが《政治的道標》としてとらえられるだけで十分である。クラッゲスは、歴史の形成力を民族の生存意志と、それを代表する民族的指導者の中に求める。彼は、民族の歴史が従属する《生物学的法則性》として社会ダーウィン主義的な人種論を中心にすえる。「人種とは運命である。人種の純粋性は民族にとって最高の財宝である。ユダヤ人はわれわれの不幸である。人種問題は世界史を解く鍵である。アーリア人種の血のみが最高の文化を創造した」(12)。このような《方法論的原則》をもって、クラッゲスは、子どもたちに《国策的》な歴史教育を行なうことが可能であると考える。その最高の目的は、「ドイツの国民が総統の世界政策的態度決定を熱い心で把握し、彼の大胆な道に踏み従い、全力を尽くしてその目標のために献身する」ようになることにほかならない(13)。

いま一つ、戦時中に出た国民学校のための『教科教育法』を取り上げてみよう。歴史授業のための教授法の項では、教材の選択や取り扱い方をめぐって、たとえば「国家的原則」「民族的原則」「政治的原則」「人種的原則」「英雄的原則」などに並んで、ここでも「教授原理としての国防思想」(!)が強調され、はては「地政学的原則」までも ち出されている。「国民学校においても歴史の授業を地政学的に方向づけることは可能であり、歴史は原則的に〔生存〕圏政策的に取り上げられねばならない。人種と〔生存〕圏!」。こうした原則にもとづいて、授業の実際に当たっては、「教育者としての歴史教師」は、たんに学校内部で生活するだけでなく、「民族、党および国家における公共生活を共同体験する」ことが必要であり、「総統や祖国にたいする責任感」など「歴史の内実にたいする人格的な立場」に立つこと、さらにそこから「深い感動」「熱い情感」「確信力」をもって子どもたちに訴えかけること、こうして彼ら一人びとりを「民族共同体とドイツ民族性に編入する」ことが要求される。(14)

こうして、ナチ・イデオロギー教育の目的に奉仕するように《歴史》は偽造され、その目的に合致しないときには、歴史的事実はあっさり無視される。(15) その手続きは、主観的・恣意的であり、非歴史的＝反歴史的であるといわねばならない。いっさいの歴史の基準はナチズムであり、歴史はヒトラーによるナチ支配を正当化するかぎりにおいて記録される。子どもたちにとって、批判的な歴史理解や歴史意識が養われることは、まず不可能であろう。(16) むしろ、歴史は、ここでは、いっさいの批判的検討の可能性から解放された一種の《救済論》に近いものとなる。ナチ的歴史教育は、政治学者クルト・レンクのいう政治的イデオロギーのさまざまの類型を例証するものということもできよう。たとえば、支配関係を《正当化》するイデオロギーとして、また体制内的矛盾を神話によって《隠蔽》するイデオロギーとして、ついには、これらすべてを集約し、集団的な権力意志を敵‐味方的思考の形をとって《表現》するイデオロギーとして。こうして歴史は端的に民族の「生存闘争における武器」(W・ルートヴィヒ)となる。(17)

外国語と並んで、知識の伝達を第一義とするものであり、学校教育における《適性化》機能を代表するものとみることができる。じじつ、ナチ党指導者からは、当初、数学や外国語の教科の犠牲において、歴史やドイツ語の授業時間数を増やし、《統合化》機能を強めようという主張がくり返された。数学者たちは、ナチ的レトリックを駆使して、数学的な思考が「民族の根源的感情」に由来すること、なかんずく応用数学の育成を通して「民族共同体の数限りない分野」で役立ちうることを弁証せざるをえなかった。(18) こうした角度からみれば、ナチ・ドイツの学校教育において、《数学》の授業もまた、けっしてイデオロギー教育の例外ではありえなかった。

それは、まず、ナチ時代の初期における《ドイツ的数学》の主張として登場したといえよう。その主唱者はルートヴィヒ・ビーベルバッハ(ベルリン大学教授)であった。彼は「偉大なドイツの数学者たちの人種的特性」に実証されているように、「数学におけるドイツ的固有性を認識し強化することは、民族性を涵養する上で重要である」こと、数学的創造を「異質な種から明確に限界づける」ことの必要性を力説した。(19) それは、具体的には数学界からのユダヤ系研究者の追放を意味していた。《ドイツ的数学》は、ナチ治下における《ドイツ的物理学》の発展に刺激され、それに対抗する意図をもっていた。(20) たしかに、学界においては《ドイツ的数学》は、それほど勢力を占めるにはいたらなかった。しかし、学校教育の場では、当初、かなりの支持者を見出すことができた。彼らは、なお特殊ナチ的な科学として数学を基礎づけ、数学教育の教授法を展開しようとした。

ここでは、ドレンクハーンの例について短く考えてみよう。(21) 彼は、まず、数学が「合理的な科学」であり、したがってまた「超民族的」なものであるという伝来的な評価を徹底的に「変革する必要」がある、という。彼は、ナチ国家建設にたいして数学の果たす重要性を強調して、とくにエルンスト・クリークを援用する。ドレンクハーンによれば、数学教育は、「品性の陶冶、身体的・精神的素質の発達、即事的な態度の育成、民族共同体にたいする教育」を目指すものでなければならない。この課題の下に展開するナチ的数学教授法において、ドレンクハーンは、数学的法則の普遍妥当性から出発する。たとえば「2×2＝4」「三角形の総和は一八〇度である」というような知識は、地域や人種、時代の相違なしに妥当する。しかし、こうした数学的法則が認識される「自然的な見方ないし把握の仕方」は人種的に制約されており、相違がある、という。《北欧的》人間の数学観にとって特徴的なのは、ドレンクハーンによれば、《全体的把握》(Ganzheitsauffassung)の仕方である。彼は、それを幾何学における古代インド的証明法を引き合いに出して基礎づけ、さらに「初期北欧文化の幾何学的装飾法」や「中世ドイツのゴシック建築のトレーサリ」なども、同じ《全体的把握》を前提している、という。この把握の仕方は、北欧人種における《空間観》(Raumanschauung)への能力と結びついている。それは、「たんなる粗い外面的な見方」のことではなく、「より高い、純粋な内的直観」の能力を意味する。(22) こうした《北欧的》な空間の直観力という議論からは、幾何学の重要性、《数字》にたいする《空間》の優位が引き出される。

じっさい、ドレンクハーンと並んで《ドイツ的数学》の教育論者ティエティエンによれば、「空間か数字か」という選択は、「ドイツ的かユダヤ的か」という問いと同じであり、この対立こそ、「ドイツ民族に、その種に固有な数学を打ち立てる」ための決定的な基本問題だという。(23) いずれにしても、《論理的で分析的》な認識の仕方と対照させて、数学法則を《視覚的》＝《直観的》に把握するという要求は、数理的構造を批判的に追求することを阻げざるをえない。それは、論理的な能力の学習ではなく、所与の課題やルールを情動的に受け入れる傾向を強めるのではなかろうか。

原理や法則などを視覚的さらに聴覚的に把握することこそ、ナチ的学習一般に通ずる特徴にほかならない。

ここでは、数理的法則は、それ自体のために学ばれるのではない。むしろ、「数学的知識や能力」は、すべて「民族共同体に関わるところのもの」に向けられる。その場合、たとえば農村と都市といった生徒たちの生活環境の違いに応じて、数学の授業において取り扱われる問題分野には相違が出てくるであろう。しかし、どの学校でも取り上げねばならない一つの分野がある。それは、「ドイツとその運命、すなわち、強制されたヴェルサイユ条約、軍備をもた〔され〕ない民、土地なき民、青年なき民。さらに生産闘争や民衆福祉」などのテーマである。こうして数学教育は、内容的にもナチ・イデオロギーの伝達に仕えるものとされる。それは、「ドイツ的人間の形成」に、ついには「防衛意欲の教育」に仕えるものとならねばならない、という。(24)

しかし、こうした《ドイツ的数学》の主張、とりわけ特殊にナチ的な教授法は、全面的に貫徹されるにはいたらなかった。(25)数学者たちのナチ体制にたいする同調ないし適応の程度は、さまざまであったが、数学界の大勢は《ドイツ的数学》と関係をもつことを拒否した。数学教育のイデオロギー化は、ナチ社会の軍事化する中で、数学の実用的機能という契機を中心にして展開したといえよう。(26)むしろ、三〇年代末にはナチ党側から、はっきり《ドイツ的数学》の《理論》的基礎にたいする批判が提起されはじめた。たとえばウザーデルによれば、「民族的に制約されない学問が存在する」ことは「自明」であり、数学の問題は、日本でもアメリカでもドイツでも同一の結論に達せざるをえない、ということが強調される。彼もまた、「厳密科学における民族的な差異」に言及してはいるが、そこで問題なのは「科学それ自体なのではなく、その知識の生活への関わり」の違いであり、厳密科学の成果が「利用される仕方」の違いである。それを確認するために、たとえば「シュペングラーの『西洋の没落』における数字の意義に関する一節の観念的アクロバットの跡を追う必要は、まったくない(27)」と。こうした教育学的な力点の移行は、さきに見た時代的要請と明らかに対応している。

《数学》教育をめぐる教授法の論議の転換は、三〇年代末に新しく出された学校教育の「教授指針」にも反映している。たとえば、「国民学校の教授指針」(一九三九年)では、数学教育の目的をこう規定する。授業は「数の大きさについて明瞭な理解をあたえ、それを組み立てうるように促し、生活にとって必要とする知識と能力を確実なものにし、民族生活の重要な分野を数字に応じて認識し処理するように導く」べきである。しかし、同時に、そこでは、教材となる問題領域の範囲を限定することが要求されている。それは、一方では生徒たちの生活環境からとられるとともに、他方では「国民生活の重要な要求、事件、成果を数の上から子どもたちに理解させるようにする」ものでなければならない。こうした表現からすれば、「教授指針」には《ドイツ的数学》の論議に現われたイデオロギー的な数字の低評価は見当たらない。むろん、そこでは、数の計算と幾何の学習とは教授法的にも授業の時間表の上でも緊密な結びつきを求められている。幾何学的計算に当たって「公式を用いることは、子どもたちが直観から悟性的な推理を通して公式の正しさを了解するまで」避けることが求められる。(28)

高校教育の場合、たしかに、「教授指針」は、数学において「人種的制約性を認めうる」という。「内的直観から生まれる豊かな形態を創造的な手腕と思索的な悟性によって征服することこそ、北欧的精神にふさわしい」といった表現もある。しかし、「数学に携わることは、それ自体として真実性の修練、規則正しい手続き、厳格な精神的修練にほかならない」ことが確認される。「生徒は、数学的認識を基礎づけ、応用し、組み合わせる能力を獲得しなければならない。彼は、数学的なものを、その環境の対象と現象とに即して形と量と数との中で認識するように導かれねばならない」。いかにも《ドイツ的数学》らしい表現が残っているとはいえ、それは「教授指針」のまえおきに付加されたステロタイプ的言い回しにすぎない。全体としてみたとき、高校の数学教育は、基礎のしっかりした知識と能力を習得することを意図しているといわねばならない。そこでは、明らかに「自然科学と技術の進歩にたいする」数学の「広汎な応用可能性」と「不可欠の手段としての位置」とが、はっきり打ち出されていたのだから。[29]

しかし、他方では、《数学》の授業を通ずるイデオロギー的教化が断念されていたわけではない。「教授指針」は目標に到達する「方法」の項で、数学の問題の選択に当たっては「第一に」「郷土」や「民族的＝政治的現実」、さらに「軍事科学」などに関連したテーマを取り上げるべきことを規定している。[30] こうした比較的短い指示の文章から、実際の数学教科書は、まことにおびただしいイデオロギー的設問を導き出した。そこでは、たとえばヴェルサイユ条約にもとづく賠償要求の巨大な数字が、すでにナショナルなルサンティマンを触発するであろう。さらに、ナチ体制の実際のあるいは見せかけのさまざまの《業績達成》の記録、《血と土》の神話、反ユダヤ主義、軍国主義などが数多くの統計表とともに数学的設問のテーマとなる。中間学校用の計算問題集(一九三五年版)から二、三の代表的な例についてみてみよう。[31]

「設問五八。帝国アウトバーンでは一九三四年一〇月に五〇の建設現場で約七〇〇〇〇人が働いている。(a)この一カ所の現場に何人いるか……」。ナチ政権初期における多くのめざましい《業績》、とくに完全雇傭の達成にみられる経済的成果はよく知られている。たとえ、そうした事実がデモクラシーの抑圧や再軍備の政策に連動するものであったとしても、当時、ドイツ民衆を魅了したことは疑いない。《総統》のアイディアとされるアウトバーンも、こうした政治体制の《成果》の一つであった。その建設された長さ、投下された資材の量、使用される労働者の数など、数学的計算の設問たるのみならず、それ自体が若い世代に巨大な印象をあたえ、政治的思想教化に役立つであろう。

「設問九五。精神病院の建設には六〇〇万ライヒスマルクを要する。その代わりに、各戸一万五〇〇〇ライヒスマルクの住宅群を、どれだけ建てることができるか」。「設問九七。精神病者は一日約四ライヒ《ライヒ》スマルクの費用がかかる。身体障害者は五・五〇ライヒスマルクである。……慎重に見積もってドイツには三〇万人の精神病患者、てんかん病患者などが施設にいる。(b)一人びとり一率四ライヒスマルクとして一年間に全体ではどれくらいの費用がかかるか。(c)この金を用いて一組一〇〇〇ライヒスマルクの結婚資金貸付を、毎年、何組に行なうことができるか」。こうした設問には、ナチ教育の非人間性が暴露されているであろう。前の設問では、一九三〇年代半ばには、ドイツの住宅不足はまだ解決からほど遠く、深刻な社会的関心の的だった。その住宅問題を理由にして、《人種的》に健全な家族のために、国家が精神病院建設をできるかぎり抑制ないし中止する政策が暗示される。後の設問では、遺伝学的・経済的考慮が、ヒューマニズムや社会福祉や責任などより優先させられている。それは、のち戦時中に、いわゆる《安楽死》の名の下に《生存する価値なき生命》を抹殺した、ナチの人種政策にたいする心理的地ならしをあたえている。

最後に国防意欲につながる設問の例。「いかに他国は武装しているか」という見出しで、ドイツ周辺のヨーロッパ諸国の国防費、人口数、平時・戦時の兵員数、ならびに現有航空機の数が示される。「(a)ドイツに隣接する諸国には、軍用機が総計何機あるか。(b)エッセン市はフランス国境から……キロメートル、ベルギー国境から……キロメートル離れている(地図をみよ!)。飛行機の時速二五〇キロメートルとして何分間で飛んでくるか。……」。設問はさらに、投下される爆弾の数や火災の確率などへと問い進めていく。この設問では、ドイツにたいする隣接諸国の一方的な攻撃意図が想定され、侵略戦争の脅威を印象づける。こうした恐怖は、非常事態に備える防衛への決意のみでなく、《敵》にたいする攻撃性心理へと転轍されていくであろう。

たしかに、数学上の知識そのものは、《純粋な》知識としては非政治的なものである。しかし、それが実践の領域と関わらされるかぎり、一定の政治的効果をもたざるをえない。すなわち、これらの設問の示すデータ、事実、数字は、たんに生徒たちの計算能力を高めるために役立つだけではない。彼らの技術的＝軍事的なものへの強い関心をも呼び起こす。「数学は他の手段をもってする政治＝国防教育となる」[32]。これらすべての設問を通じて、心理学的な手法は、まことに巧妙といわねばならない。そこでは、たんに数字とデータを示し、問題をあたえるだけで、特定の結論を生徒たちがみずから引き出すことを強制している。こうした設問形式によって、子どもたちにたいして、いっそう強い連想の喚起が行なわれ信憑性が強められる。フレッサウによれば、こうした数学教科書が全体として政治体制を正当化し安定化させる思想教化と大衆操作に仕えていることは明白である。とくに自国の《成果》のみが絶対化され、他国や国際組織の比較データは示されていない。唯一の例外は潜在的敵国の軍事力だけというのでは、《敵‐味方》思考による国防教育へと傾斜せざるをえないであろう。

しかし、こうした総括には若干の留保が必要であろう。ニッセンによる比較分析によれば、数学教科書においてナチ・イデオロギーを伝達する設問の比重は、低学年から高学年に進むにつれて増大している。とくに最高学年での問題は、もっぱらナチ政治色に染まったものだけである。つまり、低学年においては、なお数学の基礎的学力の養成が目指されているのに反して、高学年では、それが同時にナチ・イデオロギーの伝達のために用いられるという関係にある[33]。いわば、戦時下ナチ学校教育のもつ《適性化》と《統合化》の両機能のギリギリの接点を、ここに見出すことができよう。さらに突っ込んで考えれば、ここでは、明らかに政治から解放された基礎学力の習得は、のちの政治教育にとって何の阻げともなっていない。それだけではなく、むしろ逆に、政治化をいっそう促進することに役立ったともいえるのではなかろうか。なぜなら、確実な計算力から出される結果そのものが具体的な政治的＝イデオロギー的措置の確実性を証明するかのように思わせるのだから。その限りでは、ナチ体制下の数学と数学教育は、《道具的理性》としての基本的枠組みを突破できなかったと言わねばならない。

(1) Vgl. E. Anrich, *Neue Schulgestaltung aus NS-Denken*, 1933, S. 78. ナチ歴史教育については、一般に、vgl. F. Selmeier, *Das NS-Geschichtsbild und der Geschichtsunterricht 1933–1945*, 1969; H. Genschel, *Politische Erziehung durch Geschichtsunterricht. Der Beitrag der Geschichtsdidaktik und des Geschichtsunterrichts zur politischen Erziehung im NS*, 1980; N. Schausberger, Intentionen des Geschichtsunterrichts im Rahmen der NS-Erziehung, in: Heinemann (hrsg.), *a. a. O.*, Bd. 1, S. 251 ff.

(2) とくに、vgl. V. Losemann, *NS und Antike. Studien zur Entwicklung des Faches Alte Geschichte 1933–1945*, 1977.

(3) 州レベルのものをふくめ、一九三三年から四三年にいたる歴史教育に関する重要な訓令や教授指針をまとめた一覧表として、vgl. Selmeier, *a. a. O.*, S. 335-341. 特色ある一例は、ハンブルクの「歴史教育に関する規定」(一九三三年五月)である。そこでは、「政治的なものの本質と優位」を外交政策の見地から捉えること、しかも「道徳的なものが善と悪との対立によって規定されるように、政治的なものは友‐敵‐関係の法則に従って規定されねばならない」ことが明言され、《政治の優位》の原則は、とくに歴史授業において、教育の自律性を否定しなければならない、とされている(vgl. Genschel, *a. a. O.*, S. 23-24)。こうした歴史像には、当時、ナチ公法学の代表的イデオローグとなったカール・シュミットの政治概念の影響が反映している。なお、とくにバイエルンの歴史教育に関する特殊研究として、vgl. S. Ullwer, *Der Geschichtsunterricht in der Volksschule nach den Vorstellungen der bayerischen Regierung und der bayerischen Lehrervereine von der Gründung des Bayerischen Lehrervereins 1861 bis zum Ende des Zweiten Weltkrieges*, 1976, S. 102 ff.

(4) Richtlinien für Erziehung und Unterricht in Volksschule, *a. a. O.*, S. 394-396.

(5) *A. a. O.*, S. 395, 396 u. 394. 先にあげた高校の教授指針においても、歴史理解における「価値判断」の基準とされるのは、ドイツ民族の形成にたいする貢献(「民族的な種と統一とを促進したか阻害したか」)という《自民族中心主義》の視点である。それを「真の即事性」と規定し、逆に「普遍的な理解」の仕方を「誤って《客観性》と呼ばれる無責任な態度」として批判している(*Erziehung und Unterricht in der Höheren Schule*, S. 70 f.)。フレッサウによれば、高校教育のあたえる「一般的で、ほとんど皮相な知識」は国民学校教育を実質的に越えるものではない、とさえいう(Flessau, *a. a. O.*, S. 68. なお、vgl. S. 77 ff.)。

(6) Vgl. D. Klagges (hrsg.), *Volk und Führer*. Ausgabe für Deutsche Oberschulen und Gymnasien. Klasse 1: Erzählungen zur deutschen Geschichte, 3. A. 1943, Inhaltverzeichnis. 長く待望されていた新版歴史教科書が出現するまで、さまざまの移行措置がとられた。在来の教科書の中でナチ的教授指針に照らして《認容しがたい》箇所には別紙を糊付け(!)して使用した例もあるという(vgl. Selmeier, *a. a. O.*, S. 118 ff.)。

(7) Klagges (hrsg.), *a. a. O.*, S. 1. 「君たちドイツの少年・少女がここにこれらの群像の中に追感することのできたドイツ史のうねりは、第三帝国において、その絶頂に達した。もっともすぐれたドイツ人たちの夢想したものは実現されつつある」(Falk/Gerald/Rother, *Deutsche Geschichte für das 7. Schuljahr*, 1936, S. 149 f., zit. in: Rohde, *a. a. O.*, S. 106)。なお掛図などの視覚的教材の果たした同じような役割については、vgl. R. Stach u. W. Müller, *Schulwandbilder als Spiegel des Zeitgeistes zwischen 1880 und 1980*, 1988, S. 166 ff.

(8) ブーラーはナチ党の著作物審査の担当責任者であり、ヒトラーの発意にもとづいて、この本をナチ党の《歴史読本》として執筆した。教育省は、国民学校、中間学校を問わず、遅くも最終学年の生徒たちがブーラーのこの書物を購入すべきこと(*Dt. W. E. Vb.*, 1938, S. 309)、とくに高校では、第五学年のクラスで現代史を扱う授業でそれを使用すべきこと(*a. a. O.*, 1939, S. 14)を訓令した。

(9) Ph. Bouhler, *Kampf um Deutschland. Ein Lesebuch für die deutsche Jugend*, 1939, S. 25. クラッゲス編集の高校最上級生用教科書におけるヒトラー像も、同じく情動的な文体で描かれている。たとえば、ヒトラーの出自について「民族の存立を守り救い、民族の崇高な課題の実現のために必要とする人間を、民族の生命から、あるとき、あるところで、ある境遇において出現させるのは、民族それ自身である」といい、ナチ運動の勝利を「ポツダムのドイツを特徴づける最善のものの守護者、しかし、同時にロマン主義の時代いらいドイツ人の魂の奥底に花開いたすべてのドイツ人の希望と夢との実現者かつ担い手、そのようなものとしてアドルフ・ヒトラーの運動が権力への途上に出現した……」(D. Klagges (hrsg.), *Volk und Führer*. Ausgabe für Oberschulen und Gymnasien, Klasse 8 : Der Weg zum Großdeutschen Reich, 1941, S. 206)。

(10) 「ドイツ人は、すでに生まれながらナチ主義者なのではなく、そのように《形成》され、教育されねばならなかった。この形成が本質的にコトバを通して行なわれねばならないことを、ナチ主義者はルターやフンボルトと同様によく知っていた」(J. Henningsen, *Bildsamkeit, Sprache und NS*, 1963, S. 27)。音楽や詩の朗読などを組み合わせて情感に訴える歴史授業の例として、vgl. H. Gies, Geschichtsunterricht als deutschkundliche Weihestunde, in: Dithmar (hrsg.), *a. a. O.*, S. 43.

(11) D. Klagges, *Geschichtsunterricht als nationalpolitische Erziehung*, 2. A. 1937, S. 109 ff., 115 u. 117. その他、当時出版された歴史教授法の例については、vgl. Selmeier, *a. a. O.*, S. 40 ff.

(12) Vgl. Klagges. *a. a. O.*, S. 141-143.《生物学的法則》としては、そのほか、「生命とは闘争である。われわれは総統なしには無に等しい。……武器と国防なしには保護も名誉もない」など二十数項目があがっている。クラッゲスによれば、低学年の児童にたいして歴史教育の前段階として「ドイツ民族のメルヒェンや伝説の世界」も、それらが「英雄的人生観」を内容とし、「闘争意志を強める」のに役立つ教材とされる(vgl. *a. a. O.*, S. 177-181)。なお、ナチ教育論におけるメルヒェンの位置づけについては、vgl. Q.

Gerstl, *Die Brüder Grimm als Erzieher. Pädagogische Analyse des Märchens*, 1964, S. 40 ff.

(13)　Klagges, *a. a. O.*, S. 170.

(14)　Vgl. F. Endrich, Geschichte, in : Huber u. Prestel (hrsg.), *a. a. O.*, S. 104 u. 100.

(15)　歴史の《偽造》の例として，たとえばルターは神認識のため苦闘した宗教改革者というよりも，《人種的に異質な》教皇制に反逆したドイツの革命家とされる(vgl. Rohde, *a. a. O.*, S. 106)。同じく，スペインの支配にたいする「ゲルマン的オランダの解放闘争」や，「北欧的闘士」としてのグスターヴ・アドルフなどの例(*Erziehung und Unterricht in der Höheren Schule*, S. 81)，参照。もっとも，ナチ的歴史評価においては，かならずしも純粋な人種主義的視点が貫徹させられたわけではない。前述のイギリス評価の転換に示されるように，国際政治をめぐる現実の利害関係が歴史像に直ちにはね返ってきた。ナチ時代を通じて，基本的にはドイツ民族の総力を結集することに重点がおかれ，それは中世いらいの《帝国》理念の高い評価に現われている。とくに戦争後半になると，ナチ・ドイツが《ユダヤ的ボルシェヴィズム》にたいする戦いの第一線に立っているという《ヨーロッパ》イデオロギーさえ登場した。たとえば，vgl. Fr. Stieve, *Geschichte des deutschen Volkes*, 8. A. 1938(『独逸民族二千年史』石川錬次訳，理想社)；ders., *Deutsche Tat für Europa. Von Armin bis Hitler*, 1944.

(16)　じっさい，ある歴史教科書の著者からは，ヒトラー政権の成立の年から年号計算を始めるべきだ，という提案も出されている。そのほか，ナチ詩人ハインリヒ・アナッカーの「ドイツの復活祭一九三三年」では，再生ないし復活という宗教的イメージがナチの政権掌握のメタファーとして用いられている(vgl. Rossmeissl, *a. a. O.*, S. 190 A.)。

(17)　Vgl. W. Ludwig, *Politik als gestaltende Kraft in der Geschichtswissenschaft und im Geschichtsunterricht*, 1940, S. 58. なお，vgl. K. Lenk, *Volk und Staat. Strukturwandel politischer Ideologien im 19. und 20. Jahrhundert*, 1971, S. 20 ff.

(18)　Vgl. W. Schneider, Der mathematische Unterricht im Dritten Reich. Einleitender Vortrag, in : *Zeitschrift für mathematischen und naturwissenschaftlichen Unterricht aller Schulgattungen*, 1935, Heft 1, S. 1. これは，一九三四年秋，ハノーファーで開かれた数学者全国連盟大会の基調報告である。この会合では，教育現場からも，現代の戦争——経済戦もふくめて——における「数学の軍事的重要性」がシャルンホルストやモルトケの数学評価まで引き合いに出して強調されている。しかし，同時に，そこには，数学の「人格形成的」な働きに関連して「数学問題の取り扱い方における人種的差異」について言及があり，ビーベルバッハの名前に触れられていることにも注意すべきであろう(vgl. P. Zühlke, Die Antwort des Schulmannes, in : *a. a. O.*, 1935, Heft 2, S. 73 u. 71)。

(19)　L. Bieberbach, Stilarten mathematischen Schaffens, in : L. Poliakov u. J. Wulf (hrsg.), *Das Dritte Reich und seine Denker.*

Dokumente, 1959, S. 313. ビーベルバッハ責任編集による雑誌『ドイツ的数学』(一九三六年創刊号)は、巻頭にヒトラーの党大会演説の一節を引き、「数学におけるドイツ的特質に仕え、それを涵養する」ことを、編集の基本方針に掲げている(*Deutsche Mathematik*, 1936, S. 3. なお、巻頭論文 F. Kubach, Studenten, in Fronte!, in: *a. a. O.*, S. 5-8, 参照)。批判的研究として、とくに、vgl. H. Lindner, "Deutsche" und "gegentypische" Mathematik. Zur Begründung einer "arteigenen Mathematik" im "Dritten Reich" durch Ludwig Bieberbach, in: H. Mehrtens u. S. Richter (hrsg.), *Naturwissenschaft, Technik und NS-Ideologie*, 1980, S. 88 ff.

(20) 《ドイツ的物理学》の代表者フィーリップ・レーナルト(ハイデルベルク大学教授)自身は、現代ドイツ数学の《自然科学的》性格について、きわめて懐疑的である(vgl. Ph. Lenard, Der Leidensweg der Mathematik, in: Poliakov/Wulf (hrsg.), *a. a. O.*, S. 294)。これにたいして《ドイツ的数学》の側からは、レーナルトの「『ドイツ的物理学』第一巻と雑誌『ドイツ的数学』の第一冊とが時を同じくして刊行されたことは、けっして偶然ではない」としつつ、レーナルトの数学理解に反対して「いっさいの科学は、その創造者の世界観的立場に依存し、人種的・血液的に制約されている」ことを強調している(Kubach, Rezension über Lenard, Deutsche Physik, in: *Deutsche Mathematik*, Bd. 1, 1936, S. 256-258)。《ドイツ的物理学》については、vgl. S. Richter, Die "Deutsche Physik", in: Mehrtens/Richter (hrsg.), *a. a. O.*, S. 116 ff. なお、A・D・バイエルヘン『ヒトラー政権と科学者たち』(常石敬一訳、岩波書店、一九八〇年)、一〇七ページ以下、参照。

(21) Vgl. Fr. Drenckhahn, Volkseigener Rechen- und Raumlehreunterricht, in: Hiller (hrsg.), *a. a. O.*, S. 338 f. そのほか、たとえば、vgl. K. Danzfuß, Aufgabe, Einordnung und Gestaltung des Volksschul-Rechenunterricht, in: *Die Deutsche Schule.* Zeitschrift der Reichsfachschaft 4 (Volksschule) des NS-Lehrerbundes, 1936, S. 417-429. ここでも、数学の民族的特性を説くビーベルバッハやクリークが援用され、数学による品性教育の可能性が強調される。数学教育は「なんらのこじつけの余地を残さない解決の無条件的一義性、目標を回避せず中途半端に立ち止まらない完璧性……」などのゆえに、「真理の理念」のみならず「民族の福祉」にも仕える等。

(22) Vgl. Drenckhahn, *a. a. O.*, S. 339 f. u. 344 f.

(23) Vgl. C. H. Tietjen, Raum oder Zahl?, 1936, in: Poliakov/Wulf (hrsg.), *a. a. O.*, S. 318. なお、その他の《人種論的》数学理論については、vgl. *a. a. O.*, S. 314 ff. なお、vgl. B. Petermann, Umbruch im Raumlehreunterricht aus organischer Bildungsschau, in: *Die deutsche Schule*, 1936, S. 430-440. ここでも、クリークの援用があり、《有機的》に《成長する幾何学》的直観が説かれている。

(24) Vgl. Drenckhahn, *a. a. O.*, S. 345, 347 u. 346.

(25) ビーベルバッハの仕事からは、《ドイツ的数学》の明確なイメージがついに生まれなかった。一九四〇年代初めの論文でも、《民族的固有性を啓示する》数学的認識は、「なお端緒にとどまる」(vgl. M. Draeger, Mathematik und Rasse, in : *Deutsche Mathematik*, Bd. 6, 1941, S. 566 u. 575)ことが認められている。雑誌『ドイツ的数学』も、すでに戦争直前には当初の反響を失い、発行部数も激減し、一九四二年度で廃刊している(vgl. Lindner, *a. a. O.*, S. 103 ff. u. 107)。《ドイツ的物理学》の敗北もまた、第二次大戦の勃発がナチ高等教育政策にあたえた衝撃による。そこでは、戦時経済と軍事技術とにとって「現実に役に立つ人の重視とイデオロギー上の価値の重要性の減少」(バイエルヘン、上掲書、二五三ページ)が明白になった。応用数学それ自体についても、戦後に生き残るためには、確実な基礎研究による《適性化》機能を確保すること以外には道がなかったことに注目すべきであろう(vgl. H. Mehrtens, Angewandte Mathematik und Anwendungen der Mathematik im NS-Deutschland, in : *G. u. G.*, 1986, Heft 3, S. 317-347)。

(26) 数学者全国連盟の雑誌に紹介・推薦される数学教育の新刊書には、そうした傾向がよく現われている。たとえば、vgl. Rezension über A. Dorner, Mathematik im Dienste der NS-Erziehung, hrsg. im Auftrag des "Reichsverbandes Deutscher Mathematischer Gesellschaften und Vereine", 1935, in : *Zeitschrift für mathematischen und naturwissenschaftlichen Unterricht*, 1936, S. 98. なお、ナチ時代の数学教育の問題については、一般に、vgl. H. Mehrtens, Mathematik als Wissenschaft und Schulfach im NS-Staat, in : Dithmar (hrsg.), *a. a. O.*, S. 205 ff. ; Nyssen, *a. a. O.*, S. 99 ff.

(27) Usadel, *Wissen, Erziehung, Schule*, S. 14.

(28) Vgl. Richtlinien für Erziehung und Unterricht in Volksschulen, *a. a. O.*, S. 405-407.

(29) Vgl. *Erziehung und Unterricht in der Höheren Schule*, S. 187 f.

(30) Vgl. *a. a. O.*, S. 189.

(31) Berwesdorff/Sturkann, *Rechenbuch für Knaben und Mädchen. Mittelschulen sowie Anstalten mit verwandten Zielen*, Heft 4/5, 1935, in : H. Focke u. O. Reimer, *Alltag unterem Hakenkreuz. Ein aufklärendes Lesebuch*, 1980, S. 88-90. その他の戦時下の問題例について、vgl. G. Kölling u. E. Löffler, Mathematisches Unterrichtwerk für höhere Lehranstalten, 1942, in : Platner (hrsg.), *a. a. O.*, S. 265 ff.

(32) Vgl. Flessau, *a. a. O.*, S. 150. なお、vgl. S. 143 ff.

(33) Vgl. Nyssen, *a. a. O.*, S. 112 ff. なお、この比較分析については、vgl. Mehrtens, Mathematik als Wissenschaft und

Schulfach im NS-Staat, *a. a. O.*, S. 211 u. 215.

3　学校祝日行事

学校での国家的祝日ないし入学式・卒業式などにおける祝祭行事は、古い伝統をもっている。しかし、それは、ナチ時代には、とくに重要な意義をもつものとなった。今までみてきたような正規の授業は、イデオロギー教育としての役割をもたされていたとはいえ、やはり《適性化》のための知識の伝達をも課題としていた。これにたいして、学校祝日行事は、そうした教育学的負担から自由に、正規の授業よりいっそう強められた形で、ナチ・イデオロギーのための思想教化を遂行できるであろう。

ナチ《祝祭》の教育学的論議のいくつかを取り出してみよう。すでにナチ政権成立後、さまざまの形で演出される《政治的祭儀》が《民族共同体》の可視的表現として組織的に行なわれてきた。しかし、それが同時に《教育形式》としてもつ重要性に注目される。たとえばクリークの弟子フィーリップ・ヘルトは、すでにヴァイマル時代末期に、『民族的教育の根本形式』(一九三二年)の中で、教育を《共同体の機能》とする基本的視点に立って、「遊び、労働、学び、祝祭」という四つの根本形式に即して論じていた。これは、ナチ時代にも版数を重ね、ナチ祝祭＝教育論の基本文献の一つに数えられていた。

ヘルトによれば、「真の祝祭は、民族的生活――すなわち、真に人間的な生活――を維持するために真実な労働と同じく不可欠のものである。なぜなら、そこでは、大なり小なり余計な取り替えのきく《イデオロギー的上部構造》ではなしに、〔民族〕全体とその構成員の生命根拠、つまり、民族性の精神とこころとが生きかつ活動しているのであるから」。共同体を構成する個々の人間は、ともに行動し、ともに歌い、ともに働き、共同で形づくる祝祭を通して学ぶのである。学校での授業は、教育過程における一つの構成要素にすぎず、もっとも重要な要素でさえない。祝祭は共同の生活過程を高めるものである。すなわち、祝祭は、楽しみや気晴らしといった「主観的な需要」に応えるのではなく、「客観的なもの、より高いものが具体的に形をとること」であり、「それに参加することによって、……人間における人間の成熟が行なわれる」のだという。(1)

ナチ祝祭＝教育論は、基本的に、こうした方向で展開される。ナチ教育機関誌に載った代表的な論文の一つによれば、「祝祭そのものは共同体生活の形式として真の僚友関係によって担われているが、……それは、逆に新しく僚友関係を共同体のエートスに結びつけ、祝う者すべてに新しい力を充たし、民族的行為への意志を強める」ものである。祝祭を媒介とする共同体と教育との一体性というこの論文の根底にあるのは、明らかに教育を「共同体の機能」とする主張であり、クリークへの言及があるのは、けっして偶然ではない。学校教育における祝祭も「共同体の信仰告白」であり「同じ心情に結ばれた僚友精神」から生まれてくる。ナチ的な学校祝祭は「生徒たちのこころに呼びかけ、祝祭のつくり出す象徴の中に民族的帝国《ライヒ》の無限性を直接に体験させ、ナチ世界観のエートスを可視的現実とさせる」「たえずくり返されるアピール」なのである。(2)

ここには、とくにナチ教育政策に一貫する個人主義ないし知性教育への反対が現われている。そればかりでなく、「祝祭の本来的な表現手段」とされる「詩、音楽、踊り」の中には、すでに「日常性からの解放」がひそんでいるという。(3) 学校は、たんに「能力と知識を媒介する」ことを超えて「品性の形成」という仕事を忘れてはならない。その品性は、本来、「永遠的なものから形と刻印」とをあたえられることによって生まれる。ここから、祝祭は擬似宗教的な体験をも喚起することができるものとされる。「学校祝祭も圧倒的な象徴の力によって聖別され、共同体的体験にとらえられることによって、究極のもの永遠のものへの再結合（＝religio）という効果をもつようになる」[4]。じじつ、学校祝祭の構造そのものも、カンタータ的性格を帯びていき、呼びかけに応え歌い返すプログラムの進行に、教会礼拝的伝統が世俗化された形で踏襲されていた。

学校祝祭が究極的に意図していたのは、生徒たちにナチズムをたんに《政治》の次元の事柄としてではなく、いわば、歴史における《啓示》として受け入れさせることだったと言えよう。そのような意味において、ヒトラー・ユーゲントの指導者シーラッハは、将来におけるナチ教育と青少年指導の担い手たちを「ナチ的信仰の祭司」になぞらえることができたのであった[5]。

具体的な教授法の論議でも、こうした祝祭行事はナチ的共同体体験にとって「特別に輝かしい頂点」（ウザーデル）として強調された。学校祝日行事の手引きによれば、「できるかぎり短い時間の中で、有効に、ほとんど劇的に盛り上げることによって、祝祭は、ただ一つの、まったく特定の根本思想を実行に移す」ものであり、祝祭に参加するものを「直接的に魅了し、内的な集中と深い感動を引き起こす」ことを目指している[6]。祝祭行事の成功のためには、それは、参加者によって、たんに《受動的》に体験されるだけでは十分とは言えない。「上演者と観衆との区別は完全に消え失せ」ていなければならない。しばしば起こるこの不毛な分裂をなくして、操作的＝統合的に架橋するように努められねばならない。こうして、「学校共同体の前で若干名の真の――あるいは仮定の――適任者をつくり出す」のではなく、「できるだけすべてのメンバーが能力に応じて祝祭に参加する」ことが強調される。参加者全員が「ともに行動し、ともに発言し、ともに歌い、ともに行進する」ことによってはじめて「祝祭は共同体の信仰告白となり、民族をつくり出す」のである[7]。

《教授指針》においても、たとえば国民学校（一九三九年）の場合、「学校の祝祭において、学校が偉大な民族共同体に統合されていることが、もっとも意義深く表現される。それは、学校の共同体生活における頂点を形づくり、それゆえ、特別の愛と配慮のもとに実施されねばならない」。基本学校の規定(一九四二年)では、いっそう明確に、学校祝日行事が「基本的に認識と情感とを通じて子どもたちのうちにナチ・ドイツ的世界観と行動への決意とを準備することに貢献する」ことが確認されている。(8) こうした祝祭的行事が日常的な学校生活の中に取り入れられ、規則的にくり返されるとき、それは、ナチ青年＝政治組織において典型的な儀礼の様式を採用することにならざるをえない。じじつ、教授指針では、祝祭行事の実施に際して、学校がヒトラー・ユーゲントと協力することを規定している。(9)

祝日行事の種類には、まず、国民的祝祭日として、「第三帝国の建国記念日」(一月三〇日)、「総統誕生日」(四月二〇日)などのほか、「母の日」、「戦没者記念日」など多数にのぼる。学校固有の祝祭としては、卒業式のような特別行事のほか、日ごとの朝礼、週ごとの始業式、終業式その他がある。もっとも、「ナチ的祝祭がいかなる内容を選び、どの形態をとるか」ということは、「さし当たっては重要ではない」。前景に立つのは「内面から充実」された祝祭体験そのものを獲得させることだったから。(10)

ここでは、学校固有の行事として卒業式を取り上げてみよう。卒業式もまた、まず「ナチ的民族共同体の行動」であることが強調される。学校の創立記念日や校舎の落成式などを除いて、卒業式こそ、学校が公けに地域共同体の前に姿を現わす数少ない機会にほかならない。そこでは、とくに学校に別れを告げる式というより、労働する民族に《加入》する祝いであることが目指される。すなわち、《卒業式》といっても、それは「過去を顧みる」ことではなく、どこまでも「前進」することに役立つものでなければならない。「女々しい気分」や感傷性を排して、生徒たちの「心を鼓舞し、向上せしめ、英雄的生活への方向」づけをあたえることが求められる。少年少女がいよいよ「生

産社会」に進出し、さらに生死をともにする「国防団体」に加入することを喜ぶ祝祭でなければならないから。(11)

以下に卒業式のための《模範》とされたプランの一例を取り上げてみよう。

「華やかなドラムの音」につづき、「聖なる祖国」の合唱。

第一の話手「いかなることありとも／　強き根をおろして／　ドイツのために起てよ！／　最高の遺産守らんため／　戦え、血を流せ、同志を獲よ！／　勝て、しからずば命をすてよ！／　骨の髄までドイツ人であれ！……」

第二の話手「総統は申しました／「神がこの世において私にあたえた最高のものは、わが国民である。私はこの国民を信じ、私の全意欲をあげてこれに奉仕し、生命を捧げる／　人はみな、祖国に犠牲を捧げんと努むべし」と。

合唱「われらは奪わるることなし」

校長の式辞「汝らは未来のドイツなり」について。

卒業生の答辞(三人)。その第一「総統のたまいし旗よ／　われらは生きるも死ぬも／　すべてをおまえに捧げる！／　われらにはためらいも怯えもない／　果敢な戦士としておまえを次の時代へ伝える」……

在校生の言葉。

女生徒の一人「頭は明晰に／　心は誠実に／　考えは慎ましく／　憂いに健く／　手はまめに／　施しを喜び／　快活に純潔なれ／　ドイツの少女らよ」

男生徒の一人「あくまで教えに従う心と意識／　それをもちて世に出でよ／　ドイツ人なることを喜び／　祖国の名誉の中に伸びよ……」

父親の一人「剛健になれ、剛健に！／意志を鉄石のごとく鍛えよ！／……天翔ける雲のごとく馬を馳せ／嵐のように突進せよ！／男になれ！豪胆になれ！大胆不敵で、海のように清く／剛健になれ、剛健に！」

卒業生一同「私たちは、そうなります！」……

卒業生の一人「私たちは総統の言葉を借りて宣誓しようと思います。『私たちは何一つ自分のためにしようとは思いません。すべてを国民のために致します。自分のために闘うようなことはなく、すべてドイツの国のために闘います。私たちの身はいつ滅びてもよいが、ドイツの国は、とこしえに長らえねばなりません！』」

卒業生一同(対話的合唱)「神よ、われらのこころを動揺せしめることなく、臆病ならしめたもうな。またわれらに定められたる義務を忘れしめたもうな(ヒトラー)」

式典係「では、みな一緒に総統の告白を合唱してください。われわれも、それを確信するものですから」

卒業生一同「私は、ドイツ人である／私は、わが国民を信じる！／私は、その名誉を信じる！／私は、その将来を信じる！／私は、その権利を信じ／自由の獲得を志し／……よりよき平和のために／力をかそう／私は、国民の名において／そう信じ、そう告白する！」……

こうして「ハイル・ヒトラー」三唱とドイツ国歌「世界に冠たるドイツ」およびナチ党歌「ホルスト・ヴェッセル」の合唱によって式は閉じられる。(12)

こうした学校祝日行事のもつ《統合的》機能は、明らかであろう。むろん、たとえば下級生たちにとって、祝祭の儀式はコトバの上からは、しばしば、難しすぎる場合もあったかもしれない。しかし、ナチ的祝祭＝教育論にとって問題ではない。「彼らがそれを理知的に理解できないとしても、それは祝祭にとって妨げとはならない。それは、小さな子どもたちにとって彼らの祝祭体験のなんらの妨げではない。彼らにとっては……旗の波、行進、共同の歌が、いつまでも記憶に刻まれている。シュプレヒコールこそ、新しい祝祭の新形式そのものなのだ[13]」。

こうして祝祭行事は、授業にまさって、いっそう直接的にナチ・イデオロギーを子どもの人格の中に叩きこむ情動的効果を狙っていた。そこでは、社会的・政治的現実について自覚的・批判的に考えるような余地は、当初から排除されている。むしろ、祝祭行事を通してあたえられる共同体体験によって、虚構的な《共同体》イメージが意識下にまで定着させられる。社会に存在するリアルな矛盾や対立は、ともに歌い、ともに告白し、ともに耳を傾ける情動的体験の中で隠蔽される。こうして祝祭行事は、生徒たちによってその意味も目標も問われることなく、《総統と民族》のためにみずからを犠牲とする非合理な決意を義務づけるであろう[14]。

別の学校祝祭行事の手引きによれば、古い格言を言い換えて、こう表現している。「君がどのように祝うかを示せ。そうすれば、君が何びとであるかを告げよう[15]」と。つまり、祝日行事は、けっして第二義的な付随的教育活動ではなかったことが分かる。

（1）Ph. Hördt, *Grundformen volkhafter Bildung*, 1932, 3. A. 1933, S. 103 u. 111. この本は、一九三七年に、すでに七版を重ねている。もっとも、ヘルトにおいても、教育は《共同体の機能》とされつつ、その内容そのものは、なんら批判的に問い直されることはない。教育過程は、学習者の視点ではなく、共同体の視点からのみ解釈される。ともに行動することとそのことに価値が認められ、祝祭論で示される学習の様式は、トータルな《同一化》にすぎない。ここには、クリーク教育論でみた同じ問題性がくり返されている(vgl. Prange, *a. a. O.*, S. 227)。

（2）Vgl. K. Seibold, Die Feier als völkische Lebens- und Erziehungsform, in : *NS-B.W.*, 1938, S. 609-610. クリークへの言及は、S. 594. そのほか、学校祝祭論ではクリークへの言及が、しばしばなされている。なお一般に、vgl. W. Borvitz, Fest und Feier, in : *Handbuch für den Deutschunterricht*, hrsg. v. R. Murtfeld, Bd. 1, o. J.(1937), S. 173-177.

（3）W. Lenartz, Feiergestaltung in der Schule, in : *Die Deutsche Schule*, 1937, S. 362.

（4）Vgl. M. Breitinger, Symbol und Erziehung, in : *Die Deutsche Schule*, 1936, S. 463. そのほか、祝祭において現実化される民族的全体の《神話》への参加を強調する議論にも、擬似宗教的な訴え方が現われている(vgl. W. Lacroix, Mythos und Feier als

Erziehungskräfte in der völkischen Schule, in : *a. a. O.*, 1933, S. 346 f.)。

(5) Vgl. B. v. Schirach, *Revolution der Erziehung*, 1938, S. 125.「青年を教育しようと思うものは、彼らに畏敬の念と感激の思いを起こさせねばならない。なぜなら、畏敬なしには教育も、また高貴な人間的存在も、考えることができないからである」(*a. a. O.*, S. 115)。

(6) Vgl. Usadel, *a. a. O.*, S. 36 ; U. Peters u. K. Witt (hrsg.), *Volksschule und Lehrerbildung im Dritten Reich*, Heft 1 : *Erziehungs- und Unterrichtsplan der Kieler Ausbildungsschulen*, 1937, S. 106 f.

(7) Vgl. Seibold, *a. a. O.*, S. 601 ; W. Bücheler, Feiergestaltung und Deutschunterricht, in : *Zeitschrift für Deutschkunde*, 1937, S. 54. なお、vgl. N. Hopster u. O. Nassen, *Literatur und Erziehung im NS. Deutschunterricht als Körperkult*, 1983, S. 49 ff.

(8) Vgl. Richtlinien für Erziehung und Unterricht in Volksschulen, *a. a. O.*, S. 388 ; Bestimmungen über Erziehung und Unterricht in der Hauptschule, *a. a. O.*, S. 129.

(9) 学校祝日行事の実施規定については、たとえば、vgl. *Die Amtsführung des Lehrers*, 1941, S. 197. 他方では、学校行事として独自性を持つべきだという自己批判も少なくない(たとえば vgl. Bücheler, *a. a. O.*, S. 52)。

(10) Vgl. Seibold, *a. a. O.*, S. 591 f. たとえば、南ドイツの一高校におけるナチ政権成立後約一年間における年間学校行事の記録の例をみてみよう。一九三三年では、たとえば五月二六日「ドイツの名誉と自由のための闘士レオ・シュラーゲターの命日に生徒たちはラジオによる祝典に参加」。五月二八日「全クラスにおいて恥辱にみちたヴェルサイユ条約を、それにふさわしく想起した」。……一一月九日「ミュンヘンの将軍廟前で倒れた新しい運動の英雄と先駆者たちの追悼が厳粛に行なわれた。ドイツの名誉と自由のために闘ったこれらの闘士の不朽の栄誉について、A教授は心をゆさぶる熱烈な言葉で称賛した」。……一九三四年に入ると、たとえば一月一八日「帝国建国記念日(一八七一年)――R教授は、その演説で、この日の重要性を語り、ビスマルクの追求したドイツ統一こそ、新政権の内政的努力そのものである、と強調した」。一月三〇日「ナチ第三帝国の第一回誕生日」。二月二四日「各クラスの授業で英雄たちの死を賛えつつ記念した。彼らは、ドイツの名誉のためのその犠牲死によって、すべての愛国的ドイツ人にたいする輝かしい模範たらざるをえない」。三月二一日「生徒たちは、ラジオを通して帝国《ライヒ》首相兼総統アドルフ・ヒトラーによる新しい労働闘争(Arbeitsschlacht)開始の演説を聞く」(Rossmeissl, *a. a. O.*, S. 70-73)。ちなみに《労働闘争》というのは、当時よく用いられたナチ用語の一つで、一九三三年いらいナチ政権のとってきた失業対策の措置を総称する(K.-H. Brackmann, *NS-Deutsch*, 1988, S. 22)。

(11) Vgl. Seibold, *a. a. O.*, S. 617 f. さらに、M・シュピールハーゲン『独逸の国防教育』(小笠原稔訳、光画荘、一九四三年)、二一九ページ以下、参照。

(12) 引用の卒業式プランの例は、シュピールハーゲン、前掲書、二三八―二四九ページによる。ただし、現代かな遣いに改めた。

(13) Zit. nach : Rossmeissl, *a. a. O.*, S. 92.

(14) Vgl. Nyssen, *a. a. O.*, S. 121. 教会の手によって行なわれる卒業祝いが、こうした国策的卒業式に対抗する機能を果たしたことが秘密警察の報告書からも読みとられる(vgl. *Bericht des SD u. der Gestapo über Kirchen und Kirchenvolk in Deutschland, 1934-1944*, hrsg. v. H. Boberach, 1971, S. 510)。逆に、ナチ党側からは、卒業式の日程としては日曜日朝が最善とされ、その理由の中には、たとえば「日曜日朝の祝典それ自体の高揚した気分」(Seibold, *a. a. O.*, S. 517)もあげられている。

(15) H. Klauss, Feierstunden der deutschen Schule, 1941, in : G. L. Mosse (ed.), *Nazi Culture. Intellectual, cultural and Social Life in the Third Reich*, 1966, p. 127.

四　ナチ青年組織の政治教育

1　ヒトラー青少年団の教育

ナチ・イデオロギー教育の本来の担い手となったのは、その政治＝青年組織、とくにヒトラー・ユーゲント（以下HJと略記）と帝国《ライヒ》労働奉仕団（以下RADと略記）にほかならない。ナチズムは、これらの組織を通して新しく集団行動に動機づけをあたえ、そこに生み出される熱狂と信仰とに、新しい表現形態をあたえようとした。ここでは、たんに既存の社会関係への順応に尽きない新しい教育的努力を認めることができよう。ナチズムの目指す政治的な教育の変革は、ふつう考えられるように抜本的な学制改革の形をとらなかった。それは、これまでほとんど目立たなかった、このナチ青年組織を学校の外の教育機関に拡張することによって実現した。[1]そこでは、根強い教育的伝統をもった学校教育とは異なり、当初から、ナチ独特の形態と内容とを展開しうる教育実験が可能であったから。のちにみるように、HJは、ドイツの青少年全体を強制的に包括する組織となった。したがって、HJの教育的変革の努力は、それ以外のさまざまの教育機関——学校・家庭・教会など——の影響力にたいして、少なくともそれらと対抗し、やがてはナチ精神にもとづいて統一的な教育制度をつくり上げる道を整えることを目指していた。[2]

HJは、一九三三年以前には、ナチ運動においてもヴァイマル青年運動全体の中でも、大きな重要性をもたなかった。強い変革的志向をもつ一種の若いSAとして存在しながら、数の上でも、組織や指導力の点でも弱体であった。しかし、ナチズムによる権力掌握後、HJは、ナチ社会において青少年をトータルに《把握》する教育機関として、ナチ政権を維持するもっとも重要な手段となった。第二次大戦直前には八〇〇万を越える巨大組織に成長し、《少年団《ユンクフォルク》》(一〇―一四歳)、本来のHJ(一四―一八歳)、《少女団《ユンクメーデルブント》》(一〇―一四歳)、《ドイツ女子青年団》(以下BDMと略記)(一四―一八歳)に編成された(3)。HJの《国家的青少年団》への発展は、いくつかの局面を区別できよう。

三三年以後、さし当たってHJへの《自発的》加入の建前がとられ、競合する他の青少年組織を禁止ないし《均制化》しながら、ヴァイマル青年運動のエネルギーを吸収していった。しかし、ナチ体制へのとり込みは、本質的に、その国家化に通じていた。HJの発展過程を特徴づけるのは、一歩一歩それが官僚主義的形態へ押し込められ、同時にまた軍事的なモデルに従って組織化されていったことであろう。三六年までには、HJによる青少年活動の独占化、HJの階層制化が進み、同年末のHJ法は、HJの全体主義的要求を法制化した(第一条)。とくに、その施行令(三九年)によって、一〇歳から一八歳までのドイツのすべての少年・少女には、《ユーゲント奉仕義務》が公法的性格のものとして定められた(4)。いまや《ユーゲント奉仕》は、《労働奉仕》《国防奉仕》と同列におかれ、反対者には警察力を用いて強制することが可能となった。それまで、なお《政教条約》の保護のもとにあったカトリック青少年組織の抵抗も打ち破られざるをえなかった。こうしたナチ的《ユーゲント奉仕》の国家化にともなう社会的統制は、青少年のあいだに不満の火種を残すことになった。青年運動いらいの自由な共同生活の追憶は、彼らのあいだに、やがて対抗文化的な志向を生み、ついには少数ながら戦時下の反対行動として、さまざまの形をとって現われるにいたる(5)。

HJ法(第二条)によれば、「全ドイツの青少年は、家庭ならびに学校以外にあっては、HJにおいて身体的＝精神的＝倫理的にナチズムの精神に従って民族への奉仕と民族共同体とを目標として教育されねばならない」(6)。つまりHJは、いまや学校や家庭に並んで《同権》の教育機関として登場した。さらに、その施行令によって、就学義務と並んで、実際上、ナチ青年組織への入団義務が平行することになった。学校教育による青少年の《社会化》は、この学校外の青年組織を通ずる《社会化》によって、重大な限定と修正とを受けざるをえない。じじつ、HJは、学校に並んで、のちにみるように決定的な《統合化》機能を果たしたのであり、さらに時には《選別化》《適性化》の機能の一部をも担ったということができよう(7)。

一九三三年以後、HJの教育的企図は、ただちに学校当局とのあいだに深刻な葛藤を生まざるをえなかった。HJ側の要求にたいする教育省の譲歩は、すでに一九三四年から始められた《国家青少年の日》の制定に現われている。すなわち、土曜日は、HJ団員(一〇―一四歳)には授業が免除され、HJ活動に奉仕するため自由に用いられる。HJ団員でない児童は、この時間に学校に出席して《国家政策的授業》を受けねばならない。こうした行事によって、授業時間の短縮や教科課程の編成替えが行なわれることにならざるをえなかった(8)。むろん、ナチ政権成立後は、学校教育の分野も、他の公共的分野と同じく、ナチ党員によって占有・支配されるにいたった。にもかかわらず、このHJと学校との紛糾は、ナチ時代を通じて、くり返し再燃した(9)。すでにみたように、《第三帝国》の行政を特徴づける権限の競合やリーダーの権力闘争が、その原因だったばかりではない。むしろ、この対立は、肉体的訓育と品性の陶冶を優先するHJの教育理念が学校教育における知性的教育と基本的に矛盾するところから由来していた。それは、《帝国《ライヒ》青少年指導者》シーラッハの教育観に、はっきり反映している。彼は、その著書『ヒトラー・ユーゲント』において、HJの観点から学校教育およびその伝統にたいして辛辣な酷評を下している。

シーラッハによれば、学校とHJの関係は、基本的に、こう規定される。「学校は上からの教育であり、HJは下からのそれである」[10]。ＨＪでは、その現実の固定的な階層制にもかかわらず、《青少年は青少年によって指導される》という原則がとられている。とくにナチ時代初期には、《自主的指導》によってこそＨＪは《運動》体として存立する、ということが強調された。それは、当初、ＨＪがヴァイマル青年運動から引き継いだ遺産であった。ＨＪの国家化過程の中で、この原則は現実には建前にすぎなくなっていったとはいえ、なお当初は、そこに青少年を引きつけた魅力の理由もあった。ここから、ナチズムを目指す教育において学校にたいするＨＪの優位が引き出される。

こうした解釈は、さらに両者を区別する次の原理によって基礎づけられる。「教授することと指導することとは、根本的に異なった二つのものである」。こうした主張から、シーラッハは、教師がその職務にもとづいて青少年指導者に任命されることに反対した。彼にとって、生来のものである《指導者の資質》こそ決定的だったから。ナチ的《指導者原理》は、シーラッハの解釈によれば、けっして学校ではなく、ＨＪにおいてのみ実現されうる[11]。さらに学校とＨＪとの関係にとって重大なのは、「青少年は、……新しい生命を担っているがゆえに、いっそう高い意味において、つねに正しい」という原則である。青少年は《つねに正しい》ゆえに、教師は、たとえばＨＪ組織において指導者である生徒たちを公開の場で叱責してはならない。なぜなら、それによって彼らの権威を低めることになるだろうから、という。逆に、ＨＪで指導的な生徒たちは、伝統的な学校教育のカリキュラムや教授法のみでなく、教師の権威も拒否するよう、たえずそそのかされていた。ナチ・ドイツ国家においては《市民的》教師の残滓はもはや重要ではない、と批判されていたからである[12]。

シーラッハは、ナチ《世界観》が《心情》の事柄であり、したがってナチ・イデオロギーの学習には、「悟性よりも感情の方が、いっそう重要である」とする。同じくＨＪの教育理論家シュテルレヒトも《体験》の重要性を強調する[13]。「われわれの学校教育は、体験による教育をほとんど捨て去っているに等しい」という。学校は、たんに「知識の注入」にのみ限定された場所として「生活のそばに」おかれているというのではなく、むしろ原理的に生活にただ「添えておかれて」いるにすぎない。「少年や少女にとって生活を生きるに価するものとするところのいっさいは、学校には属さない」。逆に、学校では、多くの若ものは、「知識の形骸」を積み重ねるだけの授業によって喜びを奪われている。こうした学校教育にたいして、HJの教育は、正面から対立している。そこでは、教材の消化ではなく《体験》によって教育されるから。シュテルレヒトは、HJ独特の《反知性主義》をこう表現する。「われわれは、征服すべき教材からではなく、体験から出発し、体験によって教育する。旅行であれ野営であれ、野外スポーツ、射撃、あるいは世界観的修練であれ、どれも、少年少女に体験させるために実施される」と。

しかし、このようにHJ教育の学校にたいする優位を説くシュテルレヒトも、なお戦時中に、二つの教育機関が互いに「一つのシステムへ結合される」傾向にあることを確認する。しかも彼は、シーラッハに反して、「青年組織は観念的にはより強力にみえるが、……学校は形式的にはいっそう強力であ」り、「長期的にみれば」、学校が「勝利者」となることについて「われわれは欺かれてはならない」という。こうした発言には、軍事的要請のもとにナチ教育政策が転換されることへの不安が表明されているといえよう。じっさい、さきにみたボイムラー発言は、実際的効果としてHJの教育活動を学校以外の分野に限定しようとすることだった。そこには、社会的に重要な《適性化》教育にとっては、HJの集団行動による教育は不十分なことが認識されていたのだから。しかし、HJの理論家からみれば、まさにそうした教育政策の転換とともに、学校がふたたび教育機関としてHJにたいして優位に立つのではないかと恐れられる。したがって、シュテルレヒトは、二つの教育機関を結合する努力を、それらの「自由な活動」に委ねるのでなく、「より高い〔政治的〕指導の課題」に求めざるをえなかった。(14)

HJの組織構造は、徹頭徹尾、階層制的＝統制的であり、その活動分野と方法は可能なかぎり《全体的》だった。

《世界観教育局》から《保健局》《体育局》、さらに《文化局》《ラジオ局》《出版・宣伝局》などから《社会局》にいたるHJ組織全体は、その野心的な教育的プログラムの広がりを示している。そこでは、じっさい、青少年の学校の外のほとんどすべての生活分野が網羅されているといってよい。(15) こうしてHJの政治的指導者たちは、ドイツの青少年たちが自己をナチズムと一体化するように、たえず訴えつづけた。それを実現するための組織網がつくり出され、さらに周到に拡大されていった。

毎週水曜日に各地区グループごとにもたれるHJ《宿舎の夕》は、自覚的な《世界観》教育の焦点となった。むろん、《自覚的》というのは、提供される教材にたいして青少年たちが合理的・批判的に対決する可能性をもったということを意味しない。ここでも、悟性ではなく、情感へのアピールという原理が貫かれていた。共同生活、スポーツ、《世界観》教育を組み合わせた、HJキャンプの共同体体験も、同じ教育効果を狙うものといえよう。(16) 思想教化のための手引きとしては、おびただしい数の新聞、小冊子などがHJのために、またHJ指導部の手によって公刊された。ラジオも重要な役割をもち、毎週水曜日の《若い国民の時間》はHJ自身の手で放送された。その他、《世界観》教育のためのスライドも製作された。(17) 組織的には、全国統一的に計画された指導者のための学校が地区から州レベルでドイツ各地に建設され、巨大なHJ組織のため体系的に訓練された要員を確保することにつとめた。一九三九年にブラウンシュヴァイクに設立された青少年指導のための帝国《ライヒ》アカデミーは、こうした教育階程の中核をなすものとされた。

HJの《世界観》教育の内容として、なかんずく次のような分野からテーマが選択されている。たとえば、古代ゲルマン史、ドイツ史、ナチ党史、海外ないし辺境に住むドイツ人問題、さらに人種論。ナチズムの観点からする歴史の改竄と並んで、HJ教育では、とくに人種イデオロギーが重要視される。HJの思想教化のための公定の『ハンドブック』(ブレネッケ編)では、たとえば、「ドイツにおける人種」「遺伝と環境」「人種衛生学の課題と方法」「人口政策ならびに《生存圏》思想」などを学習しなければならない。[18] こうした《世界観》教育によって、民族共同体の倫理を叩き込み、総統と祖国とに忠誠と服従を誓う《政治的兵士》をつくり出すことが目指される。絶対的義務と自己犠牲の要請は、心理的な武装につながるものであろう。じっさい、HJの活動においては、ナチ的教育目標の序列に一致して、身体的錬成が優先する。それは、現実には《国防錬成》としての意味をもっていた。とくに野外訓練と射撃訓練とは「のちの国防軍における奉仕のための身体的・精神的・品性的準備」(G・カウフマン)にほかならない。少なくとも年間、三週間を規則正しくHJの《宿営地》で送り、みずからの範を示す共同の生活体験も、この関係で重要であろう。[19]

こうした身体的鍛練、兵士的態度、熱狂的献身などを目指すHJ教育は、ナチ権力の安定化のためには不可欠の重要性をもっていた。HJの隊列が旗をなびかせ力強い歩調で行進するとき、民衆の眼前に《千年帝国》の未来の勝利を印象づける絶大な宣伝効果をもちえたであろう。そのほか、献身的熱意に溢れる青少年・少女たちは、さまざまの募金活動や農村作業に《投入》されうる。なかんずく戦闘の決意に燃えて死を軽蔑するように訓練されたHJの若ものたちは、補充の兵員として直ちに使用されえたであろう。

リンゲルバッハは、HJ歌集の中に二つの死のモティーフが頻出することを指摘している。それは、敵を殲滅することと《運動》の理念にたいして自ら殉ずるということである。この二つの死を果たすことの中に《政治的兵士》は、その最高の生の実現をみる。しかし、自己の犠牲死は、かならずしも厳密にその理由づけを示されていない。死の理由として、《名誉》や《旗》、《ドイツの偉大さ》や《ヒトラーの人格》といった非合理的な対象があげられている。そのほか、ときには端的に《運命》や《義務》を引き合いに出した《英雄死》が賛美されるにすぎない。「死を軽蔑すること、政治的な敵のみならず自己自身の生きる個人的権利を具体的に軽蔑することこそ、青少年の《世界観的》感化の中心的なモティーフであった[20]」。しかし、巧妙に操作される攻撃性衝動は、たんに敵への憎悪という形をとるだけではない。それは、みずからの《民族共同体》内部における《遺伝学的》《価値なき》生命にも向けられる。じじつ、前述のブレネッケの『ハンドブック』には、すでにナチ的な《安楽死》政策にたいして心理的に準備するイデオロギー教育すら含まれていた。[21]

HJ教育におけるイデオロギー的《統合化》機能と並んで、他方ではHJ教育による《選別》ないし《適性化》機能も見逃すことはできないであろう。少なくとも《第三帝国》初期において、HJがこの機能の一部を引き受けることによって、当時、政治的に流動的であった学校教育の社会的地位を深刻に脅かしたことは、否定できないように思われる。HJにたいする青少年の抵抗についてのクレンネの分析によれば、社会的な地位上昇のチャンスをHJへの加入と結びつけて、青少年の態度に決定的影響をあたえようとする措置がとられたことを証明している。たとえば、HJに自発的に加入する青年労働者《のみ》を徒弟職人として教育するように求めた手工業マイスターにたいするHJの訴えとか、同じくHJメンバーたる学生や若ものに《のみ》国家や社会の諸機関で将来の指導的地位につきうるようにするHJ帝国《ライヒ》指導部の指令などがそれを示す。[22]

こうした心理的圧力のメカニズムは、ナチ・ドイツ社会では、同様の仕方で、いたるところで行なわれたといえよう。HJあるいはドイツ労働戦線(DAF)に加入するか、それとも職業的な報復措置を引き受けるかといった二者択一の形で。とくにナチ政権成立直後には、なお失業の影が消失していなかっただけに、こうした重圧は、いっそう深刻だった。そこでは、学校の成績でなくHJ団員資格が職場ないし昇進の保証をあたえるとすれば、学校の存在は、生徒たちにとって、しだいに正当性事由を失う危険にさらされていたといえよう。たしかに、三六年以後、

HJ加入は法律的義務とされ、こうした《自発的》加入の問題は、その限りで消滅した。しかし、戦時中においても、なおHJ指導者は、HJのイデオロギー教育が「経済〔界〕にたいするナチ的指導者の後継者選択にたいして貢献」すべきことを主張していた。(23)

HJ教育における、いま一つの《適性化》機能にも一瞥しておこう。たとえば一九三四年いらい、DAFとの協力の下に、毎年行なわれていたHJの《全国職業競技大会》を取り上げてみよう。(24)この《競技》の課題は、全国統一的であり、競技種目は職業部門ごとに細かく分けられ、一九三八年には一六〇〇種目にも達していた。試験は実技成績、職業理論のほか、さらに世界観の点数も加算された。いわば職業上の能力、技術的知識に並んで、思想的忠誠度までふくまれていたわけである。当初五〇万だった参加者は、一九三九年には三五〇万を数えるにいたった。この競技大会は、《業績達成》を目指すナチ教育の代表的なケースといってよい。

この競争は、さし当たり、一般的な《適性化》の形式の一つとみることができる。各部門の大会優勝者は公的に表彰され（総統との握手！）、また適切な業務上の昇進ないし技能研修上の奨励措置が計られた。こうして、青年労働者たちは、彼らの《業績》を通して、社会全体の中での《労働》や《職業》の価値を新しく基礎づけることに貢献した。しかし、この競技大会は、たんに業績測定のための手段であっただけでなく、社会的生産力の向上そのものに関わっていたことも見逃してはならない。ここで追求されていたのは、多数者には到達不可能な、少数精鋭のための理想ではなかった。つまり、目標は観衆にとっての代表選手の《記録》ではなく、他のものにとっても到達されうる《模範》であり、可能性としては、すべての労働青年が参加することを目指す競争なのである。それは、活動への衝動、技能の喜びなどを通して、ドイツの勤労青年を職業労働のために動員し、ナチ国家に献身させる目的をもっていた。こうして青年労働者を業績達成のために競争し合う一大共同体につくり上げることは、彼らから労働者としての階級意識が脱落していく過程と重なっていた。その限りでは、《全国職業競技大会》は、若ものたちを既存の経済的＝社会的構造の中に編入していく《統合化》過程でもあった。(25)

HJ教育による学校の教育機能にたいする影響については、たとえば《農村学年》(Landjahr)に召集された都市の子どもや若ものにたいするHJの訓練なども見逃せない。これは、国民学校から高等学校などの卒業生たちが数カ月にわたり訓練所に起居して、農民のもとで労働するとともに、HJ指導者たちから特別の訓育をあたえられる制度だった。そのほかにも、学校＝青少年図書の選択にたいするHJの発言権から、教員養成にたいするHJの政治的影響力など、なおかなり多岐に分かれている。その中でナチ・エリート教育施設《アドルフ・ヒトラー学校》(＝AHS)の管理＝監督にも一言しておくべきであろう。(26) この学校は、もともと、同じくエリート教育を目指して一九三三年に創設された教育省直轄の《国家政策的教育施設》(＝NAPOLA)に対抗して、シーラッハおよびナチ党《帝国組織部長》ローベルト・ライ《ライヒ》のイニシアティヴによって一九三七年に創設されたものである。法制上は完全にHJに所属し、教育省の所管外におかれていた。その教材・教員・教授指針などは、HJ指導部の責任において全国斉一的に定められていた。AHSは、全寮制の下に、とくに思想教化と体育の比重が高いギムナジウム形式の学校であった。教育費はすべて無償とされ、国民のすべての階層に開かれていることをうたっていた。

一九四〇年以降、さきの基本学校の制度化に示されるヒトラーの新しい教育政策のもとで、これら二つのナチ・エリート教育施設も、戦時下の悪条件下にありながら拡充が計られていった。そこには、各級レベルのナチ後継者養成という政治的・社会的必要に加えて、民衆的支持基盤の強化、さらにナチ支配の版図の拡大する中で若ものたちを各部門に直接《投入》する必要などの動機も働いていた。戦争の後半期には、NAPOLAもAHSも、それぞれナチ党の諸組織の影響下におかれ、法制上の管轄の区別は、ほとんど重要な意味をもたなくなっていた。(27)

しかし、この連関でとくに重大なのは、戦時中における学童疎開をめぐる問題であろう。それは《ラントヤール》のシステムを、いっそう大規模に拡大したものということもできる。戦争が始まると、爆撃される恐れのある大都市や工業地帯の学童を田舎に疎開させる方針がとられた。これはＨＪの指導のもとに組織され、四二年以降には、ボヘミアやスロバキアからハンガリーなどのドイツ人居住地域が疎開先に選ばれた。この措置は、危機的状況の中で子どもたちの生命を両親に代わって国家の手で守ろうとするものとして正当化された。しかし、子どもたちは、家庭から遠く離れ、しかも交通事情の悪化によって、家庭との教育的交流は広汎に切断された。彼らは国家の意志のままに移動させられ、統制され、また《投入》された。疎開先の《宿営地》では学校とＨＪとが共同責任をもつことになっていた。いまや教師たちは、はじめて教育現場でＨＪの実践と直接に対決させられることになった。教師は授業に、ＨＪ指導者はＨＪ奉仕の実施に当たることに決められていた。しかし、《宿営地》を支配したのは軍事的雰囲気であり、若いＨＪ指導者は、生徒たちにたいして老齢の学校教師よりも強い権威と影響力とをもっていた。戦争末期には、しだいに授業時間そのものが短縮され、理論的教科の学習は、野外訓練や《国防教育》ほど生徒たちの関心を引くことはできなかった。こうして学童疎開は、ＨＪによるナチ・イデオロギー教育を《トータル》に可能にするチャンスを提供したといえよう。(28)

このようにみれば、ＨＪは、ナチ・ドイツにおける《社会化》のためのもっとも重要な機関となったということができる。それは、一〇歳台の青少年をすべて包括し《把握》することができた。そのＨＪ教育の担い手となったのは、ナチズムにたいして積極的に参加した若いリーダーであり、教育された教師ではなかった。その教育の内容はナチズムの原理にもとづくイデオロギーの伝達に限られ、《適性化》に必要な知識の伝達ではなかった。とくに宿営地でのＨＪ教育は、共同体験を通して情感に訴えるトータルな思想教化が目指されていた。こうしたＨＪイデオロギー教育が学校教育と並行して行なわれ、むしろ、それを圧倒し去る政治的・組織的可能性さえもっていたといえよう。それは、伝統的な学校教育にたいして政治的干渉ないし介入によって《破壊的》な作用を及ぼした。(29) こうしてナチ支配体制は、教育の《適性化》を不可能にし、今後の社会的発展にとって不可欠だった青少年のエネルギーを空しく消耗し尽くしてしまった。

（1） Vgl. Lingelbach, *a. a. O.*, S. 19 u. 96. すでに高校用の教授指針の前提に、つぎのような指摘があることに注目すべきであろう。「ナチ国家が公教育制度をわがものとするまえに、すでに早くから学校と国民教育の制度の外に、自己完結的な青年教育の制度が成立していた。その制度においては、〔知識の〕啓発によってではなく、共同の闘争を通して新しい精神態度が育てられ、〔ナチ〕運動がその旗に記した品性の美徳の数々を発展させ、また検証してきたのである」(*Erziehung und Unterricht in der Höheren Schule*, S. 11)。

（2） Vgl. F. A. Beck, *Geistige Grundlagen der neuen Erziehung, dargestellt aus der NS-Idee*, 1933. とくに《第三帝国》における教育機関の全体的概観については、vgl. R. Benze u. G. Gräfer (hrsg.), *Erziehungsmächte und Erziehungshoheit im Großdeutschen Reich*, 1940. ただし、ここでは、主としてHJや労働奉仕、さらに国防軍などの記述に重点がおかれ「現代〔ドイツ〕の教育活動が学校教育に限定されていない」(H. Wenke, Rezension über Benze u. Gräfer, in: *Die Erziehung*, 1940, aus: Kanz (hrsg.), *a. a. O.*, S. 292) ことを示すどころか、むしろ、学校教育についての記述の小ささは、「外見的にも教育における全体主義的原理の意味」(Wenke, *a. a. O.*) を逆に明示しているのではなかろうか。

（3） HJの歴史および組織については、vgl. H. Ch. Brandenburg, *Die Geschichte der HJ. Wege und Irrwege einer Generation*, 1968; A. Klönne, *HJ. Die Jugend und ihre Organisation im Dritten Reich*, 1960. 同じ著者による新しい研究書として、Klönne, *Jugend im Dritten Reich. Die HJ und ihre Gegner. Dokumente und Analysen*, 1982 も、すぐれた概観をあたえてくれる。とくに《ドイツ女子青年団》については、vgl. M. Klaus, *Mädchen in der Hitlerjugend. Die Erziehung zur "deutschen Frau"*, 1980.

（4） HJ法のテキストは、Gamm, *a. a. O.*, S. 304. なお、vgl. G. Neesse, Reichsjugendführung, 1936, in: Lammers/Pfundtner (hrsg.), *a. a. O.*, S. 43 f.(「全国青少年指導本部」大日方勝訳『新独逸国家大系』第二巻、所収)。とくに同施行令については、上掲書、二四六ページ以下、参照。

（5） Vgl. Brandenburg, *a. a. O.*, S. 194 ff. とくに、vgl. A. Klönne, *Gegen den Strom. Bericht über den Jugendwiderstand im*

Dritten Reich, 1957 ; ders., Jugend im Dritten Reich, S. 143 ff.

(6) Zit. nach : Gamm, *a. a. O.*, S. 304. たとえば家庭教育の影響を制限するため、すでに六歳―一〇歳の子どもをナチ党婦人部の子どもグループとして《把握》しようとする企図が存在した(vgl. *Organisationsbuch der NSDAP*, 7. A. 1937, in : Gamm, *a. a. O.*, S. 324)。

(7) HJ教育の特質について、とくに、vgl. P. D. Stachura, Das Dritte Reich und Jugenderziehung. Die Rolle der HJ 1933-1939, in : Heinemann (hrsg.), *a. a. O.*, Bd. 1, S. 90 ff.

(8) 教育相ルストと《帝国青少年指導者》シーラッハとのあいだに交わされた《国家青少年の日》に関する申し合わせ(テキストはGamm, *a. a. O.*, S. 309-310)によれば、「ナチ国家における就学中の少年少女の教育」にたいして、学校と家庭に並んでHJが「互いに並んで」使命をもつという原則から出発する。この規定によれば、日曜日は家庭に「属し」、土曜日は《国家青少年の日》として学校教育に制限がおかれるほか、他の一定の週日午後にもHJ奉仕のため授業を行なわないことになっている。「その他の週日はなんらの制限なく学校の活動に宛てられる」(第四条)とされているが、同年八月のルストによる実施のための訓令では、必要ならば、「知的教科」(ドイツ語、歴史を除く)の授業時間の短縮を命じている。HJによる教育要求が、学校教育の改編、とくにイデオロギー教育の拡大に仕えていることを示している。以後、《青少年の日》はHJ法の制定された一九三六年まで存続した。

(9) 学校教育とHJ教育との対立については、vgl. Eilers, *a. a. O.*, S. 108 f. u. 121-126, とくに、vgl. M. H. Kater, HJ und die Schule im Dritten Reich, in : *H. Z.*, 1979, S. 572-623. なお、学校生活の状況については、一般に、vgl. W. Breyvogel u. Th. Lohmann, Schulalltag im NS, in : D. Peukert u. J. Reulecke (hrsg.), *Die Reihen fast geschlossen*, 1981, S. 199-221 (= Hermann (hrsg.), *a. a. O.*, S. 253 ff.).

(10) Vgl. B. v. Schirach, *Die H J. Idee und Gestalt*, 1934, S. 169. この青少年による《自由な指導》の原則は、HJの上からの指導にたいする絶対的依存関係のゆえに「まったくのいかさま」(Brandenburg, *a. a. O.*, S. 31)とみる意見もある。しかし、HJ組織の中で、青少年たちが、かつてない広汎な活動分野と権限とを見出したことも否定できない。むしろ、正確には、HJ青年たちの「国家権力にたいする参加による権力増大」と彼らの「国家権力による無力化」とは、「同じ過程」の表裏の関係にあったというべきであろう(vgl. R. Nemitz, Die Erziehung des faschistischen Subjekts, in : *Das Argument*, Sonderheft 60, 1980, S. 161)。

(11) Schirach, *a. a. O.*, S. 59 u. 170.

(12) Vgl. Schirach, *a. a. O.*, S. 174 u. 172. 具体例については、vgl. Focke u. Reimer (hrsg.), *a. a. O.*, S. 86 ff.

(13) Vgl. Schirach, *a. a. O.*, S. 130 ; H. Stellrecht, *Neue Erziehung*, 1943, 5. A. 1944, S. 41, 42 u. 43.

(14) Vgl. Stellrecht, *a. a. O.*, S. 78. なお、vgl. Nyssen, *a. a. O.*, S. 64. ボイムラーについては、本書、三一〇ページ以下、参照。
(15) Vgl. Neesse, *a. a. O.*, S. 19 ff.
(16) Vgl. Klönne, *H J*, S. 27 ff. なお、ＨＪキャンプの共同体験の例について、vgl. W. Klose, *Generation im Gleichschritt. Die H J. Ein Dokumentarbericht*, 1973, S. 136 ff.
(17) Vgl. Schirach, *a. a. O.*, S. 131 ff.; G. Kaufmann, *Das kommende Deutschland. Die Erziehung der Jugend im Reich Adolf Hitlers*, 3. A. 1943, in: Gamm, *a. a. O.*, S. 348 f.
(18) F. Brennecke (hrsg.), *Handbuch für die Schulungsarbeit in der H J.: Vom deutschen Volk und seinem Lebensraum*, 1937 (Engl. tr. by H. L. Childs: *The Nazi Primer*, 1938, rep. 1966). このＨＪ《公定》のテキストは、当時、七〇〇万のドイツ青年によって使用された。ローベルト・ライは「教会が一〇〇〇年かかって成し遂げたことを、われわれは一〇年で達成するだろう」(*op. cit.*, p. xv f.)と豪語している。元駐独アメリカ大使Ｗ・Ｅ・ドッドは、本書の批判的なコメントの中で、《政治的教会のバイブル》(*op. cit.*, p. 256)と呼んでいる。
(19) Vgl. Kaufmann, *a. a. O.*, in: Gamm, *a. a. O.*, S. 346 f. そのほか、vgl. H. Stellrecht, *Die Wehrerziehung der deutschen Jugend*, 1936. 国防軍側からのＨＪへの要請については、たとえば、vgl. Th. München, *Das Volk als Wehrgemeinschaft*, 1942, S. 127 ff.
(20) Lingelbach, *a. a. O.*, S. 118. 《政治的兵士》にとって《闘争》のモティーフも強調される(*a. a. O.*, S. 115 f.)。ランゲマルクの《英雄死》への言及も多い(vgl. Kaufmann, *a. a. O.*, in: Gamm, *a. a. O.*, S. 359; Schirach, *Revolution der Erziehung*, 1938, S. 26 ff.)。一般に、ナチ時代における歌曲を通ずる政治教育については、vgl. H. Lemmermann, Politik in Liederbüchern, in: Pöggeler (hrsg.), *Politik im Schulbuch*, S. 207 ff.
(21) Vgl. Brennecke, *a. a. O.* (Engl. tr. p. 69 f.).
(22) Vgl. Klönne, *Gegen den Strom*, S. 45. 同じく、子どもをＨＪに加入させるよう父親にも圧力が行使され、ＨＪに加入しない青少年については、その理由の提示に当たって「父の署名とその職場の記載」が求められる(*a. a. O.*, S. 46)。
(23) Kaufmann, *a. a. O.*, in: Gamm, *a. a. O.*, S. 348.
(24) Vgl. Schirach, *Die H J*, S. 114 f.; ders., *Revolution der Erziehung*, S. 65 ff. とくに、vgl. A. Axmann, *Der Reichsberufswettkampf*, 1938. アックスマンは、この競技大会の発案者であり、戦時中にはシーラッハの後継者として《帝国《ライヒ》青少年指導者》になった。
(25) Vgl. Klose, *a. a. O.*, S. 177 f.

(26)《アドルフ・ヒトラー学校》および《国家政策的教育施設》については、とくに、vgl. D. Orlow, Die Adolf-Hitler-Schule, in: *V. f. Z.*, 1965, S. 272-284; Kraul, *a. a. O.*, S. 173 ff. 詳しくは、vgl. Scholtz, *NS-Ausleseschulen.* ナチ党による自己理解として、とくに、vgl. H. Krauke, Adolf-Hitler-Schule, in: Benze (hrsg.), *a. a. O.*, S. 68 ff. なお、有益な資料集として、vgl. H. Ueberhorst, *Elite für die Diktatur. Die Nationalpolitischen Erziehungsanstalten 1933-1945. Ein Dokumentarbericht*, 1969.

(27) Vgl. Scholtz, *a. a. O.*, S. 261. これらのナチ・エリート教育施設は、その在立期間の短さに加えて、その内部的矛盾、とくに関係党機関相互の思惑や対立などのゆえに制度としての安定性を欠き、一義的評価を難しくしている。

(28) Vgl. Klönne, *H J*, S. 82. 一九四一年から四四年まで、一六歳以下の約八〇万の少年少女が学童疎開《宿営地》において《把握》され、ここでは、教育課程も《ナチ教員連盟》所属の監督官の管理下におかれた(vgl. Brandenburg, *a. a. O.*, S. 231)。学童疎開におけるＨＪの教育活動への関わりについては、とくに vgl. Scholtz, *a. a. O.*, S. 283 ff.; Ueberhorst, *a. a. O.*, S. 375 ff.《宿営地》でのＨＪの《指導的課題》の担い手としては、ナチ・エリート学校の生徒たちが《投入》され、彼らは自分たちの学ぶナチ施設での軍事教育的形式を《宿営地》の生活に持ち込むことになった。学童たちの目から見た生活体験の報告として、vgl. Focke u. Reimer (hrsg.), *a. a. O.*, S. 55 ff.

(29) Vgl. Lingelbach, *a. a. O.*, S. 293; Nyssen, *a. a. O.*, S. 54.

2　帝国労働奉仕団の教育

ＨＪから解放された若ものは、ついで《労働奉仕》の隊列に加わらねばならない。《労働奉仕》の教育部門の指導者の一人デッカーによれば、「ナチ的な政治的意志形成は、学校とＨＪにおいて準備され、さらに《労働奉仕》において完成されなければならない」という。なぜなら、ドイツの若ものたちは、まさに「固有の感受性から彼らの政治的意志形成にとって決定的となる年齢に、この労働奉仕に入っていくことになる」[1]のだから。ナチ・ドイツにおいて、いわば《就学義務》と《兵役義務》のあいだにある間隙を埋めるものが、この《労働奉仕義務》にほかならない。《労働奉仕》は、これまでの家庭、学校、HJに並んで、さらに将来の軍隊に入るまでのあいだ、特別の教育機関として登場する。それは、一八歳から二五歳の青年を半年のあいだ《ドイツの大地での労働》に義務づけ、厳しい営舎生活のもとで、労働を通して《修練》することが目指される。それは、しばしば《ドイツ民族のための偉大な学校》(ヒトラー)、あるいは《祖国のための最高学府》(シュテルレヒト)にもなぞらえられる。[2] しかし、ここには、ナチ的政治教育の特質が、もっともよく現われているということができよう。なぜなら、それは一種の集団主義的《洗脳》として政治的思想教化のモデルを示すものであったから。[3]

RADのイデオローグたちは、しばしば《労働奉仕》制度が、アウトバーンと同じく、まったくナチ的創作だと主張した。しかし、これは、元来、ヴァイマル時代に理想主義と社会精神とにもとづいて自発的に始められた青年運動の労働キャンプをモデルとしている。[4] ブリューニング内閣は、経済的危機にたいする臨時措置の一環として、この青年たちの自発的労働奉仕を緊急救済事業に組み入れようとした。それは、ナチの権力掌握の一年前には広汎な組織的活動にまで脹れ上がっていた。この間に、元来、青年たちによる自発的な運動も、しだいに保守的＝右翼的勢力による影響にさらされるにいたった。国家の手による制度化は、この運動の性格を一変させ、大量の失業青年たちを社会的に規律する役割を担うことになった。それは、組織的・政治的・イデオロギー的に青年たちの強制的な労働奉仕制度への道を用意していった。労働や義務の美徳が高く評価され、《共同体》への奉仕が要請された。さらには《民族共同体》の課題のために個人的利害関心を抑制することが説かれ始める。それは、そのままナチ的《労働奉仕》の集団教育プログラムに通じていたといえよう。

しかし、いまやナチズムが、それに国防政策的な労働奉仕観念をもち込んできたことは致命的であった。[5] ナチの《帝国《ライヒ》労働奉仕》は、すでに一九三五年には――ヴェルサイユ条約の非軍事化条項に制約された兵役義務に先立って

——男子青年にたいして《普通・平等の労働奉仕義務》を課していた。《帝国《ライヒ》労働奉仕法》（一九三五年）は、労働奉仕を「ドイツ民族にたいする名誉奉仕」と規定し、「帝国《ライヒ》労働奉仕は、ドイツ青年にたいし、ナチズムの精神にもとづき民族共同体ならびに真の労働観のために、とくに手による労働にふさわしい尊敬を払うために教育する」ことを命じていた（第一条）(6)。ここでは、すでに「男女を問わず」労働奉仕の原則がかかげられていたことも見逃してはならない。じじつ、当初は志願制を認めていた女子青年についても、一九三九年には、労働奉仕が義務づけられた(7)。

RADの《帝国《ライヒ》労働指導者》K・ヒエールは、この労働奉仕への女子青年の参加を取り上げて「不信にみちた外国」にたいして、ドイツの労働奉仕が「偽装された軍事組織とは異なる」所以を示すべきこと、それが「平和事業、第一級の文化事業」であることを、くり返し訴えている(8)。こうして平和的性格を強調することによって、計画されていた一般的な《労働奉仕義務》が国際的な異議申し立てを受けて外交政策上の困難な問題を引き起こすことのないようにつとめている。しかし、RADの目指す教育目的そのものには、軍事的意図は明らかである。たとえばRADの理論家クレッチュマンに従って、教育機関としてのRADの意図するところを一瞥してみよう。

（イ）　僚友＝戦友関係の教育。労働する青年たちは、その出身の地方、職業、身分を異にし、学歴、宗派、思想を異にしているが、「同一の義務」と「同一の営舎」で生活をともにすることによって、この《僚友》意識を強制される、という。それは、「民族共同体の学校」（ヒエール）として、社会的亀裂や階級間の対立をも克服するであろう。労働における互いの戦友的な助け合いと《憩いの夕》におけるともなる喜びとが彼らを結び合わす。「僚友関係は民族共同体の最小の細胞であり、僚友でないものは民族同胞でもナチ主義者でもない」(9)。

（ロ）　しかし、共同体教育にとって、もっとも深甚な効果をもつのは、労働過程そのものによる教育である。RADによって遂行される労働の目標は、「経済的に価値の高い」ものであることを要する。この意義ある活動にたいする強い要求は、しばしば、祖国愛に動機づけられた奉仕への意志として現われる。それは、平時においては、《新しい》社会、《新しい》国家の建設に自分たちが行動を通して参加するという政治的願望と結びつく。それは、なかんずくドイツにおける「食糧の自由」（ヒエール）を確保するためのドイツの土地における労働、つまり道路建設から干拓や荒蕪地の開拓による新しい土地拡張に始まり、さらに西部国境の要塞工事にいたる。こうした労働奉仕は、国土との結びつきを通して、青年たちに労働の《国家的》「意義と必要」とを教えるであろう。(10)

（八）　身体訓練。RADにおける身体的訓育は、きわめて多様である。すでに戸外の新鮮な空気と陽光の中で労働することが身体の鍛練に役立つ。シャベルその他の器具を操作することは身体的修練になるであろう。スポーツその他、狭義の体育も、RADにおいて広く奨励されたのはいうまでもない。しかし、ここで、基本的に重視されたのは、クレッチュマンによれば、労働する青年たちの「兵士的訓育」である。シャベルをもって――あるいはもたないで――行なう集団編成での教練や行進などは、労働奉仕にとって重要な一般教育の手段であり、国防軍建設にとって必要な「前軍事的訓練」を意味していた。一九三九年以後には、シャベルに代わって、射撃や野外訓練など、各種の兵器を操作する軍事技術的訓育が公然と行なわれるにいたった。一般に体育は《肉体の訓練》に合わせて《品性の陶冶》を目的としていたが、ことに戦闘競技では尚武と勝利を目指す精神的訓練が重んじられた。(11)

こうした関連で、RADの組織そのものがその命令＝服従関係において軍隊組織に対応していたことに注意しなければならない。最小単位の分団の班長から《帝国《ライヒ》労働指導者》にいたる勤務の位階秩序は国防軍のモデルに従って構成される。兵役に準じて労働奉仕の青年を徴集する奉仕義務者申告所が設置される。ヒエールによれば、作業における労働配置そのものが「専門の軍隊の配置と趣きを同じくする」。統一的な指揮のもとに労働は「軍隊的な形態」で実行され、もっとも効果の多い「教育現場」たる作業場は「散兵壕のごときもの」となる。(12)軍隊に似た労働奉仕の集団編成によって、青年たちは、名誉や規律、誠実、服従、義務の観念など軍事的徳性を叩き込まれる。

さらに、いま一つ見逃しえないのは、RADにおける一日の作業プランがバラバラの忙しい時間に細分化され、しかもたえず敏速に反応することを要求されていたことであろう。原則として、作業は土曜日を除き、営舎からの往復行進時間と朝食の時間をも含めて一日七時間とされている。これに屋内奉仕として、昼間点呼、洗濯、寝室整備、室内掃除、服装の整備・修理などがあり、さらに身体訓練、国策教育、教練などの時間が加わる。(13) こうして——とくに新来者にとっては——《自己自身》に立ち帰る時間的余裕が完全に欠落せざるをえない。このいっさいの個人的生活を意図的に抑圧することの上にRADの教育原理は構築されていたといえよう。なぜなら、精神的集中による《内省》の可能性なしには、青年たちは、集団生活からくる多様な影響にたいして全面的にさらされたままであるから。この点に関して、ヴァイマル時代の労働奉仕運動では、青年たちの人格形成を実り豊かにするために、労働体験の意味を個人的に検討する可能性が広く開かれていた。《自分だけでいる》時間はもちろん、対話や討論、その他、意見の交流を通じて《自己自身》を見出すための十分な時間的余裕のある弾力的な作業日程が組まれていた。RADにおいて、こうした可能性はラディカルに排除され、全生活を《共同体》の中に取り込もうとした。(14) それは、青年たちを固有の個性的人格として育成するのではなく、機構全体の《部品》的機能の担い手とする《類型訓育》(クリーク)を目指すものにほかならない。

(二)　つづいてRADの本来的な《精神的・文化的教育》＝政治教育を一瞥してみよう。そこでは、政治教育はRADの《教育的》努力の頂点を形づくるものとみなされていた。営舎での共同生活を通して、青年たちの従来もっていた《世界像》を動揺させ、ナチ的《世界観》にもとづいて行動する決意を抱かせること。これが究極の目標であった。半年間の奉仕期間中、前半期には一週三時間、後半期には一週四時間の政治教育が行なわれる。その科目には、とくに古代ゲルマン神話や伝説をふくめてドイツ史、さらに郷土学や人種論、現代の政治・経済問題などが教授される。しかし、RADに加わる青年たちの教養や学歴の程度が異なるところから、この政治教育の主眼は、知的な理解よりも、情感的一体感をつくり出すことにあったという。そのため、教材によるたんなる知識の伝達よりも、特定のスローガン(《日々の標語》)をくり返し叩き込む心理的操作が行なわれた。(15) 一日の労働や訓練で青年たちの受け入れ能力が限られていることを理由に、視聴覚教材も好んで利用された。これと並んで一週二回もたれるRADの《憩いの夕》では、青年運動いらいのロマン主義を生かした歌唱、朗読、舞踊、素人劇などを取り入れ、団欒と交友を通して精神的融和がはかられた。一カ月二回の《日曜遠足》も、主として郷土知識、文化集会への参加などの《政治教育奉仕》に当てられた。(16)

こうしたRADの政治教育で目指される具体的な目標を一瞥してみよう。

そこには、まず、(a)《ドイツ的労働》観の変革をあげねばならない。《名誉奉仕》の地位にまで高められた労働奉仕を通して、青年たちは、労働が人間を《高貴にする》ことを学ばねばならないという。ヒエールによれば、ナチズムの労働観は、労働を「貨幣獲得の手段」としてしかみないリベラリズムやマルクス主義の《唯物主義的》労働観に対立する。《第三帝国》は、《労働者》というコトバを、《兵士》というコトバと同じくドイツ人の《名誉称号》にまで高める。それは、《自己の利益》のためでなく、「汝の民族のための労働は尊し」ということから由来する。人間の価値評価は、けっしてなされる労働の種類によるのではなく、もっぱら「わが民族にたいする貢献という基準」にのみもとづく。民族のためになされた《業績達成》が高ければ高いほど、またそれが自己犠牲的であればあるほど、国家の公共的認定を受ける。RADは、ドイツ青年全体にこうした《労働エートス》を教育することを最大の任務とする、と説かれている。(17)

こうした労働観は、(b)《ドイツ的社会主義》の創造に通じている。すでにみたように、労働奉仕における僚友関係は、一人びとりの個人的要求を抑えて青年たちを労働共同体にトータルに編入した。そこでは、彼らは出自、財産、学歴などによる差異を越えて《民族共同体》のため奉仕することを要求された。シュテルレヒトによれば、この《われ》から《われわれ》への《革命的》な歩みにおいて、すでに「最善の意味での社会主義」への復帰が達成されているのではなかろうか、という。むろん、この《社会主義的》共同体が政治的に有効になるためには、ナチ的《指導者原理》による権威主義的組織化が必要とされ、青年たちは、なんらの留保のない《古プロイセン的》規律と服従とを求められる。じっさい、こうした労働奉仕の「闘争共同体」にとって模範とされたのは、第一次大戦の塹壕から生まれた《戦時社会主義》であり、この「労働の軍隊」は「ドイツ社会主義の表現」にほかならない、というわけである。(18)

(c)《ドイツ的郷土》観の変革。ヒエールによれば、こうした《正しい》労働観と、民族全体にたいする義務意識の教育は、当然、ドイツの土地と自然とに緊密に結びついた教育と重なるという。労働奉仕は、都市化と工業化によるドイツ民族の「郷土からの離反」に対抗して、青年たちに「郷土愛」を目覚めさせる。「民族的に異質な思想」のように郷土の大地を投機の対象にするのでなく、ナチズムは、それを保持し擁護すべき聖なる遺産とみる。ドイツの青年は、《土地なき民の息子》(クレッチュマン)たちとして、労働奉仕のあいだはシャベルによる「新しい土地獲得の平和労働」に従事するが、同時にまた、この土地と民族とにたいする愛こそ「国防意志の基礎」であり「防衛力のもっとも重要な精神的前提」にほかならない、とされるのである。(19)

こうしてみれば、RADの教育は、青年たち自身による批判的・合理的な労働＝社会＝自然体験の把握に代えて、《集団主義的》訓育を通してナチ的イデオロギーを教化することにあるといってよい。《民族的に異質な》敵による内的・外的な脅威にたいして、ドイツの青年たちは《民族共同体》を守るため精神的武装をしていなければならない。

それは、《指導者》の命令にたいする《無条件的》服従と忠誠を、そして、ついにはみずからの生命を捧げることも厭わない死の決意を要求する。[20]こうした政治教育をRADは、おそらくHJの教育以上に徹底的に叩きこむことが可能であったろう。なぜなら、市民社会から隔離された営舎生活の中で、厳しく統制された《僚友関係》《労働》《前軍事的＝身体訓練》《政治教育》などの教育階程が、互いに補強し合いながら組み合わされ、青年たちを従順な《類型的》人格に形成するために集中化されることになったのだから。[21]こうして育成された《労働兵士》が闘うことを予想された目標は、来たるべき戦争にほかならなかった。

じっさい、労働奉仕義務の終了後に、なお本来の兵役義務が待っていた。ヒエールによれば、「ドイツ人は、この二つの学校をやり通してのち、はじめて国家公民として承認されるべきであろう」[22]という。ヒトラーは、一九三八年末、ナチ党の教育要求を歯に衣をきせないでこう言い切っている。「ドイツ的に考え、ドイツ的に行動するほかには何も学んでいない、これらの青少年。これらの少年少女たちは、一〇歳でわれわれの組織に入り、そこで、時によるとはじめて新鮮な空気を吸い、感じる。それから四年後に少年団からヒトラー青年団に入り、そこにわれわれは彼らをふたたび四年間とどめておく。そうなれば、いよいよ彼らをわれわれの古い階級や身分の製造者どもの手になぞ返しはしない(笑)。われわれは彼らを直ちに党に、労働戦線に、SAに、あるいはSSに、ナチ自動車隊などに入れる。そこに二年か一年半かいて、それでもなおナチ主義者になりきれないようだったら(笑)、労働奉仕団に入って、そこで六、七カ月間しごかれる。すべては一つのシンボル、すなわち、ドイツのシャベルをもって行なわれるのだ(喝采)。／それから六、七カ月後に、まだ階級意識や身分意識のうぬぼれがそこいらに残っているようだとしたら、今度は国防軍が向こう二年間ひき受けて処置してくれる(喝采)。そして、彼らが二年、三年、あるいは四年後に戻ってきたら、二度と再発しないように、われわれは直ぐにまたSA、SSなどに入れる。こうして彼らは、もう生涯自由ではなくなるだろう。誰かが私に、そういう人間はやはり残るだろうというかもしれぬ。しかし、そんな者がいるとしても、ナチズムは、その終わりの日を迎えているのではなく、やっと発端に立ったばかりなのだ！（勝利《ジーク》－万歳《ハイル》の叫び）[23]」。

このヒトラーの演説の中で、ドイツの青少年をナチ主義者に鍛え直す一連の教育機関として、学校が言及されていないのは特徴的である。そこには、ヒトラーの学校教育にたいする一般的な低評価が反映しているのであろう。ナチ・ドイツの青少年教育の歴史は、じっさい、不断の学校教育の無力化の歴史だったといってよい[24]。

（1）W. Decker, *Die politische Aufgabe des Arbeitsdienstes*, 1935, S. 8.

（2）Vgl. H. Kretzschmann, Der Arbeitsdienst der männlichen Jugend, in: Benze/Gräfer (hrsg.), *a. a. O.*, S. 118. なお、vgl. G. Schwerdtfeger-Zypries, Der weibliche Reichsarbeitsdienst, in: *a. a. O.*, S. 128 ff. とくに、vgl. H. Stellrecht, *Der deutsche Arbeitsdienst. Aufgaben, Organisation, Aufbau*, 5. A. 1933; L. v. Funcke, *Der deutsche Arbeitsdienst*, 1934.

（3）RAD教育の批判として、vgl. Lingelbach, *a. a. O.*, S. 130 ff.; G. Miller, Erziehung durch den RAD für die weibliche Jugend. Ein Beitrag zur Aufklärung nationalsozialistischer Erziehungsideologie, in: Heinemann (hrsg.), *a. a. O.*, Bd. 2, S. 170 ff.

（4）ヴァイマル末期の《自発的労働奉仕》については、vgl. W. Benz, Vom freiwilligen Arbeitsdienst zur Arbeitsdienstpflicht, in: *V. f. Z.*, 1968 Heft 4, S. 317-346. 新しい研究として、vgl. P. Dudek, *Erziehung durch Arbeit. Arbeitslagerbewegung und freiwilliger Arbeitsdienst 1920-1935*, 1988; B. Hafeneger, *"Alle Arbeit für Deutschland". Arbeit, Jugendarbeit und Erziehung in der Weimarer Republik, unter dem NS und in der Nachkriegszeit*, 1988.

（5）退役大佐ヒエールは、すでに現役時代の一九二三年に一般的労働奉仕義務のプランをつくり、国防軍上層部に提案した。それは、あらゆる社会階層出身の青年たちを一種の《労働者の軍隊》として組織化し、共同の肉体労働を通して必要な《国民的》課題を解決することを内容とする。こうしたプランは、青年たちに《民族と国家》にたいする義務感と同時に《国民的》な労働観を植えつける教育効果をもつであろう。さらには、この労働奉仕義務は、ヒエールにとって、ヴェルサイユ条約で禁止された《兵役義務》にたいする《代用》をも意味していた(vgl. Hafeneger, *a. a. O.*, S. 146 ff.)。ヒエールは、一九二七年にはナチ党に入党しているが、一九三一年にヒトラーおよびナチ党リーダーにたいして試みた秘密の講演でも、労働奉仕義務が「一般的兵役義務の復活を準備し、そのいっそう速やかな実施を容易にする」だろうと述べている(vgl. Lingelbach, *a. a. O.*, S. 132-133)。

（6） Reichsarbeitsdienstgesetz v. 26. Juni 1935, in: Hohlfeld (hrsg.), *a. a. O.*, Bd. IV, S. 248.

（7） 女子青年にたいする労働奉仕義務によって、形式的には青年男女の平等性が示されたようにみえる。しかし、女子青年たちは、これまで以上に労働市場で有利となる扱いを受けたのではないし、また、職業上の《適性化》教育をあたえられたわけではない。ナチ理論家は、「このように意識的に国家によってその民族と国家とのために教育された」(Schwerdtfeger-Zypries, *a. a. O.*, S. 137) 女性世代はない、と自賛しているが、それは実質的にはナチ的思想教化にとどまっていた。女子青年の労働奉仕については、vgl. S. Bajohr, Weiblicher Arbeitsdienst im "Dritten Reich". Ein Konflikt zwischen Ideologie und Ökonomie, in: *V. f. Z.*, 1980, Heft 3, S. 331-357. とくに教育問題については、vgl. Miller, *a. a. O.*

（8） Hierl, Grundsätzliches zur Arbeitsdienst, 1934, in: Miller, *a. a. O.*, S. 172; ders., Rede über den Geist des Arbeitsdienstes v. 2. Sept. 1933, in: Gamm, *a. a. O.*, S. 365.

（9） Vgl. Kretzschmann, *a. a. O.*, S. 123 ff. 引用は Stellrecht, *a. a. O.*, S. 11. なお、たとえば、vgl. W. Decker (hrsg.), *Wille und Werk. Ein Tatsachenbericht von der Schöpferkraft des NS-Arbeitsdienstes*, 1935.

（10） Vgl. Stellrecht, *a. a. O.*, S. 30 ff. なお、ヒエール「労働奉仕」(稲葉秀三訳『新独逸国家大系』第一一巻所収)、二一八ページ以下、参照。

（11） Vgl. Kretzschmann, *a. a. O.*, S. 125. なお、vgl. Stellrecht, *Die Wehrerziehung der deutschen Jugend*, S. 135 f.

（12） ヒエール、前掲書、二四六ページ以下、参照。

（13） ヒエール、前掲書、二三一ページ以下、参照。たとえば週日の《勤務プラン》の一例を示せば以下のようである。「六・〇〇起床、六・〇五―六・一五早朝スポーツ、六・二〇―七・一五洗面、寝台整理、コーヒー喫茶、七・一五整列、七・二〇隊旗掲揚、七・三〇作業へ出発、七・四五―一〇・〇〇労働奉仕、一〇・〇〇―一〇・三〇朝食、一〇・三〇―一四・〇〇労働奉仕、一四・〇〇―一四・一五営舎へ帰還、一四・三〇―一五・〇〇昼食、一五・〇〇―一五・一〇新聞閲覧、一五・三〇―一七・〇〇身体訓練(体操、ハンドボール、フットボール)、一七・一〇―一八・〇〇政治教育(テーマ、アドルフ・ヒトラーとその忠実な部下)、一八・〇〇―一八・四五点呼、一八・五五整列、一九・〇〇命令伝達、一九・一五―一九・四五夕食、一九・四五―二〇・一五掃除・修繕、二〇・一五―二一・四五憩いの夕(講演、歌唱、余興)、二二・〇〇消灯ラッパ、就寝」(Zit. in: Lingelbach, *a. a. O.*, S. 137-138)。

（14） Vgl. Lingelbach, *a. a. O.*, S. 138 u. 142. ヴァイマル時代の《開かれたキャンプ》にたいするナチ的批判の例は、vgl. Kretzschmann, *a. a. O.*, S. 120.

(15) 政治教育の教材については、vgl. Stellrecht, *Der deutsche Arbeitsdienst*, S. 13 ff.《日々の標語》、視聴覚教材による教育の強調は、vgl. Kretzschmann, *a. a. O.*, S. 126.

(16) ヒエール、前掲書、二三二ページ以下、参照。

(17) ヒエール、前掲書、二三三ページ。Hierl, Rede über den Geist des Arbeitsdienstes, *a. a. O.*, S. 364 ; Stellrecht, *a. a. O.*, S. 6 u. 8 f.

(18) Vgl. Stellrecht, *a. a. O.*, S. 7 f. u. 158. ヒエール、前掲書、二四六ページ以下。Hierl, Erklärung für den Arbeitsdienst v. 4. Mai 1933, in : Gamm, *a. a. O.*, S. 363. こうした《労働者の軍隊》像は、たとえば、エルンスト・ユンガーが《国家主義的な兵士》と《社会主義的な労働者》という対立を止揚して造形した二〇世紀の新しい支配的人間像＝《労働者》を想起させる(vgl. E. Jünger, *Der Arbeiter. Herrschaft und Gestalt*, 3. A. 1932)。

(19) Vgl. Stellrecht, *a. a. O.*, S. 9 u. 11. ヒエール、前掲書、二二四ページ以下。Kretzschmann, *a. a. O.*, S. 125.

(20) Vgl. Stellrecht, *a. a. O.*, S. 12. ここでも《ランゲマルク》に言及されている(*a. a. O.*, S. 13)。

(21) 「血と土とにもとづいて健康と実践意欲と共同体感覚とに導くことを目指すナチ的教育意志は、RADにおいて、もっとも美しく造形される」(R. Benze, *Die Erziehung im Großdeutschen Reich. Eine Überschau über ihre Ziele, Wege und Einrichtungen*, 1943, S. 72, Zit. in : Stippel, *a. a. O.*, S. 179)。

(22) Hierl, Erklärung für den Arbeitsdienst, *a. a. O.*, S. 363. RADリーダーの中には、いっそう明確に労働奉仕による《選別＝配転》機能を強調する意見もある。労働奉仕を通して「身体的・品性的・政治的」な能力を証明した高校卒業者にのみ国家の奨学金を支給する(その際、「学問的能力の判定は、RADの関知するところではない」)。逆に、証明しえなかったものは「大学の入学許可に関して再審査する」(W. Seipp, *Arbeitsdienst und Hochschule*, 1937, Zit. in : Nyssen, *a. a. O.*, S. 56)。なお、vgl. Stellrecht, *Neue Erziehung*, S. 191 ff.

(23) Hitler, Rede v. 4. Dez. 1938 in Reichenberg/Sudetenland (Zit. in : H. Glaser, *Das Dritte Reich*, 1961, S. 114). この有名なヒトラー演説は、当時の文書資料の中には見出せないが、ラジオ放送の直接的な録音資料によって確認される(vgl. Kanz, *a. a. O.*, S. 241 : Hinweise)。

(24) 学校教育にたいするヒトラーの低評価は、すでにみた『わが闘争』いらいの知性的教養＝教育にたいする偏見から由来しているが、さらには職業としての教師にたいする低評価とも結びついていた(vgl. *Hitlers Tischgespräche im Führerhauptquartier*, S. 190 f., 273 f., 398 u. 423 u. a.)。なお、vgl. Eilers, *a. a. O.*, S. 106 f.

五　青少年の意識構造

1　HJ体験の心理構造

ナチ教育は、すでにみたように青少年の個性的な人格形成ではなく、彼らを政治的目標のために従順な道具とすることを意図していた。この原則は、ナチ教育のすべての組織や段階から内容まで一貫していた。若い世代にとって、その生きる意味は、ただ《総統》の人格に体現された《民族共同体》のために、いっさいを《投入》し《献身》することによってのみあたえられる。ナチ教育においては、批判的な知性の能力、良心を鋭くする倫理的な能力の育成などは、当初から排除される。自己実現の道は、自己の責任にもとづいて自己の人生を形づくることのうちにはない。その代わりに、政治指導者の命令にたいする無条件の服従と適応とが《自己克服》の美徳として意図的に教えられる。若い世代の精神的・思想的な《成人性》への成長は、萌芽のうちにつみとられることにならざるをえないであろう。社会的現実をオルタナティヴの可能性の束としてとらえる見方などは出てくることはありえない。逆に、このような権威主義的教育こそ、子どもたちを強い攻撃性に導く《社会化》の導管となるのではなかろうか。それは、異質なものと平和的に協働し、社会を形成していこうとする決意を鈍らせる。むしろ、ナショナルな自己意識を異常肥大させ、民族的〓人種的偏見からは、容易に国家や体制の《敵》にたいする憎悪や敵意が生み出されるであろう。(1)

ナチ教育が、当時、若い人びとにあたえた心理的傷あとを、最後に総括的に取り上げてみよう。一九七〇年代になってナチ治下に青少年少女時代を送った人びとの自伝的回想や、それに教育学的反省を加えた記録、また当時の青少年生活を民衆史的観点から再構成する試みなどが数多く出版されるようになった。(2)こうした中でナチ政治教育、とくにHJ教育の文脈から読みとられるメンタリティーには、基本的に三つの類型ないし傾向を区別することができるように思われる。(3)

第一のグループは、ナチ支配体制に積極的に一体化して行動し、今日なお当時を《よき時代》として受け止めているもの。彼らにとって、とくに多くの少女たちにとって、HJ(ないしBDM)は、はじめて両親の羈絆から自己を解放し、時には両親たちの政治的立場に抗して行動するチャンスを提供した。そこでは、統一的な制服に象徴されるように、社会的な相違を越えた《共同体》感情があたえられた。さらには、彼らがそれまで経験したことのなかった指導的地位につく社会的昇進のチャンスをも意味していた。

第二グループは、ナチ時代をHJメンバーとしてなんとかやり過ごして戦後を迎えた者たちである。多くは、当初、HJの集団行進や《理想主義》に魅せられて同調者となりながら、しだいにナチのかかげるプログラムと日常的な実際体験との食い違いを感ずるようになる。戦争末期には、その理想化された指導者像そのものにも亀裂が入っていく。しかし、彼らがナチ体制にたいして反対行動をとる青少年たちの仲間に加わることは、けっしてなかった。

第三グループは、少数の反ナチ行動派からなる。多くは個人的に、まれには集団として、反体制の態度や行動を示した。後述の《白バラ》の学生たちのような抵抗運動のみでなく、支配的なナチ的規範から離脱して独自のサブ・カルチャー(独自の服装や記章、歌唱など)に生きた青少年たちもふくまれる。彼らは、HJの公式行事に加わらず、権力によるその強制にたいして、時には物理的に抵抗した。これらの行動は、かならずしも明確な政治思想に裏付けられたものではなかった。しかし、たとえば《エーデルワイス》のグループのように国家秘密警察によって追及された例もある。彼らの中には懲罰労働のための収容所に送られ、そこで死亡した者も出た。(4)

ここでは、まず第一グループに属する体験をもった代表的な例として、メリタ・マシュマンの回想記を取り上げてみよう。これは一九六〇年代はじめ西ドイツで公刊され、《ナチ的過去の克服》に正面から取り組んだ記録として社会的に注目された。(5)彼女は、《第三帝国》時代をBDMに属する若いリーダーとして経験した。一九三三年にナチ政権が成立した当時、マシュマンは一五歳で、独特の思春期の段階を迎えていた。その家庭は、熱心なドイツ国家人民党支持であり、教会との結びつきはもたなかった。そこでは、ヴァイマル共和国にたいする嫌悪とか、漠然とした反ユダヤ主義などが家族間の政治的話題を規定していた。マシュマンは母親の権威主義的な教育に反抗し、家庭の《市民的》身分意識や比較的裕福な暮らし向きに反感を覚えていた。彼女は、いわば「子どもらしい」生活から独立する《自我》の確証を求め、それと同時に自己を超える「偉大な本質的な」ものへの結びつきを願っていた。(6)HJにおいてマシュマンが見出したのは、《われわれ》の共同体の中に受け入れられるという充足感であった。ここでは、不安、孤独、人生目標の喪失などは、包まれ守られているという大きな安定感によって消失する。そればかりではなく、さらに社会行動によってこの世を変革するという強い使命感があたえられた。

とくに後の点に関して、HJやBDMでは、若ものをたえず動かしつづけるために、くり返し新しい、いっそう高い要求が提起された。この不断の業績達成要求をもっとも真剣に受け止め、その重荷を担いとろうとしたのは、HJやBDMの若ものたちだった。彼らに最大限の努力を払わせる恰好の手段は、最高の業績達成を目指す競争である。それは、スポーツ競技や職場での競争に限らず、最高の義援金募集から最善の縦隊行進にいたるまで、ほとんどあらゆる分野に及んでいた。これらの活動はBDMの少女たちにとって、けっして退屈なものではなかった。それは、ナチ体制が彼女たちに及ぼした最大の《魔力》（マシュマン）の一つだった。彼女たちは、課せられた仕事や要求を最大限に果たすために、さまざまの能力や適性を身につけていった。しかし、それは課せられた勤務条件内における適性にとどまり、それを越えた政治的な能力ないし権能まで認められていたわけではない。自分たちの労働の成果がいかなる目的に役立てられるのかという問いは、たんに《民族共同体》のためという答えに一括されるにすぎなかった。こうした活動には、本来の意味における《解放的契機》（M・クラウス）が欠けており、いわば《疎外》された労働からは真の自己実現の喜びが生まれえなかったのではなかろうか。(7)

メリタ・マシュマンの回想も、くり返し、そのことを指摘している。「業績達成のためのたえざる闘争は、すでに平和な時代にも集団の生活の中に落ち着きのなさと強められた活動性の要素をもち込んだ。それは、若ものの行動への衝動を受け止めたばかりか、それを外らせてしまった。〔なぜなら〕一人びとりの若ものにとって、内面的に保護されて成熟し成長することのできる領域を確保することが、いっそう有益であり必要でもあったのに、そこでは、そうしたことが不可能にされていた〔から〕」。(8)ナチ体制下の政治支配の特徴は、それが不断の《例外状態》をつくり出すことにあった。何ぴとも息を抜いて休むことを許されない。とくに若いHJリーダーたちは、こうした全力疾走の「休息を知らない運動法の同化強制」の下に立たされざるをえない。「行動と業績達成へと訓練された青少年のリーダー層のあいだには、徐々に特有のマネージャー的スタイルがつくり出される。彼らは、自分たちが一つの行動から他の行動へと駆り立てられつつ、彼らに従う他の若ものたちを一つの行動から他の行動へと駆り立てる。……たえず回転する活動の車輪は、つねに新しい躍進力を自分自身の回転から汲み取り、その勢力範囲に入ってくるいっさいのものを巻き込んでいく」。(9)

疑いもなく、《青少年が青少年を指導する》というHJの行動原則は、若いリーダーたちに強いエリート意識をあたえた。彼らをとらえた高揚感は、その行動を通して勇気や責任感、想像力などを発揮する一定の可能性をあたえられている喜びだった。ただ、彼らは、これらの《美徳》に本来その意義をあたえる究極の目的が何なのかを問わなかった。HJの青少年たちは、たんに「子どもの遊びでなく、真実に必要な奉仕」のために「共働」し、「犠牲を捧げる」ことそのことに生き甲斐を感じた。マシュマンは、「自我から解放されると同時に生ずる、より上位のもの(民族あるいは民族共同体)との同一化[10]」について語っている。しかし、若ものたちがその《利己的》自我への捉われから解放されることは、けっして自己批判的な内省によって人格の《アイデンティティー》を確立することを意味しない。なぜなら、そこでは、「勇気や自己犠牲などの行為が完き意味をうるはずの中核的な美徳を形成すること（そのこと）は、抑圧されていた」のだから。すなわち、マシュマンのいうように、「たれも私たちが自立的に考えること、自分の責任にもとづいて倫理的に判断を下す能力を発展させるように励ましてはくれなかった。私たちの合い言葉は《総統は命ぜよ、われらは従う》だった[11]」。

《アイデンティティー》の錯覚は、いわば《役割のアイデンティティー》においてあたえられるにすぎない。彼らは——とくにリーダーの場合——たしかに、ナチ青年組織において数かぎりない活動の分野と役割とを見出すことができた。しかし、彼らの活動は、つねに《民族共同体》に向けて《限定》され、戦争遂行に役立つように《道具化》されていたにすぎなかった。彼らは、基本的にナチ的《生活環境》の中で動くだけで、既存の枠組みそのものにたいする自主的な批判を下すことは許されなかった。《アイデンティティー》は、ナチ・ドイツの現実にたいする同一化によるものでしかありえない。こうして「強烈な自己アイデンティティー感をもちながら、実際には真の自己アイデンティティー(Schein-Identität)しかもたないゆえに、アイデンティティーをもたない人間は、ただ見せかけのアイデンティティー

ンティティー感をアイデンティティーそのものと錯覚するにすぎない」(12)。こうして彼らの《能力》への喜びと《仕事》への献身とは、巧妙な政治的操作によって《民族共同体》を建設するという使命感に吸収される。それは、ついには最高の生の意味の実現を自己の実存の否定の中にみる倒錯にまでいたる。マシュマンはいう。「汝自身にたいして汝は、すでに死んでいる。かつて私であったところのいっさいは、〔民族〕全体の中に編みこまれてしまったのである」(13)と。

いま一つの例をハンスおよびゾフィー・ショル兄妹についてみてみよう。ナチ政権成立当時、彼らは、それぞれ一五歳と一二歳だった。ここでも、市民的な家庭で、きわめてリベラルでコスモポリタンな父親の意志に反して、彼らはＨＪに入っていく。姉インゲ・ショルの回想から少し長いが引用してみよう。「私たちは、祖国について、さまざまのことが語られてくるのを耳にしました。僚友関係とか、民族共同体とか郷土愛について口にされるのを聞きました。それは、私たちに強い印象をあたえました。私たちは、学校や街頭でそれについて語られるのを聞くたびに、興奮してそれに耳を傾けました。……そして私たちは、いたるところで聞かされました。ヒトラーは、この祖国に偉大さと幸福と福祉とをもたらそうと望んでいるのだ、彼はすべてのものに労働とパンをあたえようと望んでいるのだ、彼はドイツ人が一人びとり祖国の中で一個の独立した自由な幸福な人間となるまでは、けっして休もうとは望んでいないのだ、と。私たちは、それをよいことだと思い、私たちの力の及ぶかぎり、喜んで力を貸そうと願いました。しかし、これにはいま一つ別のものが加わって私たちをあやしい力で引きつけ、引きさらっていったのです。それは、隊旗をなびかせ、きっと前を見つめながら、ドラムを打ちならし、歌いつつ行進する若ものの縦隊でした。この共同体こそは、なんと圧倒的なものではなかったでしょうか。私たちがみな、ハンスもゾフィーも他のものも、ＨＪの隊列に加わったのは不思議ではありません。私たちは身も心もそれと一体化しました。……

私たちは聞かされました、私たちは偉大な事柄のために生きるべきである、と。私たちは、真剣に相手にされたのです。驚くほど真剣に。そのことは、私たちに特別のやる気をあたえてくれたのです。私たちは、一〇歳の子どもから成人した人間まで、全員を包括し、一人びとりの価値を認めてくれる、大きな組織体の一員だと信じたのです」[(14)]。ここでも、集団の行進や生活のもつ祝祭的雰囲気が、自分自身の生の意味にたいする問いを疎外させていったことが分かる。それは、優越した指導者の意志に導かれる《共同体》との一体感の中で、倒錯した《見せかけのアイデンティティー》感情を強めていった。

ＨＪにのみ限られない。学校教育を通じても、同一の対象の子どもたちにたいして、基本的には同じイデオロギー教育が浸透していった。すでに当初の段階でも、たとえばバイエルンの国民学校の例についてみれば、一九三四年以降、授業傾向の転換がはっきり現われている。時事問題を扱った児童たちの学習帳の分析によれば、授業の内容は新しい政権にたいする《忠誠の信仰告白》に集約され、方法的にも子どもたちの中にまどろむ情動という《教育素材》の活性化が目指されていたことが分かる。たとえば一九三四年四月二〇日の授業テーマは「われわれの総統アドルフ・ヒトラーは四五回目の誕生日を祝う」であり、ヒトラーを青少年の模範として示すことだった。ノートには「ドイツの青少年よ、君たちの最善の教育者は君たちの総統アドルフ・ヒトラーなのだ」という文字を印刷したヒトラーの写真が切り取られて貼られていた[(15)]。

《民族共同体＝運命共同体》というテーマのもとに、ナチ教員連盟がドイツ全国の国民学校から職業学校にいたる九歳以上の生徒たちを参加させた《業績達成》競争（一九三九年）の作品集がある。これは、《大ドイツ》が成立した年にナチ教育の達成した成果を示す《時代史的ドキュメント》（アッセル）といってよい[(16)]。この中から優秀作品として選ばれた少女の文章を引いてみよう。「どの民族についても、状況が運命を決定します。わがドイツ民族にとっても、運命は地理的・経済的状況によって決定されています。ドイツは土地なき民です。土地がこのように小さくても、すべての者は、そこから養われねばなりません。だれ一人として国外に流出してはならないのです。どの人もドイツ民族の価値ある一員なのですから。ドイツは多くの隣接する国をもっています。多くの外国列強にとり囲まれた民族は、強く健かでなければなりません。封鎖されて滅ぼされないために、彼らから独立していなければなりません。独立するために、総統は四カ年計画をつくり出しました。……民族共同体は、すべてのドイツ民族同胞の運命を軽くしました。このことは、ただ、みなが共働することによってのみ生じえたのです。ドイツでは、だれであれ、この民族共同体から身を引く者はありません。なぜなら、だれでも、ここで問題なのはドイツ民族全体の運命なのだということを知っていますから」。

ここには、《土地なき民》という地政学的イメージを中核として、《民族共同体》を守る《運命的》闘争への心理的地ならしが、ほとんど抵抗なく進行しているのを認めうるであろう。この作為的につくり上げられた子どもたちの集団的自意識は、容易に、彼らに提示される《共同体》の敵にたいする集団的な攻撃性として転化させられるであろう。イデオロギー教育によって、自己の運命をナチ・ドイツ国家のそれと一体化させられる程度に応じて、《共同体的》価値の危機意識は、それを脅威する――と仮定された――ものにたいする憎悪と軽蔑とを呼びさまさざるをえない。それは、ついには《敵》を殲滅する決意へと高められ、子どもたちが、通常、学校教育で習得するはずの人間仲間の生命にたいする尊重という自然な感情を呑み尽くしてしまうであろう。[17]

(1)　一般に、vgl. Th. W. Adorno, *Studien zum autoritären Charakter*, 1973; A. Ostermann u. H. Nicklas, *Vorurteile und Feindbilder*, 1976.

（2）　とくに、vgl. W. Klafki (hrsg.), *Verführung, Distanzierung, Ernüchterung. Kindheit und Jugend im NS. Autobiographisches aus erziehungswissenschaftlicher Sicht*, 1988. 編著者クラフキ（マールブルク大学教授、ドイツ教育学会会長）の序言によれば、収録された自伝的文章は、「自伝作者が自分の個人史から想起することのできたもの、ないしは、その一部を回顧的に解釈しながら再構成したもの」(*a. a. O.*, S. 9)という。しかし、現実には、たとえば寄稿者の一人G・フライゼ（元ハンブルク大学教授）によれば、「当時における私の生活と思考の主観的な叙述と解釈、およびそれの私の現在の考え方にたいする関わり」(G. Freise, Jugend im NS. Versuch einer kritischen Vergegenwärtigung der Vergangenheit, in : *a. a. O.*, S. 19)以上の学問的分析を意味しえなかった、とされていることに注意すべきであろう。因みに、フライゼ自身の体験では、ナチズムとの最初の出会いは国民学校で同級生が黒板に鈎十字の旗を描き、《ドイツよ目覚めよ》という当時のスローガンを書き添えるのを見たことに始まる。彼女にとって、教師たちの一部がたちまち新しいナチ政権に同調し始めた転換や、《帝国《ライヒ》クリスタルガラスの夜》事件のユダヤ人迫害などが、驚愕と嫌悪の思いとともに心に刻みこまれたナチ体験の一齣であった。こうした中で、彼女の人間形成を支えたのは、反ナチの姿勢を変えず、ときには迫害される友人を助けた両親の勇気ある行動だった(vgl. *a. a. O.*, S. 23, 30 u. 41)。そのほか、vgl. G. Rosenthal (hrsg.), *Die H J-Generation. Biographische Thematisierung als Vergangenheitsbewältigung*, 1986. なお、L. Steinbach, *Ein Volk, ein Reich, ein Glaube? Ehemalige Nationalsozialisten und Zeitzeugen berichten über ihr Leben im Dritten Reich*, 1983 なども参照。

（3）　Vgl. H.-H. Krüger, Jugend und Jugendopposition im Dritten Reich, in : K.-I. Flessau u. E. Nyssen (hrsg.), *Erziehung im NS*, 1987, S. 17 ff. 以下の分類における第一グループに属するHJ体験を、自己批判的に描いた代表例として、後述のメリタ・マシュマン、レナーテ・フィンクの記録、参照。第二グループの一例を、前掲クラフキの自伝的記録と分析(Klafki, Politische Identitätsbildung und frühe pädagogische Berufsorientierung in Kindheit und Jugend unter dem NS. Autobiographische Rekonstruktion, in : ders. (hrsg.), *a. a. O.*, S. 131-183)が示している。一九二七年生まれのクラフキは、中間層の家庭に育ち、最初のナチ体験として、教師たちの免職を目撃する。HJの集団行動に感激して加わり、保守的＝国家主義的志向をもつ父からは、批判的な啓蒙をあたえられていない。しかし、HJの日常訓練や戦争体験の中で、しだいに理想化されたヒトラー像の亀裂を経験する。戦後、ナチの支配目的や犯罪などを知らされて、民主主義的志向に目覚めるのも早かった、という。もっとも、この最後の点について自己評価の甘さにたいする批判もある(vgl. Krüger, *a. a. O.*, S. 21 f.)。なお、第三グループについては、vgl. H. Muth, Jugendopposition im Dritten Reich, in : *V. f. Z.*, 1982 Heft 3, S. 369-417. なお、ナチ支配下の青少年の生活を概観した写真集として、vgl. H. Boberach, *Jugend unter Hitler*, 1982 も参照。

（4）　とくに反体制的サブカルチャーを代表する《スウィング青年》や《エーデルワイス海賊》グループなどの例については、vgl. D.

Peukert, Edelweißpiraten, Meuten, Swing. Jugendsubkulturen im Dritten Reich, in: Hermann (hrsg.), *a. a. O.*, S. 216-231; A. Klönne, *Jugend im Dritten Reich. Die HJ und ihre Gegner*, S. 228 ff. なお、《エーデルワイス》グループのパンフレットに現われた言語・象徴の分析として U. Maas, *"Als der Geist der Gemeinschaft eine Sprache fand". Sprache im NS. Versuch einer historischen Argumentationsanalyse*, 1984, S. 145 ff. たしかに《エーデルワイス》は純潔と崇高さという観念の結びつきによって、《白バラ》以上に反体制＝抵抗の象徴となりえたかもしれない。しかし、このグループの行動には、絶望的な《自己破壊的》（U・マース）反抗の色彩が濃厚である。

(5)　Vgl. M. Maschmann, *Fazit. Mein Weg in der HJ*, 1963, dtv-Ausg. 1979. 同じ立場から注目されたものに、R. Finck, *Mit uns zieht die neue Zeit*, 1979 がある。

(6)　Maschmann, *a. a. O.*, S. 7 u. 9. レナーテ・フィンクもナチ党支持の中流家庭に育ち、HJに入り、のちBDMリーダーとして活躍した。父から「十分に受け入れられなかった」彼女は、HJの中に「情緒的故郷、安全な場所」を見出し、「高い目的のために本当に必要とされている」という誇りと幸福感を覚え、《総統》のための「義務遂行、服従、忠誠」などを「神聖」と感ずるようになる（vgl. Renate Finck im Gespräch mit Heike Mundzeck, in: Ch. Schüddekopf (hrsg.), *Der alltägliche Faschismus. Frauen im Dritten Reich*. Sonderausgabe 1982, S. 69-71. 政治学者グレービング女史は、こうした《自我》の欲求に性格的特性としての《自我の不安定さ》を指摘する（vgl. H. Grebing, Nachwort, in: Maschmann, *a. a. O.*, S. 246）。

(7)　ナチ青年組織内における少女たちの自己疎外の問題については、とくに、vgl. M. Klaus, *Mädchen im Dritten Reich. Der BDM*, 1983, S. 152 ff.

(8)　Maschmann, *a. a. O.*, S. 152.

(9)　Maschmann, *a. a. O.*, S. 153.

(10)　Maschmann, *a. a. O.*, S. 154 u. 63.

(11)　Maschmann, *a. a. O.*, S. 170. メリタ・マシュマンは、熱狂的行動主義、英雄的闘争の賛美などが「反省の契機」を不可能にしたことを批判的に認めている。しかし、こうした認識は、自己批判として、かならずしも徹底したものとはいえない。たとえば「大量殺戮的な装置〔KZ〕の建設」も、「ナチ国家がその青少年を《組織化》したこと」も、ひとしく「《精神》にたいする技術の勝利」の例証とされ、それが「技術的大衆時代の宿命的法則性」へと一般化される（vgl. Maschmann, *a. a. O.*, S. 153）。

(12)　Klaus, *a. a. O.*, S. 182. なお、vgl. Rosenthal, *a. a. O.*, S. 94 u. 101. こうしたクラウス的解釈を批判して、ナチ組織の中で個人的・社会的に青少年の真のアイデンティティーが実現されていたとする見解も、ないわけではない（たとえば、vgl. J. Rudiger (hrsg.), *Die H J und ihr Selbstverständnis im Spiegel ihrer Aufgabengebiete*, 1983, bes. S. 325 f.)。ここでは、HJやそのリーダーたちが《理想主義者》であり、ナチ体制による《理念の乱用》(!)にたいして無知だったとされる。

(13) Maschmann, *a. a. O.*, S. 63.

(14) I. Scholl, *Die weiße Rose*, 1953, Fischer Bücherei 1955, erw. Neuausgabe 1985, S. 14-16(『白バラは散らず』内垣啓一訳、未来社)。

(15) Vgl. H. J. Lissmann, Sachunterricht in der Grundschule. Eine Fallstudie für die erste Phase des Dritten Reiches, in: Dithmar (hrsg.), *a. a. O.*, S. 235-257. 引用は S. 250.

(16) Volksgemeinschaft-Schicksalsgemeinschaft. gezeigt am Vierjahresplan (Mädchenarbeit), in: *Erziehung zur Volksgemeinschaft. Ein neuer Weg*, hrsg. v. der Reichswaltung des NS-Lehrerbundes, 1939, S. 245-246. この「子どもたちの総統にたいする信仰告白と溢れるような愛の心」を表現したコンテスト作品はドイツ全国で巡回展示され、「驚きと熱狂と感動」とを巻き起こした(*a. a. O.*, S. 18)という。なお、vgl. Assel, *a. a. O.*, S. 113.

(17) 幼稚な反ユダヤ主義宣伝にシニカルな高校上級生の場合にも「にもかかわらず、われわれは、政治的にオートマティックに反応するように仕立てられていった。すなわち、命令と服従、直立不動の姿勢でハイと答える兵士の《美徳》、さらに《祖国》という刺激的なコトバを耳にしたりドイツの偉大さや名誉が話題になるとき直ちに思考を停止すること、などを叩きこまれていった」(H. G. Zmarzlik, Einer vom Jahrgang 1922, in: H. Glaser u. A. Silenius (hrsg.), *Jugend im Dritten Reich*, 1975, S. 10 f.)。そのほか、H・P・リヒター『あのころはフリードリヒがいた』(上田真而子訳、岩波書店)は、HJ教育によって自覚しないままに反ユダヤ主義ポグロムにまき込まれていく少年の姿を描いている。「自民族の神化と、その裏返しに異民族の軽蔑が私たちの青少年教育の中心的推進力だった」(Maschmann, *a. a. O.*, S. 170)。

2　戦時下の意識状況

第二次大戦が始まったとき、当初は、青少年の意識は、こうしたナチ教育によって規定されていた。開戦にたいする大人たちの恐慌に近い反応とは異なり、「戦争の恐ろしさは、われわれ子どもたちをかき乱さなかった。それは、われわれを魅惑した。われわれの父親たちが召集されることは、まさに正当で当然のことのように思われた。さらには《英雄たちの死》もまた同様である。われわれが学校や、のちにHJで習った多くの歌は、祖国のために死ぬ名誉を歌っていた(1)」。戦争の勃発は、HJを新しい課題の前に立たせた。HJ指導部は青少年たちに一段と強められた献身の決意を呼びかけた。彼らはしばしば、召集された大人たちに代わって、その職場を引き受け、前線にある兵士の出撃に熱狂的に応えようとした。やがてドイツが爆撃されはじめたときにも、イデオロギー教育によって定着した不敗の《大ドイツ》というイメージは、差し当たって、なお微動だもしなかった。むしろ、巧妙なナチ・プロパガンダは、《民族共同体》の結集を一時的に強化することに成功したようにさえみえた(2)。

一九四二年の学校での作文に一七歳の少女は「戦時下の、とくに女性の労働」についてこう書いている。「戦争は長くつづくけれども、〔わが〕部隊はなんの疲れも見せていません。なぜなら、兵士たちの手許には、銃後で休みなく造りつづけられている無敵のドイツ製武器があるからです。戦っている前線の背後には、戦争に役立つために、すべてを捧げる決意をした銃後が立っているのです……(3)」。爆撃がしだいに強められるようになっても、戦争の意義について原則的な懐疑はほとんど目覚めなかった。一九四三年に一五歳の少年は、イギリス機による空襲について、学校での作文をつぎのように書き出している。「ロンドンとワシントンにいる金権主義的＝ユダヤ的徒党たちの始めた今次の戦争は、これまでの戦争と較べて、銃後をもまき込む《全体戦争》に発展した。戦争は、これまで普通みられたように前線で行なわれるだけでなく、いまやドイツ国民全体が老若に関わりなく、それに参加するにいたった。それをもっとも明瞭に示す実例は、ドイツの一般市民にたいする英米のギャングたちの行なう空からのテロ攻撃である……」。この作文は、月明下の警報の発令から、その解除にいたる被爆体験を克明に記していく。「ふたたび上空は元のように静かになる。異様な形をした雲が上空を流れていく。赤く染まった北方の空が僅かに過ぎ去った爆撃のしるしをとどめている。どこか遠くで犬が一匹、遠吠えしている。それに応えて吠え立てる犬の鳴き声がする」。この作文には「よく出来た」という教師の評価が記されている。(4)

青少年たち、とくにHJリーダーにとっては、活動の場はいよいよ広がり、つぎつぎと新しい計画やアイディアが取り上げられていく。前述のメリタ・マシュマンは、当時、ベルリンの全国青年指導本部BDM広報室における勤務状況をこう記している。「われわれはみな、熱病にかかったように目まぐるしく働いた。無数のプロジェクトが実施に移され、戦争の影響で破壊され、落とされ、新しく取り上げられ、取り消され、変更され、ふたたび退けられるという具合だった。……われわれの頭脳は計画につぐ計画をつぎつぎとつくり出した。それは、一瞬間も反省の余地をあたえないように、また、これらすべての熱心な努力がすでに死の舞踏の痙攣に等しくなり始めていたことを認識しなくてもすむようにするためだった」。(5)ここでも、HJの行動原則は貫徹される。彼らの生は、一見したところ積極的な活動に充たされているようにみえる。たしかに、この陶酔状態の中で彼らは直接的な瞬間的な充実感を体験する。しかし、それは、もっぱら外から――しばしば人為的に――つくり出される陶酔と興奮とであり、内部からコントロールされることは、けっしてない。若ものたちに生きる意味をあたえ、心身を極度に集中させる努力は、一方では、戦争の危険にたいする恐れを克服させ、同時に他方では、彼らがその行動を通して参加している政治体制の非人間性をあるがままに認識することを不可能にする。

マシュマンの手記からは、彼女が《第三帝国》のそうした暗い現実について、多くの知識をもっていたこと、にもかかわらず、それを認識しようと欲しなかったがゆえに認識することができなかったということを印象づけられる。(6)そこには、歪められた精神構造を支える一連の心理過程が反映している。反省することから解放させる行動主義的・熱狂的労働のほかにも、たとえば人間的悲惨にたいして自発的に目覚める同情心を厳しく抑圧すること。自分の見聞した個別的な体験から一般的な状況判断を引き出すのを拒否すること。逆に、人類史を通ずる戦争の不可避性といった《擬似》一般法則から侵略戦争の現実を正当化すること。さらには《戦争が終わったあとでは》という未来の希望的幻影に逃避すること、などによって行なわれる。ここでは、BDMの活動に深くのめり込んでいけばいくほど、リアルな認識の地平は、いよいよ狭隘なものとなっていく。

いずれにせよ、メリタ・マシュマンは、一たび獲得したナチ・ドイツとのトータルな同一化を《第三帝国》時代を通して最後まで貫徹している。(7) こうした例は、HJの若もののあいだでも、かなり例外的な少数者にとどまるように思われる。連日の空襲下に眠られぬ夜を過ごし、昼間の過重化された労働に疲れ果てたBDMの少女の場合、苛烈な最後の戦いを闘いぬく決意も、またナチ体制にたいする熱狂も、しだいに冷めていかざるをえない。そこには、女性の場合、男子の青少年のように《政治的兵士》として役割を引き受け、戦争に自己を同一化していく可能性が乏しかったというナチ教育の《空白部分》(G・ローゼンタール)の存在も指摘しうるかもしれない。(8)

しかし、青少年の場合にも、ますます激化する爆撃の中で、その同一化を持続することがしだいに困難になっていった。たとえばクラウス・グランツォウが一九四三年から四五年までナチ官憲の検閲の目をくぐって書き綴った戦時日記をみれば、かならずしもすべての青少年たちが熱狂してHJの戦時動員に加わっていたわけではないことがわかる。(9) グランツォウは、たとえば一九四三年秋の『日記』で、翌年一月から始まるギムナジウム最上級生たちの海軍や高射砲部隊への動員が生徒たちにあたえた深刻な動揺(たとえば高校卒業資格を得ることを困難にするのではないかという不安)を伝えている。それは、一九四五年二月になると、戦禍の現実への批判となって現われる。

「僕は完全にくたばってしまった。戦争とは何だ。それは殺人のことだ！　どこになお《前線》があるというのだ！一般市民が耐え忍んでいるものは、前線で軍人が耐え忍んでいるものより、いっそうひどくはないのか。そして、もっとも恐ろしいことは、それに手を貸すことができないということだ！[10]」。

敗戦の影がしだいにしのび寄ってくるにつれて、今までの《信仰》は深い幻滅に変わっていく。スターリングラードからの一ドイツ兵士の最後の手紙は、そうした信仰と不信の境界線を往復するアンビヴァレントな心理をよく示している。「かつて僕は信仰の念をもち強くあった。今では気が小さく不信の念に捉えられている。……戦友たちが《ドイツ》とか《ハイル・ヒトラー》というコトバを口にして死んでいったと聞かされても、僕は説き伏せられはしない。死んでいっているということ、そのことは否定できない。しかし、最後のコトバは母であったり、もっとも愛する人であったり、さもなければ助けを求める叫びだけだ。僕は、すでに何百人もの人が倒れ死んで行くのを見た。多くは僕と同じようにHJに所属していた。……総統は固く約束してくれた。血路を開いて僕らをここから救出してくれる、と。その約束を僕たちは読んで聞かされた。そして僕たちも固くそれを信じていたのだ。僕は、今もなおそれを信ずる。じっさい、僕は何かを信じなければいられぬのだから。それが真実でないとしたら、僕は、そのとき、なお何を信じたらよいのだ？[11]」。

一九四四年に一人の兵士は、いっそう勇気ある文章を記している。「この地上のいずれの国民も、運命的な時代の悲劇に遭遇している。彼らのうち何びとも真面目にこの残酷な虐殺が生ずることを願ったものはいないにちがいない――当初から文化的な国民の一員であることを止めるつもりでいない限り。しかし、そんなことは信じられない。いたるところに善人もいれば悪人もいる。いかなる国民もその例外ではない。根本的には……誰もが自分にあたえられた人生を静穏に送り、他者の人生から喜びを奪うことなく生きようと願っている。……このような悪意のない諸国民が、くり返しくり返し、狂気や理性の欠如、血腥いテロから身を守るために戦いに赴くのはどうしてなのか。それは、これらの諸国民の多くが、不完全でエゴイスティックな抑制を知らぬ政府によって頭をねじ曲げられるからである。おりにふれて、この地上を狂気の地獄に変えるのは、いわゆる政治家と呼ばれるハイエナたちと、むろん何よりも彼らの背後にある黒幕たちの存在である(12)」。

懐疑と不信から、さらに一歩踏み出して抵抗運動に身を投ずるものは、むろん少数である。スターリングラードで独ソ両軍が死闘をくり返していたころ、たとえば前述のショル兄妹たちを中心とする《白バラ》の学生の抵抗運動が出現する。彼らは、ナチ学生組織の戦友教育をボイコットして、ナチ支配の崩壊後に開かれる未来の可能性を目指す。彼らの仲間は、いずれも、かつてひとたびＨＪ教育をくぐり抜けながら、《自己自身》に忠実にとどまることができた。そこには、ナチ的政治教育や思想統制にもかかわらず、なお完全に廃棄しえなかった勢力が残っていたからである。それは、たとえ少数であったとしても、人間性や道徳、キリスト教など、ナチズムによってリベラルとかセンティメンタリズムとして誹謗されてきた精神態度や教育思想をもった両親、教師たちの存在であった(13)。さらには、あらゆる弾圧と迫害の中で、なおその固有の活動を完全には停止しなかったキリスト教会や地下の左翼政党、労働運動、さらにそれにつながる青少年グループ活動の存在だった(14)。

学生たちは、その生命をかけて、『白バラ』と名づけた一連のパンフレットを通してドイツ青少年の良心の証言を果たす。その最初のビラは冒頭にこう記していた。「何よりも文化民族にふさわしからぬことは、抵抗することなしに、暗い衝動に駆り立てられた無責任な徒党的支配者たちに《統治》されたままでいることである」と。このビラは、具体的にはナチ「体制打倒のため幾分かの寄与をする」ため、不服従とサボタージュという「受動的抵抗」をすすめている。そして最後のビラは、スターリングラード敗戦の衝撃を前にして「決算の時は来た」といい、「ドイツの青年の名において、われわれはアドルフ・ヒトラーの国家に、それがわれわれからもっとも惨めなやり方でだましとった個人の自由、ドイツにとってもっとも貴重なこの財産を返還するように要求する」と訴える(15)。

このパンフレットは、ミュンヘンのみならず、他の都市でも学生＝青年グループの手でひそかに配布された。さらに同様のパンフレットが、ナチ官憲によるショル・グループ摘発後にも出現した。むろん、こうした抵抗行動がその倫理的にみて高い理想主義と対照的に、政治的にみて有効な現実主義的分析を欠いていた点は、徴候的である。にもかかわらず、なお、彼らが《もう一つのドイツ》の存在を同時代の人びとの前に証明した歴史的意義は否定しえないであろう。

戦争末期になれば、HJの青少年たちは、《東部防衛線》の建設から、さらに直接にベルリン防衛の戦闘のため動員される。ヒトラーは、その最後の誕生日(一九四五年四月二〇日)に青少年たちに鉄十字章をあたえ、一五、六歳の少年たちまでも、廃墟の街の防衛の名において死に追いやった。西部戦線におけるドイツ軍の最後の攻勢となったアルデンヌ作戦のころ、HJの青少年たちからなるパルティザン部隊＝《狼少年隊《ヴェルヴォルフ》》の組織化も行なわれた。しかし、連合軍に占領された後背地に投入された彼らの活動は、多くは、たちまち閉息させられてしまった。若ものたちのメンタリティーは、けっして陰謀や反乱向きには教育されていなかったから。(16)

マクス・フォン・デア・グリューンは、最近、自伝的回想の中で、ナチ時代の体験を記している。彼は、HJからRADを経て通信兵となり、フランス戦線でアメリカ軍の捕虜となった。アメリカ本土の収容所に移された彼は、一九四五年四月半ば、アメリカ人の収容所長からローズヴェルト大統領の死を告げられる。そのとき、ドイツ兵捕虜の隊列からは、「いよいよ、われわれが戦争に勝つのだ」という声が上がったという。(17) あたかも戦争の帰趨が最高の政治指導者という一人の人間の生死に依存するかのように。そこには、ナチ政治教育にもとづく西欧デモクラシーの政治制度にたいする、彼らの無知が明らかである。彼らは、いっさいの決定が《総統》の人格に帰着するナチ・ドイツの体制との類比においてしか、政治的に判断することができなかった。政治的に教育されるとは、たんに教条主義的スローガンをくり返すことでも、奔騰する熱狂主義に駆り立てられることでもない。国民の政治的成熟は、明らかに政治的イデオロギーにたいする《信仰》とは正反対のものである。むしろ、事実にたいするザッハリヒな認識、みずから判断を下し、あいともに社会を形成していく市民的モラル、なかんずく政治参加への責任と決意を最小限欠くことができない(18)。

第二次大戦後、ニュルンベルクの国際軍事裁判の法廷で、シーラッハは、自己の政治責任について告白する。ユダヤ人虐殺という「この犯罪は、ヒトラーとヒムラーとが共同して行なったものだ。それは、いつまでも、われわれの歴史の汚点として残るであろう。それは、すべてのドイツ人を恥辱感で充たす犯罪である。……しかし、ドイツの青少年は、無辜の人びとを毎日何千人も殺したこのヒトラーの絶滅の行為を、まったく知らなかったし、予感だにしなかった。彼らは、ユダヤ人とドイツ国民にたいしてヒトラーの行なったすべての事柄について罪責がない。……私が神とドイツ民族とわが国民の前に負う罪責は、私がドイツの青少年を一人の男のために教育したということだ。すなわち、私が長年にわたり総統として、国家元首として神聖だとみなしてきた男のために、青少年たちが私と同じように彼を仰ぎみるように教育してきたことだ。何百万もの人びとにたいする殺人者だった一人の男のために青少年たちを教育したこと、それが私の罪責だ。私は、この男を信じた。それが、私の弁明と私の態度の説明のために、私の言いうることのいっさいだ。しかし、この罪責は私自身のもの、私個人のものだ。私は、この国の青少年たちにたいして責任を負っていたのだ(19)」。

ここには、ナチ的心理構造に特有な擬似理想主義の残滓と同時に、巧妙な自己韜晦の論理が交錯している。まさにこうした《無責任》な指導者によって教育されたことに、ドイツの青少年の本来の不幸があったともいえよう。しかし、少なくとも、このかつての《帝国《ライヒ》青少年指導者》は、ナチズムの中核的イデオロギーにもとづく「世界史上最大かつ最悪の大量殺戮」を「犯罪」として率直に承認するすべを知っていた。しばしば指摘されるように、軍国日本の指導者たちには、それさえ全く欠如していた。[20]

(1) K. H. Janßen, Eine Welt brach zusammen, in: Glaser/Silenius(hrsg.), *a. a. O.*, S. 89.

(2) Vgl. Brandenburg, *a. a. O.*, S. 228 f.

(3) Zit. nach: Rosenthal, *a. a. O.*, S. 70. この作文は、ドイツの軍需工場の労働者や鉄道員、農民、ドイツ女性さらに青少年や学校の生徒たち、すべてのものの戦争協力を数え上げ、「このように前線と銃後とは緊密に結びつき、つぎのモットーの下に立っています。すなわち、《一人はすべてのもののため、すべてのものは一人のため》」と結んでいる。教師の評価は「よく勉強した綿密な作品、とてもよく出来ている」とある(S. 72)。

(4) H. Rentmeister, *Aus den Schulheften eines Volksschülers 1940–1943*, 1985, S. 125-126. 一九二八年生まれのこのノートの筆者は、現在は高校教師。戦争をくぐり抜けたこの学習帳を四〇年ぶりにとり出して読んだ感想を記している。「戦争と死、敵意と憎悪、英雄精神、持久と犠牲の決意などが一貫するテーマだった。勝利について書いているが、平和については何も記されていない。俗悪で偽りの英雄詩や力強い週間標語を学ばねばならなかった。……当時の学校での作文に認められるのは、あのいたるところに見受けられた言語と思考とを毒するいかがわしい症候であった」。こうして「当時の権力者たちは、青少年の志向を固定し、……言語と思考のメカニズムを操作し、人間的な思考をほとんど解体してしまうことに成功したのだった」と(*a. a. O.*, S. 12-16)。

(5) Maschmann, *a. a. O.*, S. 156-157. なお、vgl. H. Glaser, Ohne besondere Vorkommnisse, in: Glaser/Silenius(hrsg.), *a. a. O.*, S. 58.

(6) メリタ・マシュマンは、たとえば東欧のユダヤ人ゲットーにおける悲惨な現実を見聞し、またポーランド占領地域では農民の強制追放措置を直接に体験している(vgl. Maschmann, *a. a. O.*, S. 86 ff. u. 126 ff.)。

(7) マシュマンは、ナチ・ドイツとの一体化によって戦争の恐怖や不安から解放されていた。「私が仕えた全体〔国家〕は、私を脅かした危険に際して、同じく危険にさらされることはなかった」から(Maschmann, *a. a. O.*, S. 64)。ようやく戦争の最終段階で不安が目ざめたときも、《第三帝国》の没落と運命をともにすることを宇宙全体のカタストローフのように表象して受け止めようとする(*a. a. O.*, S. 175)。

(8) Vgl. Rosenthal, *a. a. O.*, S. 164 f. u. 342 f.

(9) K. Granzow, *Tagebuch eines Hitlerjungen. Kriegsjugend in Pommern 1943–1945*, 1965, S. 60 u. 231. こうした中で士気高揚のため「日本人の戦争道徳」の講演などを聞かされたりもする(S. 77)。

(10) グランツォウのような反応は、けっして例外ではない。ペーター・アライは、ナチ時代の青少年貸出用のHJ図書や学級文庫の思想的影響を分析している。それによれば、戦争末期には、ナチ教育の観点から若い読者の関心を高めるあらゆる措置が成功せず、青少年の心理には、しだいに批判的ないし懐疑的な反応が認められたという。たとえばナチ・イデオロギーや戦意高揚のための書物よりも、メルヒェンや文学的水準の高い書物が好んで読まれている。これは、爆撃下の厳しい「現実からの逃走」とともに「自己自身への内省」の傾向を反映している(vgl. P. Aley, *Jugendliteratur im Dritten Reich. Dokumente und Kommentare*, 1969, S. 207 ff.)。なお、vgl. U. Nassen, *Jugend, Buch und Konjunktur 1933–1945. Studien zum Ideologiepotential des genuin nationalsozialistischen und des konjunkturellen "Jugendschrifttums"*, 1987.

(11) *Letzte Briefe aus Stalingrad*, 1950 (Zit. in: W. Roessler, *Jugend im Erziehungsfeld. Haltung und Verhalten der deutschen Jugend in der ersten Hälfte des 20. Jahrhunderts*, 1957, S. 242). なお、vgl. O. Buchbender u. R. Sterz (hrsg.), *Das andere Gesicht des Krieges. Deutsche Feldpostbriefe 1939–1945*, 1982. 戦争後半になると野戦郵便の中にも、ときに指導層にたいする用心深い批判が登場する。しかし、これらの手紙は――明らかに検閲を意識して――《総統》や政府の卓越した能力への賛美で結ばれていた。ただ、スターリングラード包囲下では、手紙の多くは「最後の、そして多くははっきりした別れを告げる手紙」であったため、野戦郵便局の検閲でも「きわめて寛大に扱われた」(*a. a. O.*, S. 19 f.)という。

(12) Zit. nach: E. Friese, Das deutsche Japanbild 1944 – Bemerkungen zum Problem der auswärtigen Kulturpolitik während des NS, in: J. Kreiner (hrsg.), *Deutschland-Japan. Historische Kontakte*, 1984, S. 283. 引用の文章は、ドイツ日本協会が一九四四年に行なった作文コンペの応募論文のもの。テーマは「アメリカにたいする共同の戦いでドイツと日本とを結びつけるものは何か」だった。ドイツ国内から応募した四二〇通の多くは、ドイツ＝日本の枢軸国側が古い固有の文化から生まれる不屈の軍人精神のゆえに政治的・軍事的に優越していることを記していた、という。たとえば日本人の《自己放棄》の思想はナチズムの《共同体》優位の思考と同一視され、武士の忠誠はSSの忠誠と対応する、というように(vgl. *a. a. O.*, S. 277 u. 279)。

(13) 教師の抵抗行動ないしノンコンフォーミズムの中には、A・ライヒヴァインのように、すでに一九三〇年代半ばに、ベルリン北方の農村で、ナチズムから一線を画する労作学校の実践を通して、自主的教育の可能性を実証した例もある。彼は、ハレ教育大学教授の地位を追われ、国民学校教師となり、のち抵抗運動に加わり処刑された(vgl. J. L. Henderson, *Adolf Reichwein. Eine politisch-pädagogische Biographie*, 1958)。じっさい、末端の教育現場では、地区によっては、ナチ・プロパガンダは学校生活を《完壁》に支配したのではなく、《ほぼ》――前掲ポイケルト＝ロイレッケ編著の題名（*Die Reihen fast geschlossen*）の示すように――統制できたにすぎないともいわれている。この点について、たとえば、M. Reich-Rainicki (hrsg.), *Meine Schulzeit im Dritten Reich. Erinnerungen deutscher Schriftsteller*, dtv-Ausgabe, 1984 における教室体験や教師の思い出などの例、参照。むろん、こうした抵抗ないしノンコンフォーミスト的行動や態度は、ナチ支配にたいして同調＝賛同していった圧倒的多数の教師たちを背景にしてのみ正しく把握される (vgl. L. van Dick, Oppositionelles Verhalten einzelnen Lehrerinnen und Lehrer zwischen Nonkonformität und Widerstand in Deutschland 1933-1945, in, Keim (hrsg.), *a. a. O.*, S. 115)。

(14)　ショル兄妹の場合にも、ナチ批判に目を開かれるまでには、精神的自由の立場を貫く父を中心とする「堅固な孤島」のような家庭、独自のサブカルチャーをもつ青少年グループとの交流、カントの定言命令を良心にかかげる哲学教授クルト・フーバーとの出会いなどからする人格形成の影響を、無視できないであろう (Scholl, *a. a. O.*, S. 19 ff. u. 47)。

(15)　Scholl, *a. a. O.*, S. 96 f. u. 119. 最近の研究では、たとえば映画『白バラ』の監督フェアヘーヘンたちは、《白バラ》グループが軍部の抵抗運動との接触を模索していたことを、資料をあげて指摘している (vgl. M. Verhoeven u. M. Krebs, *Die Weiße Rose. Der Widerstand. Münchner Studenten gegen Hitler. Informationen zum Film*, 1982, S. 142 ff.)。

(16)　Vgl. Scholtz, *a. a. O.*, S. 391 u. 406. たとえばBDMリーダーのR・フィンクの場合、スターリングラードの戦いで「私の総統」にたいする懐疑が目覚めたとき、「血も凍るような恐ろしさ」を覚えつつ、偉大な文学の登場人物『ニーベルンゲン』の英雄ハーゲンによって「救われた」という。「彼は最後まで忠実でありつづけました。私もまた忠実でありつづけなければなりませんでした――たとえ自分自身の考えを犠牲にしてでも」(Finck im Gespräch, *a. a. O.*, S. 78)。クレンネは、HJ教育の効果を主として消極的な《体制への適応》ないし積極的な政治行動への《中性化》に見出している (vgl. Klönne, *Hitlerjugend*, S. 100 f. なお、vgl. ders., *Jugend im Dritten Reich*, S. 124 u. 288)。しかし、少なくともナチ体制が成功を収めた歳月（一九四二年まで）には、かなり熱狂的な積極的協力が認められるだけでなく、《中性化》につきない――一定の枠内での――能力開発がなされたことも否定しえない (vgl. Nemitz, *a. a. O.*, S. 162)。

(17)　M. v. der Grün, *Wie war das eigentlich? Kindheit und Jugend im Dritten Reich*, 1979, S. 234. もっとも、アメリカでの虜囚生活は、アメリカ軍がジュネーヴ協定（一九二九年）を厳守したため、かなり大幅な自由が認められ、一般市民の憤激を買ったほどだったという (vgl. A. J. Astor, Hitlers Amerika-Korps, in : *Zeit-Magazin*, 1980 Nr. 24, S. 26-30)。

(18)　一九四八年に虜囚から西ドイツに帰国したグリューンは、「もし総統が万事を知っていさえしたら」戦争に勝っていただろうと信ずる同世代の若ものと出会う。彼は、そこに第一次大戦後と同じく《匕首伝説》が再生しているのを見る (vgl. Grün, *a. a. O.*, S.

241)。一九四六年秋、ニュルンベルクの各学校の上級生たちによるナチ体験の作文集も、戦後比較的早い時期に生々しい体験を記録して、興味深い。そこでも、たとえばドイツ敗戦について「余りにも多くの裏切り」という匕首伝説が登場する(Vgl. H. Heer (hrsg.), *Als ich 9 Jahre alt war, kam der Krieg. Ein Lesebuch gegen den Krieg. Schüler-Aufsätze 1946*, 1980, S. 187)。戦後西ドイツにおけるナチ意識については、宮田光雄『西ドイツの精神構造』八九ページ以下、二四三ページ以下、参照。

(19) Zit. aus : *International Military Tribunal*, Vol. XIV, 1947, p. 432 f. この法廷での告白は、次のコトバで結ばれている。「ヒトラーは死んだ。私は彼を裏切らなかった。私は彼にたいして反逆を計画しなかった。私は将校として、青少年指導者として、官僚として、彼にたいする誓約を守った。私は、彼の盲目的な同調者ではなかったし、けっしてオポチュニストでもなかった。私は、青年時代から確信的なナチ主義者であり、したがって反ユダヤ主義者だった。しかし、ヒトラーの人種政策は犯罪であり、それが五〇〇万のユダヤ人とすべてのドイツ人にとって災いとなったのだ」。ここには、HJ教育の基盤となったナチ的精神《風土状況》(Roessler, *a. a. O.*, S. 499)が反映されている。じっさい、シーラッハは、その回顧録の中で「何千人もの若ものたちが、年長者たちに模範を示さねばならないと考えた」ことが、《彼》の青少年教育の致命的な影響だとすべきかどうか自問してみせている(B. v. Schirach, *Ich glaubte an Hitler*, 1967, S. 313)。なお、vgl. M. Wortmann, *Baldur von Schirach. Hitlers Jugendführer*, 1982, S. 9-20.

(20) 丸山真男『現代政治の思想と行動』(未来社、一九六四年)、八八ページ以下、参照。

《付論》

ドイツ・ファシズムの思想史的基盤

――近代ドイツ精神の構造と機能――

ドイツの狂気には筋道《メトーデ》がある。較ぶるものなき衒学性をもって、恐るべき良心性をもって、考えもつかぬような徹底性をもって、人びとは、あのドイツの狂気をやってのけた。

――ハインリヒ・ハイネ――

はじめに

「われわれは野蛮人であり、野蛮人たろうと欲する」(ヒトラー)。ナチズムの思想と行動とは、本来、《非人間性》をその方法および原理として、さらに体系にまで築き上げたものであった。それは、近代ヨーロッパの理性と文化とにたいする最も巨大な、また最もラディカルな叛逆を意味していた。しかしながら、今世紀において、このまったき《不法の体系》(E・ブルンナー)としてのナチ政治体制の成立が可能であったドイツ、それは、ほかでもなく、また過去の思想的伝統の中に輝かしいドイツ古典文化の遺産を形成しえた《思想の祖国》(スタール夫人)ではなかったであろうか。たとえば、ルターの宗教改革は、ルネサンスの運動とともにヨーロッパ近代の開幕を告げるものであり、すでにハイネが認めたように、ドイツにおける精神的自由の成立を意味していた。さらにカントの批判哲学は、この思想の自由から花開いたドイツ観念論を基礎づけ、《近代文化の綜合の論理》(H・リッケルト)でもあれば、またマルクスのいうように《フランス革命のドイツ的理論》でもあることができた。そして、ドイツ古典主義については、G・ルカーチによって、「市民的思想の最後の進歩的時期の一つ、その最後の精神革命の一つは、まさしくゲーテ時代のドイツで起こっていた」[1]と語られる通りである。このドイツ古典主義、およびそれに続くロマン主義は、ドイツ文学を《世界文学》にまで高め、やがて一九世紀ヨーロッパに《ドイツの世紀》(F・シュトリヒ)を出現せしめる偉大な文学的運動でもあった。このようなドイツ精神史の伝統における思想的成果に着目するとき、それが今世紀においてヨーロッパ近代の全文化遺産の完全な破壊者ナチズムを生成し、展開し、破滅した精神的風土でありえた事実にたいして、どのような解釈を加えるべきであろうか。

　このドイツ・ファシズムの思想史的基盤の究明は、すでに第二次世界大戦の只中で始められていた。それは、ヒトラーのヨーロッパ制覇という切迫した状況下に緊急な課題として取り上げられ、西欧において数多くのナチ・イデオロギーの《系譜学《ジェネアロジー》》が試みられたのであった。しかし、それらの分析は、おおむね現実政治の衝撃に規定されて、きわめて性急な結論に陥りがちであった。すなわち、ドイツ史の過去のほとんどあらゆる瞬間にナチズムの本来的な素地を見出し、ドイツの思想・文化の一切を、ナチズムに直接的に繋がった系譜学的源泉と見做そうとした。じっさい、極端な場合には、道徳の自律性を基礎づけ、ドイツにおける法治国家思想の定礎者となったカントについてさえ、《ファシズムの先駆者》かつ《後の独裁制の精神的父祖》の一人として数え上げていたのであった[2]。しかも、こうした取り上げ方は、当時の《戦時本》的制約に止まらず、戦後においてもなお西欧側より試みられるドイツ批判に往々にして見受けられるものである。一例だけあげれば、ドイツ・ロマン派における《天才》概念がのちに独裁制の正当化に貢献し、さらにその《文化国民》的世界主義が《生存圏》的侵略主義を基礎づけた、とするごとき類である[3]。

こうした分析態度は、いわば《すべての猫が灰色にみえる闇夜》とでも呼びうるような安易な同一化的解釈である。ドイツ文化の全体を抽象的に無差別に否定し去る、この《急進主義》は、当時、多くの人びとをとらえた切迫した危機意識からみれば、心理的には理解されうるものであろう。(4) しかし、むろん、このような直結的な《系譜学》は正当なものということはできない。したがって、以下に述べる思想史的基盤の考察とは一致しがたいものであることを、あらかじめ断わっておかねばならない。

(1) G. Lukács, *Goethe und seine Zeit*, 1947, S. 12（ルカーチ『ゲーテ研究』菊盛英夫訳、青木文庫）。
(2) W. Mcgovern, *From Luther to Hitler*, 1941; P. Viereck, *Metapolitics from the Romantics to Hitler*, 1941; R. Butler, *Roots of National Socialism, 1783-1933*, 1941; E. Ludwig, *The Germans. Double History of a Nation*, 1942 など、参照。
(3) K. Pinson, *Modern Germany*, 1954, p. 47 f.
(4) たとえばヴィーレックも、前掲書の戦後新版の序文で「本書をつつむ気分とスタイルは、ヒトラーが世界を征服しようとした白熱した危機の時代を反映していた。当時、アメリカは、なおその自殺的な孤立主義の中にまどろんでいたのであった」（Viereck, *op. cit.*, rev. ed. 1961, p. iii）と記している。

一

本来の課題に入るまえに、簡単にドイツ・ファシズムの本質規定をしておくのが以下の考察に当たって便宜であろう。いうまでもなく、ナチズムは、特殊に二〇世紀的な現象であり、かつそのようなものとしてのみ理解されうるものである。ここでは、一応、ファシズムが今世紀における資本主義の一般的危機を背景とする「反革命の最も尖鋭な最も戦闘的な形態」であり、ドイツにおいては、それが革命勢力の存在に対抗して大衆的な組織化の必要に迫られ、下からの「擬似革命的相貌」を帯びて出現したということを基本的な前提とする。[1] 第一次世界大戦後、ドイツにおいては、その敗戦による伝統の崩壊と政治的権威の喪失、さらに戦後の経済危機・社会不安などは、一般に大衆の絶望よりする《自由からの逃走》(E・フロム)を引き起こした。彼らの社会的妄信性こそ、新たな《血と土》の神話および《カリスマ的》権威にたいする政治的信仰の前提をなすものであった。ナチズムの出現は、現代の高度資本制社会に内在する国民のマス化を生み出す社会的・心理的諸条件によって制約されていた。むしろ、それらの諸条件を促進し逆用することによって、ナチ運動は権力にまで到達した。そうした基盤の上にナチのデマゴギーは、もっとも効果的に作用することが可能であった。したがって、近代的テクノロジーとマス・メディアを最大限に駆使する社会の《強制的同質化》こそ、ナチズム本来の政治的機能にほかならない。ナチのプロパガンダは、その集団戦術によって、あらゆる精神的抵抗や理性的批判を《甲羅なき蟹》(K・マンハイム)として解体した。しかも、それで打破されぬ人びとにたいしては、直接的な暴力によって一掃することをためらわなかった。こうして、一度、《もっとも効果的な政治的手段》(ヒトラー)としてテロルの範型が作られると、それはさらにテロルを生み、やがて思想・利害の一切の相違・対立を画一化し統合するための権力の恒常的手段となる。[2]

一九二〇年代末に、カール・シュミットはこう記した。あらゆる現存の政治的統一性は、その価値と存在根拠をなんらかの規範的正当性のうちにでなく、その政治的実存の具体的現実そのもののうちにもつ。逆に、あらゆる規範の妥当性は、究極的には、それに先行して実存する権力の政治的決断に依存している、と。[3] こうした《政治的決断主義》の論理は、ナチの権力闘争をイデオロギー的に表現するものといえるであろう。やがて成立したナチ支配体制においては、すべての精神的・倫理的価値は、その本来の意義と機能とを喪失し、逆に権力の必要に応じて配置され、政治の運動に追随し、奉仕せしめられた。こうしてナチズムは、一切の倫理的正当性より隔絶したテロルの上に築かれた権力であり、テロルの恐怖による合意と、征服のもたらす希望とに基づいて維持される《大衆《マッセン》的マキャヴェリズム》(F・マイネッケ)であった。したがって、そのイデオロギーは、高度の《機能的合理性》(マンハイム)を備え、社会の強制的同質化、そして反革命と戦争とのために、もっとも効果的・系統的に《組織化されたデマゴギー》(パーム・ダット)にほかならない。そこには本来、《実質的合理性》の存在する余地はまったくなかった。「いかなる形式におけるファシズムにも、およそ哲学なるものは存在しない」[4]というべきであろう。こうしてナチ・ドイツを全体として「特徴づけるところのものは、従来知られなかった破壊の重圧と残忍性とをもった革命であり、しかも……この理論なき革命の特に危険な点は、それが政治的行動となった全体的ニヒリズムの表現たることである」[5]。したがって、ヒトラーが「たとえわれわれが世界を征服しえないにしても、われわれは世界の半分をわれわれとともに破滅に引きずりこむであろう」[6]と揚言するとき、そこには、破壊と否定への意志に結合した無法な権力の《能動的ニヒリズム》が赤裸々に現われている。

なるほど、ナチズムは、みずからの《世界観》を具体的に例示して——意図的なデマゴギーから、また、まったき誤解にも基づいて——ドイツの過去から、すぐれた思想家たちや文化遺産を引き合いに出しはした。しかし、ナチズムのこのニヒリズム的性格に着目するならば、ドイツ古典文化の精神的遺産よりする直結的な系譜を語ることは不可能であろう。そもそも、あらゆるイデオロギーの《デマゴギー的綜合》に過ぎぬその《世界観》の特質からすれば、なんらかの思想史的系譜を論ずること自体が明らかに無意味であろう。古来、「いかなる大思想家もファシズムを欲しはしなかった」(E・ハイマン)といわねばならない。

しかし、このことは、他面において、戦後しばしばドイツの思想家たちによってなされてきた反批判の試みを正当化するものであろうか。つまり、それによれば、ナチズムは、なるほど恐るべきものであるにしても、ドイツ精神史にとって《一時的なエピソード》にすぎない、とするのである。ヒトラー主義は、いわば《ドイツ史における異邦人》のごとき存在であって、ドイツ古典文化の本質、その精神的《実体》は本来不変であり、ナチの政治的支配は、ドイツの哲学・文学に関する評価となんら関係するものではない、という。たとえば、「ナチズムは、何世紀にもわたるドイツの歴史的発展と深い精神的起源の関わりに立ってはいない。ナチズムは、むしろ、みずからを最近のドイツ的過去に対立する革命的な政治運動のように感じていた」[7]。じじつ、ナチズムは大衆社会化の傾向を見せはじめたヨーロッパの一般的趨勢の現われにすぎない、とする主張もある。さらには、ヒトラーの大衆的デマゴギーを可能にした全体主義的国家のイデオロギーと技術とは、もともとドイツ以外の起源のものだ、とさえいう[8]。マイネッケもまた、慎重ながらヒトラーの出現について――多少異なった文脈においてではあるが――「ドイツにとって宿命的な一つの偶然」を認め、「われわれは、ふたたび西洋的文化共同体の一員として活動を始めるためには、なんら根本的な再教育を必要としない。徹底的に消滅しなければならないのは、非文化と似而非文化とをともなったナチの誇大妄想である[9]」と断ずる。こうして容易に、廃墟を超えて《ゲーテ時代への帰路》(マイネッケ)を探求することが結論され、あるいは、ふたたび《カントに帰る》(W・アペルト)ことが要請される[10]。

しかし、このようにナチズムを《非ドイツ的》な出来事とする《偶発事故伝説》あるいは一種の《仮現説》的存在性の主張は、最初に示した思想史解釈の立場と同じく、むろん、問題に正しい解答をあたえることはできないであろう。たしかに、こうした主張にも、世界史的連関についての真実の一契機がふくまれているかもしれない。しかし、それは、ヒトラーの権力掌握にまで導いた「特殊ドイツ的な精神的・政治的遺産[11]」を看過しているのではなかろうか。そのことは、たとえばドイツ文化の伝統を現代において代表しうるトーマス・マンの自己認識において明白に現われている。彼は、ナチズムに決着する《憂鬱な》――彼は不幸を誇示すべきではないとしてあえて《悲劇》とは呼ばない――ドイツ精神史を回顧しつつ、こう告白している。「悪いのと善いのと二つのドイツがあるのではない。ただ一つのドイツがあり、その最も善いものが悪魔の詭計によって悪いものになったのである。悪いドイツ、それは道を誤った善きドイツ、つまり不幸に陥り、罪責と没落とに陥った善きドイツのことなのである。それゆえ、ドイツに生まれた精神にとっては、悪い罪を担ったドイツを全面的に否定することはできない(12)」と。

なるほど、現実において、いわゆるナチ的《犯行》そのものは、比較的少数の人びとのみ加担したものかもしれない。しかし、そこに通じた道は、すべてのドイツ人がなんらかの形式において、それぞれなんらかの責任を分かちながら歩んでいったものといわねばならない。つまり、その作為または不作為という形式、あるいは明白な承認または暗黙裡の同意という形式、さらに政治的無関心またはあらゆる可能な政治的錯誤という形式によって。「一九三三年およびそれ以後に亡命した人たちもふくめて、すべてのものが、このような政権が登場したことにたいして責任がある(13)」。いな、現在の行為に対する関与そのものが問題たるのみでなく、そこでは、このような行為形式、このような行動態度を産み出しえたドイツ的伝統の繋がりにたいする罪責もまた、本来、問われうるであろう。ヤスパースは、《父祖たちの罪責》について語っている。すなわち、「ドイツ人の生活の精神的な条件のうちに、このような政権を生ずべき可能性が具わっていたということにたいして、われわれは、皆、罪を分かち担っている」と。むろん、このことは、かならずしも《過去のドイツ思想》をただちにナチズムの非行の源泉として承認しなければならない、という意味ではない。「けれども、それは、われわれの民族的伝統のうちに、われわれの道徳的な破滅となるような、すさまじくかつ危険な何ものかが潜んでいることを意味するのである(14)」。したがって、前述の立場、つまり、直接的な系譜性を否認することは、逆に、絶対的な無関係性を肯定することにはならないであろう。

ナチズムの勝利は、当初まことに迅速かつ徹底的であり、ドイツ国民の広汎な層をとらえ魅了した。この事実は、少なくとも消極的に、その成立に好適な精神的風土があらかじめ形成され、その成功を準備する思想的素地が成熟しているということなしには考えられないのではなかろうか。当時、たとえば《非合理主義》の気分が支配的だった。すなわち、真理の客観性を否定し、もっぱら体験・感情・意志に訴える世界観の不可知論的・厭世主義的傾向が優勢だった。これこそ、ナチズム的欺瞞を可能にする重要な知的雰囲気の一つであったろう。そのかぎりでは、ニーチェなどのドイツの知的エリートにおける精神的ニヒリズムが退化して、ナチの反革命のエリートにおける政治的ニヒリズムに道を拓くものであったことは否定できない。じじつ、ナチのプロパガンダは、広汎な大衆的影響力をかちとるために、当時流行していたある種の思想契機を意図的に取り上げた。そこには、民衆がそれを「受け入れやすく、誘惑を受けやすい」傾向について、明らかに「投機的計算」がひそんでいた。[15] むろん、ナチズムによって、それらの思想契機は乱用され、あるいは改竄されたのだ、といえるかもしれない。けれども、何かが乱用されうるためには、じっさい、そこにすでに存在していなければならないはずであろう。

しかし、われわれがドイツ古典文化との関連においてナチズムの思想史的基盤を考える場合、ここに本来的に重要な《精神的風土》の問題は、ドイツ文化意識の内的構造、つまり全体としてのドイツ《精神構造》の問題である。[16] この構造は、一方では、ドイツ的心性がそこに教化された特定の思惟様式から、他方では、そこから帰結する特定の行動様式から成立している。ここで注意しなければならないのは、問題は、いわゆる《永遠のドイツ》的性格を特徴づけようとするのではないということである。《国民性》を歴史的な定数のように考えるのは、大きな誤りである。むしろ、いわゆる国民性は、つねに歴史的に変化しうるものであり、社会的・文化的な発展によって深く影響されているのである。[17] 歴史においては、むろん、こうした《永遠の国民性》のカテゴリーから論理必然的に引き出される帰結などということはありえない。にもかかわらず、われわれはなお、以下のような問いを提出しなければならない。すなわち、「なぜ、ドイツ史には、他の諸国民の歴史よりも以上に、ナチズムに転落していく可能性が多く内在していたのか」[18]という問いである。

この精神構造の問題は、歴史心理学研究でいう《文化的パターン》(Z・バルブー)の分析と比較することができるかもしれない。「すでによく知られているように、近代ドイツの文化的パターンは、その重要な特徴として現実検証機能における一定の異常さを示している。……理論的な次元においては、これは、近代ドイツ思想が精神と外的世界とのあいだの均衡をつくり出しえないことに現われている。同じ問題は、実践的領域においても《現実政策《リアルポリティクス》》をなしえないことの中に現われている」[19]。われわれは、いまや、この問題をルター以後の近代ドイツ思想の重要なアスペクト、たとえば宗教・哲学・文学などにおいて、自由と権力、さらに政治と倫理というような視点に即して考察するとしよう。なぜなら、それら両契機の緊張と統一との力学的な内面的連関の中に、まさに近代ドイツの精神構造の問題性がひそんでいるのだからである。これこそ、ナチ体制の成立を可能ならしめる思想史的な前提条件をなすものといわねばならない[20]。《系譜学》の問題が本来その意味をもつのは、ここにおいてのみであろう。

(1) 丸山真男「ファシズムの諸問題」(『思想』三四一号、一九五二年)、一三二ページ以下、参照。

(2) ナチズムの成立および特質については、とくに初期の文献では、cf. F. Schuman, *Hitler and the Nazi Dictatorship*, 3. ed. 1936; F. Neumann, *Behemoth*, 1942. さらに新しい研究では、vgl. K. D. Bracher, *Die Auflösung der Weimarer Republik*, 2. A. 1958; K. D. Bracher, W. Sauer u. G. Schulz, *Die NS-Machtergreifung*, 1960. 簡潔ながら有益な入門書として、vgl. H. Buchheim, *Das Dritte Reich*, 1958; M. Broszat, *Der NS*, 1960.

(3) C. Schmitt, *Verfassungslehre*, 1928, S. 22 f. シュミットの政治的決断主義については、vgl. K. Löwith, *Gesammelte Abhandlungen*, 1960, S. 93 ff.

(4) H. Laski, *Reflections on the Revolution of Our Time*, 1943, pp. 103 and 115.

(5) H. Rauschning, *Die Revolution des Nihilismus*, 1938, S. 85.

(6) Rauschning, *Voice of Destruction. Hitler Speaks*, 1940, p. 121. なお，vgl. E. Faul, *Der moderne Machiavellismus*, 1961, S. 306 ff.

(7) H. Ritter von Srbik, *Geist und Geschichte vom deutschen Humanismus bis zur Gegenwart*, Bd. II, 1951, S. 362.

(8) とくに，vgl. G. Ritter, *Europa und deutsche Frage*, 1948.

(9) F. Meinecke, *Die deutsche Katastrophe*, 1946, S. 87 ff. 引用は S. 173 u. 168.

(10) W. Apelt, *Hegelscher Machtstaat oder Kantsches Weltbürgertum ?*, 1948, S. 16.

(11) H. Kohn, *The Mind of Germany*, 1960, p. 8.

(12) T. Mann, *Deutschland und die Deutschen*, 1947, S. 37.

(13) P. Tillich, *Die Philosophie der Macht*, 1956, S. 27. なお，vgl. ders., *Die Judenfrage : ein christliches und deutsches Problem*, 1953.

(14) K. Jaspers, *Die Schuldfrage*, 1946, S. 71(『戦争の罪』橋本文夫訳，創元文庫)。

(15) H. Plessner, *Die verspätete Nation*, 1959, S. 20 u. 146 ff. なお，vgl. J. F. Neurohr, *Der Mythos vom Dritten Reich*, 1957, S. 272 ; E. Cassirer, *The Myth of the State*, 3. ed. 1951, p. 291 ff.(『国家の神話』宮田光雄訳，創文社)。

(16) より社会学的視角から，この問題をナチズムと諸社会層の心性とに関係づけてみるものに，Theodor Litt, The National-Socialist Use of Moral Tendencies in Germany, in : *The Third Reich*, 1955, p. 438 ff. 参照。なお，この問題を社会構造全体の中で分析したものとして，vgl. R. Dahrendorf, *Gesellschaft und Freiheit*, 1961, S. 264 ff. なお，S. 288 ff.

(17) たとえば，vgl. W. Hellpach, *Der deutsche Charakter*, 1954. レプケの場合，彼自身の自戒にもかかわらず，《不変の》国民性という同じ誤りに陥っているようにみえる(vgl. W. Röpke, *Die deutsche Frage*, 2. A. 1945, S. 116 ff.)。

(18) H. Grebing, *Der NS. Ursprung und Wesen*, 1959, S. 86 u. 94.

(19) Z. Barbu, *Democracy and Dictatorship*, 1956, p. 157 f.

(20) むろん，このドイツ的精神構造の成立と伝統とを制約する諸条件として，近代ドイツ史のさまざまの社会的・政治的諸契機を指摘しなければならない。たとえば，三〇年戦争の諸帰結，領邦絶対主義の支配，資本主義の後進性，プロイセン・ユンカーの優位と《表見的》議会制しか認めぬビスマルク的帝国統治など。しかしまた，そこに一度形成された精神構造が現実の政治過程にあたえる《逆限定》的機能をも見落としてはならないであろう。「事態の進行は理念から説明されないとしても，理念なしには運命や不幸が事件の連鎖につけ加わることもなかったであろう」(Plessner, *a. a. O.*, S. 24)。プレスナーは，別の箇所では，むろん，こう付言している。「純粋に精神史内在的な〔歴史的〕連関の分析においても——たとえ方法論的な純粋さという理由から社会的連関を除外する場合であっても——社会的現実との結びつきを単純に否定することはできない」(*a. a. O., S.* 17)と。この書物は、ドイツにおける市民精神の思想史的＝社会学的研究の代表的な文献といってよい。

二

ここでは、一つの手掛かりとして、まずドイツ・ロマン主義の精神構造を取り上げ、そこに、いかなる社会的傾向・政治的志向が析出されたかをながめてみよう。[1] そして同じ問題性が、ドイツ思想史を一貫して、いかに展開し、再生産されていったかの過程を分析することにしよう。なぜなら、このロマン主義こそ《ドイツ思想の本質的様相》(アンジェロス)を表現するものであり、その精神構造は《ドイツ的本質の道徳的基礎範疇》(シェーラー)を意味するであろうからである。

若きフリードリヒ・シュレーゲルは、絶対主義を破壊した《フランス革命》、人間意志の絶対的主権を説く《フィヒテ哲学》、さらに不断の探究と動揺との生を形象化したゲーテの《ヴィルヘルム・マイスター》の三つに、「時代の最大の諸傾向」を認めた。ここには、すでに主観的能動性の至上権、天才的個性の無条件的独創性を要求するロマン主義的自由の理念が現われているであろう。しかし、注意すべき点は、このロマン主義的自由が、つねにフランス革命的な人権の要求としてよりも、むしろ社会的現実にたいする《心情の権利》(ブランデス)にとどまっていたことである。すなわち、そこでは、個性の願望たる《詩》を俗物主義《フィリスタートゥム》の《散文》に反抗させることが問題だった。こうした関連で重要なのは、当時、ドイツでは、いたるところで、なお縮刷版的な絶対主義がほとんど無制約的な国家権力をもって支配していたことであり、そこでは、自由を求める衝動は不可避的に《秘教的＝観念的》な次元に向かわざるをえなかったということである。(2) こうした精神的＝政治的状況が、いわゆる《内面性》のロマン主義的崇拝に現われるような主観的＝秘教的な哲学の展開を促したことは、けっして不思議ではない。しばしば、ロマン主義的理想が《無限性》にあり、ロマン主義的人間は不断の憧憬と衝動にうながされる《放浪者》である、とされる。これは、本来、精神の内面性、内的世界の測りえぬ時間に向けられた努力でなければならない。(3) なぜなら、ロマン主義的人間にとって、眼にみえる行為は有限な世界に限定されるが、純粋に内的な行為は無限のものである(F・シュライエルマッハー)から。こうして「内部へと秘密の道は通じている」とノヴァーリスが語るとき、それは、ロマン主義的心情の無限の自己復帰、内面性への根源的憧憬を示すものであろう。

それでは、ノヴァーリスにおいてロマン主義的精神は、どのような構造をもっているのであろうか。「教養の最高の課題は、先験的な自己を支配して、同時に自我の自我たることにある」。《現実的自我》は、その哲学的思索の路を通じて自覚し、覚醒して、みずから《精神》となるように努めねばならない。したがって、精神は、自己内部における不断の《自己対話》として存在し、《自己分離》とその止揚こそ精神本来の《自己認識》、《自己告白》、《自己啓示》である。してみれば、「真に哲学的な行為は自己を殺すことであり」、「自己を超え出る行為は、いずこにおいても最高の行為、生活の基点、生成である」。(4) このことは、フリードリヒ・シュレーゲルのロマン主義的イロニーについても、そのまま妥当する。シュレーゲルによれば、イロニーとは、「すべてのものを俯瞰し、自己をすべての有限者の上に、自己の芸術、徳性、天才性の上にさえ高めるところの気分」である。「われわれは、われわれ自身の愛を超越して、われわれが拝跪するところのものを思想の中で絶滅しえねばならない」。(5) イロニーは、精神の絶対的自由を主張するものである。それは、創造的な自我が対象にたいして無限の自由をほしいままに振るい、ついには自己自身をも対象化して、たえず自己を破壊し超越する、無限に継続する自己克服の運動である。こうして、個性こそ《自我のロマン主義的要素》にほかならない。この「より高き独自性への、より高き努力」は、ついには「各人がみずから神になる」べきことを要求する。ここでは、じっさい、《魔術的観念論》(ノヴァーリス)の幻想をさえ産むにいたる。すなわち、精神は最高の意志として、世界の存在論的原理となり、その主観的能動性を魔術のごとく用い、《化石》化した自然の象形文字を解読し、世界の意味を事物の桎梏から解放しうるという。しかし、精神が自己自身に無限の反射をくり返し、その反射が内面性への道を進めば進むほど、その度合いは無限に激しいものにならざるをえない。こうした不断の内面化＝心情化の過程は、やがて空虚な感情的興奮と混乱とに帰着するのではなかろうか。そのような過剰な情緒性は、いわゆるロマン主義の《病的》特質とされるものを必然的にともなうことになるであろう。それは、たとえば神秘主義的な恍惚とか熱狂主義的な陶酔のような、極端な形をとるにいたるであろう。

したがって、ロマン主義的心情の内面的充実が最高の自己規定に到達したとき、この一切の社会的束縛から離脱して極端に尖鋭化した過度の主観主義には、やがてその反対物に激変する可能性がはらまれているといわねばならない。不断の浮動としてのロマン主義的変貌の態度は、反面からみれば、責任ある現実的決断の不能を物語るものであろう。じっさい、シュレーゲルは、《実践的人間》たることを拒否して、無為のうちに憩う《植物的生活》を最高の完成形態として賛美した(6)。またノヴァーリスは、魔術の本領を数学に見出し、「知の状態は幸福《オイデモニー》である。観照の至福の静安、崇高な静寂主義」を結論した(7)。そこには、現実の事態の進行を成り行きに委ねた《正統主義的受動性》(シュミット)の気分が、すでに覆い難いであろう(8)。ロマン主義的人間が内部へと歩んだ道程の帰結はこれであった。

こうして、その天才的個体性に根ざした自由の《質的》理念は、それに本来内在している主観主義的解体の傾向から、独自の《弁証法》(トレルチ)によって、個我を超える共同体秩序へと駆り立てられる。不安定なロマン主義的個体は、容易に貴族主義的反動勢力と逆動的に結合し、みずからの社会的・心理的決済を求めようとする可能性をもちえたであろう。つまり、《質的》自由は個人から、より大なる有機的個体＝諸身分《シュテンデ》へと転移され、本来、封建的特権を意味する非平等的な身分制の自由概念の復活をみるであろう(9)。ここに政治的ロマン主義のすべてのイデオロギーが帰結される。すなわち、封建的中世への憧憬から、カトリシズムへの改宗、ドイツの封建制の礼賛、あらゆる制度的変革を否定する《有機的》生成の賛美、さらに《共同体》への静寂主義的沈潜の要求にいたるまで。

そこでは、むろん、フランス革命の自由・平等といった自然法的理念は否定される。むしろ、個体的自由の放棄と同時に「共同体、すなわち、全体における自由」(ノヴァーリス)が成立し、万物の不平等は、すべての国家学が前提する「政治の原始的事実」(A・ミュラー)でなければならない。ここに成立する《マクロアントロポス》、《生ける全体》、《国家形式としての絶対的有機体》(シェリング)において、「各人は自己が全体において占める地位を合目的的に主張し、みずからの活動のために頒かたれた行動範囲の形成に誠実に努めて、……その身分の限界を超え出し、……かくして相互的な調和関係を破壊するようなことをしない(10)」。ノヴァーリスにとって、人間たるためには、つねに国家を必要とし、国家の外部では人間を考えることができない。したがって、アダム・ミュラーにおいて、国家は畏敬と信頼、無限の愛の対象であり、「臣下は、その内面的な心情の力で国家を幇助すべきである。市民は、すべてを全体にたいして捧げ、犠牲にする覚悟がなければならない(11)」。いな、個体が、「それ自体としては無であり、大なる全体においてのみ総てである」とするならば、ここでは、厳密な意味における《自己犠牲》の観念自体が成立し難いであろう。そしてルカーチも指摘するように、「両極端は社会的・心理的には断ちがたく結ばれている。主観主義における極端な孤独の陶酔に、必然的に同じく極端な自己放棄……への《死の跳躍《サルト・モルターレ》》が続く(12)」。

しかしながら、この「知性の自己接触による自己法則的運動」としての精神の自己超越の運動は同時に、価値的な自己純化の過程としても把握されていることが看過されてはならない。「すべての哲学は自己を消耗し同時にふたたび更新するところにおいて始まるのである」(傍点、宮田)。この無限の自己《昇華》過程によって、「精神は永遠の自己証明を行なう」ということもできるであろう。しかし、同時にそれは、《世界》にたいする不断の《分極化《ポラリジーレン》》(ノヴァーリス)の作用と帰結とをともなわずにはいないであろう。「もしこの世界がいわば人間性質の沈澱であるならば、神々の世界はその昇華である。両者は同一の行為によって生起する。昇華なくば沈澱はない」。「われわれは内的世界を創造しようと試みなければならない。内的世界は外的世界の真の対立物であるが、すべての点において画然と対立していることによって、われわれの自由をいよいよ拡充する。……けだし、自由は世界との対立においてのみ考えられるから、われわれが限定し、われわれの裡から外へ出すことが多ければ多いほど、それだけ自由は実体的になり、われわれは、いわば付属物をますます多く脱ぎすてて、われわれの自我のまったく純粋な単一な本質に近づく」[13](傍点、宮田)。ノヴァーリスによれば、精神の自己超越の過程における《高次の自我》は「道徳的存在」(ノヴァーリス)を意味するとされる。このとき、この精神の無限の自己昇華運動によって、同時にそこに《析出》される現実の外的世界過程は、一切の倫理的価値を不断に《内面性》に吸収されていく。それは、しだいに道徳価値より《解離》した純粋な事実的・自然的過程に《還元》されざるをえないのではなかろうか。世界は、たんに「過ぎ去ったものと、われわれから離脱したものとの総和」にすぎない。したがって、やがて「正義を世界に求める」ことは否定され(ノヴァーリス)、現実世界の「政治あるいは経済の存するところには、いかなる道徳も存在しない」(シュレーゲル)ことになるであろう[14]。

　じっさい、シュレーゲルは、「革命と専制主義とにたいする精神的平衡錘」を内面性における精神の自己形成に見出し、「政治的世界に信仰と愛とを浪費してはならない。久遠の教養の聖火の流れに棹さし、汝の内なる心を学と芸術との神的世界に捧げよ」[15]と述べた。ノヴァーリスは、他のヨーロッパ諸国が戦争や党派心によって煩わされている間に、ドイツはあらゆる勤勉をもって、文化のより高い時代の成員として自己を築き上げるのだ、と考えていた。したがって、ここに現われる民族意識は「ドイツ人はいたるところに存在し、ドイツ国民性は純正な大衆性であり、それゆえに一つの理想である」[16]と語られるものであった。そこには、誇らかな《世界市民主義《ヴェルトビュルガートゥム》》の理念がなお力強く作用していた。すなわち、精神の聳立する領域に飛翔しつつ、なんらの境界をも認めず、世界を包括する《文化国民》としてのドイツ的使命を信ずる信念である。そしてこれこそ、レッシングやヘルダーの、ゲーテやシラーのドイツであった。じっさい、それは、カンポ・フォルミオかリュネヴィルの講和の印象の下に、シラーが彼の未完の詩『ドイツ人の偉大さ』に書き綴るところのものと同じ精神であった。「不幸にも戦には敗れたが、しかし、ドイツ人は、みずからの価値をなすところのものを失ってはいない。ドイツ帝国とドイツ国民とは別のものだ。……政治的なものとは関わりなしに、ドイツ人は、ある独自の価値を打ち樹てた。こうして帝国は没落するとも、ドイツ人の尊厳は侵されることなくとどまるであろう。それは、倫理的な偉大さであり、文化と国民性のうちに宿り、国民の政治的運命とは無関係のものである」[17]。そのかぎりで、このロマン主義の精神構造は、じつは一七・一八世紀を通ずる近代ドイツ精神の《非政治的》な思考様式を典型化して表現するものであったといってよいであろう。

しかし、いうまでもなく、このように純化され、極端に精神化された倫理的立場は、――それが超越的内面性にとどまらぬかぎり――苛酷な現実的過程にあって純粋な高さに自己を維持することは、きわめて困難であろう。しかも、この《高貴な》政治的無関心は、それに内在する所与の全体的秩序への受動的追随の傾向から、やがて歴史的潮流の中に巻きこまれ、現実的過程のうちに自己を喪失するにいたる。そのとき、政治の世界においては、まったく《非》精神的な、赤裸々な現実性が、すなわち、あらゆる道徳価値より隔絶された《純粋な》権力的過程が、独自の運動法則をもって支配しているものと見做されることにならざるをえない。ここにおいて、ロマン主義に典型的に構造化されたドイツ的思惟の精神性は、逆に《レアルポリティーク》とマキャヴェリズムとに結合しうるという逆説的な可能性をはらんでいたことが明らかになるであろう。

じじつ、ドイツは、当時、ナポレオンの鉄蹄下に決定的な崩壊の辛苦を味わい、さらに解放戦争に触発されてナショナリズムの巨大な炸裂を経験した。[18] こうした時代史的状況において、ある驚異と憧憬との感情をともなった権力の《実在性》と《真理性》とにたいする認識が現われてくる。この政治的思考の展開過程は、やがてヘーゲルにおける《権力のうちにある真理》へとその精神史的系譜をたどることができるであろう。ヘーゲルにとって、ドイツがふたたび国家たりうるためには、《文化国民的》統一ではまだ不充分であった。それは、「熟慮の果実ではなく、権力の果実」としてのみ形成されうる。「概念と必然性の洞察とは、行動に力を及ぼすには、あまりにも弱い。……したがって、それは、権力によってその合理性を立証されねばならない。そのとき、はじめて人間は、それに服従する」。しかも「国家は自己自身を維持すること以上に高い義務をもたない」[19] という。こうして純粋な精神と心情との高みから、この此岸的・国家的理念にいたる激しい転換の中に《ドイツ精神の憂うべき運命》(ヘルマン・ヘラー)が潜んでいた。このような精神構造的連関からは、権力国家的思惟の原理的な鋭角性と意識性、さらにそれの世界観化の傾向が必然的に生まれざるをえなかった。これこそ、一九世紀を通じて西欧精神にたいするドイツ的特異性を形づくるものとなったのである。[20] 後にトライチュケが国家の本質を「一にも権力、二にも権力、三にもなお権力」と呼び、そして実際にビスマルクの《鉄と血》の道において現実となった、かの精神の源泉は、すでにここに見出しうるであろう。[21] その歴史がヘーゲルとともに始まったドイツの権力国家思想は、ついに「ヒトラーにおいて、最も悪しき、また最も不運な高揚と酷使を経験すべき運命にあった」[22] といわねばならない。

(1) 従来のロマン主義研究については、vgl. E. Ruprecht, Romantikforschung und Romantikproblem, in: *Universitas*, 1948, S. 1447 ff.

(2) この連関において、イギリスの研究者による比較文学的な指摘は示唆的である。「特徴的なのは、ドイツにおいてフィヒテの『知識学』が演じたのと似た役割をイギリスで担ったのがゴドウィンの『政治的正義』だったことである。ドイツ・ロマン主義は、いっさいの実践的＝政治的なものを越え出ていった。……ドイツでいわゆる《青年ドイツ派》においてようやく出現した多くのものを、イギリス・ロマン主義は、その当初から所有していた」(E. C. Mason, *Deutsche und englische Romantik*, 1959, S. 90)。

(3) F. Strich, *Deutsche Klassik und Romantik*, 4. A. 1949, S. 89 f.

(4) Novalis, *Fragmente*, hrsg. v. Kamnitzer, Nr. 593, 70, 167, 577, 95 u. 96.

(5) F. Schlegel, *Jugendschriften*, hrsg. v. Minor, Bd. II, S. 189 u. 169.

(6) Schlegel, *a. a. O.*, S. 396. さらに、ders., *Lucinde*, 1907, S. 87.

(7) Novalis, *a. a. O.*, Nr. 940.

(8) Vgl. C. Schmitt, *Politische Romantik*, 2. A. 1925, S. 140.

(9) E. Troeltsch, *Gesammelte Schriften*, Bd. IV, 1925, S. 592 f.; K. Mannheim, *Essays on Sociology and Social Psychology*, 1953, p. 107.

(10) F. Schlegel, Philosophischen Vorlesungen 1804-6, in: *Gesellschaft und Staat im Spiegel deutscher Romantik*, hrsg. v. Baxa, S. 110.

(11) A. Müller, *Die Elemente der Staatskunst*, hrsg. v. Baxa, 1922, Bd. I, S. 33, Bd. II, S. 209.

(12) G. Lucáks, *Fortschritt und Reaktion in der deutschen Literatur*, 1947, S. 65(『ドイツ文学小史』道家・小場瀬共訳、岩波書店)。

(13) Novalis, *a. a. O.*, Nr. 643 u. 606.

(14) Novalis, *a. a. O.*, Nr. 211, 422 u. 1414; Schlegel, *a. a. O.*, S. 300.

(15) Schlegel, *a. a. O.*, S. 293 u. 300.

(16) Novalis, *a. a. O.*, Nr. 1494.

(17) Zit. aus: P. Joachimsen, *Vom deutschen Volk zum deutschen Staat*, 3. A. 1956, S. 41.

(18) Vgl. M. Jolles, *Das deutsche Nationalbewußtsein im Zeitalter Napoleons*, 1936.

(19) Hegel, *Die Verfassung Deutschlands*, hrsg. v. H. Heller, 1922, S. 158, 160 u. 129.
(20) 政治思想におけるドイツと西欧との疎隔の問題については、とくに、cf. H. Kohn, *op. cit.*
(21) H. Heller, *Hegel und der nationale Machtstaatsgedanke in Deutschland*, 1921, S. 47 u. 53.
(22) Meinecke, *a. a. O.*, S. 28.

三

われわれは、ロマン主義について少しく詳細に触れすぎたかもしれない。しかし、ドイツ精神は《永遠にロマン主義的》(トーマス・マン)な特質を帯び、それが自己の道を歩むとき、かならずロマン主義に通じている(シュトリヒ)とさえ語られてきた。じっさい、ルター以後の近代ドイツ思想史は、このロマン主義的精神構造に典型的な造形をあたえられた同一の問題性を、たえず純化し再生産する《昇華過程》そのものであったということができる。

すでにルターは、純粋な内面性に向かう近代ドイツ精神の根柢そのものを形づくる上で決定的に貢献した。すなわち、彼は、エックハルト、タウラー以来のドイツ神秘主義の伝統につらなりながら、《信仰のみによる義認》という宗教的な基礎体験にもとづいて、中世教会秩序の階層的構成を否定し、教会の不可視性を主張して福音の自由と精神的解放を確立した。そこでは、外的業績でなく、心情の内面性にとらえ返された信仰の中に、あらゆる価値が求められた。むしろ、信仰こそ、本来、最高の倫理的善であり、同時にまた恩寵の賜物として理解される。この内面性の世界において、キリスト者は、内的にはなんの制限にも服さず、すべてのものの主となるであろう。ここに《ドイツ的心情の収斂性》(ヘーゲル)は、その本来の軌道の上に決定的な道程を開始したものといわねばならない。

その意味では、カント哲学の《コペルニクス的転回》も、この精神的先蹤からの系譜の中に立つものである。それは、哲学的認識の領域において、いわばルターの事業をくり返したものといってよいであろう。カントによる《先験的革命》(E・シュプランガー)というのは、経験ないし少なくとも経験の《形式》が主観の機能に依存するという主張である。そこでは、先験的統覚としての悟性的自我の自発性が《自然の立法者》とされる。したがって、いまや対象ないしはその《形式》がア・プリオーリに認識されうるというのである。フィヒテ、シェリングさらにヘーゲルの体系は、このカントの先験的演繹の展開にほかならない。それらは、自我の原理から世界を演繹することを課題としていた。このカントに基礎づけられたドイツ哲学は、たしかに先験主義的構想によって人間的思弁に新たな次元を打ち拓いたとしても、自我意識の絶対化こそ、その帰結でなければならなかった。(1) 先験的自我は、フィヒテにおいては《絶対我》、シェリングにおいては《絶対者》、ヘーゲルにおいては《絶対精神》になり、それは、みずからを自然として、また世界史として展開するのである。しかし、「先験主義を特殊にドイツ的なものにしたのは、ドイツ哲学の展開過程全体を通ずる、その絶えることのない連続性と持続性とである(2)」。

ドイツ古典主義における個性の無限を信ずる巨人主義は、疑いもなく、人格的教養に示される偉大なドイツの芸術的体験であった。この不断の《脱限界性》と《脱型態性》を目指す《ファウスト的衝動》は、明らかに、同じドイツ精神の思想史的連鎖に繋がるものであろう。(3) じっさい、周知のようなドイツの古典主義とロマン主義との対立も、たとえばスタール夫人の『ドイツ論』(De L'Allemagne)におけるごとく、それがとりえた外国としての距離からみれば、さほど重大ではない。その対立的な相違は消滅し、両者は一体的な《ドイツ的存在》として理解される。じっさい、一九世紀のヨーロッパ精神にとって、つねにドイツは《ロマン主義の古典的祖国》として映じた、とさえいわれている。(4)

しかし、ここに示される精神的志向は、つねに不可視なものが最も深く、内的に無限なものが最も偉大であるとする。この志向は、二元論的な《分極化》の過程において、客観＝現実事象＝外的行為を非精神的・非本質的なものとして疎外し、定立することにならざるをえない。

ルターにおいては、キリスト者は、一方では霊的な新しい《内なる人》と身体的な古い《外なる人》として二重の規定をあたえられ、他方では外的な《業》が内的な《信仰》と対比されつつ、しかも謬った救済の手段と見なされた。たしかに、ルター自身、《信仰の果実》としてのキリスト教倫理を要請した。にもかかわらず、彼の神秘主義的系譜からは、容易に信仰を内面性の深化そのものとしてとらえ、外的行為に対立する価値高いものとして、それから疎外させることになるであろう。ドイツ・ルター主義の展開を通じて、此岸と彼岸、時と永遠の二つの世界は厳しく区別され、深い断絶が認められる。それにともなって、心情《ゲジンヌング》と職務《アムト》という二元的倫理の対立が現われ、それは、個人人格の内部に激しい緊張を引き起こす。やがて彼岸的超越へと駆り立てられた信仰は、心情倫理の内面性にのみ一切の価値を求めて、世の悪にたいする受難と忍耐とを説くことになるであろう(5)。ルターによってドイツ精神は内面化され、政治闘争の圏内に入ることから疎外された。そこでは、ドイツ的人間の自己形成は可能となったが、政治そのものは、たんなる《実践》の事柄として把握されることになるであろう。

このルター的倫理の遺産は、その世俗化ともいいうるカント倫理学によって継承された。ここでは、《道徳性》と《適法性》、《本体人》と《現象人》とを峻別する明白な二元論的定式が成立した。カントにおいては、理論理性の立場から見られた《物自体》の世界が、ただちに純粋な叡知的自発性の世界と同一視された。実践理性の実在性は、本来、現象することのない心情の内面性に自足的に存立するものと考えられることになった。この倫理的主体の自律としての内面的自由の確立は、たしかに、啓蒙を超え出る、すぐれた市民性原理の表現であった。にもかかわらず、それが本来的に政治的形式としてでなく、内面化された倫理的範疇の造形にとどまったところに、その限界は明らかであろう。しかも、この心情倫理は、純粋な内面性と形式主義とにとどまり意欲の内容に関わりをもたないかぎり、逆に現実の政治的状況と容易に結合しうるのではなかろうか。じじつ、カント哲学は、その厳格なカテゴリーの体系と定言命法にもとづく義務倫理において、階層制的に構造化された特定の行動様式の支配的な政治体制と、ある種の《親和性》をもちえたのではなかろうか。そして《叡知的》人格としての尊厳性が内面性の深みにおいてのみ存するのであるとすれば、《現象人》がなんらかの目的——たとえば国家にたいする献身——のための手段とされたとしても、なんら問うところとはならないであろう。カント以後、ドイツ思想は、この内と外との峻別というカント的定式によって規定された。この二元論的断絶を架橋する哲学的試図は、やがてその空隙を国家およびその歴史的発展という実体的存在をもって充たそうと試みるであろう。(6)

ルカーチによってその進歩性を高く評価されるドイツ古典主義においても、事態は基本的には異ならなかった。たとえばシラーの場合。万物が自由なる市民として、そこで平等の理想の充たされる《美的国家》(シラー)とは、「その要求に従えば、各々の優美なる魂のうちに存する」ものにほかならなかった。「心の聖く静けきうちに、生の窮迫より逃れゆけ。自由はただ夢の国に宿り、美は歌のうちにのみ花開く」。(7)その純粋さにおいては、《遊戯》の世界にのみ存在しうる宥和を歴史的現実の世界から求めるのは空しいことである。こうした美とか教養とかの要求は、またつねに指摘されるように、時代を超えた永遠の現在に生きるゲーテの非政治性、社会的諦念の態度にも等しく共通するものであろう。それは、いずれも、彼らの主観的意図いかんにかかわらず、ドイツ的教養の理念から政治的契機を受容することを妨げた。それとともに、ドイツの知識人・市民層にたいして、ルターいらいの精神‐政治の二元論という思想史的伝統を確認し、深化させることに決定的な影響をあたえた。

こうしてルター的信仰、カント的倫理、さらにゲーテ＝シラー的教養には、なるほど、すぐれて高い精神的要求、道徳義務の意識、人間性の理想が内在していた。しかし、それは、つねに個人的次元における課題として純粋な心情の内面性に限定されていた。それを現実の歴史的世界に媒介し、現実的な政治行動の原理に転化することはできなかったといわねばならない。《行動の手足を欠いたドイツの真理》（スタール夫人）という批判は、つとに存在してきた。精神・心情・理念は、その思想史的過程を通じて、じっさい、純粋な内面性の《名状しがたい深み》において、現実には端的に無力な、無意義な、無責任なものになるのではなかろうか。一方において、あらゆる精神的価値を内面性に吸収し、隔離することは、他方において、必然的に現実的・公共的生活を、そこに析出される《非》精神的・《反》倫理的な諸力に引き渡すことにならざるをえない。いわんや、この個人の《内面性》が本来の理念的内容、精神的活動性を喪失して、論理的・心理的に形骸化され、たんなる仮構的形式にまで堕落するとき、そこでは善悪・真偽にたいする無関心が支配するにいたるであろう。すなわち、心情倫理の契機が乾上がってしまえば、それが政治の次元で生み出していった苛烈なマキャヴェリズムは、その最後の心情的制約からさえ解放され、赤裸々な権力性を発揮しうる。こうして内面化の過程が進めば進むほど、ここでは逆に、抑制されることなく権力意志、ヴァイタリティーの暗い力が決定的に優越することになるであろう。外的世界の形成や変革をいっさい断念する、この自我の非我からの超越過程＝内面性の純化過程の中に、いわゆる《ドイツの病気》（M・シェーラー）の重大なる根源が存在するものといわねばならない(8)。

われわれは、このドイツ的精神構造の不断の自己昇華的運動を示す典型的範例を、ここに、いま一つだけフィヒテから引用してみよう。「私が抽象しえ、思考して除外(wegdenken)しうる一切のもの（たとえ一度にではなくとも、少なくとも私がいま残しておくものを後に私が抽象し、次には私がいま抽象するものを残しておく、という風にして)は、私の自我ではない。そして、私がこれを自分で思考して除外しうるものとして考察するという単にそのことによって、私はこれを私の自我にたいして反立するのである。特定の個人がより多く思考して除外しうればしうるだけ、彼の経験的自己意識は、より以上に純粋自覚に接近する」(9)。このフィヒテについて、フランスの思想史家が次のように語るとき、それは以上のような精神構造的連関においてこそ理解されうるものであろう。「彼は《主観的には》理想主義に忠実にとどまったが、しかし《客観的には》――運命と罪とによって――ビスマルクの現実政治が切り拓くべき路を、すでに予感していた」(10)。これは、フィヒテにその一典型を見出しうる近代ドイツの精神構造そのものの問題性を、よく射当てたものということができよう。

深き、美しき、偉大なるもの――それは、なかんずくドイツの形而上学とドイツの音楽である――を豊かに生み出しえたドイツ的内面性は、別の領域、つまり社会的・政治的領域において、価高く支払わねばならなかった。ドイツの文化にたいして深い共鳴を告白する西欧のある文明批評家は、同時に、ドイツの詩人や哲学者の辿った道が、そこからもはや身を退くことのできない《知性の奈落》(リード)に向かっているように思われる、と語っている。ドイツ精神史を一貫する精神の無限の自己昇華過程は、同時に、不断に巨大な非精神性を生み出しうる倫理的真空の存在を可能にすることができた。すでにニーチェも、その予言者的洞察力をもって、このドイツ的内面性の危険を看破し、それが野蛮性にたいする無感覚にまで到達しうることを予感していた。まさにこの精神の真空こそ、現代において政治的デマゴギーにたいして、それを充塡しうる機会を許す本来の文化的風土ではなかろうか。じっさい、この精神の空隙を埋めたものこそ、理性と道徳に代わって情緒への訴えと暴力の使用との上に築かれたナチの権力支配であった、といわねばならない(11)。

ヒトラーは明言する。「われわれは熱狂的に権力を追い求め、……権力への意志は、われわれにとって文字通りこの全人生の意味である」[12]。たしかに、権力を目指す努力は、人間におけるもっとも強力な、また基本的な衝動の一つではある。権力を手にするものは、つねにそれを乱用し、法的・道徳的限界を越えてそれを拡大しようとする誘惑にさらされている。しかし、ヒトラーの場合、それは、すでに原則的な事柄となっていた。彼は何のためらいもなしに告白する。「余は、政治において、いかなる道徳法則をも認めない」。むしろ、「支配は人間性の上にではなく、狭い市民的視角からみれば、犯罪の上に構築されるのだ」[13]と。ナチ的権力国家は、ドイツ、いな、ヨーロッパ精神史をつらぬく権力と倫理との両極性的緊張をはらんだ発展の絶頂であり、その終結であった。

(1) G. Santayana, *Egotism in German Philosophy*, new ed. 1940, pp. 12, 40 and 43 f.
(2) M. Pensa, *Das deutsche Denken*, 1948, S. 410.
(3) 《ファウスト的なもの》をめぐる解釈史については、vgl. H. Schwerte, *Faust und das Faustische*, 1962.
(4) F. Strich, *a. a. O.*, S. 348 f. u. 351.
(5) G. Wünsch, *Der Zusammenbruch des Luthertums als Sozialgestaltung*, 1921, S. 13 ff. ルター自身は、たしかに、この誤った二元論に陥らなかったが、ルターにも、すでに後代の展開に向かう危険な傾向が内在していた(vgl. H. Gollwitzer, *Die christliche Gemeinde in der politischen Welt*, 1954, S. 16 ff.)。なお、vgl. R. Bring, *Das Verhältnis von Glauben und Werken in der Lutherischen Theologie*, 1955, S. 39 f.
(6) Cf. J. Dewey, *German Philosophy and Politics*, rev. ed. 1942, pp. 87 and 137.
(7) Schiller, *Werke*, Reclam Ausg. Bd. 12, S. 82 ; E. Cassirer, *Freiheit und Form*, 1922, S. 476.
(8) M. Scheler, Von zwei deutschen Krankheiten, in : *Nation und Weltanschauung*, 1923, S. 154 f.
(9) Fichte, *Grundlage der gesamten Wissenschaftslehre* (Philosophische Bibliothek Bd. 127), S. 437.
(10) J. Spenlé, *Der deutsche Geist von Luther bis Nietzsche*, übers. v. Munzinger, 1949, S. 97.
(11) Vgl. F. Glum, Ideologische und soziologische Voraussetzungen für die Entstehung von Nationalismus und NS, in : *Die Neue Rundschau*, 1952, Heft 1, S. 64.
(12) Rauschning, *Voice of Destruction*, p. 279.
(13) Rauschning, *op. cit.*, pp. 280 and 282.

四

以上に述べた倫理性の問題と互いに重なり合いながら、ナチズムを成立せしめた文化的風土としての《精神構造》を内面的に限定する、いま一つの側面がある。それは、自由と権力との特異な緊張関係より帰結する、いわゆる《ドイツ的自由》の思想史的伝統である。

《ドイツ的自由》とは、トレルチによれば、「歴史、国家、国民によってすでに厳存する全体にたいする自由な、意識的・義務的な献身である。……この自由は権利というよりも義務に存する。諸々の個人は全体を構成するのでなく、全体と一致するのである。自由とは平等ではなくして、自己に相応する器官的地位において自己の持ち場に個人が奉仕することである(1)」。この点に個人の尊厳性と活動性とが認められるとともに、同じくまた、そこに束縛性と編成化とも存在している。ロマン主義いらい、およそこのような《ドイツ的国家観》の把握は枚挙にいとまがないであろう。われわれは、このような論理の中にナチズムのいわゆる《民族共同体》イデオロギーにおけるのと同じ響きを聞き取りうるのではなかろうか。われわれは、ここで少なくとも外面的にみて両者の国家観に著しく共通した論理の存するのを見出しうるのではなかろうか。むろん、ナチズムが自己の《世界観》的粉飾のために、思想的威信を賦与する精神的先駆者を求めデマゴギー的《綜合》を試みた限り、それは当然のことでもあったろう。実際において、ナチ・ドイツの政治構造は、《上への責任と下への権威》という指導者原理によって貫徹されていた。それは、頂点における権威主義的指導と底辺における訓練された服従的大衆、さらに、両者の中間にあって厳格な命令・忠誠関係に従属させられた階層的秩序から構成される《全体主義》的国家であった。

しかし、そうした論理の外的な類似性よりも重要なのは、より内面的にみた場合、その精神史的連関性の問題である。西欧的自由の思想は、市民的平等の理念に立脚して、国家的一般意志の形成に能動的に参加する、すぐれて政治的な性格をもっていた。これにたいして、トレルチの強調するように、「ドイツ的自由は、けっして純粋に政治的な自由ではない。それは、つねに理想主義的な義務思想とロマン主義的な個性思想とに結合されている。それは、政治的自由としても、その本質的に精神的・文化的な起源の特徴を帯びるであろう」(2)。したがって、このドイツ的特質をもつ自由理念が、内面性における陶冶や個性的教養に本来の課題を見出す精神の自己超越的過程と照応した、その論理的・心理的帰結であることは、いまさらいうまでもない。

すでにみたように、ルター主義において、心情の内面性に無限に固執する態度そのものが、外的世界を宗教的信仰の課題と責任の対象とすることから疎隔させた。したがって、その極度に精神主義化された《キリスト者の自由》は、政治的世界におけるその受動性と静寂主義とを通じて、《制限された臣下の悟性》の忍従のうちに現実的《平衡錘》(トレルチ)を見出すことになった(3)。初期ルターの純粋に精神的な教会は、やがて国家教会へと変形され、領邦権力へのまったき隷属を帰結した。そこでは、さらに世俗的権力に《神の創造の奇蹟》、《神的恩寵の徴》をみる君主神権理論が花開くことになった。権力の誤用にたいする人民のあらゆる反抗は、自然法的秩序を破壊し、その背後に立つ神の権威に叛逆するものとして否定されねばならなかった。ルター主義においては、たしかに、キリスト教的愛の倫理は、公正原理として私法的領域にたいする妥当性を認められていた。しかし、それは、公法的領域と刑法の分野では妥当しなかった。そこには、人間の罪のゆえに法の本質的属性となった《権力のための権力の讃美》(トレルチ)にまで導く傾向が内在していた(4)。

さらに西欧啓蒙主義の波がドイツに打ち寄せてきたとき、それは、敬虔主義的心情性の伝統やライプニッツ哲学の観念論的志向によって《内面化》された。したがって、ドイツの啓蒙主義においては、その政治的視野は、いちじるしく限界づけられ、本来の市民革命への途を閉ざされていた。そこに生まれたのがフリードリヒ大王の様式の啓蒙専制政であり、ここでは、君主・職務・軍隊を全体の下僕と見なし、この奉仕を道義的義務と称していた。じっさい、カントにおいて啓蒙の唯一の保証と見做された言論の自由も、その理性の行使に当たって公的および私的使用を厳重に区別された。この場合、通常の用語法とは逆に、前者は、《世界市民》として世界に向かって語る理性使用のことであり、いわば内面的自由を意味し、つねにその権利を承認することが要請されていた。しかし、後者は《公民》としての地位における理性使用を意味していたが、まさに体制批判のこの本来の機能そのものは禁止されて、端的な服従を要求されたのであった。そして啓蒙的思惟を克服するカントの理性法学においては、根源的社会契約の先験的基礎づけそのものが、人民の革命権をその経験性のゆえに否定し、逆に現実の専制権力をも理性理念の具現として倫理的に正当化する機能を果たしうるであろう。[5] こうしてカントに基礎づけられるドイツ観念論の体系は、フィヒテ以後、つねに自由の理念を介して遂行される《国家そのものの演繹と義認》（E・カッシーラー）を、その哲学的課題とするものであった。

　先にもみたように、ロマン主義において、あらゆる社会的制約を超える個性の質的自由は、やがて伝統主義的な歴史的共同体に転移されていった。そこでは、なかんずく《信仰》と《忠実》という《道徳的民族感情》を基礎として、「神の恵みによって定められた支配者があらゆる対立を超越して統治する」（アイヒェンドルフ）ことがその社会的前提であった。[6] 政治的ロマン主義にあっては、ルネサンス以後のヨーロッパの堕落を、公的なものと私的なものとの峻別に認め、したがって、公私に関する近代的区別を抹殺し、人間生活のすべてを公的なものに解消することが要求された。そしてロマン主義に始まる静寂主義的な歴史信仰や歴史主義が、いわゆる有機的生成にたいする謬った崇敬によって、政治的責任意識をしだいに喪失させていったことは否定しえないであろう。《ドイツ的様式の自由》は、このようにして、その本質的な属性として《国家的敬虔性》(Staatsfrömmigkeit)の伝統を国民意識に刻印していった。しかし、なんらの批判なしに所与の国家的権威の前に従属する精神態度は、ドイツ思想史を通じて、つねに国家を表見的に独立した権力そのものとして存立させてきた。そればかりでなく、この精神態度は、やがて西欧的国家思想を拒否し、ドイツ的後進性の政治的・社会的形式を理想化することと並行していた。このことは、ドイツの市民的民主化の発展を妨げ、みずから欲せずして、しばしば反動的傾向のイデオロギー的基礎づけの機能を果たしうるであろう。(7)

その典型的な一例を有名な『アンスバッハの勧告』(一九三四年)が示している。その前提にあるのは、ナチ権力にたいする宗教的批判ないし留保が政治的領域におけるまったき恭順と矛盾しないという原則であった。『勧告』は告白する。「われわれは信仰あるキリスト者として、神がわが民族にその必要に応じて指導者《ヒューラー》を《敬虔かつ忠実な主権者》として与えたもうたこと、また、神がナチ的国家秩序において訓練と栄誉とをもつ《善き政府》を備えたもうたことを、主なる神に感謝する。したがって、われわれは、われわれの職業と身分とにおいて指導者《ヒューラー》の業に協力する責任を神の御前に負うている」と。それは、近代ドイツの思想史をつらぬく精神的共有財の本来的な表出であったといわねばならない。(8)じっさい、当時、ヴァイマル共和国は、敗戦より生まれ、恥辱のうちに育った力弱き自由主義、《西欧輸入品》の所産として、誹謗の対象であった。それに代わって、ヒトラーの《新秩序》は、《上司《オープリヒカイト》》と《臣下《ウンタータン》》というルター以来の伝統的な政治的範疇に慣らされたドイツ的思惟に、ふたたび合致する真正の国家を意味しえたであろう。(9)ルター主義の遺産こそ、ナチズムにたいする精神的抵抗を本質的にほとんど不可能ならしめたものであった。じじつ、ルター主義的な臣従意識は、プロイセンの拡大、とくにビスマルクによる帝国建設いらい、ドイツ全土に広がっていったことが認められる。[10] この意味においてドイツ・プロテスタンティズムの伝統は、ドイツ独特の政治的行動の《原罪》(K・レーヴィット)と呼びうるであろう。

もちろん、このことはルター主義的教会やルター主義的服従の教理が、ただちにドイツにおけるナチズムの勝利に関与したことを意味するものではない。すでに現代社会における教会的影響力をそれほどに過大評価することは、いうまでもなく困難である。さらにまた、政治理念を本来の歴史的文脈から切断して直結的な系譜を論ずることは、啓発的な態度ではないであろう。一六世紀いらい、ヨーロッパの他の文献も政治的絶対主義のアポロジーをつねに欠如していたわけではない。したがって、《原罪》とは、上来論じた《ドイツの病気の発端》(シェーラー)がそこに始源的に存在するということである。思想史的《基盤》とは、ドイツ政治の存在形態にたいする、その二重の《精神構造》的限定の問題としてのみ語ることができる。ドイツ哲学、ロマン主義の《系譜学》的問題も、同じ構造連関の事柄でなければならない。[11]

このように軽率に直結論を語ることが無意味なのはいうまでもないが、また逆に、安易にゲーテやカントに帰ることも不可能であろう。むしろ、上述したように、この精神史的系譜の問題は「ドイツ的心情の政治への関係」のそれとして、トーマス・マン自身とは多少異なった意味合いにおいてであるが、《一つの無関係、非権限性の関係》(トーマス・マン)というべきであろう。[12] つまり、その本来の主観的意図にしたがってドイツ精神の超越＝純化過程そのものよりすれば、ナチ的現実への非連続的契機が、はっきり示されている。しかし、そこから析出される政治的次元における客観的帰結には、おのずから連続的契機が現われるであろう。しかも、この両契機は、つねに同一の精神構造の内面的力学において結びつき、いわば《非連続即連続》とでも呼びうる特殊な連関性のうちに、はじめて具体的な《精神風土》を形成する。《系譜学》の問題をここから抽象化して、個々の契機よりする一面性の立場から精神史的直結性、または絶対的無関係性をいうのは、謬った思想史把握の態度といわねばならない。

(1) E. Troeltsch, *Deutscher Geist und Westeuropa*, 1925, S. 94 f.

(2) Troeltsch, *a. a. O.*, S. 79 u. 61. ドイツにおける、反自由主義的な国家思想の成立過程については、たとえば、cf. L. Krieger, *The German Idea of Freedom*, 1957.

(3) Troeltsch, *Gesammelte Schriften*, Bd. IV, S. 140.

(4) Troeltsch, *a. a. O.*, Bd. I, 1923, S. 532 u. 536 f.

(5) 宮田光雄「カントの政治哲学についての一考察」(『国家学会雑誌』七〇巻三・四・五号)、一九五六年、参照。

(6) P. Kluckhohn, *Das Ideengut der deutschen Romantik*, 3. A. 1953, S. 91.

(7) G. Lukács, *Die Zerstörung der Vernunft*, 1954, S. 566 ff.

(8) Vgl. E. Wolf, *Barmen*, 1957, S. 99 ff. u. 142 ff. なお、vgl. H. Diem, *Karl Barths Kritik am deutschen Luthertum*, 1947, S. 6.

(9) 「われわれは、今日、ドイツにおいて、ふたたび国家的支配のあらゆる権利において疑問の余地のない《上司》を所有している。……これまで何年ものあいだ、《上司》という職務が〔ドイツに〕存在しているといえるか否かについて、良心上の疑いがありえたかもしれない。しかし、今日、こうした疑いは一掃され、上司としての十分な妥当性がある。それによって、われわれは、政治的決断のための宗教改革的根拠を見出したのである」(R. Craemer, *Reformation als politische Macht*, 1933, S. 28 f.)。

(10) A. Rüstow, *Ortbestimmung der Gegenwart*, Bd. III, 1957, S. 398 f. u. 454 ff. 一般に、cf. A. L. Drummond, *German Protestantism since Luther*, 1951, Part II: Church and State, p. 173 ff.

(11) たとえば、vgl. M. Aebi, *Kants Begründung der "Deutschen Philosophie"*, 1947, Vorrede, S. 2 ff.; F. Lion, *Romantik und deutsches Schicksal*, 1947; W. Kohlschmidt, Nihilismus der Romantik, in: *Form und Innerlichkeit*, 1955, S. 157 ff.

(12) Th. Mann, *a. a. O.*, S. 26.

五

上述の問題を、いま少し別の側面から、すなわち、より具体的な政治意識の次元におけるその反映を通して眺めてみよう。そのとき、ナチズムにいたる《非連続即連続》という精神史的系譜において、この《即》の論理を現実的に可能ならしめ、歴史的に実証するものとして、同じ精神構造に規定されたドイツ的思惟の政治的未成熟性を指摘しうるであろう。これは、その権力思想にまつわるロマンティシズムおよび同じくシニシズムとして、二つの面から捉えることができるように思われる。

ドイツ的思惟に本来的な現実感覚が欠如していることについて、たとえば、次のような指摘がある。「心情と構想力との生活の領域においては、ドイツの文化的勝利の秘密である同じイデアリスムスが、実際政治的な行動と判断との領域においては、その明確な方向づけや目標への確実な照準の最大の敵である」[1](傍点、宮田)。一般に、政治的即事性《ザッハリヒカイト》と合理性の態度は、ひとがつねに政治的世界の只中で自覚的・能動的に行為している場合にのみ可能であろう。ドイツ民族は、その深い心情と豊かな構想力とをもって《詩人と思想家の民族》と呼びならわされてきた。彼らは一九世紀以後、権力政治にたいするまったき未経験のままに、その理想主義的時代から、いわゆる《レアルポリティーク》の時代に足を踏み入れ、なかんずく、変化する世界政治の地平に登場することになった。そのとき、彼らは、きわめて容易に現実的制約を超え出て、可能性と蓋然性とを経験的・帰納的に計量する代わりに、理性と心情の要求に従って演繹的に推論し行動することにならざるをえなかった。したがってまた、冷静な現実観察に代わって《歴史哲学的》構成や《政治的形而上学》への傾向が出現することになるであろう。たしかに、ここでは、政治的要求として利害的打算を超える純粋の精神、世界観的理想主義などが示されるかもしれない。しかし、その非現実的な抽象的思考には、現実政治にたいする感覚の欠落によって、崇高なものから急激に法外＝奇矯なものへと転化する可能性が内在していたのではなかろうか。ヘーゲルが客観的精神の名のもとに国家を哲学的に根拠づけていらい、やがてトライチュケにいたるまで、ドイツ的思惟は国家権力の観念論的正当化の試みをくり返し追求してきた。しかし、マイネッケがつとに予感したように、この権力政治の曲飾的な理想化は、その「あらゆる倫理的・理想主義的留保にもかかわらず、粗暴な自然主義的・生物学的権力倫理の成立に余地を残す[2]」歴史的前提の一つになったといわねばならない。

そしてこの権力の形而上学が西欧的精神にとって《詭弁》(L・デュギー)としか映らぬとするならば、逆に、ドイツ的思惟にとって、西欧の権力と道徳との調和意識は《偽善》としか思われないのである。いうまでもなく、政治には、ある苛酷なもの、卑俗・物質的なものの認容が属している。しかし、一面において、このような無道徳的＝《悪魔的》なものに触れながらも、それは、他面また、本質的に理念的＝精神的＝倫理的な要素とも結びついている。したがって、政治的経験に富む西欧精神は、良心と行為、精神と権力との政治的統一を、少なくとも主観的には、つねに守ることを知っている。それは、政治をいわば一種の日常的な生活技術として追求するのである。そこに地上的な、卑俗な《便宜性》の害悪がともなうにしても、なお人間的・倫理的な高い理念が見失われることはない。しかし、このように精神と生、理念と現実との《妥協》的媒介に習熟した《政治的》態度は、本来、あまりにも潔癖に内面性を重んずるドイツ的思惟にとっては、一つの自己欺瞞＝偽善としか思われないであろう。トーマス・マンが鋭く指摘するように、「生来まったく邪悪だからではなく、精神的・理念的なものにたいして献身するがゆえに、ドイツ人は、政治を虚偽、虐殺、詐術、暴力、まったく一面的に不潔なもの、としか考えない。……彼は政治家として人間性に無感覚に行動しなければならないと信ずる。政治は、彼にとって邪悪なものである——まさにそれゆえに、じっさい、彼は悪魔たらねばならない、と思い込むのである(3)」(傍点、宮田)。ここには、とことんまで進んでゆく《ドイツ的徹底性《グリュントリヒカイト》》(ハイネ)が遺憾なく示されているであろう。過度の倫理性よりする、権力一般にたいするシニシズムは、やがて逆に、一切の理念的努力を嘲笑し放棄する政治的ニヒリズムへと、その精神的中毒症状を深化していく。マンは、ここにナチ権力に制覇を許したドイツ市民の精神的根拠を求めようとする。そこには、『非政治的人間の考察』(一九二九年)いらいの痛烈な自己批判が読み取られうるであろう(4)。

このようにロマン主義以後、ドイツの政治的思考は、奇異な分裂性を示してきた。それは、一方において、崇高な精神性と観念性とに満ち、他方において、あらゆる精神・道徳にたいしてまったく無関心なまでにシニカルな現実主義を示す。しかも同時に、「この両者を奇妙に混合し、ロマン主義を野卑にし、シニシズムをロマン主義化する傾向」が存在していたことに注意しなければならない(5)。その限りでは、近代ドイツ精神史は、元来の理想主義的理念から不断に解体する歴史としてみることもできるであろう。たとえば、個性的な民族精神の自覚は、やがて普遍的人類理念にたいする侮蔑へ、ついには人種神話によるイデオロギー的欺瞞へと道を拓いていった。国民国家への熱望は、国家形而上学の思弁的構想を経て、やがて権力の手離しの讃美から、ついに《生存圏》を求める世界支配の行動へと転化されていった。こうして理念は、いわば物質化・自然化・生物学化されるという《悲劇的》過程を辿らざるをえなかった。まさにここにドイツ的思惟のもつ政治的未成熟性の致命的な帰結が遺憾なく示されているであろう。本章の冒頭に引いたハイネのドイツ・ロマン主義批判は、およそ一世紀後におけるドイツのこの政治的帰結にたいして、きわめて象徴的な含蓄をもつものであったということができる。

ナチ支配崩壊後まもなく、ヤスパースは、ドイツ精神の内面的再生の課題として厳格なる自己認識と仮借なき自己批判の必要を訴えた。ヤスパースが強調するように、自己の罪を感じ、したがって自己の属する共同体の政治にたいして責任を意識することこそ、政治的自由を実現しようとする内面的変革の始まりでなければならない[6]。そのとき、罪責意識からは政治的な連帯性と共同責任の意識も生まれてくるであろう。ここでは「ドイツ精神の内面において今までかつて起こらなかったことが起こら」(バルト)ねばならない。ドイツ精神は、みずからの真の《深み》をそれが政治的領域において現実に《市民的》になることのうちに確証しなければならない。あの《ドイツの病気》からふたたび《健康を回復する》ため、バルトによれば、なかんずく、《日常の政治《ターゲスポリティーク》》に携わることが必要であるという[7]。つまり、互いに哲学し合ったり、理念を投げつけ合ったりするのでなく、互いに他の言葉に耳を傾け、その時々に成就しうる生の可能性の中で最善のものをあいともに見出し実行するために、一つテーブルに向かい合って座り、互いに語り合うことが重要である。ドイツ精神は、特定の具体的な問題にたいして、本当に非陶酔的《ニヒテルン》になること、責任ある思惟、健全な理解、真に自由な決断を自分のものにしなければならない、と。

ここに第一に要求されるのは、真の《政治的リアリズム》の態度であろう。それは、いうまでもなく幻想的思考・抽象的理念への耽溺でないのみならず、逆にまた政治における権力的契機の無条件的肯定ないし崇拝とも本質的に異なっている。それは、社会的現実の主体的・客体的諸条件の的確な認識、およびそれにもとづく必然性と可能性、思惟と実践、さらに道徳と権力との主体的統一を意味するものにほかならない。すでにウェーバーは、その政治的成熟の概念のもとに、即事性の情熱と責任意識、および冷静な観察能力を、政治家的資質として要求している。これは、以上のような連関において、近代国家における政治的リーダーシップの重大性を自覚したものということができるであろう[8]。しかし、権力を自由へと媒介し、政治を倫理へと架橋する現代政治の課題は、今日の大衆デモクラシーにおいては、政治家個人の責任と決断とを超えている。それは、むしろ社会制度・権力機構とともに精神伝統をも含めて、大きな政治体制全体としての問題なのである。そのことは、責任ある政治指導を生き生きと機能させる全体としての体制そのものの政治的成熟が可能か否かにかかっているといってよい。精神的文化の問題も、ここから新しい光の下に現われてくるであろう。その限りにおいて、近代ドイツの精神構造が示す悲劇的な問題性は、われわれにとってもまた、きわめてアクチュアルな警告と教訓とを意味しているであろう。

(1) O. Baumgarten, Der sittliche Zustand des deutschen Volkes unter dem Einfluß des Krieges, in: *Geistige und sittliche Wirkungen des Krieges in Deutschland*, 1929, S. 6.
(2) F. Meinecke, *Die Idee der Staatsräson in der neueren Geschichte*, 1925, S. 533. なお、vgl. W. Hofer, *Geschichte zwischen Philosophie und Politik*, 1956, S. 71 ff.
(3) Th. Mann, *a. a. O.*, S. 28.
(4) マンの政治との関わりについては、vgl. K. Sontheimer, *Thomas Mann und die Deutschen*, 1961.
(5) Troeltsch, *Deutscher Geist und Westeuropa*, S. 18.
(6) Jaspers, *a. a. O.*, S. 69 u. 104. なお、vgl. ders., *Rechenschaft und Ausblick*, 1951, S. 155 f.
(7) K. Barth, Wie können die Deutschen gesund werden? in: *Eine Schweizer Stimme 1938-1945*, 2. A. 1948, S. 371 ff.
(8) M. Weber, *Gesammelte politische Schriften*, 1921, 2. A. 1958, S. 533 f.

あとがき

本書の各章は、すでに一度、共同研究ないし雑誌論文として公表されたものである。それを原題のまま示せば、以下の通りである。

I 「ドイツ《第三帝国》の政治構造」(岩波講座『世界歴史』第二八巻、一九七一年)

II 「政治的言語と政治的祭儀」(『思想』一九七九年、一〇月、一一月、一二月号)

「《ヒトラー神話》の精神構造」(『思想』一九九〇年、七月号)

III 「教育政策と政治教育」(『思想』一九八一年、五月、七月号)

付論 「ドイツ・ファシズムの思想史的基盤」(『思想』一九五六年、一二月号)

初出一覧の示すように、本書の主要部分を構成する諸論文は、すでに一九七〇年代から八〇年代初めにかけて発表されたものである。それを本書にまとめようとする段階で、一九八三年に在外研究の機会をあたえられ、ヨーロッパ各地を回って資料収集と現地調査を行なうことができた。しかし、この前後から洪水のようにおびただしくナチ研究や関係資料が公刊されるようになり、それに追いかけられながら、まとめる作業は予想以上の時間を必要とした。これらの既発表の論文は、今回、いずれも、できる限り新しい文献を取り入れて大幅に加筆し、また詳細な注を増補した。しかし、ナチズムに関して着手したまま本書に収載しえなかった未完の研究テーマも少なくない。

たとえばナチ国家論や歴史像、さらに反ナチ亡命や抵抗運動などの問題をあげねばならない。その一部は、この間に若い友人たちの協力をえて『ヴァイマル共和国の政治思想』(創文社、一九八八年)、『ドイツ教会闘争の研究』(創文社、一九八六年)など共同研究の形で公刊した。参照いただければ幸いである。なお、当初、著者の研究の出発点となった『近代ドイツの精神構造』(岩波書店、刊行予定)も、未定稿をかかえたまま、すべて今後の課題として残されている。

本書の最後に載せた付論「ドイツ・ファシズムの思想史的基盤」は、一九五〇年代半ばに、はじめて『思想』誌上に発表した、著者にとってはナチ研究に関する最も初期の論文である。すでに三〇年以上たっており、加筆するには大きな修正が必要であり、おそらくまったく新しい論文にならざるをえないであろう。いま、そうした時間的余裕がないばかりか、この論文は、当時、比較的多くの研究者に注目され、引照もされたものであり、ほぼ元のままの形で本書に収録することにした。ただし、若干異なっていることをお断わりしておきたい。すなわち、著者がフンボルト財団の奨学生としてはじめてドイツに留学したとき、財団にたいして、二年間の研究について報告書を提出することになり、その際、本論文にドイツ滞在中の思想史研究の成果を加えてドイツ文原稿を作成した。今回、その報告書を日本文に訳出し直したものが「付論」であり、したがって、引用文献は一九六二年秋までの刊行物をふくんでいる。

当初、この元の論文を『思想』編集部にご紹介くださったのは丸山真男先生であった。この論文が機縁となって、岩波講座『現代思想』第五巻に共同執筆者の一人に加えられナチズムについて分担した。それ以後、思想史研究と並んでナチ研究にしだいに深入りするようになり、さらにそれを通して現代政治の問題にたいしても目を開かれるにいたった。いま、ようやくナチズムを主題とする一書をまとめるに当たり、拙ない仕事ながら、ナチ研究へ導いてくださった丸山先生にたいして感謝の微意を表して本書を献げたいと思う。

最後に本書の出版のため終始関わられた岩波書店編集部の松嶋秀三氏は、右の『思想』論文や岩波講座いらいの付き合いであり、本書がそうした長い厚誼に応えるものともなれば嬉しいかぎりである。それ以外の主要論文をつぎつぎと『思想』誌上に連載してくださった同誌編集長合庭惇氏、また、最終稿の完成まで長らく編集実務を担当された編集部の加藤亮三氏(当時)および片岡修氏、そのほか出版部、校正部の方々にたいしても心よりお礼申し上げる。

一九九〇年晩秋　仙台にて

宮田光雄

■岩波オンデマンドブックス■

ナチ・ドイツの精神構造

1991 年 4 月 8 日　第 1 刷発行
2003 年 6 月 3 日　第 3 刷発行
2015 年 6 月10日　オンデマンド版発行

著　者　宮田光雄《みやたみつお》

発行者　岡 本　厚

発行所　株式会社 岩波書店
〒 101-8002 東京都千代田区一ツ橋 2-5-5
電話案内 03-5210-4000
http://www.iwanami.co.jp/

印刷／製本・法令印刷

ISBN 978-4-00-730205-3　　Printed in Japan

索　　引

（フルネームで記した人名以外は原則として研究文献の著者名を示す）

カ　行

51

コーゴン(Kogon, E.)　26, 65, 90
コゼレック(Koselleck, R.)　109
コッツェ(Kotze, H. v.)　141
ゴドウィン(Godwin, William)　424
コルン(Korn, K.)　169

サ　行

ザクス(Sachs, Hans)　217
ザラムーン(Salamun, K.)　119, 153

シェイクスピア(Shakespeare, William)　174
シェーファー(Schäfer, H. D.)　261, 264, 270
シェム(Schemm, Hans)　240, 301, 313
シェーラー(Scheler, M.)　417, 429, 436
シェリング(Schelling, Friedrich Wilhelm J. von)　420, 426
シェーンボーム(Schoenbaum, D.)　43, 72
シクロフスキー(Shklovskii, V. B.)　179
シャイラー(Shirer, William)　217-220, 255
シャハト(Schacht, Hjalmar)　43, 47, 68, 81 ff., 85, 89
シャルンホルスト(Scharnhorst, Gerhard J. D. von)　347
シュヴァイツァー(Schweitzer, A.)　86
シュヴァルツ・ヴァン・ベルク(Schwarz van Berg, Hans)　166
ジュースキント(Süskind, W. E.)　168
シュタインハウス(Steinhaus, H.)　299
シュタインバッハ(Steinbach, P.)　8
シュタンプファー(Stampfer, Friedrich)　31
シュティッペル(Stippel, F.)　300
シュテーリン(Stählin, W.)　212
シュテルレヒト(Stellrecht, Helmut)　362 f., 374, 379
シュテルンベルガー(Sternberger, D.)　114, 126
シュトライヒャー(Streicher, Julius)　161, 278
シュトラッサー(Strasser, Gregor)　17 f., 33 f., 36
シュトリヒ(Strich, F.)　408, 425
シュトレーゼマン(Stresemann, Gustav)　91
シュナイダー(Schneider, Paul)　251
シュノール(Schnoor, Hans)　208
シュパン(Spann, Othmar)　68
シュプランガー(Spranger, E.)　426
シュペーア(Speer, Albert)　28, 72, 84, 104 f., 108, 197, 210 f., 220, 224 ff., 239
シュペングラー(Spengler, Oswald)　340
シューマン(Schumann, Gerhard)　207, 236
シュミット(Schmitt, Carl)　16, 27, 33, 36, 46, 53, 345, 410, 419
シュミット(Schmitt, Kurt)　43, 68
シュミーデラー(Schmiederer, R.)　293
シュライエルマッハー(Schleiermacher, Friedrich E. D.)　418
シュライヒャー(Schleicher, Kurt von)　21, 36 f.

シュラーゲター(Schlageter, Albert Leo)　357
シュレーゲル(Schlegel, Friedrich)　417 ff., 421
ショパン(Chopin, Frédéric François)　100
ショル(Scholl, Hans)　389, 399, 404
ショル(Scholl, Inge)　389
ショル(Scholl, Sophie)　389, 399, 404
シラー(Schiller, Friedrich von)　422, 428 f.
シーラッハ(Schirach, Baldur von)　43, 57, 109, 188, 213, 225, 313, 352 ff., 361 ff., 368, 371 f., 401, 405

スターリン(Stalin, Josif V.)　129, 133
スタール夫人(Staël, Madame de)　407, 426, 429

ゼーガーシュテット(Segerstedt, T. T.)　115
ゼーンゲン(Söhngen, O.)　202

ソクラテス(Sōkratēs)　307
ゾントハイマー(Sontheimer, K.)　293
ゾンマー(Sommer, Paul)　188

タ　行

タウラー(Tauler, Johannes)　425
ダット(Dutt, R. P.)　411
ターナー(Turner, H. A.)　21
ダレ(Darré, Richard Walther)　182
ダーレンドルフ(Dahrendorf, R.)　72

ツヴェレンツ(Zwerenz, G.)　223, 226

ティエティエン(Tietjen, Claus Hinrich)　339
ディークマン(Dieckmann, W.)　156, 159, 165
ディートリヒ(Dietrich, Otto)　21, 53, 109
ディベリウス(Dibelius, Otto)　139
ディミトロフ(Dimitrov, Georgii)　4
テイラー(Taylor, A. P.)　78, 92, 108
ディルタイ(Dilthey, W.)　284
デッカー(Decker, Will)　373
デューイ(Dewey, John)　303
デュギー(Duguit, L.)　439
テュッセン(Thyssen, Fritz)　68

ドイッチュ(Deutsch, K. W.)　124
トゥキュディデース(Thoukydidēs)　115, 123
ドッド(Dodd, William E.)　372
トビアス(Tobias, F.)　26 f.
トライチュケ(Treitschke, Heinrich)　423, 439
ドラッカー(Drucker, P.)　71
トレヴァ-ローパー(Trevor-Roper, H. E.)　78
トレルチ(Troeltsch, E.)　419, 432 f.
ドレンクハーン(Drenckhahn, Friedrich)　338 f.

ナ　行

ナエス(Naess, A.)　99
ナポレオン(Napoléon, Bonaparte)　334, 423

ニーチェ(Nietzsche, Friedrich W.)　303, 414, 430
ニッセン(Nyssen, E.)　344

ニーメラー(Niemöller, Martin)　90, 93

ネーベ(Neebe, R.)　21
ネロ(Nero, Claudius Caesar)　108

ノイマン(Neumann, F.)　12, 52, 87, 122, 128 f.
ノイラート(Neurath, Konstantin von)　43, 75, 89
ノヴァーリス(Novalis: Friedrich von Hardenberg)　418-422
ノルテ(Nolte, E.)　38

ハ　行

ハイネ(Heine, Heinrich)　55, 407, 440
ハイネマン(Heinemann, M.)　300
ハイマン(Heimann, E.)　411
バウアー(Bauer, Erwin)　207
パヴェルカ(Pawelka, P.)　291
パウロ(Paulos)　226
バーク(Burke, Kenneth)　125, 188
ハーゲマン(Hagemann, W.)　143, 150 f., 154, 166, 171, 176, 214
ハーゲン(Hagen von Tronje)　404
バジョット(Bagehot, W.)　131, 134
ハダモウスキー(Hadamovsky, Eugen)　57, 156
バッハ(Bach, Johann Sebastian)　206, 214
ハーツラー(Hertzler, J. O.)　123
バーデン(Burden, H. T.)　225
バーニング(Berning, C.)　153, 168, 172, 183 ff.
ハフナー(Haffner, S.)　47
パーペン(Papen, Franz von)　21 f., 26, 36 f., 39
ハメルスキー(Hamerski, W.)　193
ハヤカワ(Hayakawa, S. I.)　114, 153
バルカイ(Barkai, A.)　71, 86
ハルガルテン(Hallgarten, W. F.)　21
バルト(Barth, Karl)　257, 441
バルブー(Barbu, Z.)　52, 415
パワー(Power, M.)　77

ヒエール(Hierl, Konstantin)　223, 313, 375 f., 378-381
ビスマルク(Bismarck, Otto von)　26, 30, 32, 73, 334, 357, 416, 423, 430, 435
ヒトラー(Hitler, Adolf)　7, 10, 13, 15 f., 19, 22-29, 32-39, 41 f., 47, 56, 61 f., 66 ff., 70 f., 81 f., 84 f., 96 f., 104 f., 107 ff., 162 f., 167 ff., 171, 173-178, 183, 185 ff., 190 ff., 196 f., 204 f., 208, 210 f., 214-232, 234, 238 f., 251, 253 ff., 257-261, 263, 270, 279, 305, 323 f., 335, 346 ff., 355, 357, 374, 382, 390 f., 399, 400-402, 407-412, 423, 430 f., 435 ;『わが闘争』48, 73, 79, 98, 140 f., 151 f., 154, 156, 161, 178, 183, 191 f., 200, 208, 228, 295, 298, 301 f., 319, 383 ;『第二の書』74 ;『卓上語録』245, 269, 273, 299 ;《語り口と語彙》140 ff., 154 ff., 167 ff., 183 ff., 221 ff. ;《外交政策》73 ff., 87 ff., ;《人種政策》74, 91 f., 94, 402, 406 ;《教育観》295 ff., 301 f., 324 f., 327, 331, 368, 380 ff. ;《キリスト教観》186 ff., 201 f., 221 ff., 230 ff., 269 ;《ヒトラー崇拝とヒトラー像》18, 21, 48 ff., 129, 188 f., 194, 242 ff., 274 ff., 335, 346, 388 f., 392, 397 ff.

ビニヨン(Binion, R.)　52
ビーベルバッハ(Biberbach, Ludwig)　338, 347 ff.
ヒムラー(Himmler, Heinrich)　39, 60 f., 89, 97 f., 102, 108, 188, 201, 217, 273, 313
ヒュッテンベルガー(Hüttenberger, P.)　7, 33
ヒルグルーバー(Hillgruber, A.)　78, 108
ヒルデブラント(Hildebrand, K.)　78
ヒンデンブルク(Hindenburg, Paul von)　19, 21 ff., 26, 37, 39 f., 190

フィヒテ(Fichte, Johann Gottlieb)　417, 424, 426, 429 f., 432
フィンク(Finck, Renate)　392 f., 404
フェー(Faye, J. P.)　138
フェアヘーヘン(Verhoeven, M.)　404
フェーゲリン(Voegelin, E.)　133, 188
フェーダー(Feder, Gottfried)　67
フェント(Fend, H.)　292
フォンドゥング(Vondung, K.)　131 f., 212
フーゲンベルク(Hugenberg, Alfred)　23, 31, 67
フーバー(Huber, Kurt)　404
ブーラー(Bouhler, Philipp)　238, 335, 346
フライゼ(Freise, Gerda)　392
ブラッハー(Bracher, K. D.)　26, 184, 300
フランク(Frank, Hans)　64, 96 f., 100 f., 225
フランコ(Franco Bahamonde, Francisco)　77
フランソワ-ポンセ(François-Poncet, André)　57, 220
ブランデス(Brandes, G. M. C.)　417
フリック(Frick, Wilhelm)　23, 30, 42, 44, 178, 254, 313, 317, 332
フリッチュ(Fritsch, Werner von)　88
フリードリヒ(Friedrich, C. J.)　6 f., 11, 52, 107
フリードリヒ-ヴィルヘルム一世(Friedrich-Wilhelm I)　334
フリードリヒ大王(Friedrich II, der Grosse)　26, 279, 334 f., 434
ブリューニング(Brüning, Heinrich)　373
ブルンナー(Brunner, E.)　407
ブレジンスキー(Brzezinski, Z. K.)　6 f., 11
プレスナー(Plessner, H.)　416
フレッサウ(Flessau, K.-I.)　344 f.
ブレドフ(Bredow, Kurt von)　37
ブレネッケ(Brennecke, Fritz)　365 f.
ブレヒト(Brecht, Bertolt)　256
フレルマン(Hurrelmann, K.)　292
フレーレ(Freire, P.)　291
フレンケル(Fraenkel, E.)　12, 46
ブロシャート(Broszat, M.)　14, 52, 78, 92, 94
ブロッホ(Bloch, E.)　145
フロム(Fromm, E.)　165, 410
ブロンベルク(Blomberg, Werner von)　88 f.
フンク(Funk, Walther)　43, 82
フンケ(Funke, M.)　94
フンボルト(Humboldt, Wilhelm von)　346

ヘーゲル(Hegel, Georg Wilhelm Friedrich)　423, 425, 426, 439
ヘス(Heß, Rudolf)　44, 47, 109, 217 f.
ヘス(Höß, Rudolf)　273
ベッツ(Betz, W.)　124, 126
ペッツィナ(Petzina, D.)　86
ベートーヴェン(Beethoven, Ludwig van)　218
ベートゲ(Bethge, Eberhard)　257
ベーメ(Böhme, Herbert)　230, 233-237, 239
ヘラー(Heller, H.)　423
ベラー(Bellah, R. N.)　130, 133
ヘルダー(Herder, Johann Gottfried von)　422
ヘルダーリン(Hölderlin, J. Ch. Friedrich)　267
ヘルテル(Hertel, Heinz)　177
ヘルト(Hördt, Philipp)　350, 356
ベールマン(Behrmann, G. C.)　292
ベン(Benn, Gottfried)　55, 262, 270
ヘンダーソン(Henderson, Nevil Meyrick)　220
ベンヤミン(Benjamin, W.)　165

ポイケルト(Peukert, D.)　13, 260, 270
ホイス(Heuss, Theodor)　144, 228
ボイムラー(Baeumler, Alfred)　302 f., 309-312, 315 f., 363
ホスバッハ(Hoßbach, Friedrich)　88, 93
ホッホシュタイン(Hochstein, B.)　264
ホーファー(Hofer, W.)　26
ホルクハイマー(Horkheimer, M.)　290
ボルマン(Bormann, Martin)　44, 89, 97, 273, 325, 327
ボルムス(Bollmus, R.)　47
ポーレンツ(Polenz, P. v.)　164, 175, 177 f.
ボンヘッファー(Bonhoeffer, Dietrich)　239, 251, 257

マ　行

マイネッケ(Meinecke, Fr.)　26, 411 f., 439
マカーレンコ(Makarenko, Anton)　303
マキァヴェリ(Machiavelli, Nicollo)　115
マークル(Merkl, P. H.)　20
マーザー(Maser, W.)　52, 140
マシュマン(Maschmann, Melita)　386-389, 392 f., 396 f., 401
マース(Maas, U.)　393
マルクス(Marx, K.)　408
マルクーゼ(Marcuse, H.)　191
マン(Mann, Thomas)　55, 412, 425, 436, 439 f.
マンハイム(Mannheim, K.)　410 f.

ミッチャーリヒ(Mitscherlich, A.)　150
ミヒャルカ(Michalka, W.)　93 f.
ミュラー(Müller, Adam Heinrich von)　420
ミルウォード(Milward, A. S.)　108

ムッソリーニ(Mussolini, Benito)　50, 53, 91, 131, 179

メイソン(Mason, T.)　78, 85 ff., 92, 94
メラー・ヴァン・デン・ブルック

ヤ　行

ラ　行

ワ　行